그들이 한국의 대통령이다

김병문

서울에서 태어나 경동고등학교, 한국외국어 대학교 졸업 후,
미국 신시내티 대학에서 정치학 박사를 받았다.
현재는 안동대학교 행정학과에서 교수로 재직 중이다.

그들이 한국의 대통령이다

2012년 4월 20일 초판 1쇄 발행
2012년 11월 15일 초판 3쇄 발행

지은이 | 김병문
펴낸이 | 이찬규
교정교열 | 정난진
펴낸곳 | 북코리아
등록번호 | 제03-01240호
주소 | 462-807 경기도 성남시 중원구 상대원동 146-8
       우림2차 A동 1007호
전화 | 02-704-7840
팩스 | 02-704-7848
이메일 | sunhaksa@korea.com
홈페이지 | www.bookorea.co.kr
ISBN | 978-89-6324-183-8(03350)

값 18,000원

They are **Presidents** of the **Republic of Korea**

그들이 **한국**의 **대통령**이다

김병문 지음

북코리아

사진 저작권

80쪽, 85쪽, 100쪽, 116쪽, 207쪽, 309쪽, 349쪽 ⓒ조선일보
22쪽, 30쪽, 81쪽, 102쪽, 154쪽, 174쪽, 179쪽, 194쪽, 235쪽,
248쪽, 257쪽, 275쪽, 300쪽, 332쪽, 338쪽, 340쪽, 364쪽, 486쪽,
429쪽, 440쪽, 453쪽, 465쪽, 493쪽, 502쪽 ⓒ동아일보
43쪽, 162쪽, 216쪽, 401쪽 ⓒ대통령기록관

*사진 게재에 도움을 주신 신문사 및 대통령기록관 이승민, 강현민 님께 감사드립니다.
 이 책에 실린 저작권을 미처 밝히지 못한 사진은 추후 절차를 밟을 예정입니다.

서문

대학에서 대통령과 한국정치에 대해 강의하면서 보니 학생들이 정치에 관심을 가지고 있으면서도 의외로 대통령에 대한 기본지식이 많지 않다는 것을 알게 되었다.

한국의 정치는 대통령에 의해 많은 영향을 받았기 때문에 대통령에 대한 이해가 있어야 한국정치를 이해할 수 있다. 그러나 대통령이나 한국정치에 대한 기존의 책들은 그 내용이 너무 전문적이어서 흥미를 유발하기가 어렵기 때문에 학생들이 정치관련 서적을 잘 읽지 않는다는 사실이 안타까웠다.

이런 이유로 필자는 학생들이 어떻게 하면 쉽게 대통령과 한국정치를 이해할 수 있을까 고민하다가 이 책을 집필하게 되었다.

그러나 책을 쓰는 과정에서 딱딱하고 어렵지 않게 쓰기란 마음과는 달리 쉽지 않은 일이라는 느낌을 받게 되었다. 글의 부족한 점에 대해서는 독자 여러분의 많은 의견을 부탁드린다. 부족한 점이 보강되어 향후 이 책을 계기로 좀 더 쉽고 재미있는 대통령에 대한 책들이 나왔으면 한다.

이 책은 국가 지도자로서 권한을 행사했던 이승만 대통령부터 이명박 대통령에 대한 이야기를 다루고 있다. 당시 주요사건과 인물을 중심으로 뼈대를 잡고 가급적 많은 에피소드를 다루어 대통령들의 인간적인 면모를 알 수 있도록 하였다. 그러나 제2공화국의 경우 대통령제가 아닌 내각책임제로서 상징적인 윤보선 대통령보다는 실제 내각을 구성해서 권한을 행사했던 장면총리에 대한 내용으로 집필하였다. 허정 내각 수반이나 최규하 대통령의 경우는 과도기적인 성격의 권한을 행사했으므로 이 책에서는 다루지 않은 점을 유념해주기 바란다.

이 책이 한국의 대통령에 대해 조금이나마 이해하는 데 보탬이 되는 것이 나의 바람이다. 이 책을 완성하는 데 도움을 주신 분들과 나의 가족에게도 고마움을 전하고 싶다. 끝으로 이 책을 출간해주신 북코리아 출판사 이찬규 대표님께도 감사드린다.

2012년 4월
저자 김병문

CONTENTS

CONTENTS

이승만과
제1공화국

1. 대한민국의 탄생

건준과 한민당

　1945년, 일본이 항복하자 조선은 독립을 하게 된다. 일본의 항복 선언 발표 이전에 조선총독부의 엔도 정무총감은 일본의 항복 선언을 미리 알고 한국의 지도자들과 접촉을 시도한다. 일본인의 재산과 생명을 보장해주는 조건으로 한국의 지도자에게 치안과 식량지원 등을 포함한 권한의 일부를 넘겨주려는 것이었다.

　조선총독부는 처음에 동아일보 사장을 지냈던 송진우에게 접근하나 송진우는 총독부의 제안을 거절한다. 그다음에 일본이 접촉한 인물이 여운형이었다. 여운형(사진)은 조선체육회 회장을 지낸 바 있는 독립운동가였다. 여운형은 식량과 치안의 확보를 요구하며 총독부의 제안을 받아들인다. 치안권과 행정권을 맡아달라는 제의를 받

여운형

은 여운형은 ① 전국적으로 정치범과 경제범을 즉시 석방할 것 ② 3개월간의 식량을 확보해줄 것 ③ 치안유지와 건국운동을 위한 모든 정치

운동에 대하여 절대로 간섭하지 말 것 ④ 학생과 청년을 훈련 · 조직하는 일에 절대로 간섭하지 말 것 ⑤ 노동자와 농민을 건국사업에 동원 · 조직하는 일에 간섭하지 말 것이라는 5개항의 조건을 제시하였다(지병문, 2005).

에피소드 엔도 정무총감의 민족분열 획책

엔도 정무총감은 송진우와 여운형에게 소련이 한강 이북(서울)에 진주할 것이라는 허위 정보를 흘린다. 이는 한국이 소련의 영향 하에 공산주의 국가가 될 것임을 암시하는 내용이었다. 따라서 좌익세력은 소련을 지지하게 되고 우익은 미국에 의존하여 좌 · 우익이 대립하는 양상을 띠게 되었다. 이는 엔도 정무총감이 한국의 통합을 반대하고 좌 · 우익이 대립하게 만들려는 한민족 분열의 마지막 획책이었다고 할 수 있다.

당시의 급박한 상황에서 여운형은 총독부가 자신이 제시한 조건을 받아들이자 즉각 건국준비위원회(건준)의 조직을 준비하였다. 여운형과 그의 측근 인사들은 8월 15일 오후에 조직의 기본 틀을 마련하고, 17일 여운형을 위원장, 안재홍을 부위원장으로 하는 건준의 조직을 완료하였다. 건준은 새로운 민주주의적 독립국가 수립을 위해 준비하는 과도적 조직체임을 발표하고, 반민족적 · 반민주적 세력을 제외한 전 민족의 통일체를 결성하기 위해 노력하였다. 이를 위해 건준은 자유민주주의를 지지하는 우익세력(한민당 계열)과 프롤레타리아 민주주의를 지지하는 좌익세력(조선공산당 계열) 그리고 자유민주주의를 주장하나 균등의 원칙을 존중한 중도우파세력(안재홍의 국민당 세력), 프롤레타리아 민주주의를 지향하나 프롤레타리아 독재를 부정하는 중도좌파세력(여운형의 인민당 계열)을 모두 참여시켜 흩어져 있던 정치세력들을 한곳에 규합함으로써 국가 건설을 위해 좌우 균형 있는 연합전선을 만들려고 하였다.

다양한 정치세력을 통합하려는 의도에 따라 건준은 점차 조직을 확대·개편하였다. 초기의 건준이 급박한 상황에서 명망가들을 중심으로 한 조직이었다면, 이후 건준은 보다 실질적인 업무를 수행할 수 있는 활동가들을 기반으로 한 조직으로 발전하였다. 그러나 미군의 진주가 임박하고 우익세력들이 점차 세력을 규합하게 되자 건준에서 우익인사들이 탈퇴하게 되었다. 따라서 건준은 보다 좌익적 성격이 강한 조직으로 변하였다. 이후 건준은 미국이 남한에 진주하기 전에 '조선민주주의인민공화국'을 선포하면서 남한에서의 임시적 정부의 탄생을 대내외적으로 알리려 하였다.

한편 당시 송진우(사진)는 민족진영을 대표하는 우익인사로서 후에 한민당을 창당하여 수석 부총무가 된다. 송진우는 여운형이 일본의 제의를 받아들인 것에 불만을 품고 건준에 동참하지 않는다. 송진우를 중심으로 한 우익인사들은 미군이 진주하기 전까지는 정당이나 단체를 만들지 않고 임시정부를 한국의 정통정부로 추대하자는

송진우

주장을 한다. 우익 인사들은 우익 중심의 '국민대회준비위원회'를 결성한다. 따라서 건준은 비록 우익 인사들이 일부 참여했지만 실질적으로 송진우로 대표되는 우익진영을 설득하여 참여시키는 데는 실패한다. 이것이 후에 좌·우익이 대립하는 하나의 원인이 되었다.

에피소드 **몽양! 자중하시오!**

여운형은 건준의 조직이 좌파나 중도좌파세력으로 편성되고 우파가

건준에 동참하지 않자 송진우를 찾아가 함께 건준에 동참하여 건국 준비에 전념하자고 제안한다. 이에 송진우는 임시정부가 환국하면 그때 건국 준비에 참여하겠다고 거절하면서 여운형에게 "몽양! 자중하시오!"라며 호통을 친다. 이에 격분한 여운형은 송진우와 싸우고 결별하게 된다.

해방 이후 9월 8일, 서울에 진주한 미군은 곧 미 군정청을 수립하고 미군의 직접통치방식으로 군사통치를 하였다. 그리고 미 군정청이 남한의 유일한 합법정부임을 선언하였다. 따라서 중경의 임시정부를 한국의 정통정부로 추대하려는 송진우를 중심으로 한 우익진영과 건준을 만들고 더 나아가 '조선민주주의인민공화국'을 만든 좌익진영 사이에 새 정부 탄생의 정통성을 놓고 경쟁이 벌어지게 되었다.

즉, 해방 정국은 미군의 진주를 계기로 좌익인 조선민주주의인민공화국(인공)과 우익인 국민대회준비위원회(後에 한민당)의 양대 산맥으로 갈라지게 되었다.

해방 정국의 지도자들

해방 정국은 결국 해방된 조국에서 누가 주도권을 쥐고 정국을 주도하느냐의 대립이었다. 해방 이후에는 실로 수많은 지도자가 자신의 이념과 이상을 실현시키려고 자신의 명예와 경륜을 바탕으로 권력투쟁의 양상을 보였다고 할 수 있다. 수많은 지도자 중 3명의 지도자를 중심으로 권력 다툼이 이루어졌다고 생각된다. 즉, ① 이승만을 중심으로 단독정부를 지지하는 우익세력 ② 박헌영을 중심으로 사회주의 건설을 지지하는 공산당 계열 ③ 김구를 중심으로 통일정부를 지지하는 임시정부 세력이었다.

① 이승만 중심의 단독정부 지지세력

이승만을 정점으로 주로 한민당 계열의 인사들이 주축을 이룬 단독정부 지지세력이 결국 정권 투쟁에서 승리하여 권력을 쟁취하게 된다. 미국에서 오래 생활하여 국내 기반이 없던 이승만은 국내 토착세력이면서 우익 이념을 가진 한민당계 인사들의 힘을 빌려 결국 대통령이 될 수 있었다. 한민당을 이끌었던 인물은 일제하에서 동아일보 사장을 역임한 송진우였다. 그러나 송진우는 1945년 12월 30일에 암살을 당한다. 송진우 이후에 한민당을 이끈 인물은 김성수로 동아일보와 고려대학교를 설립한 교육자 출신이었다. 송진우와 김성수를 중심으로 조병옥, 장택상, 김병로, 이인, 장덕수, 김연준 등 당시의 우익 명망가들이 한민당을 이끌면서 이승만의 단독정부 수립안을 지지하게 된다.

② 박헌영 중심의 공산당 계열

일제 말기에 '경성코뮤니스트(경성콤)'라는 지하조직을 결성하여 전향하지 않은 채 공산주의 운동을 벌여 온 박헌영은 해방되기 전까지 광주의 한 벽돌공장 인부로 위장 취업했다. 해방이 되고 여러 공산주의 단체

박헌영

가 생겨났으나 박헌영을 중심으로 한 재건파 공산주의만 정당성을 갖고 있었다. 박헌영은 해방 이후 〈8월테제〉라는 선언문을 배포한 뒤 그를 따르는 이주하, 김삼룡, 이승엽, 이강국 등을 중심으로 공산당을 재건하고 해방 정국에서 강력한 세력으로 부상하였다(노찬백, 2003).

에피소드 벙어리 인부로 위장한 박헌영

박헌영은 일제 말기, 공산당 조직(경성콤)을 박해하는 일제의 탄압을 피해 광주의 벽돌공장에 위장 취업한다. 그 3년 동안 박헌영은 벙어리 행세를 한다. 주위의 인부나 사장 그리고 공장 간부들도 박헌영이 정말로 벙어리라고 믿었다. 이렇듯 박헌영의 위장술은 천부적이라 할 수 있었다.

에피소드 박헌영의 탈출과 죽음

박헌영은 정판사 위조지폐사건으로 수배령이 내려지자 남한을 탈출하여 황해도 해주로 가게 된다. 워낙 유명인이라 체포될 것이 우려되어 장례식을 핑계로 관 속의 시체인 양 위장하여 남한을 탈출하여 황해도 해주에서 남로당을 지휘하게 된다. 박헌영이 남한에 머무르지 않고 북한에 가게 됨으로써 남로당은 그 영향력이 크게 약화되었다. 한국전쟁 이후 김일성은 박헌영에게 미군의 간첩이라는 죄목을 씌워서 숙청한다. 박헌영은 산 속에 있는 가옥에 연금되었으며 김일성 일파가 매일 셰퍼드들을 방안에 집어넣어 물어뜯는 고문을 해서 결국 죽었다고 한다. 그 와중에도 박헌영은 김일성이 부당하게 자신을 모함했고 김일성이 진실을 날조하고 우상화 정책을 시도했다고 비판하였다.

에피소드 여간첩 김수임

김수임은 해방 정국에서 여간첩으로 명성을 날렸다. 김수임은 공산당 이론가인 이강국의 애인으로 유명하였다. 미군 첩보장교의 아내였으나 이강국을 사랑한 나머지 이강국이 요구하는 미군정의 정보를 빼내어 주며 이강국을 위해 헌신하였다. 독일 유학파인 이강국에게 반하여 남로당을 위해 간첩 일을 하다가 결국 간첩죄로 한국전쟁 이후에 사형에 처해지게 되었다. 이후 이강국도 북한에서 한국전쟁에 대한 책임으로 남로당이 숙청될 때 처형되었다.

초기에는 우익이나 임정 계열의 세력보다 박헌영이 이끄는 공산당 세력이 더욱 강했다고 볼 수 있다. 그러나 미국의 반공정책과 1946년에 발생한 정판사 위조지폐사건(정판사 위폐사건)으로 공산당이 불법화되면서 결국 박헌영은 북한으로 피신하게 된다. 이후 박헌영이 결성한 남로당은 강경노선을 걷게 된다. 즉, 파업과 테러로 국민의 신망이 예전 같지 않게 되었다. 결국 남로당은 지하로 숨어들었고 제1공화국이 수립될 때까지도 합법적인 활동을 할 수 없게 된다. 한국전쟁 이후 남로당 간부들은 일시적으로 영광을 누리게 되나 이후 김일성이 패전의 책임을 물어 이들을 숙청한다.

에피소드 정판사 위조지폐사건

일본이 패망하고 물러난 뒤 조폐 창고에서 화폐를 찍던 징크판이 발견되자 공산당은 정판사라는 출판사에서 당국의 허가 없이 화폐를 마구 찍어댔다. 해방 이후 정부가 없어서 화폐개혁을 하지 않아 일제 때 쓰던 화폐를 그대로 사용하던 시점이었다. 공산당은 위조지폐를 찍어내어 돈이 풍족해져 공산당 활동을 하기에 많은 이점이 있었다. 이 사건을 정판사 위조지폐사건이라 한다. 이 사건으로 미 군정청은 공산당을 불법화하고 박헌영의 체포를 지시하게 된다.

③ 김구 중심의 통일정부 지지세력

1930년 이후 임시정부는 사실상 김구가 이끌게 된다. 여러 가지 어려움과 고초를 겪으면서 일제에 굴복하지 않고 독립운동을 해온 임시정부 요인들은 해방된 조국에 임시정부의 요인 자격으로 환국하지 못하였다. 임시정부 요인들은 국내의 토착세력인 한민당이 일제하에서 일본에 협조했다는 이유로 한민당 요인들을 등한시하고 일정한 거리를 두었다. 따라서 가장 좋은 정당성을 가졌음에도 실제로 임시정부 요인들을 지지하는 국내세력은 미미하였다. 임시정부 요인들은 김구를 중심으로 김규식, 조소앙, 신익희, 이시영 등 유명한 독립 운동가들로 구성되어 있었다.

김구를 위시한 임시정부 요인들은 이승만 세력과는 반대로 남한만의 단독정부 수립에 반대하고 남북한 통일정부 수립에 정열을 바쳤다. 그러나 미국과 소련의 대립으로 인하여 남북한은 서로 대립하고 각자의 길을 걷게 된다. 따라서 남북한의 통일정부 수립을 위한 임시정부 요인들의 노력은 물거품이 되고 말았다. 남한만의 단독정

김구

부 수립이 기정사실화되자 김구를 위시한 임시정부 요인들은 1948년 5월 10일, 총선을 거부하고 칩거에 들어간다. 그러던 중 1949년 김구는 안두희가 쏜 총에 맞아 서거한다. 김구의 사망은 결국 임시정부 요인들을 중심으로 한 한국독립당의 몰락을 초래하고 임시정부 요인들은 각자의 길을 걷게 된다.

임시정부 요인과 한민당 간부들 간의 접시 싸움

한민당 간부들이 임시정부 요인들을 요릿집에 초대하여 환영만찬을 가졌다. 처음에는 화기애애한 분위기였으나 한민당 간부들이 제시한 체재비를 임시정부 요인들이 친일파의 돈이라며 거절하자 서로 감정대립을 하게 된다. 한민당 간부들은 국내에서의 항일운동의 어려움을 호소하였으나 임시정부 요인들을 이를 귀담아 듣지 않고 한민당 간부들을 거의 친일파로 여기는 말을 한다. 이에 감정대립이 격화되어 결국 연회 중에 서로 접시를 던지는 싸움으로까지 번지고 말았다.

미군정의 실시

예상보다 이른 일본의 항복으로 미군의 남한 점령은 준비되지 않은 상태에서 갑자기 이루어졌다는 것이 정설이었다. 한반도에 진주한 미군은 한민족을 해방민족으로 인정하지 않았다. 1945년 9월 2일, 미군이 인천에 상륙하기 전에 발표된 첫 포고문에는 한국 국민에게 해방을 축하한다는 문구는 단 한 줄도 없었다. 미군이 인천에 상륙할 때 해방군이라는 반가움에 환영 나간 일부 시민이 경비구역을 침범했다는 이유로 일본군이 공격하여 사상자가 발생했는데도 미군은 일본군의 행위를 옹호하였다. 이는 한민족의 기대에 어긋나는 것이었으며 이어서 발표된 포고령은 경고성 문구와 강압적인 내용들로 가득 차 있었다(노찬백, 2003).

협박성 전단 배포

미군이 최초로 한반도에 배포한 전단에는 미군정의 정책에 반대해서는 안 된다는 강압성이 담겨 있었다. 미군정의 정책에 반하는 행동을 할 경우 아름다운 금수강산이 황폐화될 것이라는 협박성 내용도 포함되어 있었다. 이는 소련군이 북한에 처음 입성할 때 해방군이라는 이름으로 북한 주민에게 환영 받았던 것과는 대조되는 것이다.

1945년 9월 7일에 하지 중장을 지휘관으로 하는 미 제24군단은 인천에 상륙한 뒤 서울에 들어와 극동군 최고사령관(SCAP) 맥아더의 포고 제1호를 공포하여 점령정책의 윤곽을 밝혔다. 여기서 북위 38도 이남의 지역 및 주민에 대하여 군정을 실시하며, 미군정의 직접통치하에서 일제시대 조선총독부의 기구 및 인원을 이용할 것을 밝혔다. 또 미군은 9월 20일 미 군정청의 조각을 발표하면서 그 서두에서 "미 군정청은 인민의, 인민을 위한, 인민에 의한 민주주의 정부를 건설하기

하지 중장(왼쪽)과 맥아더 원사(오른쪽)

까지 38선 이남의 지역을 통치하는 과도정부이며, 미 군정청은 남한에 있어 유일한 정부이다."라고 선언하였다(지병문, 2005).

초기의 미군정은 한국의 특수사정을 고려한 충분한 사전 준비가 결여된 채 급작스럽게 현지 미군사령관인 하지 중장에게 많은 재량권을 주었다. 미군정 당국은 남한 내에서 민주적인 정당들을 적극 지원하기는 하지만 미군정의 정책목적에 호응하지 않는 세력들은 단호히 제거할 것이며, 어떤 형태의 임시정부도 인정하거나 활용하지 않을 것이라고 강조하였다. 공산당이 주장한 '조선민주주의인민공화국'이나 김구 중심의 임시정부를 모두 인정하지 않고 남북한이 통일될 때까지 미군정이 유일한 합법정부로서 실질적인 대권을 행사한다고 선포하였다. 따라서 임시정부 요인들은 미국정부와의 교섭도 별 효과 없이 임시정부의 요인 자격이 아닌 개인 자격으로 환국해야 했다.

이후 미군정은 친일세력과 토착지주 보수세력을 중심으로 반공정책을 옹호하였다. 미군정은 38선 이남의 유일한 합법정부라는 점을 강조하면서 한국 국민의 지원을 호소하였다. 더 나아가 공산주의를 부인하고 비난하는 적극적인 태도를 보였다.

한국의 공산화를 우려한 미국은 점령지역 내의 좌익세력을 진압하기 위해 일제시대 식민지 관료기구를 부활시키고, 한국군의 현대화와 미국화를 추진했으며, 국방경비대를 창설하고 경찰조직을 정비하는 데 역점을 두었다.

미군정은 독립국가 건립을 위한 좌·우익 세력의 정통성 경쟁을 인정하지 않았다. 이후 1945년 12월 16일, 모스크바에서 미국·영국·소련 3국 간 외상회의가 열리고, 이 회의에서 한국을 5년간 신탁통치한다는 내용이 발표되었다.

모스크바 협정은 한반도에 임시정부를 수립하기 위하여 미·소

공동위원회를 구성하고, 이 공동위원회가 한국 임시정부 수립에 대한 권고안을 4개국(미국, 영국, 중국, 소련)에 제출하기로 했다. 4개국이 그것을 검토한 후 임시정부를 만든다는 것이었다. 임시정부는 신탁통치협정을 작성하고 4개국은 작성된 신탁통치협정을 공동 심의하여 잠정적인 신탁통치를 실시한다는 것이었다.

신탁통치에 관한 내용이 발표되자 한국사회는 이에 격분하여 격렬한 반대 시위가 일어났다. 좌우 할 것 없이 모든 세력이 신탁통치에 반대하였다. 이승만 계열, 김구의 임시정부 계열, 박헌영의 공산당 계열 등은 모두 신탁통치 반대 시위를 준비하고 합심하였다. 그러나 소련의 지시를 받은 공산당 세력이 하루 만에 갑자기 신탁통치 찬성으로 돌아서는 바람에 이때부터 찬탁과 반탁의 대립이 시작되었다. 이후 좌익의 행위에 실망한 일부 세력이 좌익을 이탈하여 좌익세력의 영향력이 약화되었다.

제1차 미·소 공동위원회가 1946년 5월 8일에 결렬되어 무기휴회로 들어가게 되었다. 소련의 한반도 정책을 불신한 하지 미군정 사령관은 임시정부의 수립 이전에 자신의 권한 하에 한국인이 참여하는 내각과 입법기관을 창설할 계획을 밝히게 된다.

그리고 하지 미군정 사령관의 지원에 따라 1946년 5월 25일, 김규식과 여운형을 중심으로 좌·우 합작운동이 활기를 띠게 된다. 그러나 이승만은 1946년 6월 3일에 단독정부 수립을 위한 정읍 발언을 하게 된다. 이로써 미 군정청이 지지했던 좌·우 합작운동은 공산당과 이승만·김구 등의 좌우 세력을 끌어들이지 못하고 중간세력의 통합으로 그치게 되었다.

에피소드 이승만의 정읍 발언 ▰▰▰▰▰▰▰▰▰▰▰▰▰

이승만은 미·소 공동위를 통한 통일정부의 수립이 현실적으로 어렵다고 느끼고 일단 남한만이라도 단독정부를 수립하자는 내용을 발표한다. 이러한 남한만의 단독정부 수립은 당시에 아무도 예상하지 못했던 문제였고, 국제정세에 민감한 이승만은 미국과 소련의 대결 구도로 세계가 재편되는 상황에서 독립정부를 수립하기 어렵다고 판단한 결과였다. 이에 김구를 비롯한 임시정부 세력은 남한만의 단독정부를 반대하며 이승만과는 다른 노선을 걷게 된다. 이승만은 아무도 예상하지 못한 상황에서 1946년 6월 3일, 정읍에서 남한만의 단독정부 수립이 필요하다고 역설하였다. 이는 당시 미군정 정책에 위배되며 당시 협조적 관계였던 김구를 중심으로 한 임시정부 세력과 갈등을 일으키는 원인이 되었다. 이승만은 미국과 소련의 협상으로는 통일정부가 수립되지 못한다고 판단하여 일단 남한만이라도 정부가 수립되어야 한다는 생각을 강하게 갖고 있었다.

에피소드 하지의 반대 ▰▰▰▰▰▰▰▰▰▰▰▰▰

미군정 사령관인 하지와 이승만은 서로 앙숙 관계였다. 하지 사령관은 이승만을 극도로 미워했다. 이승만은 하지의 정책을 반대하고, 하지의 국제정세관이 빈약하다고 비난하였다. 하지는 미군정의 정책을 반대하며 자신을 무시하는 독선적 태도에 불만을 가지면서 이승만이 대통령이 되는 것을 어떻게든 막으려고 하였다. 그래서 좌·우 합작운동을 통해 이승만을 배제하려고 하였다. 이승만은 성격이 불같은 김구에게 하지의 잘못된 정책을 일러주었고 김구는 하지를 찾아가 격렬하게 비난하였다. 결국 하지는 김구와도 사이가 나빠지고 이승만이 김구를 앞세워 자신을 공격하고 비난한다고 여기게 되었다(윤치영. 1991).

이승만은 1946년 12월에 미국으로 건너가 '남한에서만이라도 단독정부를 세워줄 것'을 미국 의회에 호소하고, UN에 의한 한국문제 해결을 처음으로 제의하였다. 이때 남한에서는 공산세력의 폭력투쟁, 남조선노동당(남로당)의 결성 등으로 정국은 더욱 혼란해졌으며, 북한에서는 1947년 2월 17일에 도·시·군 인민위원회 대회를 열어 최고입법기관으로 북조선인민회의를 설치키로 결의하였다. 결국 '북조선인민위원회'가 행정 각 부처를 갖추고 김일성을 위원장으로 하여 조직되었다.

뒤이어 미·소 정부 간 접촉 끝에 속개된 제2차 미·소 공동위원회도 제1차 미·소 공동위원회 때와 마찬가지로 결렬되자 미국은 한국문제가 미·소 공동위원회를 통해 해결할 수 없음을 깨닫고, 결국 1947년 9월 17일에 한국의 독립 문제를 4개국의 책임으로부터 UN에 넘기게 되었다.

5·10 총선거

미·소 공동위원회의 실패는 당시의 국제사회와 한반도 내의 정세로 보아 전혀 예상하지 못한 일은 아니었다. 국제정세 속에서 2차 세계대전 이후에 싹트기 시작한 미·소의 냉전은 1947년 3월 '트루먼 독트린' 선언이 발표되면서 미·소 공동위원회의 활동에 매우 불리하게 작용했다. 그리고 제2차 미·소 공동위원회가 재개될 무렵 남·북한은 이미 분단이 형성되기 시작하였다.

UN 총회는 소련의 반대에도 9개국(미국, 캐나다, 중국, 엘살바도르, 프랑스, 인도, 필리핀, 시리아 및 우크라이나)으로 구성된 'UN 한국임시위원단'의 설치와 남북 간 총선에 관한 결의를 채택하였다.

그 주요 내용은 ① 한국에서 1948년 3월 31일 이전에 UN 한국임시위원단의 감시 하에 인구비례에 따라 총선거를 실시하고 ② 선거 후 가급적 빨리 국회를 구성하여 정부를 수립하며 ③ 정부는 남·북한의 군정당국으로부터 정부의 제 기능을 이양 받아 90일 이내에 점령군이 철수토록 조치한다는 것이었다. 이 결의에 의거하여 UN 한국임시위원단은 1948년 1월부터 서울에서 활동을 개시하였다(지병문, 2005).

에피소드 메논과 모윤숙 ▰▰▰▰▰▰▰▰▰▰▰▰▰▰▰▰▰▰▰▰▰▰▰▰

한국임시위원단의 단장은 인도의 메논이었다. 메논은 한국 국민의 의견을 종합하여 UN에 보고하는 임무를 띠고 한국에 왔다. 메논은 한국 국민이 남한만의 단독정부보다는 통일정부를 수립하기 원하며, 남한 우익세력의 위압 때문에 좌익이나 중도세력의 목소리가 작아서 한국 국민이 진정으로 원하는 독립 국가를 표현할 수 없다고 보았다. 그리하여 UN에 남한만의 단독정부 수립에 부정적인 의견을 보고할 생각이었다. 이에 위기감을 느낀 이승만은 메논과 친하게 지내는 시인 모윤숙에게 메논의 마음을 움직이도록 부탁하여 결국 메논은 남한만의 단독정부에 대해 긍정적인 보고를 하게 된다.

제헌국회

1948년 5월 10일, 남한에서는 제헌의회를 구성하기 위한 총선거가 UN 한국임시위원단의 감시 아래 실시되었다. 단독정부 반대세력이 선거에 불참하게 됨에 따라 대부분의 제헌 의원들은 이승만 노선을 지지하였다.

5·10 총선으로 198명의 의원이 선출되고 제헌의회는 5월 31일

에 최초로 개원하였다. 이승만을 국회의장으로 선출하고 헌법을 제정·공포(1948년 7월 17일)한 뒤 초대 대통령으로 이승만을 선출하였다. 이어 행정부가 조직되어 8월 15일에는 대한민국정부 수립을 국내외에 선포하자 하지 장군은 미군정을 종식한다고 발표하였다.

1948년 5월 31일, 국회가 개원되자 곧바로 헌법 기초에 착수했다. 서상일 위원장을 중심으로 헌법기초위원(기초위원 30명 중 14명이 한민당 소속)을 선출하였다. 유진오를 비롯한 사법계의 권위자 10명을 전문위원으로 위촉하면서 내각책임제와 양원제를 채택한 헌법초안을 만들었다.

1948년 정부가 수립되기 직전에는 누구나 우리나라의 통치구조는 내각책임제라고 인식하였다. 그리고 초대 대통령에는 이승만이 선출되리라 생각하였다. 이는 국회에서도 인정된 사실이었고, 모두 대통령중심제가 아닌 내각책임제의 권력구조로 제1공화국이 탄생되리라고 생각했다.

헌법초안은 한민당의 의도를 대변하였는데 ① 국회를 양원제로 하고 ② 정부형태는 내각책임제로 하며 ③ 법률의 위헌결정을 대법원에 일임한다는 것 등을 골자로 하였다. 대한민국이라는 국호와 양원제가 기초위원회에서 채택되었고, 대통령은 국회에서 선출하며, 그 임기를 5년으로 할 것을 골자로 하는 안을 채택하였다(민준기·신명순·양성철·이정복·장달중, 1996).

그러나 이승만은 이러한 헌법구조의 결정에 반발하면서 기초위원을 개별적으로 설득하며 기초위원회에 직접 나와서 내각책임제의 부당함을 주장하였다. 이승만은 단원제 국회와 대통령책임제의 채택을 주장하였다. 이승만은 군소정당이 난립해 있고 정당의 기초가 확립되지 못한 상황에서 내각책임제를 채택하면 정국의 안정을 기대할 수 없다는 이유를 들어 내각책임제를 반대하였다. 그러나 사실은 내각책임제가 될 경우 제헌의회에서 다수당을 차지하고 있던 한민당이 권력을 장악하고 자신은 권력에서 소외될 것을 우려한 나머지 대통령중심제를 강력히 요구한 것이다(한승인, 1984).

에피소드 청년운동이나 하겠다는 이승만

국회에서 내각책임제를 골자로 하는 헌법초안에 착수하자 내각책임제 하에서 대통령직을 수행해야 하는 이승만은 허수아비 같은 대통령으로 남기보다는 권력을 행사하는 대통령으로 재직하기 위하여 대통령제로 헌법을 고칠 것을 요구하였다. 이승만은 집에서 칩거하면서 자신을 방문하는 헌법기초위원에게 "나는 독립정부가 수립된 데 만족하고 대통령직을 맡을 생각이 없으며 정부수립에 관여하지 않고 그저 청년운동이나 할 것입니다."라며 내각책임제 하에서는 대통령직을 수행하지 않겠다는 뜻을 내비친다. 당시 국민은 이승만이 대통령직을 맡게 될 것이라고 알고 있었고 실제로 이승만이 빠진 정부수립은 의미가 없었기 때문에 한민당을 비롯한 많은 의원은 상당히 당황하였다. 결국 한민당 간부들이 이승만을 찾아가 설득하지만 이승만이 고집을 부리자 할 수 없이 내각책임제의 권력구조를 하루 만에 대통령중심제의 권력구조로 바꾸게 된다. 헌법초안위원들은 밤을 새워 헌법구조를 뜯어고친다. 이 과정에서 완전한 대통령중심제보다는 내각제 요소가 다소 포함된 권력구조가 만들어지고 이승만은 본인이 원했던 대통령의 권한을 실질적으로 행사하게 된다. 결국 이승만의 권력욕으로 하루 만에 헌법구조가 바뀌게 된 황당한 사건이다. 이때 이승만의 나이가 75세였는데 청년운동을 하겠다니 참 우스운 이야기이다.

이승만의 고집으로 하루 만에 바뀐 헌법은 최종적으로 본회의를 통과하여 1948년 7월 17일, 국회의장 이승만의 이름으로 공포되었다. 헌법 내용은 삼권분립의 원칙하에 입법권은 국회가 갖고, 행정권은 국회에서 선출된 대통령이 갖도록 하였다. 대통령이 의장이고 국회의 승인을 얻어 임명되는 국무총리가 부의장이 되며 대통령이 임명하는 국무위원으로 구성되는 국무회의가 최고의결기관이 되도록 하였다. 그리고 정부가 법률안, 예산안을 제출할 수 있는 권한을 가지며 국회에 출석하여 답변할 수 있는 권한을 부여하는 등 내각책임제의 요소를 가미하였다. 따라서 삼권분립에 의한 완전한 대통령제라기보다는 내각책임제의 요소가 가미된 다소 기이한 대통령제로 출발하게 된다.

새로 제정된 헌법절차에 따라 국회는 7월 20일, 신익희 부의장의 사회 하에 무기명 투표로 대통령 선거를 실시하였다. 그 결과는 180표를 얻은 이승만이 13표를 얻은 김구(입후보자로 나오지 않았지만)와 2표를 얻은 안재홍을 압도적으로 누르고 당선되었다. 그리고 부통령에는 임정에서 환국한 이시영이 133표로 당선되었다.

초대 대통령으로 당선된 이승만은 내각을 구성하기 시작하였다. 관심의 초점은 국무총리 임명에 집중되었다. 이승만은 초당파적 인물로서 북한 지방을 대표한다는 명분을 내세워 정치적 영향력이 없는 이윤영 조선민주당 부위원장을 지명하였다. 이승만이 이윤영을 지명한 데는 북한 출신을 총리로 임명함으로써 자신의 정권이 북한을 포함한 유일한 합법정부임을 나타내려는 의도가 있었다.

이것은 한민당의 김성수가 국무총리로 지명될 것이라고 추측되던 분위기에 찬물을 끼얹는 것이었다. 이승만은 한민당을 견제하기 위한 방편으로 이윤영이라는 의외의 카드를 사용함으로써 한민당 세력을 약화시키려 했던 것이다. 그러나 한민당의 강력한 반대에 부딪혀 이윤영 총리 임명은 부결되었다. 이에 이승만은 민족청년단 단

김성수

장인 이범석을 2차로 국무총리에 지명하였다. 정계에 큰 세력을 갖지 못하였고 정당 배경이 작은 사람을 기용하여 초당적인 정책을 추진한 다는 의도에서 이범석을 지명한 것이었다. 여기에는 이범석이 지도하고 있던 조선민족청년단(족청)을 이용해 한민당과 이범석을 대립시키겠다는 이승만의 정치적 의도가 있었다. 이 역시 한민당의 반대에 부 딪혔으나 다른 의원들이 찬성함으로써 결국 가결되었다.

에피소드 재무부장관으로 지명된 김성수

이승만 대통령은 초대 내각에 한민당의 김성수를 국무총리에 임명하지 않았다. 국무총리에 김성수를 임명할 경우 한민당의 영향력이 커질 것을 우려해서였다. 그러나 김성수를 중심으로 한 한민당을 배제하면 배신 자라는 낙인이 찍힐 것을 우려하여 김성수를 불러 한국정부에서 가장 중요한 직책은 재무부라며 재무부장관직을 맡아달라고 부탁한다. 이는 김 성수에게 일종의 모욕을 주는 것이었으며 결국 김성수가 이를 받아들이 지 않을 것이라는 계산에서였다. 또한 본인은 한민당을 배려했지만 한민 당 간부들이 이를 거절했다는 구실도 되었다(윤치영, 1991).

국무총리 선출과정에서부터 원내 제1세력인 한민당과 이승만은 대립적 관계에 놓이기 시작하였다. 그리고 초대 내각의 각료 선임에서 조차 이승만으로부터 배제되자 한민당은 곧바로 반 이승만 노선을 채 택하였다. 한민당은 이승만의 명성과 정치적 지도력이 필요하였고, 이 승만은 한민당의 정치조직과 자금이 필요해서 일시적으로 동맹을 형 성하였다. 그러나 이승만이 권력을 장악하면서부터 이러한 동맹관계는 깨지기 시작하였다. 이러한 갈등으로 인하여 훗날 이승만은 자유당을 창설하게 되었으며, 제1공화국 전 기간을 통하여 자유당과 한민당 세력 은 지속적으로 대결상태에 놓이게 되었다.

이승만이 단독정부를 수립하고 대통령으로 선출되는 과정에서 결정적 기여를 한 것이 한민당이었다. 그러나 이승만은 대통령 당선 이후 한민당을 멀리하였다. 그 이유는 원내 다수당인 한민당에 지배권을 넘겨주지 않겠다는 정치적인 계산에서였다. 결국 이승만은 원내의 세력판도를 무시한 채 자기 측근 중심으로 내각을 기용하면서 군소세력 각파의 분배를 고려하여 이른바 연립내각을 구성하는 방향을 취했던 것이다.

1948년 12월 12일, 파리에서 개최된 제3차 UN총회는 찬성 41표, 반대 6표(기권 1표)로 대한민국정부가 "한반도에 있어 유일한 정부이다."라는 결의를 통과시켰다. UN총회의 결의는 대한민국정부가 사실상 한반도에 있어서 유일한 합법정부임을 의미하는 것이었다. 이는 북한정권과는 달리 대한민국정부에 정통성을 부여하는 확실하고 충분한 국제적인 근거가 되었다.

2. 이승만의 퍼스낼리티

이승만의 개인사

이승만은 1875년, 황해도 평산에서 이경선(양녕대군의 16대손)의 외아들(6대 독자)로 태어났다. 네 살 때 남대문 밖으로 이사 와서 본격적으로 서울에서 생활하게 된다. 아버지는 특별한 직업이 없이 족보연구에만 관심을 가졌고 어머니가 삯바느질을 하여 생계를 꾸렸는데, 어머니는 이승만에게 지극한 정성을 바치며 애정을 쏟았다.

어려서부터 이승만은 자신이 왕족 출신이라는 사실에 우월성을 갖고 있었고 그의 일생에 걸쳐 상당히 영향을 준 듯하다. 미국 유학 시절에 프린스턴 대학이 주최하는 만찬에 참석한 이승만은 단아하고 우아한 자세로 파티에서 묵묵히 있다가 본인을 소개할 때는 "Prince of Korea"라고 하여 당시 사교클럽의 유명 인사들은 이승만이 왕자인 줄 오해하기도 했다. 한말 시대의 양반, 특히 왕족이라는 사실은 전통적 유교사회에서 이승만에게 대단한 우월성을 심어준 듯하다. 왕족에 대한 우월성은 이승만이 지도자가 되는 데 정당성이나 권위 같은 것에 부담을 느끼지 않게 한 것 같다. 6대 독자라는 특수성도 이승만의 자존심 및 독선적 행위에 영향을 주었다. 무릇 독자들은 절대적인 사랑

과 존경을 받길 원하듯이 이승만도 남존여비사상이 팽배한 한말에 그
것도 6대 독자로서 항상 사랑과 존경의 대상이 되었을 것이다. 이러한
사랑과 존경을 받았던 이승만은 자신의 우월성만을 강조하면서 남의
태도나 의견을 무시하는 독선적인 태도를 보이게 된다(주돈식, 2004).

※ 참고사항 〈6대 독자의 여성적인 세계관〉

이승만의 부친은 대개의 몰락한 양반계급이 그러하듯 하는 일 없이 족보연구에만 몰두하
며 사람들과 어울려 소일하였고, 가계는 주로 어머니가 꾸려나갔다. 어머니는 6대 독자인 이
승만에게 지극한 정성을 다하였고 이승만의 정신세계의 지주이자 초석이었다. 어머니와 누
이의 애정 속에서 성장한 이승만은 자연히 여성적인 세계상을 갖게 되었다(한승조, 1992).

에피소드 어머니에 대한 이승만의 사랑

배재학당에 입학한 뒤 기독교에 귀의했을 때, 학생들은 누구를 막론하
고 상투를 잘라야 했다. 그러나 어머니가 유교의 영향으로 상투 자르는
것을 반대하자 이승만은 한동안 상투를 자르지 않은 채 교회도 다니고 영
어도 배웠다. 이러한 사례에서 보듯이 어머니에 대한 이승만의 사랑은 매
우 지극했다(월간조선부, 1993).

이승만은 구한말 과거에 응시할 정도로 한학에 대한 조예가 깊었
다. 이승만은 과거에 여러 번 응시했으나 합격하지는 못했다. 이승만
은 자신의 불합격이 자신의 실력보다는 과거제도가 잘못되어서 그렇
다고 생각하며 제도의 개혁에 눈을 뜨게 된다. 19세(1894년) 때, 당시 선
교사가 운영하던 배재학당에 입학하여 영어를 배운 지 6개월 만에 영
어신문의 주필을 맡게 된다. 짧은 기간에 영어를 잘하게 된 것은 아마
도 선교사의 영향력과 본인의 뛰어난 언어 능력 때문이었다고 생각된
다. 졸업 후에는 배재학당의 영어교사로 재직하며 미국인에게 한국어
를 가르치게 되었다(유영익, 1996).

　이승만의 지인인 언더우드는 뉴욕에 있는 자기 형과 워싱턴에 있는 친지들에게 이승만을 가리켜 "그리스도의 복음이 이교도들에게 무엇을 할수 있는지를 증명해준 빼어난 모범"이라고 칭찬하였다. 또한 이승만의 지인인 프레스턴은 샌프란시스코에 있는 자신의 친구에게 쓴 추천서에서 "수년간의 신앙경력이 있는 독실한 기독교인이자 이 나라 최고의 애국자 중 한 사람이며…… 최상급의 신사"라고 이승만을 치켜세웠다(이원순, 1993).

　21세(1896년) 때에는 서재필의 영향을 받아 독립협회에 가입하여 개화운동에 앞장선다. 29세(1904년) 때에는 미국으로 건너가 조지워싱턴 대학, 하버드 대학에서 수학하고, 35세(1910년) 때에는 프린스턴 대학에서 철학박사학위를 받는다. 이렇듯 이승만은 한학과 신학문을 두루 경험하였다.

박사학위 받을 당시의 이승만

　이러한 그의 교육적 배경은 다른 지도자들과 비교될 만큼 괄목할 장점이 되었다. 또한 이승만으로 하여금 오직 자신만이 나라와 국민을 이끌 수 있는 역량이 있다고 확신하게 만들었다. 또한 타인을 존중하기보다는 그들이 자기보다 우월하지 않다는 자만심을 불러일으키게 되었다.

　이승만은 20대 젊은 시절에 독립협회에서 맹활약하였다. 한국의 개화운동에 적극적으로 활동하여 정부 타도를 획책했다는 황국협회의 무고로 독립협회 간부들과 함께 투옥되어 종신형을 선고받기도 했다. 투옥 중에는 그 유명한 『독립정신』이라는 책을 저술하기도 하였다. 투옥 중에 감옥을 여러 번 탈옥하여 횃불 시위를 이끌어내는 등 당시의

옥중동지들과 이승만(왼쪽)

청년들에게는 상당히 영웅적인 행동을 보여주었다.

이승만은 감옥책임자를 설득하여 감옥 안에 '옥중학당'과 '서적실'을 설치·운영했다. 한성감옥 안에 이승만이 운영한 학교와 도서실이 있었다. 이승만은 옥중에서 엄청난 양의 독서를 했는데 그가 읽은 책들은 청말 중국 개혁가들에게 영향을 준 것들이었다. 또한 이승만은 옥중에서 10여 권의 책을 번역 내지 저술하였고 80여 편의 신문·잡지 논설을 집필·기고했다(유영익, 1996).

에피소드 이승만의 배짱

이승만이 독립협회 활동으로 끌려가 모진 고문으로 거의 죽게 되자 간수들은 이승만이 죽은 줄 알고 가마니에 싸서 시궁창에 버렸다. 그러나 지나가던 행인이 이승만이 살아 있는 것을 보고 구해주었다. 이승만은 여러 차례 감옥에 투옥되지만 탈옥하였다. 그러나 도망치지 않고 다시 횃불 시위에 참여하여 시위를 진압하는 황국협회 청년들 무리에 뛰어들어 황국협회의 지도자를 공격하는 대단한 대담성과 배짱을 보여주었다(이원순, 1993).

이승만은 옥중에서 한영사전을 만드는 등 활발한 집필 활동을 하였다. 당시 옥중에 종이가 반입되지 않자 그는 폐지를 이용하여 국제정세에 대한 해박한 내용을 담은 『독립정신』이란 책을 펴낸다. 『독립정신』의 내용은 당시 외국에 한 번도 나가보지 않았던 이승만이 세계정세와 국제관계에 대해 정확히 판단하고 있었다는 점에서 상당히 놀랄 만한 내용이었다 (유영익, 2004).

이승만은 민영환의 주선으로 석방된 후 미국으로 건너가 미국정부에 일본의 한국 침략 저지를 호소했으나 실효를 거두지 못하고 미국에 머물면서 유학을 하게 된다. 이후 하와이에 있던 박용만의 초청으로 하와이로 건너가 잡지를 창

미국에서의 이승만 (왼쪽)

간하고 한국인학교 교장으로 활동하며 민족주의와 민주주의를 가르치게 된다. 그러나 이승만은 독립운동의 방법은 외교적 노력을 통해서만 가능하다고 생각하였고 무력투쟁을 주장하는 박용만과 의견 차로 인하여 결별하게 되었다.

에피소드 한국공사를 칼로 위협하다

이승만은 고종황제의 밀서를 가지고 미국으로 가서 한국공사에게 미국정부에 전해줄 밀서를 보여주었다. 그런데 친일파였던 한국공사는 고종황제의 밀서내용을 일본대사관에 알려주었다. 미국정부는 일본정부의 항의를 받게 되고 고종황제의 밀서는 미국정부에 전달되지 못하여 고종

황제의 외교 노력은 물거품이 된다. 이에 격분한 이승만은 한국공사를 찾아가서 칼로 위협하며 "너 같은 친일파는 이 칼에 피를 묻히는 것도 아깝고 너의 자손은 친일파 자손으로 대대로 고통 받으리라."라고 윽박지르며 협박한다(이원순, 1993).

에피소드 조병옥의 결정

　미국유학을 마치고 한국으로 귀국하려던 조병옥(후에 민주당 대통령 후보)은 한국 독립을 위해 무엇을 할 것인가를 고민하며 당시의 지도자들을 만나러 갔다. 먼저 이승만을 찾아가자 그는 외교적 노력에 총력을 기울여야 독립이 가능하다고 역설하지만, 조병옥은 국제정세 상 외교적 노력으로 독립을 쟁취하기에는 현실성이 없다고 느낀다. 이승만에게 실망하고 박용만을 찾아가자 그는 군사적 무력투쟁만이 독립 쟁취의 가능성이 있다고 주장하면서 자신의 군관양성소를 보여준다. 당시 일본은 수많은 군함을 보유하고 있는 데 반해 군관양성소에서는 수백 자루의 목총만으로 군사훈련을 하고 있었다. 이를 본 조병옥은 일본과 비교해볼 때 군사력이 터무니없이 차이가 나 군사력 증강을 통해서 독립을 쟁취하는 것이 무모하다는 판단을 하게 된다. 마지막으로 안창호를 찾아가자 그는 내부적으로 국민을 교육시켜서 국민의 실력을 향상시키는 것이 독립에 도움이 된다고 강조한다. 이에 감명 받은 조병옥은 귀국해서 교육에 몰두하고 신간회 조직에 깊이 관여하게 된다.

　44세(1919년) 때, 3 · 1운동 이후 상해임시정부가 수립되자 이승만은 초대 대통령으로 선출되었으며 이어서 워싱턴에 구미위원회를 설치하였다. 그러나 미국에 거주하면서 상해임시정부 업무를 관장하는 데 대한 불만이 고조되자 젊은 중국인의 아버지인 양 변장하고 몰래 선박을 이용해 임시정부 대통령 일을 보기 위해 상해로 간다. 일본에서는 이승만을 체포하기 위해 혈안이 되었지만 변장을 하고 몰래 상해에 입국하는 데 성공하였다. 그러나 상해에 도착한 이승만은 대통령 일을 보면서 당시의 임시정부 인사들과 독립운동의 방법을 놓고 격론을 벌이게 된다(주돈식, 2004; 유영익, 1996).

에피소드 이승만과 상해임시정부 요인

이승만이 상해에서 임시정부 대통령직을 수행하는 과정에서 독립운동의 방향에 대한 논의가 나왔을 때 이승만은 외교적 노력을 통해 강대국을 움직여 조선의 독립을 쟁취해야 한다고 주장하였다. 반면 임시정부의 몇몇 요인은 무력으로 독립을 쟁취해야 한다고 주장하였다. 이에 이승만이 군함을 보유하는 등 막강한 일본의 무력에 맞서 무력으로 대항하는 것은 현실적으로 불가능하다고 하자 몇몇 요인은 "조선의 2천만 동포가 한마음이 되어 부지깽이를 들고 일본에 대항하면 된다."라고 주장하였다. 그러자 이승만은 이에 실망하고 더 이상 임시정부 요인들과 독립의 방향을 의논하지 않게 되었고 결국 대통령직에 대한 열정도 떨어지게 되었다.

이후 이승만은 해방이 되기까지 미국에서 한국의 독립을 위해 나름대로 외교적 노력을 기울이며 독립운동을 하였다. 미국에서의 독립운동으로 인하여 상해임시정부의 대통령직을 수행하지 못하고 임시정부 요인들과의 갈등으로 대통령 탄핵안이 통과되었다. 그러나 이러한 탄핵에도 이승만은 계속적으로 대통령 직함을 사용하였다.

미국에서의 독립운동 시절, 이승만과 다른 독립운동단체(안창호가 이끌었던 국민회의) 사이에 일어난 파쟁과 대립은 이승만의 지도력이 자만심과 독선적이었다는 것을 생생히 보여주었다. 이승만은 자기 주도하에 모든 조직이 운영되어야 하며 자기의 의도대로 되지 않을 때는 비방과 모략을 동원하였다. 이승만은 정치지도자로서의 타협과 수용 능력이 충분하지 못했고 권력 지향적이고 우월성이나 독선적인 행태가 강했다고 볼 수 있었다. 구미위원회와 재정 문제를 둘러싼 이승만과 임시정부의 파쟁과 갈등은 급기야 대통령 해임이라는 결과를 낳았다. 그럼에도 이승만은 대통령이란 직함을 끝까지 보유하려 했고 실제로 사용하였다.

이승만은 1942년 〈미국의 소리〉 방송을 통해서 고국 동포에게 조만간 일제는 패망할 것이며 우리가 기어이 독립을 쟁취하게 될 것이니 희망을 잃지 말고 싸워나가자고 호소하였다. 이승만의 떨리는 목소리는 전파를 통해 전국 방방곡곡에 퍼졌고 사람들 사이에 귓속말로 전파되어 나갔다(유영익, 1996).

에피소드 이승만의 운전 솜씨 ▬▬▬▬▬▬▬▬▬▬▬▬▬▬▬▬▬

이승만은 능숙한 운전 솜씨를 자랑했다. 1934년, 워싱턴의 프레스 클럽에서 연설하기 위해 가던 중 백주에 헤드라이트를 켜고 신호등도 무시한 채 시속 140킬로미터를 넘나드는 과속 난폭 운전을 하여 옆에 탄 부인 프란체스카는 새파랗게 질렸다. 두 대의 경찰 오토바이가 뒤따랐으나 쫓아오지 못하고 연설장에 이승만보다 늦게 도착하였다. 뒤따라온 경찰관들은 이승만의 연설이 끝나고 체포하려 했으나 영어로 열변을 토하는 이승만의 웅변에 매혹되어 자기도 모르게 박수를 치게 된다. 연설이 끝나자 경찰관들은 프란체스카에게 "기동경찰관 생활 20년 동안 교통법규 위반자를 놓친 것은 단 한 명뿐"이라며 "그 사람이 바로 당신 남편이다."라고 말했다(지동욱, 2003).

해방 이후 귀국하였을 때 이승만의 명성, 가정적 배경, 교육, 나이 등은 해방 정국에서 카리스마적 지도자로 인식되는 요인이 되었다.

이승만의 귀국을 처음에는 비밀에 부치고 어느 정도 시일이 지난 뒤에 국민에게 알리려 하였는데 어느새 소문이 나서 날이 새자 이승만이 머물던 조선호텔 주변에 사람들이 모이기 시작하였다. 하루 이틀 지나자 신문보도를 보고 지방에서부터 이승만을 만나려는 인사들이 대거 상경하는 사태가 벌어졌다. 이승만은 미국에 살고 있는 부인 프렌체스카에게 편지를 쓰다가 문 밖에서 소리치는 "이승만 만세!" 소리에 붓을 놓을 때도 있었다고 한다(한승인, 1984). 미군 헌병들이 나서서 정리를 했지만 들여보내주지 않는다고 아우성이 일어났다. 바지, 저고리, 두루마기에 갓 쓴 노인들부터 아낙네들까지 섞여 있었고 아무데서나 어지르고 잔디밭에 변을 보는 일까지 있어 난장판이 벌어졌다(윤치영, 1991).

여러 정치단체가 이승만의 권위를 인정했고 이승만을 영수로 모셔가려 했다. 독립운동가로서 이승만의 화려한 경력은 카리스마적이었고 대중성을 가지는 데 결정적 역할을 했다. 실제로 해방 이후 이승만은 국민에게 한국을 대표하는 애국자요, 선각자의 상징이자 희망이 되었다. 정치지도자로서 이승만은 자신의 유리한 배경을 이용하여 대중으로부터 많은 지지를 얻으려 했다. 이승만의 화려한 독립운동 경험은 정치지도자로서의 경력에 중요한 바탕이 되었다.

소련과의 유화정책에 골몰하며 국무성의 명령을 따르던 미군정은 신탁통치를 반대하는 이승만의 태도에 의심을 품기 시작했다. 그러면서도 그의 카리스마적이고 절대적인 인기를 알아챈 하지 장군은 처음에는 이승만에게 호의적으로 대하였다. 이승만이 하지 장군을 환영하는 국민대회에서 하지 장군은 이승만을 우리나라가 낳은 절대적인 애국자라고 치켜세웠다.

에피소드 꼬리가 아홉 달린 늙은 여우

박헌영은 사람을 직접 만나서 설득하는 데 대단한 재주가 있었다. 박헌영은 이승만이 귀국하자 자신의 세력으로 끌어들이고자 면담을 청하게 된다. 방으로 들어선 박헌영은 이승만이 창밖을 내다보며 자신이 온 줄을 모른 체하자 소리를 내어 자기가 온 것을 알렸다. 그러자 이승만은 그제야 박헌영이 온 것을 안 듯 그를 맞이한다. 이승만은 눈가에 이슬이 맺힌 채 박헌영에게 일제시대에 얼마나 고생했느냐며 손을 꼭 잡는다. 박헌영은 그런 태도에 오히려 감동하여 이승만이 해외에서 더 고생하지 않았냐고 이야기한다. 박헌영은 이승만의 태도에 정작 본인이 하고 싶었던 인민공화국의 대통령으로 와달라는 이야기는 하지 못하고 오히려 이승만이 제시한 독립촉성중앙회에 모든 세력이 뭉쳐서 하나의 기치 아래 대동단결하여 민족이 함께 독립국가를 건설하자는 데 동의한다. 면담이 끝나자 함께 갔던 공산당 간부 이강국이 면담 결과를 물어보자 그제야 이승만을 설득한 게 아니고 오히려 설득 당했다고 느낀 박헌영은 무릎을 치며 "이승만은 꼬리가 아홉 달린 늙은 여우"라며 한탄했다.

에피소드 이승만의 카리스마 ▰▰▰▰▰▰▰▰▰▰▰▰▰▰▰▰▰

강원룡 목사의 증언에 의하면 해방 이후 이승만의 귀국을 환영하는 군중대회가 서울운동장에서 열렸는데 당시 군중은 이승만이 등장하자 눈물을 흘렸다고 한다. 이승만은 군중대회에서 "뭉치면 살고 흩어지면 죽습니다."라는 유명한 연설을 하였다. 강원룡 목사도 젊은 청년으로서 이승만을 보고 참 애국자라며 눈시울을 붉혔다고 한다. 강원룡은 젊은 청년들과 함께 이승만을 면담하게 된다. 이승만은 손과 안면을 떠는 신경계통의 병을 앓고 있었다. 사람을 만날 때에도 안면 근육을 찔끔찔끔 떠는 버릇이 있었다. 이러한 모습을 본 젊은 청년들은 이승만이 일제시대에 모진 고문을 당한 것으로 생각하고 "박사님! 일제 치하에서 얼마나 고초가 많으셨습니까?"라며 눈물을 흘렸다고 한다. 그러나 이승만은 일제시대에는 국내에 없었기 때문에 일본인에게 체포되어 고문을 받은 사실은 없었다. 청년들은 이승만이 떨리는 손으로 엿을 먹으라고 주자 차마 먹지 못하고 엿이 다 녹을 때까지 손에 들고 있었다고 한다. 또 이승만이 독립운동 당시의 이야기를 하자 모두 울음바다를 이루었다고 한다.

맥아더에게 태극공무훈장을 수여하는 이승만

이승만은 일본 주둔 사령관 맥아더와 각별한 사이였다. 두 사람은 반공이라는 이념에서는 상당한 교감이 있었다. 한국전 당시에도 이승만과 맥아더는 북한을 물리치고 38선을 넘어 북진하는 데 서로 마음이 통했다고 한다. 이승만이 일본과 수교하지 않으려 하자 맥아더가 이승만을 일본으로 초청하여 일본 수상을 만나게 한다. 일본 수상은 한국을 비하하는 발언을 하지만 이승만은 이를 무시하고 일본인을 야만인에 비유하여 일본 수상을 당황하게 한다.

에피소드 이승만과 일본 수상

맥아더의 초청으로 일본을 방문하게 된 이승만은 일본 수상과 자리를 같이하게 되었다. 일본 수상이 이승만에게 한국을 비하하기 위해 "조선에는 아직도 호랑이가 많은지요?"라고 물어 왔다. 이는 한국이 아직 개발이 안 된 미개국임을 넌지시 암시하는 것이었다. 이승만은 이를 간파하고 "아! 한국에는 그동안 호랑이가 많았는데 임진왜란 때 일본 장군들이 모두 잡아먹어서 지금은 씨가 말랐어!"라며 일본의 야만성을 암시했다. 이에 일본 수상은 얼굴이 빨개지면서 몹시 당황했다고 한다. 이후 일본 수상은 "이승만과 같은 자가 한국에 두세 명 있었다면 한국은 일본의 지배를 받지 않았을 것"이라고 부하에게 말했다고 한다(강준식, 2011).

이승만은 미국의 원조를 받는 와중에도 미국 의회에서 당당하게 연설하면서 한국 지원의 필요성을 강조하는 등 대미 외교에도 상당히 자주성을 보여주었다. 미국의 정치 시스템을 정확히 파악하여 외교 부문에서는 큰 성과를 보여주었다. 그 덕분에 '외교에는 귀신'이라는 소리를 듣게 된다. 그러나 오랜 미국생활로 인하여 국내 정치나 국내 세력이 약하여 '내치에는 등신'이라는 소리를 듣게 된다.

에피소드 이 라인

2차 세계대전 이후 일본에 주둔한 맥아더 사령부는 일본열도 주변에 해양선을 그어 일본 어선의 조업을 제한했다. 이 해양선을 '맥아더 라인'이라 불렀다. 이승만은 대일강화조약이 체결되자 맥아더 라인 철폐 이후를 대비하여 어업자원 보호를 위한 평화선을 선언했다. 이른바 '이 라인(Rhee Line)'이었다. 이승만이 선언한 평화선의 한국 측에 독도가 있었다. 당시 국제해양법에 의해 먼저 선포한 라인은 변경하기 어려웠다. 이승만은 당시의 해양법과 국제정세를 파악하고 먼저 선수를 친 것이다. 이 라인은 우리의 어업 범위는 넓게, 일본의 어업범위는 매우 좁게 만들었다. 일본은 이 라인을 불법이라고 항의하고 고기잡이를 계속했다. 이에 이승만이 불법어로를 하는 어선을 붙잡아 억류하는 바람에 일본에서는 반한 감정이 높았다.

이승만은 야당이 자기를 비난하는 기사가 실린 신문은 읽지 않았다고 한다. 부인인 프란체스카(오스트리아 출신) 여사는 국내 신문에 이승만을 비난하는 내용이 실리면 대통령의 건강에 나쁜 영향을 줄까 봐 국내 신문은 가급적 읽지 않게 하고 미국 신문을 읽도록 했다. 이로 인해 이승만은 국내 사정이 어떻게 돌아가는지 더욱더 모르게 되었고 급기야 '내치에는 등신'이라는 소리를 듣게 되었다.

3. 주요 정치적 사건을 통해 본 이승만의 행태

이승만 대통령은 초기 정당성을 어느 정도 확보했다고 볼 수 있었다. 비록 좌익을 배제하여 남한만의 단독선거로 인해 남북한 분단을 가져왔고 친일 인사들을 숙청하지 않고 중용했으며 하루 만에 내각책임제에서 대통령제로 바꾸었다는 문제점을 가지긴 했으나, 초대 대통령으로서 정권을 잡는 과정은 어느 정도 정당성을 가졌다고 볼 수 있었다. 그러나 정권을 유지하기 위해 권력을 남용하고, 헌법 개정을 통해 권력을 연장하는 등 정치권력을 사용하는 데서 정당성을 상실하게 되었다.

이승만은 자존심이 강하고 고집이 세어 다른 사람에게 일을 맡기면 마음을 놓지 못하는 성격이어서 혼자서 일을 처리하는 원맨십 스타일이었다. 그러나 필요에 따라 대중을 동원하고 자기 뜻에 맞도록 조종하는 고도의 대중동원·대중설득 능력의 소유자였다. 이승만은 김구와의 세력경쟁에서 밀리자 전국의 정당·단체 대표들을 한자리에 모아놓고 특유의 호소력을 발휘하기도 하였다. 또한 미군정과의 관계가 악화되자 직접 전국 순회강연에 나서서 대중의 지지를 유도해냈다. '뭉치면 살고 흩어지면 죽는다!'는 대중을 사로잡는 이승만의 포퓰리즘 기질을 단적으로 보여주는 구호였다.

이승만은 정책결정을 할 때 주위의 자문을 구하거나 합리적인 과정을 거치지 않고 독선적이고 독단적인 의사결정을 하곤 하였다. 이승만은 정확한 정보나 관찰에 신경 쓰지 않고 자신의 직관력에 크게 의존하였다. 또한 충분한 토론을 거치지 않고 육감이나 짐작으로 손쉽게 결정하는 버릇이 있었다. 이는 그 당시 자기보다 높은 학식과 식견을 갖고 있는 사람이 없다는 자만심과 독선적인 행태에서 비롯되었다고 추정된다. 이승만의 무의식 속에는 무지몽매한 국민이 교육수준과 경륜에서 누구보다 월등한 자신을 믿고 따라야 한다는 심리적 우월감이 깊이 내재해 있었던 것 같다(유영익, 2006).

장관들은 오로지 이승만의 명령을 기다리고 그의 지시대로 따랐다. 정책결정에 있어서도 장관들은 결정적이거나 자문적인 역할을 잘 수행하지 못했다. 이승만은 정치적으로 신뢰할 수 없거나 자신에게 도전적이라고 느껴질 때에는 장관들을 가차 없이 해임했다. 또한 장관들이 회의에서나 면담에서 이승만에게 동의하지 않을 경우에도 즉시 해임되었다. 따라서 장관들은 이승만과 논쟁을 벌이거나 긍정적인 다른 제안을 하기도 힘들었다. 이승만은 장관들을 단지 자신의 충성스런 비서관 정도로 취급한 것 같다.

경무대(청와대) 비서들도 마치 잔심부름이나 시키는 개인비서 정도로 가볍게 여겼다. 이승만은 비서실 참모들을 하인 부리듯 했고 단순한 비서 역할과 사무업무만 맡겼다. 예를 들어, 100달러 이상 지출하는 경비는 직접 결제했고, 미국 정부 고위인사들에게 보내는 외교문서는 직접 타이핑하거나 부인인 프란체스카 여사에게 맡겼다.

1952년, 대통령 선거에서 75%라는 압도적 지지를 얻고 재선된 이승만은 더욱더 자신의 카리스마적 지도력에 확신을 가진 듯하다. 그는 자신만이 한국의 문제를 해결할 수 있는 자격이 있다고 믿은 것 같다. 이러한 환경에서 이승만은 정책결정에서 독선적인 행태를 지속했으며 정부 관료는 정책결정의 과정에서 제외되고 현상유지를 하는 데 급급하였다.

에피소드 유시만 하는 국무회의

국무회의를 할 때에는 이승만 앞에 책상도 없는 의자에 장관들이 앉아서 부처별 주간 보고를 하고 이승만이 준비한 메모대로 유시를 하였다. 그리고 나면 대개 오전 11시가 된다. 그러면 경무대에서 열린 국무회의는 끝나고 장관들은 중앙청 국무회의실에 와서 다시 회의를 계속하였다(최인규, 1984).

이승만은 직접 정책결정에 참여하지 않을 때도 장관에게 권한을 위임하지 않고 자신의 동의 없이는 정책결정을 하지 못하게 하였다. 그는 중요한 외교적 사안에서부터 심지어는 개인의 여권 발급이나 원자재 수입계약까지도 직접 개입하여 통제했다. 이승만은 정부나 정부 정책 모든 부문을 통제했으며 심지어 국정연설을 할 때에도 비서를 이용하지 않고 직접 타이프를 치며 원고를 작성했다고 한다.

에피소드 조병옥의 파티 비용 비난

한국정부가 수립되자 전 세계에 알리기 위하여 조병옥을 미국에 특사로 파견한다. 이승만은 조병옥의 호탕한 성격과 낭비적인 기질을 탐탁지 않게 생각했다. 그래서 조병옥이 특사로 출국할 때 경비를 절약하라면서 최소한의 여비만 지급한다. 조병옥은 국가 탄생을 전 세계에 알리는 특사로서 연회를 열어야 하는데 소지한 여비만으로는 부족하다며 정부를 담보로 미국정부에서 돈을 빌려 각국의 대사를 초대해서 연회를 베푼다. 나중에 이 사실을 안 이승만은 분개하여 조병옥을 비난한다.

에피소드 그대로 쓰는 경무대

경무대는 일본식과 미국식이 뒤섞인 불편하고 우중충한 분위기였다. 일본인 총독 미나미가 지은 이 건물에는 역대 조선 총독들이 살았으며 이승만이 입주하기 전에는 미군정 사령관인 하지 장군이 살았다. 이승만은 일본식인 다다미방을 좋아하지 않았으나 경비를 절약하기 위해 경무대를 개조하지 않고, 목욕탕의 욕조가 너무 좁아 욕조 한쪽을 파내어 다리를 뻗을 수 있게 했을 뿐이다. 이승만은 "나랏일을 보는 사람이 자기 고집대로 바꾸다 보면 그런 데서 부정부패가 싹트게 된다."라며 경무대는 아무도 손대지 못하게 했다. 이승만이 대통령 별장이 있는 진해에 내려가 있는 동안 경무대의 베란다 수리를 했다가 혼이 난 직원들은 다시는 이승만의 허락 없이 경무대를 수리하지 못했다(월간조선 편집부, 2004).

에피소드 냉수 먹고 된똥 싸라

이승만은 경무대 직원들에게 "냉수 먹고 된똥 싸라. 밖에 나가서 경무대 이름 팔지 마라."라고 말하곤 하였다. 경무대를 등에 업고 부정부패에 연루되지 말라는 의미였다. 이 말을 자주 하여 수행원들은 항상 이 말을 가슴에 새기고 있었다고 한다(월간조선 편집부, 2004).

이승만은 대중을 능란하게 조작하는 능력을 보여주었다. 그러나 이승만을 둘러싼 비서진들의 잘못된 정보 인식과 국내 사정에 어두운 좁은 시야가 국내 여론을 무시하고 더욱 독단적인 행태를 취하게 하였다. 이러한 이승만의 독단적인 행태를 막을 수 있는 뚜렷한 통제장치가 없었다.

에피소드 인의 장막

이승만이 시장에 가서 물가동향을 파악할 때는 미리 비서들이 시장 상인에게 찾아가 물가가 오르지 않고 몇 년 전과 비슷하다고 말하라고 지시했다. 이승만은 시장 상인에게 물건 값이 얼마냐 묻고 물가가 오르지 않은 사실에 매우 흡족해하면서 자신이 정치를 잘하는 것으로 착각했다. 이렇듯 대통령 주변에 대통령의 눈과 귀를 막는 비서진들이 있는 것을 가리켜 인의 장막에 둘러싸여 있다고 하였다.

에피소드 호랑이가 철창에 갇혔어! ━━━━━━━━━━━━━━━

초기 이승만의 비서를 지낸 윤치영은 대통령을 둘러싼 인의 장막이 걱정되어 이승만이 아첨자들에게 철저히 포위되어 국민과 유리되고 고립되어 있다는 점을 강조하면서 하루 속히 이러한 상태에서 벗어나야 한다고 하였다. 그랬더니 이승만은 다소 침울한 표정으로 멀리 남산 쪽을 바라본 후 "호랑이가 철창에 갇혔어. 호랑이가 철창에 갇혔단 말이야. 일이 있을 적마다 자네를 생각하는데 자네를 좋다고 하는 사람이 하나도 없어……. 이건 민주주의 정치란 말이야……. 사람들의 마음을 사도록 해보란 말이야."하는 것이었다(윤치영, 1991).

1952년 부산 정치파동

한국전쟁 이후 임시 수도였던 부산에서 이승만은 계엄령을 내리고 헌법을 개헌하였다. 이 과정에서 불법적인 폭력을 사용하여 야당세력을 위협하여 무력적으로 헌법을 개정하였다. 1952년 당시에는 대통령을 국회에서 선출하였기 때문에 현행제도 하에서는 대통령에 재선되는 것이 어렵다고 판단한 이승만은 국회에 개헌론을 상정하였다. 그는 대통령을 국회에서 선출하지 않고 국민이 직접 뽑을 수 있도록 헌법을 개정하려고 했다. 당시 이승만은 한국전쟁으로 인해 국회의원들로부터는 인기를 잃어버려 재선되기 어렵지만 국민에게는 인기가 있었으므로 직선제로 개헌해야 당선될 수 있다고 생각하였다. 국회에서 개헌론이 통과하지 못하자 이승만은 관제 데모와 헌병들을 동원하여 야당의원들을 체포하고 위협하여 개헌론을 통과시켰다. 이것을 '부산 정치파동'이라 한다. 부산 정치파동은 그동안 유지되어왔던 민주주의에 대한 이승만의 의지나 신념이 무너지는 것을 보여주었다. 또한 한국의 정치는 향후 대통령의 집념에 의해 헌법이 개정될 수도 있고 무력으로 권력이 유지될 수도 있다는 선례를 남기게 되었다.

에피소드 부산 정치파동에서의 관제 데모

부산 정치파동에 동원된 관제 데모는 소위 '땃벌레', '백골단'이라는 희한한 이름의 단체로, 헌법 개정에 반대하는 야당의원들을 위협하고 협박하였다. 소위 국제공산당 사건을 조작하여 국회의원을 체포하고 정국을 공포의 도가니로 몰아갔다. 헌법 개정을 위해 헌병들이 도열해 있는 국회 회의장 속에서 비밀투표가 아닌 거수로 개정헌법에 대한 찬반의견을 묻는 방법으로 투표를 하였다. 이러한 공포 분위기 속에서 헌법 개정안은 통과되었다(정윤재, 2003).

1954년 사사오입 개헌

1952년, 헌법 개정으로 대통령에 당선된 이승만은 당시 두 번으로 제한된 대통령의 임기를 이번에는 3선으로 고치는 3선 개헌에 착수하였다. 당시 여당인 자유당을 중심으로 3선 개헌을 상정하고 국회에서 표결에 들어가게 되었다. 재적의원 3분의 2의 찬성을 얻으면 개헌이 통과되는데, 당시 재적의원은 203명이었다. 투표결과는 개헌안

찬성이 135표로 사실상 부결된 것이었다. 왜냐하면 재적의원 203명의 3분의 2는 135.33333으로 이는 136명이었기에 한 표가 부족하였다. 그러나 자유당은 사사오입, 즉 수학에서는 5 이상은 반올림하고 4 이하는 버린다는 식으로 203의 3분의 2는 135라고 주장하였다. 처음에는 부결을 선포하였으나 다음날 재적의원의 3분의 2는 실제로 135라 주장하며 야당의 반대에도 3선 개헌론을 통과시켜 결국 이승만이 세 번째 대통령에 당선되도록 하였다. 이제 더 이상 이승만에게는 민주주의의 실현을 기대할 수 없게 되었다. 이후로 야당은 대통합을 실현하여 민주당을 탄생시키고 1956년 선거에서 대통령 후보로 신익희, 부통령 후보로 장면을 내세워 집권여당인 자유당에 대항하게 되었다(주 돈식, 2004).

에피소드 개헌안이 부결된 주된 이유

1954년 개헌안이 상정되었을 때는 국회의원 136명이 찬성할 것으로 예상했으나 어느 한 의원이 가부(可否)의 글자를 몰라 잘못 찍는 바람에 기권으로 처리되어 135표로 부결되었다. 당시 자유당 의원들은 이 국회의원에게 글자를 외우도록 열심히 교육했으나 당일 투표소에서 혼동을 일으키는 바람에 가부 사이에 도장을 찍어 무효표가 되었다고 한다.

에피소드 수학교수의 해석

개헌안이 부결되자 자유당 의원들이 경무대로 이승만을 찾아와 울면서 죄송하다고 하였다. 그러나 이승만은 오히려 "그만큼 얻었으면 충분하다."라고 그들을 위로한다. 이 말뜻을 자유당 간부들은 어떠한 의미가 있는 것으로 생각하고, 장경근 의원을 중심으로 수학교수에게 자문을 얻어서 수학적으로 사사오입의 근거를 만들게 된다.

에피소드 우의마의(牛意馬意)

3선 개헌 후 이승만은 겉으로는 다음 대통령 선거에 출마하지 않겠다고 말한다. 이에 당황한 자유당 간부들은 국민의 뜻이라며 관제 데모를 획책하지만 이승만이 모른 체하자 소와 말의 달구지를 당시 경무대(오늘날 청와대) 앞으로 집결시켜 소와 말을 울게 하여 국민뿐 아니라 소나 말도 이렇게 이승만의 출마를 원한다고 주장하여 결국 이승만이 출마하는 모양새를 갖추었다.

에피소드 못 살겠다 갈아보자!
— 갈아봤자 별 수 없다. 구관이 명관이다

이승만의 독재에 반대하여 1955년, 야당은 통합을 하게 된다. 과거 한민당이나 민국당 출신인 신익희, 조병옥을 중심으로 한 세력(후에 민주당 구파), 흥사단을 중심으로 하여 장면으로 대표되는 세력(후에 민주당 신파)이 연합하여 강력한 야당, 즉 민주당을 창당하게 된다. 민주당은 자유당에 대항하여 대통령 후보에 신익희, 부통령 후보에 장면을 내세운다. 신익희 후보는 이승만을 능가하는 인기를 누리며 그 유명한 한강 백사장 연설을 하였으나 갑자기 병으로 서거하여 1956년 선거는 사실상 부통령을 뽑게 되는 선거로 전락하고 말았다. 거의 단독 출마로 대통령에 당선될 것이 확실한 이승만과 부통령 당선을 원하는 이기붕은 부정 선거를 자행하게 된다. 이때 나온 유명한 구호가 민주당의 "못 살겠다, 갈아보자!"였고, 여기에 대응하여 자유당은 "갈아봤자 별 수 없다. 구관이 명관이다."라며 응수했다.

1960년의 4 · 19 민주화운동

1960년, 이승만은 3월 15일 선거에서 네 번째로 대통령에 출마하게 된다. 야당에서는 조병옥 대통령 후보, 장면 부통령 후보가 나왔으나 조병옥 후보가 갑자기 위암으로 서거하는 바람에 대통령 후보는 이승만 단독으로 출마하게 되었다. 자유당의 입장에서 이 선거의 중요한 점은 나이가 많은 이승만 대통령(당시 86세) 때문에 부통령에는 자유당 후보인 이기붕을 당선시켜야만 하였다. 왜냐하면 헌법에 대통령의 유고 시 부통령이 대통령직을 계승하여 수행할 수 있다고 되어 있기 때문에 나이 많은 이승만에게 건강상 문제가 생기면 정권을 야당에게 빼앗길 수도 있으므로 자유당에서 부통령을 당선시키는 것은 정권 차원에서 중요한 과제였다. 그러나 당시 인기가 많던 장면 후보를 이기기가 쉽지 않아서 선거에 승리하기 위해서 조직적인 부정선거를 저지르게 된다. 이를 '3 · 15 부정선거'라고 한다. 대통령은 단독으로 출마하여 승리가 기정사실화되었으나 부통령에 이기붕을 당선시키기 위해 어마어마한 부정선거를 획책하여 결국 대통령에 이승만, 부통령에 이기붕이 당선되었다.

그러자 국민은 이러한 부정선거에 분개하였다. 처음 마산에서 시위가 발생하였고 그 과정에서 김주열 학생이 최루탄이 눈에 박힌 채 바다에서 시체로 떠오르자 시위는 점점 가열되어 서울로까지 번지게 되었다. 1960년 4월 18일, 정치깡패를 동원하여 시위하던 고대생을 피습한 것이 중요한 계기가 되어 다음날인 4월 19일 서울의 많은 시민이 궐기하게 된 것이 4 · 19 민주화운동이다. 시민이 대항하자 자유당은 경찰로 하여금 시민에게 발포하도록 하고 군인들을 동원하여 계엄령을 선포하지만 결국 시민의 힘을 당해내지 못하였다. 4 · 19 민주화운

동으로 이승만은 권력에서 물러난 뒤 향후 하와이로 망명을 떠나 그곳
에서 비극적으로 생을 마감하게 되었다.

<hr/>

에피소드 김두한과 이정재의 싸움

이승만은 고령의 나이에도 건강한 편이어서 도끼로 장작을 패는 열정
까지 보여주었다. 한편 2인자였던 이기붕은 이승만보다 젊은 나이였음에
도 신경통을 앓고 있어 다리를 절며 잘 걷지 못하였다. 장작을 패는 이승
만을 만나러 간 이기붕이 다리를 절뚝거리며 부축을 받았다. 인사할 때
이승만은 "만송(이기붕의 호)은 건강에 신경 써야 할 것이야." 하며 그의 건
강을 걱정하였다. 국회의장인 이기붕이 건강상 이유로 국회의장의 역할
을 다하지 못하자 김두한 의원은 국회에서 이기붕을 향하여 "잘 걷지도
못하는 병신이 왜 국회의장직을 고수하려 하느냐?"며 비난한다. 이에 격
분한 이기붕은 당시 정치깡패인 이정재를 시켜 김두한 의원을 처리해줄
것을 부탁한다. 이정재는 부하와 함께 국회로 김두한 의원을 찾아가 사람
들이 보는 앞에서 물리적인 협박을 하며 망신을 주었다. 그전에 회의를
방해하는 이정재에게 김두한이 달려가 서로 멱살을 잡고 싸움을 하는 상
황이 벌어지기도 하였다(유지광, 1978).

<hr/>

에피소드 건강 과시

한번은 강원도 원주에 가야 하는데 공군에서는 기상이 나빠 비행기가
뜰 수 없다고 했고, 미군은 비행을 해도 괜찮다는 판정을 내렸다. 기상이
나빠 모두 걱정하고 있는데 이승만은 그냥 떠나자고 하였다. 여의도에서
출발하여 원주로 가는데 비행기가 너무 흔들려서 몇몇 수행원은 구토를
했다. 프란체스카 여사도 어지러움을 호소했지만 이승만은 끄떡도 없었
다. 이승만은 초죽음이 된 수행원들에게 "자네들 괜찮은가?" 하고 물었을
정도였다.

에피소드 건강의 비결

이승만 대통령은 건강 비법에 대해 "마음을 편안히 갖고 잠을 잘 자는 것"이라고 말한 바 있다. 많은 사교모임에 나갔지만 술과 담배는 일절 입에 대지 않았다. 경무대 파티 때도 술을 대접하지 않는 경우가 많아 초청받은 사람들은 미리 술을 마시고 오곤 했다. 이 대통령은 스트레스를 장작 패는 일로 해소했으며 평소 맨손체조를 즐겼다.

에피소드 내 빽은 대통령이야!

이승만은 경무대 요리사인 양학준 노인을 특별히 아꼈으며 그가 만든 음식을 좋아했다. 그러나 프란체스카는 그를 별로 좋아하지 않았다. 양노인이 술을 자주 마시고 냉장고의 식료품을 마구 꺼내 경무대 직원들에게 나눠주었기 때문이다. 어느 날 양 노인이 술에 취해서 "소금 조금, 간장 조금." 하면서 프란체스카의 흉내를 내고 있었다. 가정부가 걱정이 되어 "영부인에게 들키면 어떡하려고 그러느냐?"고 하자, 양 노인은 "내 빽이 대통령인데 깍쟁이 영부인인들 어쩌겠어요?"라며 큰소리를 쳤다. 그소리를 들은 프란체스카는 깍쟁이가 무슨 뜻이냐고 묻자 이승만은 "살림잘하는 알뜰한 부인네를 칭찬하는 말"이라고 가르쳐주었다. 또한 이승만은 언제나 배우는 자세를 견지했다. 80세가 넘은 후에도 새로운 영어단어를 손바닥에 써서 외우기도 했다고 한다(월간조선 편집부, 2004).

에피소드 제왕적 대통령

이승만과 자유당의 관계에서는 '유시'라는 말을 사용하였고, 이승만과 국무위원들의 관계에서는 '분부'와 '하문'이라는 말을 사용했다. 이는 과거 임금이 신하에게 했던 방식을 그대로 사용한 것 같다. 또한 이승만은 자유당 전당대회에 나타나지 않고 총재로서 대개는 비서를 보내 유시를 '봉독'하도록 했다. 이승만이 법을 무시한 통치를 한 것도 그의 군주의식을 잘 보여준다고 하겠다. 이승만이 군주의식을 지니고 통치를 했다는 것은 인물천거함 소동에서도 확인할 수 있다. 1953년 9월, 이승만은 중앙청 앞에 상자를 갖다놓을 테니 인물을 천거하라고 공표하였다. 마치 과거 임금이 했던 행동을 따라하는 모습이었다. 이승만의 생일은 군주의 생일 못지않게 큰 규모로 경축하였다. 예컨대 1956년의 81회 생일 때는 전 관공서를 임시휴일로 정하였고, 야간통행금지까지 없앴다.

4 · 19 이후 이승만 정권이 무너지고 발포 명령으로 인해 재판이 열렸을 때 당시 이승만의 경호 책임자였던 곽영주는 재판정에서 다음과 같이 답변하였다. 재판장이 이름을 묻자 "곽영주라 하옵니다.", 또 직책과 고향을 묻자 "경호 책임자이고 이천이라 하옵니다." 등 '……하옵니다' 혹은 '그랬사옵니다' 등의 표현을 쓰기에 재판장이 왜 그러한 표현을 쓰냐고 묻자 "이승만 대통령 각하를 모시다 보니 자연스럽게 입에 밴 습관"이라고 답했다. 이러한 예에서 보듯이 이승만은 마치 왕처럼 대우를 받았고 그처럼 처신했다고 생각된다(유지광, 1978).

4. 한국전쟁과 이승만

미국과의 시각 차이

한국전쟁이 일어나기 전에 이승만이 가장 노력을 기울인 분야는 국방이었다. 특히, 상대적으로 북한에 열세였던 공군과 해군의 증강을 미국에 끊임없이 요청하였다. 그러나 미국은 남한의 군사력이 증강되면 이승만이 주장해온 북진통일을 실현하는 것이 우려되어 그의 요청에 냉담한 반응을 보였다.

한국전쟁이 일어나자 미국과 이승만 사이에는 분명한 시각차가 있었다. 한국전쟁이 일어나고 2주일이 지난 7월 9일, 트루먼 대통령은 기자회견에서 한국전쟁의 성격을 다음과 같이 규정지었다. "이것은 전쟁이 아니라 경찰 행위에 지나지 않소." 경찰은 범인을 체포하고 벌을 주려고 하는 법인데 트루먼이 노린 것은 실제로 범인들을 견제하려는 것 이상의 아무것도 아니었다. 따라서 전쟁의 목적은 침략자의 처벌도 아니고 희생자의 보호도 아니었다. 그러나 이승만의 시각은 전혀 달랐다. 이승만에게 분단은 현대사의 최대 비극 중 하나이며 독립된 정부 아래 한국의 자유가 목적이었다. 북한의 침략은 공산주의 세력을 확대하려는 생각에서 나왔으며 침략을 응징해야 다시는 공산주의의 도발이 없을 것이라고 확신했다. 이러한 트루먼과 이승만의 전쟁에 대한 시각 차이는 한국전쟁의 성격과 전개방향에 크게 영향을 미치게 된다. 이승만은 외교적 수단과 방법을 총동원하여 한국전쟁의 성격을 변화시키는 데 노력하고 이는 결국 트루먼을 위시한 미국 관리들과의 갈등을 일으키게 된다. 이러한 갈등은 후에 휴전회담에서 반공포로 석방 문제를 불러오며, 향후 미국과의 군사방위조약과 경제적 원조 등의 결과를 가져오게 된다(올리버, 1982).

한국전쟁이 진행되는 동안 이승만은 자신과 시각이 비슷한 맥아더 장군과 교감을 갖게 되고, 맥아더에게 의지하며 전쟁을 치르게 된다. 제1공화국 수립 기념식장에서 맥아더는 "만약 한국이 공산군에게 공격을 받게 되는 경우가 있으면 나는 한국을 캘리포니아 주와 같이 방위할 것입니다."라고 공언하였다. 이것을 보도한 기자들은 이러한 선언이 단순한 감상적인 표현이라고 논평했으나 그것이 진실이었다는 것은 한국전쟁이 터진 후에 밝혀졌다. 한국전쟁이 일어나자 이승만은 맥아더에게 어서 빨리 북한군을 격퇴시켜 달라고 부탁하였다. 이에 맥아더는 걱정하지 말라며 이승만을 안심시키고 일본에 주둔하고 있던 자신의 군대를 한국에 출동시키면서 미 국무성에 미군이 빠른 시간 내에 한국전쟁에 참전해야 한다고 설득하는 노력을 아끼지 않았다.

에피소드 맥아더의 인천상륙작전 구상

한국전쟁이 일어나고 서울이 함락될 무렵, 일본군 주둔 사령관이던 맥아더 장군은 당시 한강 이남 말죽거리로 전황을 살피러 왔다. 포가 떨어지는 와중에도 망원경으로 적군의 동태를 살피던 맥아더 장군은 이때 이미 인천상륙작전에 대한 자신의 의견을 나타냈다. 포격 중에도 태연히 망원경을 보며 의연한 자세를 보인 맥아더 장군은 상당히 쇼맨십을 지닌 장군이었다.

총부리를 왜놈에게

맥아더 장군은 이승만에게 일본군을 한반도에 상륙시켜 북한군을 물리치자고 제안했다. 하지만 이승만은 만약 일본군이 한반도에 한 사람이라도 발을 디뎠다가는 김일성에게 겨누었던 총부리를 모두 일본군에게 겨누겠다며 반대하였다. "맥아더가 왜놈들을 상륙시켜 북진하자고 하는데 자네들은 어떻게 생각하는가?"라고 참모들에게 물은 후 "나는 왜놈이 한국 땅에 발을 들여놓으면 총부리를 왜놈들에게 겨누겠다. 왜놈은 우리 땅에 발을 한 발짝도 들여놓지 못한다."라고 말하였다(월간조선 편집부, 2004).

미 대사를 위협한 이승만

이승만은 한국전쟁이 일어나자 미국 대사인 무초에게 "한국전쟁이 일어나기 전에 미군의 철수를 반대해왔고 군사력 증강을 위한 원조를 요청했는데, 미국이 이를 듣지 않아 결국 북한의 남침을 불러왔다."며 불만을 토로했다. 그러면서 이승만은 이른 시간 내에 미국 지상군의 참전을 요청했다. 그러나 미국 대사는 미국 지상군이 참전하기 위해서는 시간이 걸린다고 대답했다. 그러자 이승만은 격분하여 총을 꺼내 무초 대사를 겨냥하며 "미국의 참전이 늦으면 남한은 북한의 침략을 막아내지 못하여 적화되니 이는 나도 죽고 우리나라의 우익 인사들도 모두 죽는 것이다. 어차피 죽게 될 바에야 남한 내에 거주하는 미국인을 체포하여 총살하겠다." 라고 엄포를 놓자 이에 당황한 미국 대사는 트루먼 대통령에게 긴급 전문을 띄우게 된다.

북한은 전쟁을 일으킨 지 사흘 만에 서울을 함락시킨다. 그러나 서울을 함락한 북한군은 파괴된 한강 다리를 빠르게 복구하지 않고 남하하는 속도를 늦춘다. 만약 빠른 속도로 남하하였으면 아마도 미국이 개입하기 이전에 남한은 함락되었을지도 모른다. 북한군은 남하하지 않고 서울에서 느긋하게 연회를 즐겼다. 왜냐하면 서울만 점령한다면 남한 지역민이 모두 봉기를 일으켜 남한이 쉽게 적화될 것이라는 박헌영의 말에 김일성이 동조했기 때문이다. 그러나 실제로 남한지역에서는 봉기가 일어나지 않았다. 이것이 나중에 한국전쟁의 패전 원인을 놓고 김일성이 박헌영을 숙청할 때 미국의 간첩이라는 죄목을 붙인 이유가 되었다.

이승만은 한국전쟁이 일어나기 이전에 미군이 한반도에서 철수하는 것을 반대해왔다. 그 이유는 남한의 군사력이 북한의 군사력보다 약하다고 생각했기 때문이다. 그러나 당시 미국의 외교정책은 일본의 방위에 초점을 두었기 때문에 국무장관인 에치슨의 이름을 따서 '에치슨 라인'이라는 미국 방위라인을 설정하였다. 이는 미국이 군사방위에서 한국을 제외한다는 의미였다. 따라서 미국은 이승만의 반대에도 철수를 단행하였다. 이승만은 미군이 철수할 경우 남한의 군사력이 약화될 것을 우려하여 미국에 군사력 증강을 위한 재정적 도움을 요청하였다. 그러나 미국은 남한의 군사력이 강화되면 이승만이 북진할 것을 우려하여 기본적인 군장비만 남기고 철수하게 된다.

서울 수복 이후 북한지역에 관한 자치권 여부로 이승만은 미국과 갈등을 빚는다. 미국의 입장은 과거 미군정과 마찬가지로 북한지역에 일정 기간 군정을 실시하는 것이었다. 그러나 이승만은 한국은 오랜 역사를 가진 독립국이고 주권국가이기 때문에 국가의 운명은 한국 국민과 정부가 결정해야 한다고 주장하였다. 이승만은 신속하고 과단성 있게 행동을 취해야 할 필요성을 느꼈다. 따라서 북한지역의 도지사를 발표함과 동시에 민간통치를 위한 인원배치와 명령을 진행시켰다. 이러한 이승만의 행동은 미국의 군사작전에 방해가 된다고 여기는 미행정부와 상당한 갈등을 불러일으킨다. 이승만은 대한민국이 한반도의 유일한 합법정부라는 것을 국제연합이 인정했다고 강조하였다. 이승만은 트루먼에게 이 문제를 국가원수들 간의 정상회담을 통해 해결하자고 주장하였다. 그러나 트루먼은 이승만에게 결코 자주적이고 대등한 국가원수의 지위를 부여하지 않으려 했다.

반공포로 석방

한국전쟁 중에서 이승만의 가장 훌륭한 공적으로 여겨지는 것은 반공포로 석방이라 할 수 있겠다. 국제사회에서는 한국전쟁의 종지부를 찍기 위한 휴전이 논의되기 시작하였다. 따라서 이승만과 맥아더 장군이 주장하는 북진통일의 기회는 희미해져갔다. 이승만은 휴전을 분쇄하기 위해 국내 여론을 환기시키고 외국의 여론을 움직이려고 하였다. 이승만은 통일을 이루기 위해서는 휴전을 하지 말고 끝까지 전투를 해서 북진해야 한다고 생각하였다. 이승만은 휴전협상 진행에 대하여 노골적으로 불만을 나타내는 편지를 미국에 보내 자신의 강경한 입장을 나타냈다. 그러나 미국의 주도하에 한국전쟁 포로의 강제 송환으로 휴전협정이 조인될 것이 확실해졌다. 1953년 6월 8일 새벽, 전국 포로수용소에 있던 2만 7천여 명의 반공포로들이 미국 몰래 이승만의 명령으로 석방되었다. 이승만은 자유를 원하는 포로들을 북한에 넘길 수 없다며 반공포로들을 유엔 군 측과 상의 없이 석방했다. 유엔군이나 북한 측은 놀라고 분해서 원상회복을 요구했으나 받아들여지지 않았다. 이 결정은 전 세계를 놀라게 하였고 이에 대한 외국의 찬반론이 거세졌다. 한편 북한은 포로 석방이 유엔군 사령관과의 사전협의 하에 이루어진 것이라고 맹공격을 퍼부었다. 이 사건으로 말미암아 입장이 난처해진 미국은 특사를 파견하여 한국정부가 더 이상 휴전협상을 파괴하지 말도록 설득하였다(주돈식, 2004).

에피소드 이승만과 미 특사

이승만은 포로석방 조치를 추궁하고 휴전반대를 누그러뜨리기 위해 한국에 온 미국 특사를 맞이했을 때 "미국의 원조에 감사한다."라는 말과 신변잡담을 하면서 의식적으로 대화의 초점을 피했다. 그러나 특사 일행이 반공포로 석방 문제를 꺼내자 때마침 경무대 숲을 날아가는 까치 한 쌍을 가리키며 태연스러운 어조로 "저 모습이 얼마나 자유롭고 평화롭습니까? 나는 반공포로를 공산지옥으로 보내느냐, 광명의 이 땅에 머물게 하느냐는 문제를 가지고 근 1주일 동안 기도한 끝에 하나님의 계시를 받아 이번 조치를 감행하였습니다."라고 말했다(이원순, 1993).

에피소드 지프로 돌진하다

이승만은 한국전쟁 중 피난민 속에 섞여 내려오는 인민군의 교란 작전으로 한국군이 곤경에 처해 있다는 보고를 받았다. 그래서 무초 주한 미국대사를 불러 한국군과 미군이 함께 인민군 색출 작업을 벌여야 한다고 주장했다. 그러나 무초는 이를 거부했다. 화가 난 이승만은 "내 제안을 수용하지 않으면 가만두지 않겠다."라고 큰소리 쳤다. 이승만은 곧바로 흙탕물을 튀기며 지프를 몰고 무초를 향해 돌진했다. 겁에 질린 무초는 이승만의 요구를 수용했다(지동욱, 2003).

에피소드 난로도 안 피우고

한국전쟁 중 어느 겨울날, 이화여대 김활란 박사가 워커 장군의 동상 기금으로 써달라며 교수들의 월급을 모아 경무대를 방문했다. 난로도 안 피우고 온몸을 담요로 감싼 채 일하는 이승만을 보며 김활란 박사는 눈물을 글썽였다. 김활란 박사가 "연세도 있으시니 난로 정도는 피우고 일하십시오."라고 권고하자, 이승만은 "다리 밑에서 떨고 있는 수많은 피난민 동포를 생각하면 이것도 과분하다."라면서 "찬 손을 따뜻하게 해줄 테니 내게 가까이 오라."라고 말했다. 그러자 프란체스카가 "내 허락 없이는 안 된다."라고 농담을 해서 대통령 부부는 오랜만에 파안대소했다고 한다(월간조선 편집부, 2004).

에피소드 천당 티켓

전쟁 중에 이승만은 죽음이 결코 두려운 것은 아니며 다만 어떻게 죽느냐가 문제라고 말했다. 자유와 민주 제단에 생명을 바치려 하며 국민도 끝까지 싸워 남북통일을 이룩하자고 강조하였다. 이승만은 권총 한 자루를 머리맡에 두고 "이것은 공산당 서너 놈을 쏜 뒤에 우리 둘을 천당으로 보내줄 티켓"이라고 아내에게 말했다. 잠자리에 들기 전에 프란체스카가 "우리 두 사람 티켓은 잘 간수했어요?" 하면 "잘 있지." 하며 크게 웃곤 했다. 두 사람은 극약도 몸에 지니고 다녔다고 한다(월간조선 편집부, 2004).

이승만의 반공포로 석방과 휴전 반대는 미국과 심각한 갈등을 일으켰다. 이승만은 한국청년 50만 명을 무장할 수 있는 무기를 미국에 요청하였으나 미국은 이를 거절하였다. 이승만과 미국정부 간의 통일 방법에 대한 의견차이가 너무 커지자 이승만은 미국에 대해 온건주의 입장을 취해 왔던 장면 대사를 해임하고 미국의회에 친서를 전달하는 등 외교적 노력을 기울였다.

결국 휴전협정을 받아들인 이승만은 휴전의 대가로 미국에 3가지 조건을 제시하였다. ① 미국은 앞으로 외부공격에 대해 대한민국을 방어할 것을 보증하는 조약을 체결할 것 ② 전쟁으로 파괴된 남한의 재건을 위하여 대규모 원조를 제공할 것 ③ 대한민국 국군을 지원하기 위해 미국 공군과 해군이 남한에 계속 주둔할 것이었다. 미국은

2개 항의 조건을 받아들이고 제3항에 관해서는 한국의 통일이 미국정책의 '중심목표'로 남아 있음을 약속하였다. 이후 이승만은 휴전조인 묵인의 대가로 미국과 흥정하여 다시는 북한의 침략을 받지 않을 군사조약과 군비를 얻는 데 성공하였다(유영익, 2006).

5. 이승만의 정치행태

인물천거함

정부 수립 후 이승만은 소위 유능한 인물을 모두 기용해보았지만 흡족한 인재가 극히 적어서 안타까워했다. 그래서 이승만은 인재 등용을 위해 여러 가지 방법을 시도해보았다. 자유당에서 추천하는 사람도 기용해보았고 한민당 사람도 써보았으며 심지어는 공산당 측의 사람까지 써보았지만 모두 이승만의 기대에 못 미쳤다. 그래서 마침내는 초야에 묻혀 있는 유능한 인물들을 널리 구해보겠다고 마음먹기에 이르렀다. 이같이 결심한 이승만은 옛날에 과거 보던 식으로 누구를 막론하고 인물만 훌륭하면 요직에 기용하고, 또 누구라도 인물을 추천할 수 있는 방안을 마련하였다. 그래서 이승만은 '인물천거함'이라는 함을 만들어 중앙청 정문 앞에 세워놓고, 이런 뜻을 널리 세상에 알리도록 하였다. '인물천거함'을 설치해놓은 이승만은 좋은 성과가 있으리라고 크게 기대하였다. 그러나 그 결과는 좋지 못하여 오히려 내외의 빈축만 사고 실패로 끝났다.

신문기자와의 관계

　이승만은 신문기자들과 담화하기를 즐겼으며, 빈번하게 신문기자들과 만남을 가졌다. 대통령 취임 초에는 일주일에 한 번 정도 신문기자와 정례 회견을 가졌다. 회견 시에는 보통 미리 성명서를 준비하는 대신 자유자재로 담화를 발표하고 질문에 대답했다. 아마 그의 일생 동안 '노코멘트'라는 상투적인 말로 신문기자들을 실망시킨 일은 한 번도 없었을 것이다. 외국기자가 만족하도록 영어로 이야기하고 그 뒤에 국내기자와 우리말로 회견을 하는 것도 그의 습관이었다. 그러나 이 정례 기자회견은 한국전쟁 이후 중단되었으며 그 후에는 부활되지 못하였다. 선출된 일부 기자와 불규칙적으로 특별회견을 하게 되어 여론을 전달할 수 있는 기자들과의 접촉이 미약하게 되었다. 따라서 점점 국내정치에 무관심해지고 국내정치를 도외시하게 되었다. 이승만은 신문기자들과 대개 국제 문제에 대하여 토론하였기 때문에 주로 외국기자에게 관심을 쏟았다.

　에피소드 방귀장관 낙루장관

　어느 날 이승만이 마포에 산책을 갔을 때 방귀를 뀌게 되었다. 이승만이 시원하게 방귀를 뀌자 당시 이승만 옆에 있었던 이 모 치안책임자가 "각하! 시원하시겠습니다."라고 아부를 하자 이승만은 흐뭇해했다. 후에 이 치안책임자는 내무부장관이 되어 이승만의 총애를 받았다. 이를 일컬어 세간에서는 이승만의 방귀로 인해 장관이 되었다고 하여 '방귀장관'이라 불렸다. 한국전쟁 당시 국방장관이던 신성모 장관은 평소에 이승만에게 말하기를 "만약 북한이 남한을 침범하면 우리의 용감한 국군이 북한군을 무찔러 점심은 평양에서 저녁은 신의주에서 먹을 수 있습니다."라고 수차례 장담하였다. 이에 이승만은 신성모 국방장관을 상당히 총애하였다. 그러나 한국전이 일어나고 국군이 패하자 신성모 장관은 대통령 앞에 엎드려 눈물을 흘렸다. 이승만은 여론의 비난에도 신성모 장관을 경질하지 않고 장관에 유임시키며 총애했다. 이후 신성모 장관에게는 '낙루(눈물을 흘림)장관'이란 별명이 붙었다.

도전하는 자를 용서하지 않은 이승만

이승만은 자신에게 대항하고 반대하는 사람들에게는 냉정하고 무자비한 탄압을 가하였다. 대표적인 경우가 진보당을 창당하여 우리나라 정당사에서 진보정치의 개념을 처음 시도한 조봉암이었다. 조봉암은 1952년 대통령 후보로 나와 많은 표를 얻지는 못했으나 이승만에게 대항했다는 이미지를 심어주었다. 그러나 1956년 대통령 선거에서는 예상외로 많은 득표를 하여 이승만을 당황하게 하였다. 이승만은 잠재적 경쟁자로서, 또한 과거 자신이 농림부장관에 임명했던 사람이 감히 자신에게 도전했다는 것을 괘씸하게 여겨 1959년 조봉암을 간첩죄로 체포하여 그해 겨울에 사형을 집행하였다.

에피소드 죽산 새 ▬▬▬▬▬▬▬▬▬▬▬▬▬▬▬▬▬▬▬▬▬▬▬▬

죽산 조봉암은 감옥에 있을 때 밥에 있는 콩을 골라 창가에 두고는 창밖의 새가 와서 먹고 푸른 하늘로 날아가는 것을 보곤 했다. 감옥 동료들은 그 새에게 '죽산 새'라는 이름을 붙여주었다. 이 새는 조봉암이 처형된 후 더 이상 감옥에 나타나지 않았다고 한다(주돈식, 2004).

1956년, 장면이 부통령에 당선되자 이승만은 실질적으로 장면을 부통령으로 인정하지 않았다. 국무회의에서도 장면을 무시하고 정책 결정에서도 장면을 배제시켰다. 또한 장면이 부통령에 당선된 후, 암살하려는 시도가 일어나 손에 총상을 입는 사건이 있었다. 그 배후가 자세히 밝혀지지는 않았지만 자유당에서 음모를 꾸몄다는 것이 정설이다. 또한 이승만은 장면이 정권을 잡으면 친미주의 노선으로 인하여 대한민국이 미국의 간섭 하에 놓인다는 것을 걱정할 정도로 장면을 경계했다.

이해하지 못할 내각 구성

1948년, 정부가 수립된 후 초대 내각이 구성될 때 이승만은 그 전까지 자기가 대통령이 되는 데 열심히 도왔던 한민당 세력을 가능한 한 배제시켰다. 그리고 누구도 예상하지 못한 깜짝쇼에 가까운 내각을 발표하는데 그중 제일 인상적인 것은 미군정시대에 수도청장을 역임하며 국내 정치에 공헌했던 장택상을 내무부장관이 아닌 경험이 전혀 없는 외무부장관에 기용한 것이다. 또한 미군정 시절에 외교정책을 맡아왔던 윤치영을 경험이 전혀 없는 내무부장관에 기용하여 여러 사람을 어리둥절하게 만들었다. 또한 비록 전향하였지만 공산당 지도자로 유명하였던 조봉암을 농림부장관에 기용하였다. 후에 조봉암은 진보당을 창당하여 대통령 선거에 출마하나 공산당이라는 죄명 하에 사형에 처하게 되는 비극을 맞이하게 된다.

이범석은 김좌진 장군과 함께 청산리 전투의 영웅이었다. 이범석은 해방 후 귀국하여 정치에 관심을 두지 않고 청년운동에만 몰두하였는데, 당시에 이범석이 만든 청년단체는 '민족청년단'으로 속칭 '족청'이라 불렸다. 당시 족청은 청년단체로서는 영향력이 상당히 컸고 족청 출신들은 나중에 자유당이 창당되자 핵심부서에서 핵심역할을 담당하게 되었다. 이범석은 초대 국무총리에 임명되는데 이승만과 이범석은 일제시대에 함께 독립운동을 하면서 친분을 쌓아왔다. 이승만이 당시 만주에서 독립운동을 하는 이범석에게 만년필을 선물하자 이범석은 이 만년필을 끝까지 보관하면서 이승만을 존경해왔고, 이승만에 대한 애정이 각별했다. 그러나 자유당이 창당되고 이범석이 이끄는 족청계가 자유당 내에서 권력을 쥐게 되자 이승만은 이에 위협을 느껴 이범석의 족청계를 제거할 목적으로 이범석에게 강제로 청년단을 해체하고 새로 만들어지는 청년단에 흡수시키라고 명령한다. 이에 이범석은 마지못해 자신의 권력 원천인 족청을 해산시키게 된다. 족청이 해산된 후 이승만은 자유당 내의 족청세력을 제거하여 이범석의 영향력을 크게 약화시키며, 1952년 자유당 부통령 후보로 출마한 이범석을 도와주지 않고 오히려 방해하여 부통령 선거에서 낙선하게 한다. 이렇듯 이승만은 자기를 따르던 이범석을 영향력이 확대되었다는 이유로 제거한 후 이범석을 다시는 기용하지 않았다. 그럼에도 이범석의 이승만에 대한 애정에는 변함이 없어 소위 짝사랑을 하게 된다. 자기를 버렸음에도 이승만을 원망하지 않고 이승만에 대한 애정을 유지하며 야당 편에 동조하지 않았다. 이는 마치 돈키호테를 무조건 따르던 산초 같았다.

녹음방송만 하고 피난길에 오른 이승만

한국전쟁이 일어나자 이승만은 수차례 서울을 사수하겠다고 호언하였다. 이에 상당수 국민은 이 말을 믿었고 또한 그렇게 하리라고 신뢰하였다. 북한군이 서울을 점령하기 직전까지도 이승만은 전쟁의 진실을 알리지 않고 친히 방송을 통해 북한군을 격퇴하고 있으니 국민은 안심하라고 되풀이하여 강조하였기 때문에 많은 시민이 피난을 하지 않았다. 서울이 함락되기 전에 이승만은 대전으로 피난길에 올랐으면서도 녹음된 방송으로 북한군을 물리치고 있으며 끝까지 서울을 사수하겠다고 방송하여 많은 서울 시민과 정치지도자들은 한강다리가 폭파될 때까지 서울에 있었으며 북한군이 서울로 진격하자 많은 피해를 보게 되었다. 부산으로 피난 간 국회의원들이 이승만의 이 같은 행태를 비난하는 바람에 점차 인기가 떨어지자 이승만은 국회에서 다시 대통령으로 당선되기 어렵다고 판단하고 국민에 의한 직접선거를 골자로 하는 헌법개정(1952년 부산정치파동)을 무력으로 단행하게 된다.

경회루에서의 낚시

이승만은 낚시를 좋아하여 배를 이용해 자주 낚시를 하곤 했다. 광나루 워커힐 아래 강가나 경복궁 내의 경회루에서 매주 토요일에 낚시를 했다. 낚시 외에는 가끔 비원을 산책하면서 깊은 상념에 젖곤 하는 것이 취미생활의 전부였다.

이승만은 부산 피난 시절에도 낚시를 즐길 정도였다. 한국전쟁이 일어난 6월 25일에도 이승만은 마치 조선시대의 왕처럼 비원의 정자에서 한가롭게 낚시를 즐겼고 비서가 한국전쟁이 일어났다고 하자 깜짝 놀라 낚싯대를 던지며 경무대로 갔다고 한다. 부산 피난 시절, 미국은 이승만의 부산 정치파동을 비난하였다. 이승만은 미국의 비난을 내정간섭으로 단정하고 당시 무초 대사의 악의에 찬 보고를 듣고는 미국이 자신을 비난한다고 생각하였다. 이승만은 무초 대사를 진해 앞바다에 초청하여 함께 낚시를 나갔다. 이승만은 소형보트에 무초 대사를 태우고 파도가 거센 먼 바다를 향해 달렸다. 아무 대화도 없이 배가 자꾸 먼 바다로 향하자 무초 대사는 그만 뱃멀미를 일으키며 구토를 하였다. 너무 급한 나머지 하반신마저 젖어버린 그의 모습을 보고 이승만은 태연스럽게 "당신은 나이 많은 나보다 약하구려!"라며 핀잔을 주었다.

에피소드 헌법 김병로

김병로는 초대 대법원장을 지낸 인물로 대단히 강직하고 깐깐한 사람으로 정평이 나 있었다. 이승만도 김병로를 마음대로 하지 못했고 워낙 강직하여 독재정권 하에서도 사법부의 독립을 지키는 데 커다란 공헌을 하였다. 이승만은 김병로가 대법원장으로 있는 한 사법부를 마음대로 하기가 어려웠다. 어느 날 이승만에게 기자들이 사법부와 대법원장에 대해 질문하자 이승만은 "어? 아직도 그 헌법이 대법원장인가?"라고 은유법을 사용하면서 깐깐하고 강직한 김병로를 '헌법'이라 불렀다.

에피소드 양자 이강석

원래 이승만은 젊은 시절에 집안 어른들이 정해준 대로 혼인하여 아들을 한 명 두었는데 7대 독자인 아들이 병으로 죽자, 가뜩이나 부인에게 정이 없던 이승만은 이혼하고 미국으로 건너간다. 나중에 오스트리아 출신의 프란체스카와 결혼하나 둘 사이에는 자식이 없었다. 이강석은 자유당 2인자인 이기붕의 장남이었다. 이기붕은 이승만과 같은 전주 이씨 출신으로 자신의 장남을 이승만의 양자로 보냈다. 친아들이 대통령의 양자가 됨으로써 이기붕의 2인자 지위는 확고히 보장되었다. 세간에는 이강석을 사칭한 사기 사건이 일어났는데 경찰서장, 시장 등 나이가 지긋한 사람이 이강석을 사칭한 사기꾼에게 속아 가짜 이강석을 "영감님!" 하면서 지극히 모셨던 사건이 발생하기도 하였다. 후에 이강석은 4 · 19 민주화운동이 일어나자 피신하는 도중에 아버지인 이기붕, 어머니인 박마리아와 동생을 죽이고 자신도 자살하였다.

6. 제1공화국의 몰락 원인

정치깡패

제1공화국의 실질적 2인자인 이기붕은 자신의 정치적 기반을 정치깡패에게 의존하곤 했다. 자유당의 중앙위원 의장으로 선출되는 과정에서 정치깡패를 내세워 회의장에 공포 분위기를 조성한 후 의장으로 선출되기도 하였다. 수많은 정치집회에 정치깡패를 동원하여 폭행을 행사하고 공포 분위기를 조성하였다. 당시 이기붕을 도와 자유당의 정치권력을 비호했던 대표적인 정치깡패는 동대문을 거점으로 활동했던 이정재였다. 이정재는 과거 일제 말기에 반도의용단에서 당시 주먹계의 대부였던 김두한을 도와 주먹계 인사들이 징용을 피하는 데 일조하였다. 이정재는 해방 이후 반공운동을 하며 경찰에 투신하였으나 한국전쟁 이후 동대문을 중심으로 한 주먹세계에 뛰어들게 된다. 이후 자유당과 결탁하여 자유당 감찰차장이라는 직책으로 이기붕의 비호를 받으며 본격적으로 야당을 탄압하는 데 앞장서는 정치깡패로 나서게 된다.

이정재는 휘하에 유지광이 이끄는 별동대를 두어 1957년에는 장충단공원에서 야당이 주최하는 시국강연회를 방해하는 등, 각종 집회에 별동대를 동원하여 야당의 집회를 방해하였다. 1958년, 이천에서 국회의원으로 출마하려 했으나 이기붕이 선거구를 이천으로 옮기는 바람에 할 수 없이 출마를 포기하였다. 이 과정에서 이기붕에게 대항하여 더 이상 이기붕의 비호를 받을 수 없게 된다. 이후 약 2년 동안은 임화수가 이끄는 정치깡패가 자유당을 옹호하게 되고, 이정재는 운둔생활을 하게 된다. 그러다가 자유당 정권이 무너지자 이정재, 임화수, 유지광은 사형을 언도받고 5·16 군사쿠데타 이후 이정재와 임화수는 형장의 이슬로 사라진다. 자유당은 정치깡패를 합법적인 시위를 이용하여 방해하였고 부정선거에도 정치깡패를 이용하였으며, 특히 4·19의 직접적 원인으로 평가되는 고대생 습격사건을 일으켜 결국 자유당 정권은 몰락하게 된다.

에피소드 이천의 삼총사

경기도 이천 출신인 이정재, 유지광 그리고 곽영주를 일컬어 '이천의 삼총사'라 한다. 이정재는 정치깡패의 대부였고 유지광은 이정재 밑에서 별동대를 조직하여 별동대장으로 야당을 탄압하는 데 앞장섰다. 곽영주는 경무대의 경호 책임자로, 장관을 불러 세워 욕을 하는 등 이승만의 신임을 바탕으로 막강한 권력을 누리면서 이정재를 비호해왔다. 5·16 이후 이정재와 곽영주는 사형을 선고받고 형장의 이슬로 사라졌고 유지광만 감형되어 살아남았다(유지광. 1978).

국가보안법 파동 등 일련의 정치적 탄압사건들

자유당은 영구집권을 유지하기 위해 언론을 탄압하고 야당활동을 억제하였다. 자유당으로서는 이탈된 민심을 수습할 길이 없었으므로 국민을 공포 속으로 몰아넣는 수단밖에 없었다. 따라서 자유당은 보안법을 강화하여 대공사찰이 아닌 정치사찰을 단행함으로써 이승만 중심의 자유당 독재정권 확립을 구상하게 된다. 자유당의 횡포에 대해 〈워싱턴 포스트(Washington Post)〉지는 사설에서 "경찰국가적인 수법"이라고 비난했으며, 영국의 〈타임(Time)〉지도 "대한민국은 사실상 야당이 없으며, 이승만은 재출마해도 큰 환영을 못 받을 것이다."라고 논평했다. 그러나 이승만은 국내 여론은 물론, 국제 여론까지도 무시해버렸다. 이에 야당에서 연일 '국가보안법 개악 반대 전국국민대회'를 열고 항의하자, 자유당은 관제 데모를 동원하여 전국애국단체연합회를 만들어 '국민수호전국국민궐기대회'를 열어 대항했다. 자유당은 데모 군중을 구속했을 뿐만 아니라 취재 중인 언론인까지 탄압하여 기자들을 연행하였다. 1958년 자유당 의원들만의 찬성으로 신보안법 개정을 상정하고 300명의 무술 경위를 동원, 야당의원을 지하식당에 감금한 채 자유당 단독으로 '신국가보안법개정안'을 통과시켰다. 날치기 법안 통과 후 국내외에서 비난의 여론이 비등하였다.

이 시기는 정치적 불안에 경제적 불안까지 가중되어 국민의 생활은 매우 핍박받고 있었다. 1957년을 고비로 미국의 대한 원조가 계속 삭감되어 한국경제는 불황의 늪에 빠지고 있었다. GNP 성장률은 5% 이하를 지속하였고, 1959년 1월 30일에는 일본 외상의 '재일교포북송안' 발표로 한일 간의 분규, 한일회담의 결렬 등 국내외 정세가 불안하기 짝이 없었으며, 국민은 암울한 생활에 빠지고 있었다.

자유당은 비판적인 언론을 봉쇄하는 본보기로 1959년 4월 30일, 선거제도를 부인했다는 이유로 장면 부통령과 민주당 신파를 지지하는 천주교 재단의 경향신문의 발행허가를 취소함으로써 폐간시켰다.

3 · 15 부정선거

자유당은 보안법 파동 이후 1959년 3월, 1년 남짓 남은 1960년 정·부통령선거에서 압도적인 승리를 획책하기 위해 먼저 선거 내각을 위한 개각에 착수했다. 내무장관에 최인규, 재무에 송인상, 부흥에 신현확 등을 임명하고 선거책임 장관인 최인규는 치안국장 이강학을 기용하여 선거대비책을 강구했다. 자유당은 이미 이승만의 4선과 정권 지속을 위한 방책으로 정치깡패가 주축이 된 '대한반공청년단'을 발족시켰다. 대한반공청년단은 시·군 단부를 조직하여 '이승만의 영구집권을 위하여' 수단과 방법을 가리지 않고 부정선거에 앞장섰다.

선거 해인 1960년에 들어서자 조기선거에 박차를 가해 예년보다 2개월 앞당겨 3월 15일을 선거일로 확정하였다. 3월 15일, 선거 실시 한 달 전에 야당의 대통령 후보인 조병옥이 갑자기 죽자 이승만은 단일 후보로 당선이 확정되었다. 한편 이기붕은 79% 득표하여 당선이 확정되었다. 그러나 이 선거는 관권과 부정 및 불법을 총동원하여 필사적으로 승리하기 위해 수단과 방법을 가리지 않은 부정선거로 오점을 남겼다.

내무장관 최인규는 취임사에서 "경찰관은 선거에 간섭해서는 안 되나 공무원과 공무원 가족은 대통령과 정부의 업적을 국민에게 찬양·선전하여야 하며, 이 같은 일이 싫은 공무원은 그 자리에 있을 필요가 없다. 공무원이 집무시간 외에 선거운동을 하는 경우 대통령선거법이나 공무원법에 저촉되지 않는다."라고 공언했다(최인규, 1984).

3·15 선거는 정부, 여당, 경찰, 어용단체들이 저지른 치밀하고 조직적인 부정선거였다. 최인규 내무장관은 1959년 11월 들어 본격적인 부정투표 계획을 세웠다. 그는 자유당 후보의 목표 득표율을 85%

로 잡아 '4할 사전투표'(자연기권자, 무효표, 번호표를 교부하지 않는 등의 방법으로 생기는 조작 기권자, 유령 기권자, 매수기권자, 전출자, 노쇠자 등을 4할로 책정하고 이 4할의 투표자를 자유당 후보 지지표로 만들어 투표 전에 미리 무더기로 투표함에 집어넣는다는 계획)와 '공개투표'(유권자를 3인조 · 9인조로 편성하고 자유당원, 경찰관, 공무원 또는 그 가족, 매수자가 조장이 되어 공개투표로 여당 후보를 찍는다는 계획) 등으로 선거목표를 달성하려 하였다. 민주당 선거위원이나 참관인들이 이 같은 사전투표, 공개투표를 방해하지 못하도록 매수, 테러, 투표소 안에서의 고의적 시비 등으로 퇴장시키고, 그것이 여의치 않으면 직계가족이 사망했다는 허위전보 내지 전화로 이들을 밖으로 끌어낸다는 계획이었다(지병문, 2005).

　　3 · 15 부정선거는 투표도 하기 전에 끝난 셈이지만, 3월 15일 밤 전국에서 개표가 시작되자 이승만과 이기붕의 득표가 95~99%까지 나온 지역이 속출하였다. 이러한 터무니없는 결과에 오히려 당황한 자유당은 최인규 내무장관에게 득표율을 하향 조절하도록 지시하였다. 최인규는 각 도지사와 경찰국장에게 "이승만 대통령의 득표는 80% 이내로, 이기붕 후보는 70~80%로 줄여서 보고하라."고 하달했다. 그 결과, 최종집계는 총 투표자 1,000여만 명 중 이승만 960여만 표(88.7%), 이기붕 830여만 표(79%)로 나타났고, 민주당의 장면 후보는 184만여 표로 집계되었다. 이러한 선거결과에 대하여 민주당을 위시하여 전 국민은 선거무효화 투쟁을 벌이기 시작하였고, 이것은 결국 이승만 정권을 종결짓는 4 · 19 민주화운동으로 이어지게 되었다.

　　에피소드 부정선거의 사례 ▰▰▰▰▰▰▰▰▰▰▰▰▰▰▰▰▰

　　① 4할 사전투표 ② 3인조 또는 9인조 공개투표 ③ 완장부대 활용 ④ 야당 참관인 축출 등을 내용으로 하는 구체적인 부정선거 방법을 극비

리에 전국 각급 기관장에게 지시하였다. 이 비밀 지령은 "어떻게 해서든지 대통령과 부통령을 동일한 정당에서 선출하여야 하는 이유"를 되풀이하여 설명하고 나서 그러기 위해서는 ① 사전투표로 4할을 우선 확보한 다음에 다시 공개투표에서도 3인조, 9인조의 조장 감시 하에 4할을 확보하여 도합 80%를 먼저 확보할 것 ② 그러기 위해 투표일에는 경찰, 반공청년단을 동원하여 야당 선거위원을 10분간 유인하여 술과 물에 수면제를 타서 마시게 하여 잠재울 것 ③ 이상의 1차 계획이 실패했을 경우에는 2차 계획으로 투표소 내에서 환표 또는 투표함 바꿔치기를 강행할 것 그리고 ④ 개표소로 수송하는 도중 또는 개표소에서 투표함을 환표할 것 등을 지령하였다.

4·19 민주화운동의 원인 — 고대생 습격사건

3·15 부정선거에 대항하여 발생한 마산시위는 4·19혁명의 원인이 되었다. 마산에서의 자유당 선거운동은 다른 지역과 달리 경찰조직과 시민의 대립 속에서 부정선거가 강행되었다. 민주당 마산시 지부의 선거포기 선언은 전국에서 제일 먼저 나온 것으로 민주당 간부들과 학생, 시민 천여 명의 시위행진이 있었다. 시위대를 해산시키기 위해 소방차가 동원되고 경찰의 발포가 있었다. 이 충돌로 사망자 8명, 중·경상자 72명의 희생자가 나오자 분위기는 극도로 악화되고 흥분도 고조되어 자유당 당사와 파출소, 신문사 등을 불태우거나 파괴하기에 이르렀다. 이후에도 데모는 간헐적으로 계속되었으며 그 와중에 4·19 민주화운동의 발화점이 된 김주열 군의 시체가 마산시 중앙부두 앞바다에 떠올랐다. 눈에 최루탄이 박힌 채였다. 김주열 군은 3월

15일 밤의 데모에 참가한 후 실종되었는데, 이에 대한 수색작업이 마산 시민의 관심의 대상이 되었다. 김주열 군의 소식이 전해지자 격분한 시민은 무리 지어 시체가 옮겨진 도립병원으로 몰려갔으며, 다시 시위가 계속되었다. 한편 서울에서는 마산

눈에 최루탄이 박힌 채 떠오른 김주열 군의 시체

시위에 자극받은 고려대생들이 4월 18일 선언문을 낭독한 후 국회의사당을 향해 교문을 나섰다.

시위대는 국회의사당 앞에 집결하여 연좌시위를 벌였다. 이어 고대생들은 유진오 고려대 총장과 이철승 의원 등의 설득으로 귀교길에 올랐다. 시위 행렬이 을지로 4가에 이르렀을 때, 앞서 가던 경찰차가 종로 4가 쪽으로 방향을 바꾸어 청계천 4가 천일백화점 앞에서 약 백여 명의 정치깡패들이 학생들을 습격하기 시작하였다. 여기에서 약 2백여 명의 학생이 부상을 입게 되었다.

4월 19일 아침 조간신문에 정치깡패들의 고대생 데모 습격사건이 보도되고 특히 고려대생 1명이 폭력배에 맞아 사망했다는 미확인 오보가 발표되자 많은 시민과 학생이 분노하게 되었다. 이에 서울대를 비롯한 각 대학의 학생과 고등학생까지 시위에 참가하게 되어 데모는 걷잡을 수 없게 되었다. 이날 시위대가 경무대 앞까지 진출하자 경찰은 발포를 시작하였다. 경찰의 무차별 총격으로 경무대 앞 시위 희생자는 사망 21명, 부상 172명이었다. 시위군중은 20만 명으로 늘어나고 시위는 그 열기를 더해갔다. 오후 3시, 정부는 서울에 계엄령을 선포하고 송요찬 육군참모총장을 계엄사령관에 임명하였다. 오후 5시경, 경찰은 흩어진 병력을 경무대 앞에 집결시키고 데모군중을 향해

고대생 습격사건 현장

일제히 사격을 가하여 시위를 진압하였다. 이후 다음날 새벽까지 경찰과 데모대 사이의 공방전이 계속되는 가운데 경찰은 곳곳에서 총격을 가하였다. 서울에서는 자정까지 약 130여 명이 죽고 천여 명의 부상자가 발생했다.

4월 19일의 시위는 전국 곳곳에서 발생했다. 4월 21일, 국무위원과 자유당 당무위원이 일괄 사표를 제출하였으며, 장면 부통령은 "수습책은 재선거뿐"이라고 발표하였다. 4월 22일, 변영태 전 외무부장관과 허정 전 한일회담 수석대표가 이승만에게 이기붕의 사퇴를 건의하였다. 4월 23일, 장면 부통령이 사임서를 제출하고 이기붕도 부통령 당선 사퇴를 고려하겠다고 발표했으며, 이승만도 자유당 총재직을 사퇴하고 국무에만 전념하겠다고 발표하였다. 4월 24일 오전에 이승만은 자유당 총재직 사퇴를 발표하였고 오후에는 이기붕이 일체의 공직에서 사퇴한다고 선언하였다. 4월 25일 오전 국회 본회의에서는 비상계엄 해제를 결의하고, 민주당은 이승만 하야와 선거의 재실시, 그리

고 내각책임제 개헌 등 시국 수습책을 발표하였다. 그런데 이날 오후
3백 명에 가까운 대학교수들이 서울대학교 교수회관에서 이승만 대
통령의 하야를 요구하는 시위행진을 벌여 꺼져가는 듯했던 혁명의 분
위기에 새로운 불씨를 지폈다. 이들의 행렬에 학생과 시민이 동조하고
시위자는 점차 늘어나 4월 26일까지 시위가 계속되었다. 4월 26일 오
전 10시경 10만 명으로 불어난 군중이 종로와 중앙청을 가득 메우자
드디어 이승만은 하야를 발표하였다. 이에 시위대는 환성을 지르며 질
서유지에 앞장섰다. 이승만은 4월 27일 정오에 공식 사임서를 발표하
고 국회에 제출하였으며, 국회는 이를 곧 수리함으로써 이승만 정권은
종말을 고하였다.

에피소드 국민이 원한다면

4 · 19 시위가 계속되는 가운데 학생운동의 대표자가 경무대로 와서 이
승만 대통령을 면담하게 되었다. 이승만은 학생들에게 왜 시위가 일어났
는지를 물어보았다. 학생들은 부정부패와 3 · 15 부정선거를 이유로 제시
한다. 그러나 학생대표들은 이승만이 물러나야 한다는 이야기를 하지 못
했다. 학생대표들은 막상 이승만 앞에 서자 이승만의 잘못을 지적하지 못
했다. 이승만은 학생에게 총을 쏘고 폭행을 하는 것은 있을 수 없는 일이
라고 한탄한다. 나중에 미국 대사가 하야하는 것이 좋겠다는 건의를 했다
는 루머가 퍼져 나오면서 결국 이승만은 "국민이 원한다면 물러나겠다."
라고 말하면서 하야 성명을 발표한다(백영철, 1996).

에피소드 이 늙은이가 맞아야 할 총알을!

이승만은 외국 신문과 보고를 통해 3 · 15 부정선거와 4 · 19 민주화운
동의 진상을 알았고, "부정선거를 했다면 선거를 다시 해야지! 부정을 보
고서 항거하지 못하는 민족은 죽은 민족이야. 내가 그만두면 돼."라며 어

느 정도 사퇴를 생각하고 있었다. 이승만은 이때까지도 등잔 밑을 보지 못한 셈이다.

4월 23일, 이승만은 4·19 부상 학생을 위로하기 위해 서울대병원의 병실에 들어섰다. 이승만을 보자 부상당한 학생들은 "대통령 할아버지"라고 부르며 손을 잡으며 얼싸안고 눈물을 흘려 병실은 온통 눈물바다가 되었다. 경무대로 돌아온 이승만은 침통한 음성으로 "이 늙은이가 맞아야 할 총알을 우리 소중한 애들이 맞았어. 이 바보 같은 늙은 것이 맞았어야 할 총알을 말이야."라며 비통해했다고 한다(주돈식, 2004).

하야 성명을 발표하고 대통령직에서 물러난 이승만은 그전에 살던 이화장으로 돌아갔다. 이화장에는 수많은 군중이 모여서 하야하는 이승만을 맞이했다. 이승만이 담 너머로 군중에게 손을 흔들자 군중은 이에 환호했다. 독재자로 4·19 민주화운동을 불러온 대통령으로서는 이례적으로 환영을 받은 셈이다. 많은 사람들은 이승만의 잘못이 아니라 이승만을 모시던 사람들이 인의 장막을 치고 이승만을 몰락하게 만들었다고 생각했다.

하와이로 망명

퇴임 후 이승만은 하와이로 망명하였으나 가진 돈이 없어서 교민들이 마련해준 집에서 기거하다가 마우나라니 양로원에서 말년을 보냈다. 양로원의 창가로 망연하게 바다를 바라보면서 죽은 뒤에나마 고국에 묻히길 열망했다. 1965년 7월 19일, 이승만은 향년 90세로 눈을 감았다. 정부 내에서 이승만의 장례의전을 둘러싸고 이견도 있었으나 건국 공적을 인정하여 국립묘지에 안장하기로 결정하였다. 이승만의 유해는 미공군기로 운반되었다. 공항에 도착했을 때 군악대는 〈고향의 봄〉을 연주하며 유해를 맞이했다. 연도에는 많은 구경꾼이 영구차가 지나가는 것을 지켜보았다. 그들에게는 애도하는 마음도 증오의 기색도 없이 그저 호기심뿐이었다.

에피소드 가기 싫은 미국행

퇴임 후 미국의 아이젠하워 대통령이 한국을 방문했을 때 아직도 영향력이 있는 이승만이 한국에 있는 것이 부담이 되었다. 미국은 이승만에게 하와이로 갈 것을 권유한다. 이승만은 하와이로 가기 싫었으나 당시 허정 내각과 미국의 압력으로 할 수 없이 잠시 미국에 다녀올 결심을 한다. 실제로는 망명인데 이승만은 얼마 있다가 다시 귀국할 것이라고 생각하고 하와이로 떠난다. 비행장에 나온 사람들에게 잘 있으라는 말을 남겼고, 프란체스카의 눈가에 눈물이 고였다. 하와이에 도착해서 이승만이 처음 한 말도 "2~3주 쉬다 갈 것이야."였다. 이승만은 하와이 생활을 하면서 항상 고국을 그리워했다. 자의로 떠난 것은 아니었지만 하와이에 있는 동안 이승만의 입에서 망명이란 단어가 나오지는 않았다(월간조선 편집부. 2004).

에피소드 검소한 하와이 생활

권력욕에 관한 한 이승만은 절제를 모르는 사람이었다. 그러나 물욕은 없었다고 한다. 근검절약이 몸에 배었고 치부와 사치는 하지 않았다. 이승만은 닳아 해진 내의와 양말을 몇 번이고 기울 정도로 검소하였다. 타이프라이터도 근 50년 이상 된 것을 그대로 사용하였다. 망명하여 하와이로 갔을 때 이승만은 빈털터리였으며, 교포들의 도움으로 간신히 생계를 유지할 정도였다. "마미(이승만은 부인인 프란체스카를 '마미'라 불렀다), 밥그릇 가져다준 사람, 숟가락 가져다준 사람, 찻잔 가지고 온 사람, 식탁 가지고 온 사람, 책상 가지고 온 사람……
다 기억해야 해. 깨끗이 쓰고 서울
로 돌아갈 때는 돌려줘야 하니까.
우리는 여기 살러 온 사람이 아니
오. 마미, 잠시 쉬러 온 거야. 우리는
서울로 돌아가야 해." 파파(프란체스
카는 이승만을 '파파'라 불렀다), 오늘은 일
주일 치 식료품을 사오는 날이에요.

하와이 병상에서의 이승만과 프란체스카

시장에 다녀올게요." "오늘이 금요일인가? 마미, 이번 주에는 식료품 안
사면 안 되겠어? 장보러 가지 말아. 돈을 아껴야지. 돈이 있어야 서울로
돌아갈 수 있어, 마미." "파파, 서울 가는 비행기 표 사려고 먹을 것 안 먹
고 굶으면 힘이 없어 어떻게 비행기를 타겠어요." "그러면 조금만 사와.
돈 다 써버리면 서울 못 가." 이승만은 생애 마지막 거처인 하와이 마우나
라니 노인 병원에 입원하러 갈 때 현지 교포들이 가져다준 가재도구를 원
래 주인에게 모두 돌려주었다고 한다(이동욱, 2011).

에피소드 여비를 걱정했던 이승만

　병상에 누워 무엇을 생각하느라 여념이 없는 듯한 이승만의 표정을 본
미국의 한 지인이 "이 박사님! 소원이 무엇이지요?" 하고 물었다. 그러자
즉석에서 이승만은 "여비요. 한국으로 돌아갈 여비 말이오." 하고 대답했
다. 이 말을 들은 지인은 "아직도 이 박사님은 한국으로 돌아갈 생각을 하
세요?" 하고 묻자 "그렇소."라고 대답했다고 한다. 병상에서도 이승만은
아내에게 "호랑이도 죽을 때는 제 굴을 찾아간다는데…… 남북통일이 이
뤄지기 전에는 눈을 감을 수가 없어." 하고 말했다고 한다. 여비를 마련하
기 위해 돈을 아껴야 한다며 이발을 하지 않아 프란체스카가 집에서 머리
를 잘라주어야 했다. 시장에서 식료품을 사올 때 봉지가 크면 "귀국할 여
비를 쓴다."라며 나무랐다. 프란체스카가 물건을 구입하면 이승만이 걱
정을 많이 해서 일주일에 한 번만 식료품을 사러 갔다고 한다(월간조선 편집
부, 2004).

장면 내각과
제2공화국

1. 제2공화국의 탄생 배경

허정 과도정부

이승만이 12년 권좌에서 물러나자 대통령 권한대행이 허정에게 주어졌다. 허정은 자유당 정권 아래서 교통·사회부장관과 서울특별시장, 한일회담 수석대표를 역임한 이승만의 측근이었다. 그리고 이기붕과도 각별한 사이였다.

허정은 4·19의 성격을 '혁명'이 아닌 '사태'로 단정했다. 그리고 그는 과도정부의 임무를 새로운 정부수립 때까지로 한정하여 그 역할을 분명히 했다. 그는 "과도정부는 법과 질서를 회복해서 치안을 확보하는 것이 중요한 임무이다."라고 했다. 그리고 부정선거 관련자들의 처리와 정치개혁은 비혁명적 방법으로 한다는 것을 명확히 했다. 그러나 비혁명적 방법으로 개혁하겠다는 방침은 혁신세력으로부터 세찬 비난을 받게 된다. 결국 허정 과도정부는 이승만 정권의 연장선상에서 4·19혁명의 열기를 식히고 새로운 선거에 의해 탄생되는 다음 정권이 마무리를 맡아서 하도록 연계하는 역할을 담당했다.

허정의 과도정부가 수립된 후 시국 수습을 위해 국회가 처리해야 할 과제 중에서 가장 중요한 것은 내각책임제로의 개헌작업이었다. 내각책임제로의 개헌은 민주당의 목표였고, 4·19 당시에는 학생층과 시민 다수가 요구한 국민적 여망이었다.

　자유당 의원들의 구속과 이승만의 하와이 망명으로 진통을 겪은 4대 국회는 1960년 6월 10일, 30일간의 공고기간을 거친 뒤 내각책임제 개헌안을 본회의에 상정하여 표결로 통과시켰다. 곽상훈 국회의장은 "재적 211명 중 가 208표, 부 3표로 개헌안은 통과됐다."라고 선포했다. 과도정부는 국무회의를 열어 6월 15일자로 이를 공포했다. 결국 내각책임제 헌법의 공포와 더불어 얼마 후 7월 29일에 총선거를 치르게 되었다.

7·29선거

　7·29선거는 서로 다른 정당 간에 치러진 선거라기보다는 민주당이라는 1개 정당 내의 파벌 간에 치러진 선거였다. 7·29총선을 치르는 과정에서 민주당 내의 신파와 구파는 격렬히 대립하였다. 후보가 공천과정에서 탈락하면 민주당 공천 후보자보다 반대당의 다른 후보를 은연중에 지원했을 정도였다. 선거결과는 국회의원 재적 233석 중에서 사고발생 선거구 19개구를 제외한 214개구 중 167석(78%)을 민주당이 차지하는 대승을 거두었다.

　　에피소드 **구파와 신파**

　　1955년, 민주당이 대연합하여 탄생될 때 기존의 한민당 세력을 중심으로 한 인사들을 '구파'라 하였고, 연합을 통해 새로 영입된 흥사단이나 관료 출신들의 세력을 '신파'라 하였다. 구파는 신익희, 조병옥, 김도연이 중심세력이었고 신파는 장면이 중심세력이었다. 구파 인사들은 지주나 정치인 출신이 많았고, 신파는 주로 관료 출신이 많았다.

이승만 정권의 퇴진 이후 처음 실시된 선거에서 보수정당인 민주당이 결정적으로 승리한 데는 여러 가지 요인이 있었다. 민주당은 선거에 참가한 정치세력 가운데 전국적으로 조직된 유일한 정당 세력이었다. 그리고 과거 수년간 이승만의 자유당체제에 맞서서 투쟁한 것에 대해 국민이 보상해주고 싶어 했다. 또한 진보정치 세력들이 제대로 조직화되지 못했고 국민의 지지도 별로 받지 못했다. 더 나아가 민주당은 경찰을 비롯한 정부 관리들의 협조를 받을 수 있었고 기업가들은 민주당이 집권할 것이라는 확실성 때문에 충분한 정치자금을 제공하였다(백영철, 1996).

국무총리 임명

7 · 29선거가 끝난 직후부터 민주당 내의 구파와 신파 간의 대립은 노골화되었다. 구파는 대통령과 국무총리를 자신의 파에서 차지하려 했으며 신파는 대통령과 국무총리직의 안배를 주장했다. 구파와 신파는 8월 6일, 각각 당선자대회를 따로 열어 민주당을 분당의 위기로 몰아갔다. 구파와 신파는 중도성향의 초선의원들을 당선자대회에 참석시키기 위해 치열한 경쟁을 벌였다.

내각책임제 헌법에서 권력의 핵심인 국무총리 자리를 놓고 구파와 신파는 더욱 치열한 접전을 벌였다. 구파는 의장단 선거에서 자신들의 뜻대로 신파에 승리를 거두자 그 여세를 그대로 대통령과 국무총리의 선출에까지 밀고 나가는 강공책을 세웠다. 대통령에 윤보선, 국무총리에 김도연을 당선시킬 것을 결정하여 구파 일색으로 정권을 구성하려는 강경책을 마련한 것이었다.

이에 대항하여 신파는 의장단 선거에서의 패배가 중도파나 무소속 의원들이 구파로 기울어졌기 때문이라고 판단하고 요직 안배의 원칙을 내세웠다. 즉 대통령에 구파의 윤보선을, 국무총리에 신파의 장면을 내세우는 작전을 세웠다. 이렇게 하여 8월 12일, 국회는 압도적인 다수로 윤보선을 대통령에 선출했다.

윤보선 대통령은 구파인 김도연을 국무총리로 지명하여 본회의에서 인준투표를 하기로 하였다. 8월 17일, 의사당 밖의 시끄러운 함성 속에서 곽상훈 의장의 개회선언에 이어 투표가 시작되었다. 투표결과는 가 111표, 부 112표, 기권 1표로 김도연의 국무총리 인준이 부결되었다. 당시 민주당의 구파는 신파보다 수적으로나 인물 면에서 우위였다. 그러나 민주당 내의 젊은 의원들의 모임인 '신풍회'와의 협상이 결렬되면서 신풍회의 반란표가 결국 김도연이 총리로 지명되지 못한 이유가 되었다.

다음날 윤보선은 다시 장면에 대한 국무총리 지명 동의 요청서를 국회에 접수시켰다. 장면에 대한 2차 인준마저 부결되면 국회 본회의 자체에서 총리를 선출해야 했다. 그런데 투표결과는 가 117표, 부 107표, 기권 1표로 장면의 국무총리 지명 인준이 가결되었다. 가결된 후 장면은 "어느 한 파에 치우치지 않도록 신파와 구파 그리고 무소속의 균형 있는 내각을 만들겠다."라고 발표했다. 그러나 8월 23일의 내각구성 발표에서 장면 총리는 신파 중심으로 장관을 임명하였다. 구파에서는 정헌주 의원만이 입각했으나 그마저 나중에는 신파로 바뀌었다(백영철, 1996).

에피소드 윤보선의 장면에 대한 거부감 ━━━━━━━━━━

윤보선은 민주당의 구파 출신이다. 대통령은 구파에서 나왔기 때문에 신파에서 국무총리가 지명되는 것이 순리라고 모두 생각하였다. 그러나 실제로 윤보선은 신파의 우두머리인 장면을 지명하지 않고 구파의 동료인 김도연을 총리로 지명하였다. 이는 장면에 대한 거부감이 강하게 작용한 결과였다. 이러한 윤보선의 장면에 대한 거부감은 5 · 16 군사쿠데타에서 "올 것이 왔구먼." 하면서 쿠데타군을 적극적으로 막으려 하지 않아 장면 내각이 붕괴되는 원인이 되기도 하였다.

좌파세력의 도전

장면 정부의 집권기간 중 좌파의 운동은 주로 세 가지 그룹으로 나눌 수 있다. 혁신주의 정당, 교원노조로 대표되는 급진적 노조운동, 그리고 진보적 학생운동이었다.

혁신계 정치인들은 대강 세 부류로 나눌 수 있었다. 좌파 혹은 급진적 개혁주의자들(이들을 대표하는 것이 사회대중당과 사회당이었음), 통일당으로 대표되는 중도파 개혁주의자, 여러 개의 군소정당을 연합하여 결성된 민족통일당이었다. 민주당을 위시한 보수세력과 혁신 정치인의 가장 뚜렷한 차이점은 통일과 대미관계에 관한 태도였다. 대부분의 혁신계 인사들은 미국과 소련의 냉전 속에서 한국은 중립을 지킴으로써 국가통일을 이룰 수 있다고 생각했다.

노동운동은 이승만 정부의 몰락으로 새로운 상황이 대두되었다.

자유당 정부의 영향을 받던 대한노총은 회원들에 의해 불신당하고 민주당 정부에 의해 무시당하게 됨으로써 명목상의 기구로 전락했다. 교원, 은행원 같은 화이트컬러 근로자들을 중심으로 새로운 노동조직들이 나타났다. 노동조합들은 구성원의 숫자만 증가한 것이 아니라 분산되어 있던 기구들이 통일기구로 규합되기 시작하였다.

좌익계 학생들은 교원노조와 마찬가지로 한국의 급격한 사회변동을 주장하고 북한 공산주의자들과의 화해를 통해 민족통일을 도모해야 한다고 역설했다. 그들은 7·29선거에서 혁신계가 패배한 이후 각기 교정으로 돌아가서 다양한 조직 활동을 했는데 그중 중요한 것이 '민족통일연맹'이었다. 민족통일연맹(민통)은 처음에 서울대학교의 진보적 학생들이 시작했으며 급진적인 이념에 따라 반정부시위를 조직하였다. 특히 1961년 2월의 한미경협문제와 3월의 안보법안과 관련하여 반정부시위를 벌였다. 5월 초에는 남북학생회담을 열자는 제안을 결의하였다. 이 제의는 북한으로부터 열광적인 지지를 받았다. 남한에서 사회대중당의 지원 하에 5월 13일, 서울에서 회담지지 군중대회도 가졌다(백영철, 1996).

에피소드 **남북학생회담**

진보적 학생들은 통일문제에 대해 상당히 민감했으며 열성적이었다. 학생들이 주축이 되어 정부를 상대하지 않고 독자적으로 통일노선을 펼쳐나갔다. 남북한의 학생들이 서로 만나서 진지하게 통일문제를 의논하자는 취지에서 남북한 학생회담을 제의하게 된다. 당시의 유명한 구호는 "가자, 북으로! 오라, 남으로!"로서 남북한 학생의 통일운동이 상당히 활발하였다. 그러나 이러한 학생들의 통일운동 노력은 당시의 보수세력인 군부를 긴장시키는 계기가 되었다.

2. 장면의 리더십

가톨릭 집안

장면의 부친은 장기빈, 모친은 황루시아이다. 부친 장기빈은 평남 (中和)이 고향이며 황루시아는 평양이 고향이었다. 장기빈은 일찍이 서울로 가서 관립영어학교에 들어가 영국인에게서 영어를 배웠다. 그는 졸업 후 인천해관에 근무하였다. 장면은 인천에서 장기빈의 첫째 아들로 태어났는데 입지전적인 인물이 아닌 중산층의 평범한 가정에서 별 고생 없이 자랐다. 3남 3녀를 둔 장기빈은 매우 가정적이었던 것 같다. 그는 일요일이면 가족들을 모아놓고 직접 성경을 읽었다고 한다. 어머니의 이름에서 보듯이 장면의 부모는 모두 착실한 천주교 신자였다. 장면은 태어나자마자 영세를 받고 10세 되던 1908년, 인천 답동(沓洞) 성당에서 뮈텔(Gustave Mütel) 주교에게서 견진성사(堅振聖事)를 받았다. 장면은 어렸을 때부터 '천주교가 골수에 밴' 신자였다(송원영, 1990).

장기빈은 자녀들을 모두 외국에 유학 보냈다. 원래 장면은 의학강습소에 진학해 의사가 되려 했으나 연령 미달로 원서를 받아주지 않아, 부모와 진로를 상의한 끝에 "학생 전원에게 등록금을 관비로 지급하고 학교 시설도 제일 좋으며, 졸업 후의 취직이라든가 사회진출에도 가장 유리한" 수원농림학교에 지원했다. 40명 선발에 1,400명의 지원자가 몰린 극심한 경쟁을 뚫고 최연소 합격의 기쁨을 맛보았다(허동현, 1999).

장면은 젊은 시절을 회상할 때면 "언제나 즐거움 속에 떠오르는 것은 수원농림학교 재학 시절의 3년간"이라고 하면서 당시를 "대자연과 벗 삼아 아무 사심 없이 천진한 마음으로 공부하는 가운데 인격의 도야도 저절로 될 뿐 아니라 신체의 건강도 증진되었다. 나도 모르는 여러 가지 좋은 부수적인 혜택을 많이 받은 것은 언제나 고맙게 생각되는 바이다."라고 술회하곤 했다. 농림학교 재학 중 아내인 김옥윤 여사를 만나 백년가약을 맺었다. 장면의 기억 속에 이 시절은 꿈처럼 달콤한 인생의 황금시기였음에 틀림없다(허동현, 1999).

농림학교 재학 시절, 장면은 마음도 순수하고 외양도 순수해 학우들은 물론 한국 선생이나 일본 선생까지 모두 좋아하는 인물이었다고 한다. 수원농고에 입학한 후 학교 내의 반일 비밀결사 조직에 흔쾌히 가입한 적도 있다. 농림학교 학생 중 유일한 천주교 신자였던 장면은 개신교 신자인 상급생의 해박한 성경 지식에 자극 받아 천주교 교리에 정통해볼 마음을 품게 되었다.

장면은 1917년, 수원고등농림학교를 졸업하고 1919년에 YMCA 영어학교에 입학한다. 취직을 하지 않고 영어를 더 공부한 후 용산신학교에서 영어를 가르치게 된다. 농림학교 재학 시절부터 영어 공부에 열심이던 장면은 천주교 교리와 교회사에 대한 탐구욕을 충족시킬 기회를 좇아 미국 유학을 결심하였다. 1917년 농림학교 졸업과 함께 서울로 이사한 장면은 유학 준비를 위해 YMCA, 기독교청년회관 영어과에 진학하여 본격적으로 영어를 습득하는 데 온 힘을 기울였다. 마침내 장면은 1920년 3월 20일, 기독교청년회관 영어과를 최우등으로 졸업하고 같은 해 미국 유학길에 오른다. 3·1운동을 맞아 장면은 민족에 대한 사랑과 독립의 중요성을 신학생들에게 일깨워주었다. 또한 그는 일제의 무력 탄압에 의해 독립의 가능성이 무산되어 가는 상황 속에서 신학생들에게 용기와 희망을 주었다고 한다.

　　장면은 규모는 작지만 내실 있기로 정평이 난 뉴욕 소재 맨해튼대학(Manhattan College)에 1921년 9월 19일에 입학하여 1925년 6월 4일 학사학위(B.A.)를 받았다. 당시 장면은 일종의 '근로장학생'으로 학비 일부를 지원 받았지만, 모자라는 학비와 생활비를 벌기 위해 시간을 쪼개 육체노동에 나서야 했다. 장면은 귀국 후 1927년부터 평양교구에서 일하게 된다. 장면은 평양 관후리 성당의 신부를 도우면서 평양교구의 발전에 헌신적인 노력을 하였으며, 1928년에는 평양 천주교 청년회장으로 선출되었다(허동현, 1999).

　　장면은 가톨릭 평양교구에서 몇 년간 일하다가 1931년, 서울 혜화동 소재 동성상업학교에 부임해 영어를 가르치게 된다. 이후 1936년에 동성상업학교 교장에 취임한 후 1947년 교단을 떠나기까지 17년간 교단에서 후진 양성에 온 힘을 기울였다. 장면이 동성학교 교장에 취임했을 무렵에는 일본인 교사의 수가 한국인 교사의 두 배 이상이었다. 학교의 교육방침이나 기타 모든 것도 일본인들에 의해 움직여지던 상황이었다. 그러나 장면은 이러한 역경 속에서도 '한국인으로서의 자주성'을 잃지 않고 자신의 교육철학인 "교육과 복음화를 통한 민족의 독립을 위한 미래 투자"에 헌신하였다. 동성학교 교장 시절, 장면은 학생들의 존경을 받았는데 그 이유는 민족과 신앙을 분리하려는 교단의 방침과는 달리 그는 민족과 함께하는 신앙인의 자세를 제자들에게 전달했기 때문이었다고 한다(허동현, 1999).

　　장면이 정치인으로 입문한 이후에도 천주교 교리를 철저하게 지킨 것은 어렸을 때부터의 습관이었던 같다. 장면은 늘 천주교인으로서의 본분을 잃지 않았다고 한다. 장면은 정치인으로 활동하는 와중에도 가톨릭적 배경과 영어실력이 도움이 되는 경우가 많았다. 또한 장면은 조국의 복음화를 통해 국가의 공산화를 막고 민주화를 도모해야 한다는 뚜렷한 소명의식을 갖고 있었다.

부통령 시절, 그는 순화동 공관에서 매주 수·금·일요일마다 신부를 모시고 미사를 드렸다고 한다. 그리고 선교를 게을리 하지 않았다고 한다. 민주당 내의 많은 정치인들이 천주교에 입교하였는데 그 대부분이 장면의 선교에 의한 것이었다고 한다. 어떤 면에서 장면은 정치가가 될 사람이 아니라 신부가 될 사람이었다고 평가되기도 한다. 본인의 성격, 생활태도, 신앙 등 모든 것이 이를 입증한다. 그는 종교인으로서 성실의 원칙을 정치에 적용하려 했으며 소위 정치적인 권모술수를 사용하는 것을 생리적으로 배척하였다(송원영, 1990).

에피소드 신앙인 장면

장면은 성당에 들어서자 촛불이 켜진 성모상 앞에서 경건히 무릎을 꿇고 기도에 몰입했다. 30분이 지나도록 장면은 기도를 계속했다. 같이 간 일행들은 다리가 아프기 시작하여 고통스러워했다. 깊은 신앙의 세계에서 몰아의 경지를 맛보고 있는 듯 엄숙하고 성스러운 표정으로 기도를 드리던 장면은 거의 1시간 만에야 일어섰다. 성당을 나왔을 때 날이 아직 채 밝지 않았다. 일행은 그냥 숙소로 돌아갈 줄 알았는데 장면은 그들에게 "근처 다른 성당이 있는데 거기 가서 한 차례 더 미사를 드립시다."라고 말하였다. 일행은 기가 질려 그만 주저앉을 것 같았다고 한다(허동현, 1999).

에피소드 이런 것도 죄일까?

　　장면은 언어 · 행동 · 몸 전체에서 신앙심이 넘쳐흐르는 철두철미한 종교인이었다. 장면은 고해성사를 자주 하는 성실한 교인이었다. 신부들은 장면이 '이런 것도 죄일까?' 싶은 것까지 세밀하게 고해했다고 증언한다. 그는 깨끗한 양심을 가지고 최선을 다했으며 사소한 일들까지 깊이 뉘우치는 겸손한 태도를 보여주었다(송원영, 1990).

가톨릭 신자로서의 유약한 리더십

　　장면은 해방 후 미군정이 구성한 민주의원과 입법의원에 참여하고 제헌 국회의원에 당선됨으로써 정계에 몸을 담았다. 이를 계기로 장면은 자유민주주의 정치 이념과 제도를 만드는 데 적극 참여하게 된다. 특히 헌법에 국가가 결혼과 가정의 순수성을 보호해야 할 의무를 규정하게 하는 조항을 만들면서 인권과 도덕성을 강조하는 데 힘을 쏟았다. UN총회는 대한민국을 3차 회기에 참석하도록 초청하였으며, 국회 외무위원회 소속이었던 장면은 1948년 8월 11일, 제3차 UN총회 파견 수석대표로 선출되었다.

　　이후 장면은 3개월간에 걸친 각고의 노력 끝에 1948년 12월 8일 UN 정치위원회에서, 그리고 12일 총회에서 대한민국 정부의 승인을 얻어내는 등 괄목할 만한 외교적 성과를 거두었다. 한편 대한민국 정부에 대한 국제적 승인에 보이지 않는 손으로 작용한 것은 가톨릭 교단, 즉 바티칸이었다.

　　장면이 UN총회 파견 수석대표로 임명된 배경에는 가톨릭의 영향력을 활용하려는 이승만의 정치적 의도가 있었다. 이승만은 자신의 정치고문이었던 올리버(Robert T. Oliver)에게 보낸 서한에서 "우리 대표단을 이끌고 갈 사람은 장면이 될 확률이 가장 크오. 그는 한국위원회가 가장 쉽사리 동의해줄 인물이오. ……이러한 절차가 필요한 것은 아니나 그들의 마음에 드는 사람이 단장이 되는 것은 좋은 일이오. 또한 그 사람은 정당인이 아니며 어딜 가나 가톨릭교회의 후원이 있을 것이고, 또한 그는 국회의원이오."라고 장면의 대표 선임 이유를 설명하였다. UN 승인 획득 직후인 12월 16일, 장면은 대통령 특사 자격으로 바티칸을 방문해 교황을 예방하고 신생 대한민국에 대한 정신적 지원을 요청하였다(허동현, 1999).

장면은 주미대사로 임명된 후 맞이한 한국전쟁에서 UN군 파견을 얻어내는 데 노력했으며, 그 공로를 인정받아 제2대 국무총리로 발탁되었다. 장면은 가톨릭 신도로서 광범위한 기반을 구축하였고, 그의 온건하고 조용한 인품이 적을 만들 일이

주미대사 시절의 장면(오른쪽)

없다는 이유로 초대 주미대사에 임명되었다(한승인, 1988).

장면은 미국 정부에게 한국전쟁에 개입하기를 요구하였다. 장면의 요청을 받고 덜레스 국무장관과 맥아더 장군의 미군 파병 건의가 잇따르자 트루먼 미국 대통령은 중국이 공산화된 마당에 한국마저 공산화되면 월남을 위시한 필리핀과 태국 등 동남아 국가들이 차례로 붕괴된다는 '도미노 이론'을 우려하였다. 따라서 한국에서의 사회주의 세력의 팽창을 저지해야 한다는 새로운 동아시아 정책을 세웠다. 이에 따라 종래의 미국무성의 모호한 태도는 사라지고 미군의 참전이 결정되었다.

장면은 주미대사로 근무 중이던 1950년 11월 23일, 제2대 국회에서 148표 대 6표라는 압도적 지지로 대한민국 제2대 국무총리로 인준 · 통과되었다. 그러나 그는 중국의 한국전쟁 개입이라는 새로운 국면이 전개됨에 따라 UN 업무를 수행하느라 귀국을 늦추었으며, 1 · 4후퇴 이후 정부가 부산으로 옮긴 뒤인 1951년 1월 28일에 귀국해 2월 3일 국무총리에 취임하였다. 국무총리로서 장면에게는 국회와 대통령 사이의 갈등을 중재하는 역할이 주어졌다. 그러나 장면의 노력은 이승만 정권의 도덕적 타락과 부패로 인해 잇따라 터져 나오는 불미스러운 사건으로 인해 물거품으로 돌아가곤 했다고 한다(정윤재 2003).

에피소드 유명한 필적 ▬▬▬▬▬▬

국무총리 재임 시절, 가끔 주한 외교 사절이나 친지들에게 편지를 보내면 상대방은 장면의 필적을 알아보고 그의 수려한 문장과 '펜맨십'에 감탄했다고 한다. 장면의 비서가 무초 주한 미국대사를 방문해 장면의 편지를 내밀자 주소만 쓰인 겉봉만 보고도 금방 장면의 편지인 줄을 알아챘다. 비서가 어떻게 장면의 편지인 줄 알았느냐고 물으니, 무초 대사는 장면의 문장과 필적은 워싱턴에서도 유명하다고 대답했다.

장면은 대통령특사로 교황청을 방문하고 귀국길에 미국에 들러 맨해튼 대학에서 법학박사 학위를 받았고, 주미대사로 있으면서 영국 포덤 대학에서 법학박사 학위를, 1957년 미국 시튼홀 대학에서도 법학박사 학위를 받았다.

1955년 초, 민국당과 무소속 동지회 소속 국회의원 60여 명이 원내교섭단체로 '호헌동지회(護憲同志會)'를 구성하고 그해 9월 19일 민주당을 창당하였다. 장면은 정일형, 주요한 등과 흥사단 계열, 오위영 등

원내 자유당 계열, 현석호 등 자유당 탈당파 등이 중심이 된 신진세력, 즉 신파의 중심인물이 되었다. 김성수, 신익희, 조병옥 등 구 한민당 계열의 인사들이 주축이 된 구파의 인사들과 연합하여 민주당 창당의 중심역할을 수행하였다.

1956년, 장면은 대통령 선거에서 이기붕을 이기고 부통령에 당선되었다. 부통령에 취임한 지 한 달 조금 지난 1956년 9월 28일, 자유당 정권에 의한 암살 기도가 있었다. 당시 암살 기도가 있다는 정보가 있었는데도 민주당 전당대회에 참석한 장면은 저격범 김상봉이 쏜 권총으로 왼쪽 손에 관통상을 입는 테러를 당하였다.

저격사건 이후에도 장면은 계속된 암살 위협에 시달렸다. 장면은 "저격 암살이 실패로 돌아가자 음모자들은 우리 집 모퉁이에 트럭을 대기시켜 놓았다가 내가 탄 차를 밀어버려 자동차 사고를 가장한 암살을 획책하고 있었다."라고 술회했다. 그

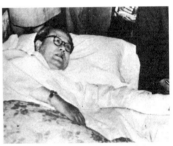

저격사건 후 손에 붕대를 감은 장면

러나 장면은 이러한 암살 위협에 굴하지 않고 민주주의를 위한 투쟁을 계속함으로써 국민에게 민주주의가 실현될 수 있는 이상임을 몸소 보여주는 희망의 상징으로 존재하고자 노력했다.

장면은 1956년 11월 31일, 암살을 모면한 지 두 달 뒤에 명륜동 자택에서 순화동 부통령 관저로 이사했다. 이후 장면은 4년간 순화동 공관을 민주 투쟁의 본거지로 하여 민주당의 성장과 민권 수호를 위한 일에 전념하였다. 순화동 공관은 민주주의를 사수하는 보루 역할만한 것은 아니었다. 그곳은 장면이 민의를 직접 듣는, 국민에게 언제나 열려 있는 열린 공간이 되었다(허동현, 1999).

　　장면은 천주교 신자를 통한 방법을 외교에 활용하였다. 파리 UN총회에 참석하여 한국 승인문제에 대해 도움을 요청할 당시 UN총회 의장인 호주의 에바트 외상을 만나려고 하였으나 좀처럼 만나기 어려웠다. UN총회 의장을 직접 만나서 한국 승인에 관한 도움과 또 그의 힘을 빌리려고 무척 노력하였다. 그러나 의장의 바쁜 일정 때문에 만날 수 없어 호주 시드니의 부주교를 만나 의장과의 만남을 주선해 달라고 부탁한다. 국경을 초월한 천주교 신자끼리의 교감에 힘입어 장면은 부주교의 주선으로 UN총회 의장을 만나게 된다. 그 후 장면은 천주교 신자들인 외국 대표를 더 많이 만나 한국 승인이라는 큰 임무를 완수하게 된다(송원영, 1990).

　　장면은 원내 자유당계와 흥사단이 중심이 된 신파의 지도자로 추대되어 민주당의 최고위원이 되었다. 장면은 파벌의 지도자로 추대되어 유력한 지도자가 된 것이다. 즉 스스로의 투쟁을 통해서 만들어나간 지도자가 아니라 만들어진 지도자라고 할 수 있었다.

　　장면은 국무총리를 두 번 지냈고 부통령을 역임했지만 '각하'라는 소리는 들어본 적이 없고 흔히 집안에서나 측근들은 '박사님'으로 불렀다. 그는 한마디로 매우 평민적이며 소탈한 사람이었다. 이것이 장면을 유약하다고 평가하는 이유이기도 하지만 그런 것이 장면의 참모습이었다. 그는 항상 온순하고 조용하였다. 이러한 성품으로 보아 그가 혼란한 정국을 요리해 나가기에는 성격적으로 적합하지 않다는 평이 있었다.

　　장면은 종교생활을 통하여 천주교계에서 행하는 고해성사 의식에 충실하였다. 항상 양심을 깨끗이 가지려고 최선을 다했으며 사소한 일들까지 깊이 신경 쓰는 겸손한 태도를 지녔다. 그래서 장면이 총리직에 집권하던 시절에는 공무원들에게 두 가지 규제가 있었다. 첩을 두는 공무원은 해임시키고 공무원은 도시락을 지참하라는 것이었다. 그래서 장면 내각은 '도시락 내각'이라 불리기도 했다.

에피소드 외도가 한 번도 없어!

장면 밑에서 국방부장관을 지낸 현석호는 어느 날 장면에게 "사람이 외도도 할 수 있지 않겠느냐?"고 물으니, 장면은 "그런 적이 없다."고 대답했다. 현석호가 정말 없었느냐고 재차 물으니 장면은 지금까지 살아오면서 다른 여자를 가까이 한 적이 단 한 번도 없다고 하였다(송원영, 1990).

에피소드 도시락 내각

국무총리가 되고 내각이 구성된 후, 장면은 총리공관이 아니라 반도호텔에 집무실을 마련했다. 장면은 식사를 항상 집에서 준비한 도시락으로 해결하였다. 총리가 도시락을 준비하자 다른 모든 각료도 도시락으로 식사를 하게 되었다. 그래서 장면 내각은 '도시락 내각'이라고 불리게 되었다.

장면은 조용하고 애정이 넘쳤으며, 탁월한 인간미에 온화한 자라고 평한다. 그러나 그것은 신앙생활로 다져진 수양 때문에 자신의 감정을 겉으로 드러내지 않는 데다가 그의 용모에서 풍기는 부드러운 인상의 겉면이었을 뿐이었다. 그의 한 측근은 장면이 평소 호악(좋아하고 싫어하는)의 감정이 심했다고 기억한다.

장면은 정치적 반대세력을 다루는 데 있어서 지극히 배타적이고 편파적인 리더십 스타일을 나타냈다. 성실하지 않거나 권모술수를 부리는 자에 대해서는 싫어하는 기색을 바로 나타내곤 했다. 직업정치인으로서의 장면은 이러한 점에서 한계가 있었다고 볼 수 있다.

에피소드 수녀원으로 피신한 장면

5·16 쿠데타가 일어나자 반도호텔에 있던 장면은 미국 대사관으로 피신하려 하나 여의치 않자 혜화동에 있는 수녀원으로 피신하게 된다. 당시 긴박한 상황에서 군 관계자나 장관들은 장면의 거처를 몰라 당황하였다. 이러한 상황에서 쿠데타를 진압할 지휘 명령자가 없어 5·16 쿠데타는 기정사실이 된다. 수녀원에 몸을 숨겼던 장면은 자신의 운전사에 의해 거처가 드러나자 장도영 혁명위원회 의장에게 "모든 것을 책임지겠다."는 약속을 받고서야 중앙청에 모습을 나타냈다. 수녀원에서 장면은 "빨리 부대에 연락하시지요."라는 권유에 "그렇게 하면 서로 피를 흘리게 돼서 절대 안 돼요."라고 했다. 장면의 이러한 행동은 지도자로서의 책임감이 결여되었다는 비판을 받는다.

에피소드 육군참모총장만 믿은 장면

장면은 총리 재직 시절 군사쿠데타에 대한 정보를 입수한다. 그러나 누가 실제로 쿠데타에 대한 모의를 하는 줄 몰라 당시 육군참모총장인 장도영에게 물어본다. 하지만 장도영은 자신이 참모총장으로 있는 한 절대 쿠데타는 없을 것이라고 장담한다. 당시 족청계나 박정희를 중심으로 한 쿠데타 모의 정보가 있었으나 참모총장의 말만 믿고 좀 더 면밀하게 조사하지 않다가 쿠데타 이후 장면은 장도영을 원망한다(주돈식, 2004).

에피소드 서로 권총을 풀지 않고

5·16 군사쿠데타 후 장도영과 박정희는 윤보선 대통령을 찾아간다. 장도영 장군의 표정은 굳어 있었고 몹시 피로한 듯 정신이 나간 사람처럼 힘없이 서 있었는데, 그와는 대조적으로 박정희 장군은 석불처럼 꼿꼿이 그리고 한 치의 빈틈도 보이지 않았다. 그런데 어찌된 영문인지 두 사람은 좀처럼 권총벨트를 풀지 않고 땅만 내려다보고 서 있었다. 서로 상대방이 먼저 권총벨트를 푸는 것을 기다리는 듯했다. 서로를 불신하는 기색

이 역력했다. 긴장의 시간이 흘렀다. 정적을 깨고 장도영 장군이 먼저 권총벨트를 풀었고, 박정희 장군이 그 뒤를 따랐다. 다음 순간 두 사람은 또다시 바닥만 쳐다보며 한마디 말도 없이 부동자세를 취했다. 또다시 적지 않은 시간이 흐른 다음 이번에도 장도영 장군이 점퍼 안주머니에서 소형 권총을 건넸고, 박정희 장군도 똑같은 행동을 취했다(김준하, 2002).

에피소드 인조반정을 하는 마음으로

목숨을 걸고 쿠데타를 감행한 박정희 앞에서 윤보선 대통령은 헌법과 그 인준을 위해 민주적 과정을 지킬 것을 당부한다. 윤보선 대통령의 단호한 태도에 장도영 장군과 박정희 장군은 입을 굳게 다물었다. 그러나 박정희 장군의 얼굴에는 긴장감과 불쾌감이 역력했다. 박정희는 인조반정을 하는 마음으로 이번 거사를 단행했다고 강조했다.

에피소드 말 뼈다귀인지 개 뼈다귀인지

5월 16일 아침의 참모장회의에서 이한림 장군은 박정희 소장에 대해 적지 않은 불만을 털어놓았다. "박정희가 말 뼈다귀인지 개 뼈다귀인지 알고나 있습니까?"라고 말하였다. 이한림 장군은 박정희의 성분을 의심하고 있었을 뿐 아니라 "박정희가 별 것도 아닌데 왜들 야단이냐?" 하는 식으로 표현한 것이다(김준하, 2002).

에피소드 장면의 사임 배경

장면은 총리직을 순순히 사임하게 된 배경을 다음과 같이 설명하였다. "내가 사임을 결정하게 된 동기는 윤보선 대통령의 태도를 알았기 때문이다. 나는 처음엔 윤보선 대통령이 쿠데타를 지지하는 태도를 몰랐으나, 그가 쿠데타를 지지할 뿐 아니라 쿠데타 진압을 방지하기 위하여 온갖 방법을 쓰고 있음을 알고는 쿠데타가 진압된다는 희망을 포기할 수밖에 없었다. 참모총장 장도영까지도 쿠데타에 가담하게 되고 보니 총리 사임은 필연적 귀결이었다. 정치인과 종교인이라는 갈림길에서 정말 고심했다. 결국 종교를 선택했다. 권력을 빼앗겼다거나 무능한 정치인이었다는 낙인은 내가 감내하기로 했다.ᅠ"(김준하, 2002).

  민주당 정권 때 '삼신(三新)'이란 말이 유행하였는데 삼신이란 신문(新聞), 신민당(新民黨) 그리고 신풍회(新風會)였다. 신(新) 자가 붙은 이 세 집단에서 민주당 정권을 공격하였다. 신문이 민주당을 공격하는 것은 당시의 모든 신문이 권력집단을 공격하는 것은 당연하다는 고정관념 비슷한 것이 있었으니 어쩔 수 없는 것이었다. 구파 중심의 신민당이 민주당을 반대하는 것도 분열되어 신당을 만든 후에 야당이 되었으니 당연한 것이라고 할 수 있었다. 그런데 신풍회는 여당인 민주당의 당내 젊은 의원들의 모임이었다. 그러므로 엄격한 의미에서 그 당시 민주당 내의 다른 단체와 마찬가지로 그렇게 대단한 존재는 아니었다. 그러나 신풍회는 민주당 정권 당시 야당 아닌 야당으로 독특한 행동을 취해왔다. 그 이유는 5대 국회에서 민주당이 원내 3분의 2가

하야성명을 발표하는 장면

넘는 의석을 차지함에 따라 생긴 자연발생적 현상이었다(손원영, 1990).

　　장면은 가톨릭 계열의 신문인 경향신문이 민주당 정부를 공격해도 이를 참을성 있게 지켜보았다. 특히 민주당 정권이 들어서고 난 후 연일 이어지는 시위나 데모를 경찰이나 군을 동원하여 진압해 사회를 안정시켜야 한다는 측근들의 주장에 대하여 장면은 "5천년 역사 동안 한국민이 언제 자유를 제대로 누려 보았느냐? 이제부터라도 그동안 억눌려 온 감정을 폭발시킬 수 있게 해야 하지 않느냐? 그러다가 시간이 지나면 자연히 시위나 데모는 수그러들 테니 조금만 기다려라. 국민이 얼마나 자유에 갈증을 느꼈겠는가?" 하며 참을성을 가지고 좀 더 기다려보자고 하였다.

박정희의
제3공화국과 유신

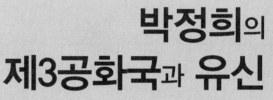

1. 5·16 군사쿠데타

이승만의 군부 통치 정책

　　이승만은 건국 초기부터 신생국에서의 군의 정치적 잠재력을 의식하고 자신의 정치적 권위에 도전적일 수 있는 임정계(임시정부 계열), 족청계(민족청년단 계열) 등을 군 지휘부에서 제거하고 이북 출신으로서 이승만 개인에게 충성하는 젊은 청년층 장교를 군의 수뇌부에 임명하였다.

　　이승만은 동경그룹(일본육사 출신), 만주파 장교들(만주군관학교 출신), 비일본군 출신 장교들(학도병 및 군사영어학교 출신) 간의 파벌 경쟁의식을 은연중에 조장함으로써 자신에 대한 충성을 확보하려 하였다. 또한 군부 내에서 영웅의 출현을 막으려고 의식적으로 노력했다. 1953년에는 헌병사령부를 설치하여 군에 대한 사찰을 체계화하는 동시에 특무부대를 강화하여 사찰기구 자체에도 헌병대와 특무대 간의 분할통치 방법을 도입하여 철저히 군을 장악하였다. 이 밖에도 군부 출신이 각료의 10%를 채우게 하여 민·군 관계를 안정시키려 하였다. 이처럼 이승만은 군부를 조종하는 기술에 능했고 이러한 상황 하에서 군부 내부에는 이승만의 충성스런 인물이 되려는 노력이 성행하였다.

장면 정부의 군부 통치 정책

군부의 충성이 확보되는 한 정권의 권위와 유지에 도움이 되었다. 사회적으로 상당한 위험이 생겨도 정권의 붕괴에까지 이르지 않는다는 것이 일반적인 통념이었다. 그러나 사회 전반에 위기감이 팽배해 가는 상황에서 장면 정권은 군부의 역량과 역할에 대해 현실적으로 이해하지 못하였다. 예를 들어 군부 출신 인사를 내각에 한 명도 기용하지 않았고, 더구나 신·구파의 파벌정치로 인하여 국방장관이 9개월 동안 세 차례나 바뀌었다. 이러한 예는 군대에 대한 지식이나 이해가 부족했기 때문이라고 볼 수 있다. 더구나 1961년 1월 30일에 단행된 개각에서 국방장관에 기용된 현석호는 방첩대가 장관에게 직접 하던 주요 첩보보고도 참모총장에게 맡길 정도로 군 정보의 중요성을 인식하지 못한 순수 민간인이었다. 또한 장면 정부는 소수의 국방부 수사대만 남겨두고 헌병사령부나 특수부대는 해체 또는 약화시킴으로써 군 사찰의 중요성을 거의 무시하였다. 이러한 몇 가지 사례는 민주당 정권이 군을 효율적으로 장악하지 못한 채 방치하였다는 것을 의미한다.

한국전쟁을 통해서 권한이 강해진 당시 군부 고위층에는 군사물자를 빼돌리는 등 부정부패가 광범위하게 퍼져 있었다. 또한 당시 군부 내에서는 4·19 민주화운동 이전에 있었던 각종 선거에서 자유당과 직·간접으로 관계를 가졌던 고급 지휘관들이 다수 있었다. 사실상 그들 대부분이 자신들의 정치적 윤리성을 자랑할 만한 위치에 있지 못했다. 따라서 소장파 장교들은 고급 장성의 다수가 이승만 정권 하에서 군부 내의 부정선거에 책임이 있다고 비난했다.

군부 내 소장파들의 불만

1960년 5월에는 육군사관학교 8기 동기생인 육군중령 8명이 군부 내의 조속하고 철저한 정화를 요구하는 탄원서를 올렸다가 일시적으로 구금된 일도 있었다. 결국 당시 육군참모총장인 송요찬이 사임했지만 노장파 장교들의 퇴진을 바라는 개혁주의적 소장파 장교들의 열망을 충족시키지는 못했다. 더욱이 휴전 이래 누적되어 온 '진급 동결' 사태는 하급 장교들의 불만을 가중시키고 있었다.

한편 민주당은 7·29 선거운동 중 한국군의 수를 10만 명으로 줄이겠다고 주장하였고, 장면 자신이 국무총리에 선출된 후 그러한 구상을 8월 27일 국회에서 행한 연설을 통해 재차 확인했다. 또한 민주당 정부는 경제제일정책에 부응하여 자유당 정권 하에서 30~40%를 차지하던 국방비를 20% 이하로 줄이려고 노력했다(주돈식, 2004).

군대의 숫자 감소는 장비의 근대화와 화력의 증강으로 보상하겠다고 하였다. 물론 이러한 장면 정부의 대안은 미국의 압력으로 60만을 계속 유지하기로 결정했으나, 이로 인하여 군의 사기와 지위는 저하되었고 소장파들의 분노는 더욱 고조되었다.

5·16 쿠데타 주체들의 주장

5·16 쿠데타 주체들은 민주당 정부 이후 한국사회에 만연한 문제점들을 혁명을 통해 시정하기 위해 거사를 단행했다고 주장하였다. 그들이 주장한 한국사회의 주된 문제점은 ① 공산주의 사상의 대두

② 경제적 위기 ③ 고질화된 정치풍토 ④ 사회적 혼란과 국민윤리의 퇴폐 ⑤ 한국군의 발전과 군사 혁명의 필연성으로 설명하고 있다.

군부의 정치 개입을 정당화하기 위하여 군사혁명의 주체들이 표명한 주장들, 즉 민간정부의 능력에 대한 불신과 혐오 및 사회윤리 부패 등의 명분만으로 군부의 정치 개입을 설명하기란 충분한 것이 못 된다. 오히려 쿠데타를 주도한 세력에게 정권 장악 야욕을 자극한 기본적인 요인들이 있었다고 본다.

역사적으로 시민혁명 후 집권세력은 대부분 온건파였다. 그러나 시민혁명 후 사회는 온건파와 강경파가 대립하였고, 이러한 이중 권력 구도 하에서 무질서와 혼란의 시대가 찾아오게 된다. 이때 쿠데타가 발생하여 군사정권이 성립된다. 영국 청교도혁명의 경우 크롬웰은 의회를 해산하고 호민관이 되었다. 미국 독립혁명의 경우 독립군 사령관 조지 워싱턴이 대통령이 되었다. 프랑스 시민혁명은 위기로 치닫고 있었는데 나폴레옹이 쿠데타에 성공하여 프랑스혁명의 위기를 종식시켰다. 1917년 러시아의 10월 혁명도 성공리에 끝난 레닌의 쿠데타였다. 5·16 쿠데타의 주체세력은 이러한 쿠데타의 역사적 교훈을 몸소 실천하고 싶은 의욕을 품고 있었다고 평가된다.

또한 당시에는 군이 정치에 개입할 수 있는 물리적인 힘이 축적되어 있었다. 1950년대를 지나면서 특히 한국전쟁이 계기가 되어 군은 60만의 병력을 거느리고 있었고 국가 예산의 40%를 쓰고 있었다. 군부는 군사적 물리력을 소유하고 있었으며 군대의 경영 및 기술에 있어서 당시 한국사회에서 가장 강력한 조직이었다.

다른 아시아 신생국에서도 군이 정치에 개입하는 것은 흔한 일이었다. 이러한 군의 물리적인 힘의 축적은 공산주의 침투 및 확산을 막고 경제를 발전시키겠다는 의욕과 더불어 정치에 개입하려는 유혹을 떨치기 어려웠다.

정군운동

1960년 5월 2일, 부산 군수기지 사령관이던 박정희 소장은 참모 총장 송요찬에게 3 · 15 부정선거에 대한 책임으로 자진하여 군에서 사퇴하라는 편지를 보낸다. 이러한 사퇴 서신을 시작으로 소장파에 의해서 군부의 정군운동이 확산되었다.

1960년 9월 10일, 젊은 정군파 장교들은 국방부장관 현석호를 찾아가 정군을 건의하려 하였으나 장관과의 접촉에 실패하자 그날 밤 충무장이라는 요릿집에 모였다. 그들은 평화적인 방법으로 추진하여 온 정군문제를 일단락하고 민주당정권 자체를 제거하는 거국적인 쿠데타를 단행하여 정군의 목적을 달성하자고 결의하였다(전인권, 2006).

에피소드 │ 충무장 결의 ═══════════════════════════════

김종필을 중심으로 한 육사 8기 동기들은 충무장이란 요릿집에서 쿠데타에 대한 모의를 하게 된다. 당시 방첩대에 의해 이러한 쿠데타 모의가 포착되나 당시 육군참모총장인 장도영은 이러한 정보를 중요하게 생각하지 않고 무시한다. 장도영은 박정희가 자기 말을 잘 듣는 사람이라 자기 몰래 쿠데타를 모의하지 않을 것이라 생각한다. 박정희는 군 재직 시절 자기보다 나이가 어린 장도영에게 깍듯이 상관 대접을 했고 잘 따르는 행동을 보여주었기 때문에 장도영은 박정희가 자기 말에 절대 복종할 것이라고 착각한다. 엘리트 의식이 강했던 박정희는 장도영을 존경했다기보다는 장도영을 이용해 자신의 불안정한 직위를 유지하려 했다는 생각이 든다.

5·16 혁명 당시 박정희 소장과 박종규 , 차지철

　5·16 쿠데타 계획은 그때가 처음이 아니라 자유당 말기부터 계속 진행되어 오던 것이었다. 박정희는 자유당 말기에 뜻 있는 장교들을 중심으로 1960년 2월에 쿠데타 거사 계획을 세웠다. 거사 일자는 육군참모총장이 5월 5일 도미한 뒤인 5월 8일로 정했다. 그러던 중 4·19 민주화운동이 일어나자 계획은 중지되었다. 그 후 두세 차례 거사 계획을 더 세웠으나 불발로 그치게 되고, 드디어 1961년 5월에 감행하게 된다.

에피소드 국수주의자의 기백 ▬▬▬▬▬

　박정희가 일본 청년 장교들이 일으킨 5·15사건, 2·26사건을 들먹이면서 찬사를 늘어놓자 친구인 황용주 신문사 주필이 "너, 무슨 소릴 하노? 놈들은 천황 절대주의자들이고 케케묵은 국수주의자들이다. 그놈들이 일본을 망쳤다는 사실을 모르고 하는 소리가?"라고 반박했다. 그러자 박정희는 "일본의 군인이 천황 절대주의인 게 왜 나쁜가? 그리고 국수주의가 어째서 나쁜가?"라고 응답했다. 황용주가 "그것은 고루한 생각으로 세계 평화에 해독이 된다."라고 반박하자, 박정희는 열을 올리며 "그런 잠꼬대 같은 소리나 하고 있으니까 글 쓰는 놈들을 믿을 수 없다. 일본이 망한 게 뭐꼬? 지금 잘해 나가고 있지 않나? 역사를 바로 봐야 해. 패전 후 얼마 되지 않아 일본은 일어서지 않았나?"라고 응수하였다. 황영주는 "국수주의자들이 망친 일본을 자유주의자들이 일으켜 세운 거다."라고 하자 박정희는 "자유주의? 자유주의 갖고 뭐가 돼? 국수주의자들의 기백이 오늘의 일본을 만든 거야. 우리는 그 기백을 배워야 하네."라며 반박했다. 황영주는 "배워야 할 것은 기백이 아니고 도의감이다. 도의심의 뒷받침이 없는 기백은 야만이다."라고 주장하자, 박정희는 "도의는 다음 문제다. 기백이 먼저다."라며 기백을 강조하였다(조갑제, 2009).

에피소드 술이 취한 모양이니 그만 자시오

박정희가 시도한 군사쿠데타는 사전에 정보가 누설되어 당시 방첩대가 이를 저지하게 된다. 쿠데타를 일으키기 몇 시간 전, 박정희가 육군참모총장인 장도영에게 전화를 걸어 "각하! 드디어 군이 거사하기로 했습니다!"라고 말하자 장도영은 이를 심각하게 듣지 않고 "술이 취한 모양이니 그만 잠이나 자시오!"라며 무시하였다(손원영, 1990).

에피소드 아이들 숙제를 돌봐주고 쿠데타 거사

박정희가 쿠데타 거사를 위해 집을 나서려는데 아내인 육영수가 혹시 마지막이 될지 모르니 아이들 숙제를 돌봐주고 나가라고 부탁하자 아이들 숙제를 챙겨주고 쿠데타 병력이 집결한 장소로 이동한다. 그러나 사전에 정보가 누설되어 동원할 쿠데타 세력이 육군본부의 명령에 의해 제지된다. 이에 실망한 박정희는 부관 한 명만 데리고 막걸리 집에서 술을 마신다. 그러다가 공수부대와 해병대가 한강에 집결했다는 보고를 받고 다시 용기를 내어 한강으로 이동해서 쿠데타 병력을 지휘하게 된다.

쿠데타가 성공한 후 박정희는 군정을 실시하여 군사혁명위원회를 조직한다. 국가재건최고회의 의장을 역임하면서 육군대장으로 진급했고, 1963년 3월 24일 윤보선의 뒤를 이어 대통령 권한대행을 맡았다. 그리고 군정을 민정으로 바꾸면서 1963년 10월 5일, 대통령 선거에 출마하여 윤보선 후보를 제치고 대통령에 당선되었다.

에피소드 대통령이 직접 계급장을 달아 달라!

박정희는 미국에 자신의 권위를 내보이기 위해 자신의 군 계급을 중장에서 대장으로 승급해야겠다고 윤보선 대통령에게 건의하였다. 7개월 만에 소장에서 2계급 특진하는 것이었다. 윤보선 대통령에게는 독자적으로 군인을 특진시킬 권한이 없었던 만큼 박정희의 대장 특진은 일종의 노고 성격을 띠고 있었다. 국방부나 최고회의에서 특진을 결정하면 될 것을 일부러 청와대에 사전 통보를 하게 된 진짜 이유는 대장 계급장을 대통령이 직접 달아 달라는 부탁을 하기 위해서였다. 박정희는 미국을 방문하기에 앞서 "대통령께서 직접 계급장을 달아주시면 고맙겠습니다."라고 직설적으로 요청했다(김준하, 2002).

에피소드 위스키를 찾은 혁명주체들

박정희를 필두로 한 혁명주체들이 경호원들과 함께 청와대 현관에 몰려들었다. 현관에 들어서자 그중 한 사람이 "이봐, 위스키 있어?"라며 청와대 직원을 향해 큰소리로 말했다. 당시 일반인들은 구하기 어려운 위스키가 청와대에는 있다고 해서 위스키를 요구한 것이었다. 박정희를 비롯한 혁명주체들은 자정 무렵까지 술잔을 기울이며 청와대 점령을 자축하였다(김준하, 2002).

에피소드 박정희의 선글라스

박정희는 항상 검은 선글라스를 쓰고 다녔다. 어느 기자가 선글라스를 쓰고 다른 나라 국가원수를 만나는 것은 큰 실례가 아니냐고 지적하면서 자신감이 없어서 그러냐고 묻자 박정희는 "제가 깜박했습니다. 그렇게 실례가 됩니까?" 하면서 의아한 듯이 되물었다(박용배, 2002).

박정희는 1963년 2월 18일, 민정 불참을 선언하는 자리에서 "나 같이 불행한 군인이 또 있어서는 안 된다."라며 울먹거렸다. 그러나 얼마 안 가 민정 불참을 번복했다. 국가재건이라는 혁명과업을 완수하기 위해서는 계속 자리를 지켜야 한다는 것이 박정희의 변명이었다. 명분이 무엇이든 간에 눈물의 서약까지 뒤집으며 군복을 벗고 대선에 뛰어들었다는 것은 약속을 위반한 것이었다. 더욱이 민정 불참을 선언하면서 은밀하게 민정 참여를 할 수 있는 공화당을 창당하였다.

에피소드 약속 변경

박정희는 애초의 약속과는 달리 앞으로 군정을 2년 더 실시하고, 1963년 여름에 민정이양을 실시한다고 발표하였다. 그러자 윤보선 대통령이 격노했다. 점잖기로 유명한 윤보선 대통령이 그때처럼 화를 내는 모습은 본 적이 없었다고 한다. 박정희에 대해 배신감과 모멸감을 느낀 듯했다. 일주일 전, 박정희가 윤보선 대통령을 만나 부득이 1년 반 더 군정을 연장하겠다고 약속해놓고 사전에 일언반구 협의도 없이 2년을 들고 나온 것은 윤보선 대통령을 철저하게 무시한 행동으로 받아들인 듯했다. 외국에서는 군정 연장의 약속이 자꾸 변경되자 박정희와 군정 당사자를 잘 변한다는 의미에서 '칠면조'에 비유하기도 하였다.

에피소드 박정희, 나쁜 놈의 새끼야!

야전군을 시찰하러 온 박정희 의장이 탄 차가 원주역에 못 미쳐 어느 초등학교 앞을 지나갈 때였다. 초등학교 2학년 정도밖에 안 되는 앳된 소년이 박정희 의장과 민기식 장군이 함께 탄 차 앞으로 달려 나오면서 "박정희, 이 나쁜 놈의 새끼야!"라고 소리 지르면서 돌을 던졌다. 돌은 정통으로 유리창에 맞았으나 깨지지는 않았다. 민기식 장군이 얼른 주위를 둘러보니 통행인은 보이지 않았고, 그 소년은 달아나지 않고 노려보고 있었다. "저 어린 것이 뭘 알겠습니까? 그냥 가시지요."라고 민기식 장군이 말했다. 박정희 의장도 묵인하여 차는 사령부로 직행했다. 아마도 그 학생의 가족 중 누군가가 5·16 쿠데타로 인해 한 맺힌 피해를 본 것이라 추측되었다. 민기식 장군은 그때 묵묵히 참아준 박정희 의장을 고맙게 생각하였다(조갑제, 2009).

1963년 8월, 육군대장으로 예편한 박정희는 정해진 시나리오대로 민주공화당의 총재 겸 제5대 대통령 후보로 확정됐다. 그해 10월 실시된 제5대 대통령 선거는 박정희와 윤보선 후보(민정당)의 양자 대결 구도였다. 박정희는 여수·순천 사건으로 인해 '사상 논쟁'에 휘말려 위기에 봉착하기도 했지만, 대통령 후보 단일화 문제를 둘러싼 야권 분열로 반사적 이익을 얻어 대통령에 당선됐다. 이로써 제3공화국이 출범했다.

에피소드 4대 의혹과 자의 반, 타의 반의 망명

공화당을 은밀히 창당하기 위해 김종필은 중앙정보부장을 맡아 자금을 확보하려 한다. 이 과정에서 4대 의혹 사건이 발생한다. 자금을 모으는 과정에서 새나라 자동차 사건, 워커힐 호텔 사건, 증권 조작 사건, 파친코 사건이 발생하여 김종필은 모든 권한을 버리고 외국으로 자의 반, 타의 반 망명 아닌 망명을 간다.

에피소드 '진시황' 이한림

박정희가 가장 껄끄럽게 생각했던 라이벌은 만주군관학교 동기생인 이한림 제1야전군 사령관이었다. '진시황'이란 별명을 가진 이한림은 박정희가 군부쿠데타를 감행할 경우 이를 제지할 수 있는 유일한 군인으로 여겨졌다. 이한림과 같이 남산에 올라 청와대를 바라보면서 박정희가 "한림이! 이곳에 포를 설치하고 경무대(지금의 청와대) 쪽을 포격하면 마치 나폴레옹이 파리소요 때 진압 사령관으로 야전포를 발사해서 파리를 제압한 것 같이 경무대 장악은 문제가 없겠지?"라며 쿠데타의 의도를 내비치자, 이한림이 "정희야, 넌 농담이 지나칠 때가 있어. 그런 농담 하지 말아라." 하면서 놀라자 박정희는 씩 웃으며 농담인 것처럼 행동한다. 가톨릭 신자로 장면과 친분이 두터웠고 성품이 강직하여 박정희는 이한림이 참모총장이 된다면 쿠데타가 어려울 것이라고 생각한다. 그래서 쿠데타를 감행하기에 상대적으로 부담이 적은 장도영을 총장으로 옹립하는 데 노력한다. 쿠데타 후 이한림은 군복을 벗고 미국으로 가게 되는데 미국 방문 중이던 박정희 의장을 만나자마자 "야! 이 새끼야! 나를 이 꼴로 만들어놓고 속이 시원하냐?"며 대드는 바람에 주위 사람들이 당황했다고 한다(김재웅, 1998).

2. 박정희의 퍼스낼리티

경제적 빈곤

　박정희는 1917년 11월 4일, 경상북도 선산군 구미면 상모리라는 조그마한 농촌 부락에서 태어났다. 박정희는 매우 빈한한 농가(農家)에서 6남매의 막내로 태어났기 때문에 넉넉한 집안의 막내아들처럼 귀여움 받고 마음껏 어리광 부리고 자랄 수 있는 처지가 아니었다. 가난한 농가에서 막내아들로 태어난 데 대하여 그는 언제나 다소간의 불안감 또는 일종의 심리적 압박감을 느끼며 성장하였던 것 같다.

에피소드 어머니의 낙태 노력 ▬▬▬▬▬▬▬▬▬▬▬▬▬▬▬▬▬

　어머니가 박정희를 임신했을 당시의 나이가 마흔다섯 살이었는데, 그즈음 딸이 시집가서 아이를 낳았다. 딸과 함께 자식을 낳는 것을 부끄럽게 생각하여 아기를 지우려고 백방으로 노력하였다. 간장을 한 사발이나 마시고 앓아눕기도 하고, 밀기울(밀을 빻아서 체로 가루를 빼고 남은 찌꺼기)을 끓여서 마셨다가 까무러치기도 했다. 섬돌에서 뛰어내려 보기도 하고, 장작더미 위에서 곤두박질쳐 보기도 했다. 일부러 디딜방아의 머리를 배에다 대고 뒤로 자빠져 버린 적도 있었다. 허리를 못 쓸 정도로 다쳤는데도 배속의 아이는 멀쩡했다. 결국 어머니는 낙태를 포기하고 아기를 낳기로 마음을 고쳐먹었다(최상천, 2004: 이진곤, 2003).

1926년, 박정희는 초등학교에 입학하였다. 그 후 6년간 집에서 약 20리(8 킬로미터)나 떨어진 학교를 비가 오나 눈이 오나 걸어서 왕복해야 했다. 학교에서 그는 언제나 과묵하였고 다른 아이들과 섞여서 장난치고 뛰어노는 일도 없었다. 몸집은 깡마르고 조그마했어도 늘 학급에서 수위를 다투는 우등생이었다.

에피소드 체구가 작은 이유

박정희는 초등학생 때 수업을 마치고 20리 길을 걸어 집에 돌아오면 무척 배가 고팠다고 한다. 어린 마음에 먹을 것을 찾아 부엌에 가서 솥뚜껑을 열어봐도 먹을 것이라고는 아무것도 없었다. 하다못해 무말랭이나 장아찌 같은 것도 없어서 할 수 없이 간장을 찍어 먹곤 했다. 박정희는 "그때 뒷산에 밤나무라도 있었으면 밤이라도 쪄 먹을 수 있었을 텐데……"라며 어린 시절의 가난을 회고했다. 또 "내가 왜 이렇게 체구가 작은 줄 알아요? 어렸을 때 제대로 못 먹어서 그래요."라며 체구가 작은 이유를 설명하였다(전인권, 2006).

에피소드 서숙쌀

점심시간에 도시락을 열면 박정희의 도시락에는 언제나 좁쌀에 보리가 반쯤 섞인 '서숙쌀'이라고 불리던 밥이 담겨 있었다. 보통 아이들은 보리밥에 쌀이 좀 섞여 있기도 했는데, 박정희의 도시락에는 좁쌀이 많아 단번에 가난한 집안의 아이임을 알 수 있었다고 한다(조갑제, 1998).

에피소드 꽁꽁 얼어붙은 도시락과 명절

하루 40리 길을 왕복하면서 등하교를 하던 박정희는 새벽밥도 잘 먹지 못한 채 겨울엔 도시락이 꽁꽁 얼어서 먹지 못하고 그대로 집으로 가져오곤 했다. 언 찬밥을 먹어서 항상 체하고 가끔은 토하기도 했다. 다른 형제들은 키가 작은 편이 아닌데 유달리 박정희만 작은 것은 하루 40리 길을 걸으면서 얼어붙은 도시락을 먹고 자주 체하곤 했기 때문이라고 술회했다. 또한 명절날 다른 집은 음식을 장만하느라 굴뚝에서 연기가 났는데 자기 집은 명절음식을 장만하지 못해 굴뚝에 연기가 나지 않아 실망했다고 술회했다(윤종성, 2010).

1932년, 박정희는 초등학교를 졸업하고 대구사범학교에 들어갔다. 장래에 초등학교 선생이 되고 싶어서라기보다는 집안 형편상 학비를 댈 수 없었기 때문에 전액 장학금을 주는 상급학교를 선택한 것이다. 사범학교 학생으로서 학비문제가 해결된 다음부터는 초등학교 시절처럼 공부에만 전념하지 않고 친구들과 어울려 놀며 비교적 명랑한 학창생활을 보냈다. 그러나 이때도 품행이 반듯한 모범생으로 행동한 것은 가난한 가정의 소년으로서 몸가짐이 언제나 조심스러울 수밖에 없었기 때문일 것이다(정운현, 2004).

태어나면서부터 겪은 경제적인 불운과 어려운 성장환경은 훗날 박정희가 통치의 제1차 목표를 경제에 두도록 한 원인이 되었다. 박정희 자신이 기회가 있을 때마다 어렸을 때의 가난을 이야기하면서 "가난은 나의 스승이었다."라고 말하곤 했다. 여러 가지 가치 중에서 빈곤으로부터의 탈피만큼 절실한 목표는 없다고 강조했다. 경제성장이란 따지고 보면 가난의 설움에서 탈피하려고 몸부림쳤던 박정희 개인의 체험을 국가적인 스케일로 확대한 것이라고 할 수도 있다. 어려운 가정환경과 관련된 유·소년기에 겪은 박정희의 체험담은 그의 통치시절에 극적으로 미화된 흔적도 없는 것은 아니나, 그가 가난에 허덕이며 거기서 탈출하기 위해 필사적으로 노력했다는 것을 잘 증명해준다.

보통학교를 졸업하고 사범학교를 거쳐 직업군인의 길을 선택한 동기도 따지고 보면 경제적 이유가 가장 큰 원인이었다. 대구사범학교에 진학한 까닭은 교직에 특별한 관심이나 흥미를 가져서가 아니라 당시의 관립 사범학교에서는 수업료 면제 등으로 학비 없이 공부할 수 있었으며 졸업 후에는 직장이 자동으로 보장되었기 때문이다.

사범학교 시절의 박정희

사범학교 졸업 후, 박정희가 3년간의 의무적인 교직생활을 청산하고 군대생활에 뛰어든 가장 큰 이유도 경제적인 데 있었다고 할 수 있다. 일제하 두메산골에서의 한국인 교사생활은 박봉에 허덕여야 했고, 그나마 장래를 보장할 수도 없었다. 박정희는 인생의 코스를 180도 전환하여 23세에 만주의 군관학교에 입학하였다(정운현, 2004).

에피소드 실력을 비축한 다음에 행동한다 ▬▬▬▬▬

박정희가 대구사범 이후 평생을 지켜간 행동 원리는 "실력을 비축한 다음에 행동한다."라는 것이었다. 박정희는 말이 앞서는 것을 싫어했을 뿐만 아니라 "최후의 한 사람까지" 식의 선동적인 구호의 효용성을 믿지 않았다. 박정희는 상대를 제압할 수 있는 실력을 준비하기 전에는 어떤 수모도 참아야 한다는 태도를 견지하였다.

박정희는 대구사범학교를 졸업한 후 문경초등학교 교사로 재직하면서 첫 번째 부인 김호남과 결혼한다. 집안의 권유로 마지못해 결혼하였으나 부인에 대한 애정이 없어 부부로서의 생활을 거의 하지 못했다. 결혼하고 1년이 지나자 부인 김호남은 상모리에 있는 시댁으로 거처를 옮겼다. 그녀는 박정희가 혼자 문경으로 가버리는 바람에 외롭게 시집 생활을 시작했다. 박정희의 어머니는 이러한 며느리를 불쌍히 여겨 끔찍이 아껴주었다. 박정희는 방학 때 고향에 내려가도 아내와 같은 방을 쓰지 않으려 했다고 한다. 박정희 부부 문제로 양가 부모는 걱정하다가 하루는 박정희를 강제로 아내의 방에 밀어 넣기도 하였다. 그러고는 양가 어머니들이 밤새도록 문 앞 섬돌에 앉아 보초를 섰다고 한다(조갑제, 1998).

박정희 스스로 실토했던 것처럼 가장 감수성이 예민한 유년기와 청소년기에 그의 머릿속은 늘 경제적인 문제로 가득 차 있었다. 정신적인 것이나 문화적인 것은 생각할 여유가 없었을 것이다. 그리고 집권 후에도 경제와 관련된 능률과 목표달성만이 최대의 가치였고, 정치과정에서 문제가 되는 정통성이나 도덕성은 2차적인 것으로 치부되었다.

확실히 박정희의 퍼스낼리티 형성에 가장 중요한 영향력을 미친 것은 자신의 체험에서 인식된 '가난'이었으며, 집권 이후 그가 추진한 최고의 국정목표는 가난을 추방하여 남들처럼 잘살아보자는 것이었다. 박정희에게 경제발전 이상의 정치적 가치는 없었다. 경제를 위해서는 다른 정치적 가치는 부수적인 문제로 다루거나 희생되어도 괜찮다고 보았다. 국가의 모든 에너지가 경제성장을 위해 총동원된 반면, 문화 · 예술 · 인권 · 종교 · 민주주의적인 절차 같은 것은 상대적으로 크게 무시되었다.

경제욕구를 충족시키는 데서 정권의 정당성을 확보하려 한 박정희는 국민에게 끝없는 경제발전을 약속했으며, 이를 공급하는 것을 정치의 모든 것으로 생각하게 되었다. 여기에 중독되다시피 한 국민 쪽에서도 한 가지 욕구가 충족되면 그 다음에는 또 다른 경제욕구를 요구하여, 성장정책은 멈출 줄 모르는 고공행진을 계속해야 했다. 마치 넘어지지 않기 위해 자전거의 페달을 계속해서 밟아야 하는 것과 같았다.

이로 인해 보통 다른 선진 국가에서는 연간 4∼5% 정도의 성장만으로도 사회적인 기대를 충족시킬 수 있었던 데 비하여 박정희 시대 한국의 경우는 10% 이상의 고도성장을 이루어야 만족할 수 있는 과잉기대가 일반화되었다. 그런 기대에 부응하지 못할 경우, 정권이 위협받는 것으로 판단되었다. 왜냐하면 경제성장 이외에 정권의 정통성을 지탱할 만한 가치를 지니고 있는 것은 없었기 때문이다.

군인의 길

1937년, 대구사범학교를 졸업하자 박정희는 문경의 초등학교 교사가 되었다. 사범학교 졸업생으로서 최소한의 학교근무를 마친 다음 일본인 교장과 싸우고 나가 만주군관학교에 입학하였다. 일본인 · 한국인 · 만주인 사관생도들이 모여 경쟁하는 가운데 그는 우등생으로 졸업하였다. 그리고 일본의 육군사관학교에 편입하여 우수한 성적으로 학업을 마쳤다. 일본 육군사관학교를 졸업한 이후 만주의 관동군 장교로 복무하던 중 해방을 맞게 되었다.

에피소드 호적 나이를 고치고 군에 입대 ══════════════

박정희는 동료 교사에게 "저는 아무래도 군인이 되어야겠습니다. 제 성격이 군인 기질인데 문제는 일본 육사에 가려니 나이가 많습니다. 만주 군관학교는 덜 엄격하다고 하지만 역시 나이가 걸립니다."라며 군에 입대하는 데 나이를 걱정하였다. 동료 교사가 고향에 있는 형님에게 부탁하여 호적을 고치고 군에 입대하라고 조언하자 박정희는 고향에 돌아가 호적 나이를 고쳤다(조갑제, 1998).

에피소드 혈서를 써서 군에 입대

　　박정희는 만주군관학교에 가고 싶었으나 받아주지 않을 것을 걱정하였다. 동료 교사가 문득 생각이 나서 "손가락을 잘라 혈서를 쓰면 어떨까?"라고 했다. 박정희는 그 제안에 즉각 찬성했다. 그러고는 즉시 행동에 옮겼다. 바로 옆에 있던 학생의 시험용지를 펴더니 면도칼을 새끼손가락에 갖다 대었다. 동료 교사는 속으로 설마 했는데 박정희는 자신의 손가락을 찔러 피를 내었다. 박정희는 핏방울로 시험지에다 '진충보국 멸사봉공'이라고 쓴 다음 그것을 접어서 만주로 보냈다. 그 당시 편지가 만주까지 도착하는 데는 1주일쯤 걸렸다. 보름이 지나 누군가가 만주에서 발행되는 신문에 박정희의 혈서 이야기가 실렸다고 말하는 것이었다. 여러 사람의 증언을 종합할 때 혈서설은 신빙성이 있어 보인다. 박정희는 대구사범 재학 때나 문경 교사 시절에 늘 군인이 되겠다는 꿈을 키워 가고 있었다. 교장과의 불화 때문에 충동적으로 군인의 길을 선택한 것이 아니라 오랜 집념의 실천이었다(최상천, 2004).

만주군관학교 졸업식 때 학생대표로 경례하는 박정희

　다카키 마사오라는 일본 이름으로 만주군관학교와 일본 육사를 졸업한 박정희는 1944년 소련-만주 국경지대의 관동군 부대에 배속된다. 주로 중국 공산당을 토벌하는 일에 종사하였다. 후일 학도병으로 중국에 끌려갔다가 탈출하여 임시정부 광복군으로 활동했던 민주 재야인사인 장준하는 1963년 대통령 선거 당시에 "다른 사람은 대통령이 될 수 있지만 일본군 장교로 독립군을 때려잡는 데 앞장섰던 박정희는 안 된다."고 주장하며 박정희의 친일 경력을 비판하였다.

　박정희는 태생적으로 군인 기질을 갖추고 있었던 것 같다. 일제 하의 관비지급학교였던 대구사범 재학 시절에 박정희는 나팔수로 활약했고, 학과목 가운데서도 운동 · 검도 등에서는 항상 발군의 성적을 나타냈다. 체구는 작았지만 교련시간에는 놀라울 만한 민첩성을 발휘했으며, 불굴의 투지를 품고 있었다. 교직생활에서 일본 직업군인으로 변신한 근본적인 동기는 장래성과 경제적인 이유에 있었던 것이 틀림없으나, 박정희의 태생적인 기질로 보아 군인생활이 적격이었다고 할 수 있다. 박정희는 만주군관 학생 시절에 자기보다 나이가 어린 선배에게도 깍듯이 대했으며 어린 선배에게 기합을 받아도 아무 불평 없이 묵묵히 받아들였다(전인권, 2006).

　박정희가 만주 신경(지금의 장춘)에 있는 군관학교에 2기생으로 입교한 것은 전 세계가 바야흐로 2차 세계대전의 불을 뿜기 시작하던 1940년이었다. 일본 제국주의가 중국 대륙을 석권한 다음 태평양전쟁으로 치닫고 있던 때이기도 했다(조갑제, 2009).

　군관학교에서의 박정희는 나무랄 데 없는 모범생이었다. 그 당시 같은 군대에서 생활했던 한 대만인 학우는 "박정희 생도는 항상 주변을 깨끗이 정리 · 정돈하여 다른 학우의 모범이 되었고, 늘 검도를 즐겨 연습했다."고 회상하였다(정운현, 2004).

　박정희는 만주국에서 일본의 혁신관료 그룹이 시행했던 경제개발을 목격했다. 일본의 혁신관료 그룹이 전시 경제 동원을 위해 만든 것이 기획원이다. 5 · 16 쿠데타 이후 군사정권도 경제개발을 담당하는 부서를 신설하여 '경제기획원'이라 이름 붙였다. 경제기획원은 박정희 정권시대에 경제 참모본부의 역할을 다하였다. 여기서 성장한 테크노크라트(기술 관료)가 그 후의 한국 경제정책을 이끌어갔다.

　일본군으로 생활한 5년은 박정희의 나이 23세에서 28세까지의 시절이었다. 한창 때의 청년기에 박정희가 체험한 것은 농도 짙은 일본의 군국주의적 분위기였다. 박정희는 이때의 군대생활을 통하여 국적이나 사상을 초월한 동류의식을 기르지 않았을까 추측된다. '한솥밥을 먹은 사이'라고 곧잘 일컬어지는 이러한 일본식 동류의식이 박정희의 경우 상당히 강했으리라는 추측이 가능하다.

　더구나 쇼와유신으로 표현되는 일본의 혁신사상이 박정희의 사상체계에 어떤 영향을 끼쳤을 가능성은 충분히 있었다. 특히 빈농 출신의 박정희로서는 비슷한 처지에서 현실정치에 분개하여 궐기한 일본 육사선배 열혈 청년장교들의 거사에 마음속으로 동조했을지도 모른다.

　주한 미 대사관에서 문정관으로 오랫동안 근무한 적이 있는 그레고리 헨더슨은 그의 저서 『한국, 소용돌이의 정치』에서 "박정희의 정신적 선배는 쇼와시대 전의 일본 청년장교들이었다."고 기술하였다. 이러한 점에서 본다면 박정희가 민주주의의 절차에만 충실하려고 했을 뿐 국정의 능률을 생각하지 않았던 장면의 민주당 정권을 무능하고 부패한 것으로 규정하였으리라 생각된다. 따라서 장면 정권을 전복하려 했던 군부쿠데타의 동기나 5 · 16 쿠데타 이후 재벌들을 부정축재자로 단죄했던 사실을 볼 때 일본청년 장교의 사상이 영향을 미쳤다고 볼 수 있다(그레고리 헨더슨, 2000).

군 생활에서의 좌절감

박정희는 해방 후 귀국하여 잠시 고향에 머물다가 국군에 입대하여 1946년 육군사관학교를 졸업하고 장교에 임관하였다. 1948년, 박정희는 여수·순천 반란사건에 연루되어 군대생활을 통하여 좋은 보직을 맡아보지 못했고, 승진도 남들에 비하여 훨씬 느린 편이었다. 그러나 당시 국군 내에서는 보기 드물 만큼 청렴결백하며 근엄하고 책임감이 강한 유능한 장교로 널리 알려져 있었다.

박정희는 1946년 9월, 경비사관학교 제2기생으로 입학하였다. 1946년 10월에 대구에서 공산당이 지휘하는 10·1폭동이 일어났다. 이때 박정희의 작은 형 박상희가 공산당 간부라는 이유로 경찰에 의해 살해되었다. 이에 한을 품고 박정희가 공산주의자로 돌아섰다는 얘기도 있다. 남로당 군사 총책인 이재복의 영향을 받은 박정희는 가장 존경해오던 친형인 박상희가 대구 폭동에서 경찰에게 사살되자 이에 대한 반발로 이재복과 친해져 점차 남로당 군사조직에 개입하게 된다. 따라서 박정희는 원래 골수 공산주의자라기보다는 감상적 공산주의자로 보는 것이 일리가 있다.

그러나 정부 수립 직후인 1948년 10월에 여수·순천반란사건이 일어났다. 한국군 내에 좌익 숙청의 바람이 몰아쳤고 박정희도 체포되었다. 그러자 만주군 출신의 선·후배들이 박정희를 구명하기 위해 애

썼다.

박정희는 전향(현실사회에 배치되는 자신의 사상을 그 사회에 맞게 바꿈)을 결심하고 군부 내 남조선노동당 조직을 전부 자백하였다. 1949년 4월, 군법회의는 박정희에게 무기징역을 선고하면서 불명예 퇴역과 군적 박탈이라는 판결을 내렸다.

그러나 군은 박정희의 능력을 필요로 하여 위촉 신분으로 육군정보부와 북한반 상황실장으로 보직시켜 북한의 정세 분석을 담당하게 하였다. 상황실장이라 해도 정규직의 보임은 아니었고 정식 월급도 나오지 않았다. 월급은 정보과장의 배려로 정보과의 기밀비에서 일부 지급되었다. 박정희는 이때 생애 최대의 좌절을 맛보았다. 사생활도 어두워져 갔다. 박정희는 초혼의 처 사이에 딸 하나를 얻었지만, 만주군관학교 입학 이후 아내와는 이별 상태였고 결국 이혼한다.

소령 시절, 북한에서 월남한 미모의 여대생과 동거하였으나 그녀는 박정희가 군법회의에서 군적을 박탈당하자 냉정하게 떠나갔다. 박정희는 밤마다 몹시 취해 혼자 고독감에 빠져들곤 했다. 이 시기가 박정희에게는 아마도 가장 좌절감이 컸던 어려운 시기라 생각된다.

에피소드 박정희의 좌절

1947년, 박정희는 동료의 결혼식장에서 만난 이화여대생인 이현란과 알게 되어 동거하게 된다. 당시 이미 장가를 들어 열 살짜리 딸까지 둔 박정희였으나 본처에게는 애정이 없었고 젊은 이현란을 무척이나 사랑한 것 같다. 그러나 박정희가 좌익사건에 연루되자 공산당이 싫어서 북에서 남으로 내려온 이현란은 배신감으로 박정희를 떠나게 된다. 이에 심한 좌절감을 느낀 박정희는 매일 식사도 거른 채 술로 세월을 보내는 등 마치 생을 포기한 것 같은 삶을 살게 된다.

1948년, 조선경비사관학교 중대장으로 근무하면서 이현란과 약혼한 박정희 대위는 곧 이현란을 용산의 관사로 데리고 와서 동거하기 시작하였다. 이현란은 여름방학 때는 대학 기숙사를 비워주어야 했는데 마땅히 머물 곳이 없어 친구와 함께 박정희의 관사를 쓰기로 했다는 것이다. 그런데 온다는 친구가 나타나지 않아 박정희와 동거에 들어가게 되었다고 한다(조갑제, 1998).

　　박정희는 이현란 몰래 본처 김호남과 헤어지기 위해 이혼 수속을 하려고 애를 태우고 있었다. 김호남은 이혼 서류에 도장을 찍는 것을 거절하고 어디론가 가버렸고, 김호남의 아버지도 딸을 대신해서 도장을 찍어주기를 거부했다.

　　이현란은 박정희가 이혼 수속을 하려고 했으나 못한 사실과 이미 결혼하여 열한 살 난 딸이 있다는 사실을 나중에 알게 되었다. 박정희는 일요일만 되면 이현란의 기숙사로 찾아갔다. 그때 이현란의 부모는 북에서 못 나오고 이현란은 돈이 없는 상황이었다. 이현란은 의지할 곳이 필요하였다. 그런 상황에서 과묵한 박정희가 이현란에게 잘해주니 여자로서 끌리게 되었다고 한다. 이현란은 좀 더 좋은 사람이었으면 하는 마음도 있었지만 주위에서 박정희와 이현란을 둘 다 부추겨서 약혼을 하게 되었다고 한다. 이현란은 박정희가 좌익에 연루된 것을 알게 되고 결혼하여 딸까지 두고 있으며, 파면되어 장래가 어둡다는 사실에 절망하기 시작했다(조갑제, 1998).

　　박정희는 좌익에 연루되어 체포되기 직전에 이현란에게 편지를 쓴다. "미안해서 어쩔 줄을 모르겠다. 이것 하나만 믿어 주라. 육사 7기생 졸업식에 간다고 면도를 하고 아침에 국방부로 출근하니 어떤 사람이 귀띔해주더라. 내가 얼마든지 차를 타고 달아날 수 있었는데 현란이를 사랑하기 때문에 안 갔다. 이것이 나에게 얼마나 불리한 것인지 아는가?"라는 내용이었다(조갑제, 1998).

박정희와 이현란

박정희는 이현란에게 편지를 전하면서 "내가 체포될 것이라고 후배가 알려주어서 도망칠 수도 있었으나 당신을 사랑하기에 떠날 수 없었다." 라고 고백하나 이현란은 박정희가 공산주의자였던 것에 심한 배신감을 느껴 도망을 친다. 한국전쟁 당시 부산에서 박정희는 이현란을 찾아다니다가 길에서 마주쳤으나 이현란은 또다시 도망친다. 대통령이 된 후 박정희는 이현란의 생활이 궁금하여 비서를 시켜 알아보았는데 정육점을 운영하며 평범한 가정을 꾸리고 있었다고 한다.

좌익에 연루된 박정희는 특무대에 끌려가 취조를 받게 된다. 당시 백선엽 정보국장과 마주앉은 박정희의 모습은 처연했다. 생사의 기로에 선 인간이 생명을 애원하는 순수한 모습이 백선엽의 마음을 움직였다. 박정희는 "저를 도와주십시오."라며 백선엽 국장에게 애원조로 말했다. 백선엽은 박정희의 그 말에 무심코 "도와드리지요." 하고 대답하고 말았다(정운현, 2004).

엉엉 운 박정희

특무대의 김점곤은 박정희가 구속되자 박정희와 이현란을 도와주었다. 1949년 1월 말, 특무대장인 김창룡의 전화를 받고 박정희가 풀려 나온 것을 알게 된 특무대의 김점곤은 다음날 아침 일찍 박정희를 찾아갔다. 현관문을 열고 들어가자 아침상을 받아놓고 밥숟가락에 김을 막 얹으려던 박정희가 김점곤을 보더니 달려 나와 와락 끌어안았다. 박정희는 김점곤에게 "김 형, 고맙습니다."라면서 엉엉 울었다(조갑제, 1998).

에피소드 박정희는 더 이상 공산주의자가 될 수 없소! ▬▬▬▬▬

　　특무대에 체포되어 조사를 받던 박정희는 스스로 종이를 달라 하여 남로당 군사조직을 자백한다. 별다른 고문 없이 스스로 군사조직에 대한 많은 내용의 자술서를 쓰자 조사관은 처음에 이를 믿지 않는다. 그러나 자술 내용이 사실로 밝혀지자 조사관은 어떻게 이런 내용을 스스로 자술할 수 있었는지 놀란다. 그리고 많은 내용을 자술하였기 때문에 다시는 공산주의 조직에 돌아갈 수 없다고 판단한다. 박정희의 자술 때문에 많은 남로당 공산주의자들이 체포됨으로써 만약 박정희가 공산당으로 다시 돌아가게 된다면 가혹한 처벌을 받게 될 것이라 판단한다. 따라서 박정희는 더 이상 공산주의자가 될 수 없다고 생각하여 사형에서 감형하여 석방한다. 한국전쟁이 일어나자 수사관끼리 박정희는 북쪽 대신 남쪽을 택할 것이라는 내기를 하기도 한다. 실제로 박정희는 북쪽 대신 남쪽을 택하여 남행한다.

　　당시 박정희는 비참한 모습으로 불운의 시절을 술로 달랬다. 박정희는 배갈, 막걸리, 소주 등 닥치는 대로 마셨다. 곧잘 팬티 차림으로 앉아 격식과 체면도 벗어던진 채 먹고 마시고 춤추곤 했다. 박정희는 취하면 아무나 부둥켜안고 볼에 침이 묻을 만큼 입을 맞추는 버릇이 있었다. 깨어 있을 때는 목석같은 박정희였지만 취하면 한량이었다.

　　술에 취해 후배의 방에 기어 들어와서는 울기도 하고 잠을 못 이루면서 고민도 많이 했다. 후배에게 하소연을 하다가 흐느끼고, 그러다가 밤이 늦어 취한 몸으로 아무도 없는 관사로 돌아가곤 했다. 생활은 어렵고, 아내는 가출하고, 어머니는 충격으로 죽고, 친구들은 외면하고, 장래의 희망은 사라지고……. 박정희의 인생에서 가장 어두운 시절이었다(조갑제, 1998).

박정희는 두주불사로 술을 무척 좋아했다. 기쁠 때나 슬플 때나, 괴로울 때나 외로울 때에도 항상 술을 벗하며 지낼 정도였다. 육영수 여사의 사망 후, 박정희는 고독과 근심에 시달렸다. 근심을 달랠 수 있는 건 술밖에 없었다. 원래 애주가였던 그는 술과 여자를 멀리하지 못했다. 살아 있을 때에도 술과 여자로 아내를 힘들게 한 적이 있었다. 그로 인해 부부싸움을 하기도 했다. 그나마 '청와대의 야당'으로 불리며 남편의 통제 역할까지 했던 육영수 여사가 눈을 감은 후 박 대통령의 술자리 횟수는 점점 더 많아질 수밖에 없었다.

박정희는 1966년 2월, 태국 국왕의 초청으로 태국을 방문하였다. 당시 태국은 필리핀과 함께 동남아 외교의 중심지였는데, 그때 박정희는 드럼통 주량으로 좌중을 압도했다. 입술만 살짝 적신 다음에 술잔을 내려놓는 게 관례인 외교 리셉션 장에서 그날따라 박정희는 한 입에 술잔을 털어넣는 원샷으로 첫 잔을 장식했다. 그러고는 계속 술잔을 들이켰다. 정도가 심해지자 동행한 육영수 여사까지 눈총을 보냈고, 당황한 태국 외교부 장관은 계속 자중해 달라는 사인을 보냈다. 모두 박정희가 술에 취해 실수할까 봐 걱정들이었다. 박정희의 연설 차례가 되자 모두 긴장했다. 박정희가 술에 취해 쓰러지는 외교적 결례를 범할 것을 걱정하였다. 혀가 꼬여 횡설수설하게 되면 국가적 망신이라고 생각하였다. 그러나 박정희는 흐트러짐 없는 자세로 단상으로 걸어 올라가 평상시대로 또박또박 연설하였다. 연설이 끝나고 다시 자리로 돌아와 테이블에 앉자마자 또다시 술잔을 원샷 하여 주위 사람들을 놀라게 하였다. 박정희는 술이 참 세다는 게 일반적인 평이었다(조우석, 2009).

여수 · 순천사건에 연루되어 공산당 활동을 했다는 좌익 혐의에 대한 기록은 두고두고 박정희에게 시련을 안겨주었다. 일단 군법회의에서 무기형을 선고받았다는 기록은 박정희의 군대생활에 두고두고 제약조건으로 작용했으며 이것이 쿠데타로 연결되는 정치적 원인으로 작용했다. 이 기록이 문제가 되어 박정희는 자기보다 나이가 아래인 후배들이 앞질러 진급하는데도 자기만 뒤처지는 쓰라림을 맛보아야 했다. 그리고 보직에 있어서도 이 기록 때문에 일선 지휘관 같은 요직은 주어지지 않았다.

에피소드 부하에게 업혀서

엘리트 의식과 자존심이 강한 박정희는 진급이 늦어지자 나이가 어린 상관을 모실 수밖에 없었다. 상관 중에는 박정희에게 모욕을 준 경우도 있었다. 부대에 비상이 걸리면 박정희 준장도 철모에 완전 군장을 하고 대열의 선두에 섰다. 백인엽 군단장은 지휘봉으로 박정희의 철모를 탁탁 치면서 훈계 같은 걸 하곤 했다. 박정희는 그런 대우를 받고도 꾹 참고 일체 내색을 하지 않았다. 다만 일과가 끝나면 과음하여 부하에게 업혀서 숙소로 돌아오는 일이 잦았다고 한다(조갑제, 1998).

유·소년기에 겪었던 경제적 빈곤과 청년시절에 체험한 일본 혁신파 군인정신의 영향에 이어 박정희는 30대의 장년기에 들어와 사상적 박해라는 커다란 좌절감을 맛보게 된다. 이때 겪은 좌절감은 박정희의 성격형성에 근본적인 영향을 끼쳤다고는 할 수 없으나, 그로 인해 쿠데타를 결행케 함으로써 집권자가 되도록 만든 직접적인 원인이 되었다고 할 수 있다.

이승만 정권이 무너진 뒤 한국군 내에는 3·15 부정선거에 개입한 장성 또는 이승만 정권과 결탁하여 부정부패를 일삼은 장교의 추방을 주장하는 정군운동이 일어났는데, 이때 박정희가 지도자로 추대되었다. 그러나 정군운동은 기존 고위층의 반격으로 좌절되며 그 주동자들이 군사재판에 회부되어 처벌되었을 때 박정희는 기존 사회권력 구조가 그대로 지속되는 한 정군은 불가능하다고 인식하였다. 그래서 본격적인 군사쿠데타를 계획하고 준비하였다. 박정희가 주도한 군사쿠데타가 성공하면서 정치지도자로서의 발판을 굳혀 나갔다.

군 생활과 육영수

박정희는 한국전쟁 중에 부인이 될 육영수를 만나게 된다. 1950년 8월 하순, 박정희 소령은 송재천 소위의 안내를 받아 육영수와 한 번 만난 뒤 영도의 육영수 집을 찾아갔다. 맞선을 보고 육영수의 부모님을 만나기 위해서였다. 박정희는 육영수가 어딘가에서 자신을 지켜보고 있는지도 모르는 채 방문 앞에서 군화 끈을 풀고 있었다. 이러한 모습이 육영수에게는 퍽 인상적이었다고 한다. "맞선 보던 날, 군화를 벗고 계시는 뒷모습이 말할 수 없이 든든했습니다. 사람은 얼굴로는 남을 속일 수 있지만 뒷모습은 남을 속일 수 없는 법이에요. 얼굴보다 뒷모습이 정직하거든요."라고 육영수는 회상했다. 육영수의 아버지는 박정희와 육영수의 결혼을 반대하여 끝내 결혼식에도 참석하지 않았다. 부자인 아버지가 결혼을 반대하자 육영수는 친정의 도움 없이 결혼생활을 시작하게 된다(조갑제, 1998).

박정희는 군 시절, 가정의 생계에 대해서는 무책임할 정도로 무관심하였다. 박정희의 참모 중 한 사람이 독일산 사냥개 와이마르너 암컷을 육영수에게 주었는데, 육영수는 이 개를 키워 새끼를 낳으면 시장에 내다 팔아 생활비에 보탰다. 당시 박정희의 참모였던 윤필용 중령이 "저 개가 새끼를 낳으면 한 마리 주세요."라고 미리 부탁을 해 놓았는데도 남김없이 다 팔아버렸다고 한다. 육영수는 한 달에 한 번

꼴로 박정희의 근무지인 강원도 인제로 와서 남편과 함께 있다가 가곤 했다. 부부싸움을 하고 헤어지는 경우도 더러 있었는데, 박정희의 여자 문제 때문이었다고 한다(조갑제, 1998).

　박정희는 전세금을 낼 돈이 없어서 월세로 살았다. 나중에 사정이 생겨 부관인 원병오 중위의 누나가 박정희에게 집을 비워 달라고 했다. 육영수는 원병오 중위에게 "이야기를 좀 잘해 달라."고 사정하여 계속 월세를 유지할 수 있었다. 원병오 중위가 어느 날 박정희 사단장 집에 들렀더니 육영수가 옷가지를 챙기고 있었는데 눈치를 보니 내다 팔 옷을 고르는 것 같았다. 원병오 중위가 가면 육영수는 국수를 자주 내놓았다고 한다. 멸치를 넣지 않은 국물로 만든 국수였다. 원병오 중위의 눈에 비친 남편으로서의 박정희는 무뚝뚝하고 건조한 사람이었다. '저런 남편하고 무슨 재미로 살까' 하는 생각이 들 정도였다고 한다. 박정희는 술에 취해 귀가하여 문을 두드릴 때만은 다정하게 "영수! 문 열어."라고 했다고 한다(윤종성, 2010).

　과거 좌익에 가담했던 전력 때문에 박정희는 군대 생활을 하면서도 끊임없이 감시를 받게 된다. 대표적인 예가 군고구마 사건이었다.

에피소드 군고구마 사건 ▬▬▬▬▬▬▬▬▬▬▬

　하루는 난데없이 군고구마 장수가 박정희 장군의 신당동 집 앞에 자리 잡았다. 비좁은 골목길에 어울리지 않게 풋내기 군고구마 장수가 있는 것이 좀 이상하였다. 돈 백 환을 갖고 박정희는 아기(박지만)를 데리고 고구마 값을 흥정하는 척하면서 고구마 통을 들여다보았다. 불기 없는 통 위에는 익은 고구마가 몇 개 놓여 있었다. 박정희는 즉각 수상하다고 판단했다. 박정희는 육사 2기 동기생인 헌병감에게 연락하여 고구마 장수를 연행하도록 했다. 취조를 시작하자마자 506 방첩대장의 지시를 받아 잠복근무 중인 요원임이 밝혀졌다.

박정희는 군 시절 청렴결백하기로 소문이 나 있었다. 상관의 부패와 부조리에 강한 혐오감을 갖고 있었다. 청렴·강직하면서 매사를 실용성 여부로 파악하는 박정희의 눈에는 정치가들이 입만 살아 있는 것처럼 보이는데다 이권에까지 민감한 그들이 곱게 보일 리 없었다. 박정희의 당시 월급은 쌀 한 가마 값에도 못 미치는 2만 환 정도였다.

에피소드 동해안 회 사건

박정희가 강원도 인제에 근무할 당시 부하인 김시진 소령이 부임해 오자 당시 사단장이 무리한 요구를 하였다. 사단장은 김시진에게 첫마디에 "너 이 새끼! 동해안에 가면 펄펄 뛰는 생선이 많은데 헌병이란 자가 그런 것도 안 가져오고 뭐하나?"라고 고함을 쳤다. 당시 부대는 강원도 영서지방 산골에 있었는데 김시진 소령은 순진하게도 그날 바로 부하 헌병을 시켜 대관령을 넘게 했다. 강릉 바닷가에서 싱싱한 생선을 구해 와서 회를 치고 술과 초고추장을 준비해 조촐하게 한상 차렸다. 저녁 때 김시진 소령이 술상을 들고 사단장 막사로 들어갔는데 잠시 후 와장창하는 소리가 요란하였다. 그릇 깨지는 소리와 고함이 뒤섞인 소동이 일어났다. 김시진 소령이 얼굴을 닦으면서 막사를 나가는 것을 참모장인 박정희가 보고 까닭을 물었다. 사단장이 요구했던 것은 회가 아니었다는 것이다. 사단장은 김시진에게 "이 멍청아, 내가 언제 죽은 생선 먹겠다고 했어?"라고 야단을 쳤다는 것이다. 생선을 요구한 것은 애초부터 술집 여자를 구해달라는 부탁이었다. 이 말을 들은 박정희는 상관인 사단장에게 분노를 느꼈다고 한다. 후에 김시진의 순수함을 인정한 박정희는 김시진을 중용하였다. 이러한 지휘관이 당시 군대에 상당수였으니 박정희가 한번 눈딱 감고 칼을 빼들고 싶은 충동을 느낀 것도 당연했다(조갑제, 2009).

단호한 정책결정

일반적으로 군사쿠데타를 통해 정권을 잡은 지도자들은 자신의 역할을 남용하게 되며 정책결정방식은 독선적이며 배타적이기 마련이다. 또한 대표적 체계를 무시하고 일인 독점 체제를 선호하게 된다. 일의 능률을 위해 그들은 모든 세부 정책에도 관여하며 모두가 자신들의 요구에 응하게끔 요구한다.

박정희의 정책결정방식의 특징은 독단적인 일인 독점 성격이 강했다. 그러나 박정희는 이승만과 달리 세심하고 신중한 관찰과 연구를 통해 세부적인 사항에 대해 각 부처 장관에게 질문도 하고 시정사항을 지시하기도 하였다. 때로는 까다로운 질문과 세부사항에 대한 해박한 지식이 각 부처의 각료나 관료들을 놀라고 긴장하게 하였다. 각부 장관들이 행하고 있는 일에 대해 구체적인 지식과 견해를 갖고 있었다. 비록 박정희의 의사결정권은 독단적이었지만 즉흥적이지는 않았다. 그는 모든 정책결정을 그것이 작은 사항이라도 세심히 연구하고 분석한 후 가치가 있는 결정이라는 신념이 생기면 지체 없이 강행하곤 했다. 예를 들면 경부고속도로 건설 때도 초기에 내외의 반대여론이 높았으나 한 번 결정한 사항은 좀처럼 철회하지 않고 그대로 강행한 점은 그의 정책결정 행태를 보여준다.

박정희는 현장 시찰을 자주 하였다. 박정희의 현장 확인에 의한 업무추진과 점검은 군대에서 유래하였다. 박정희는 1953년 3군단 포병단장 시절 "귀와 입으로 일하면 아무것도 되는 것이 없다. 다리와 눈으로 일하라."라며 부하들에게 현장점검을 강조하였다. 꼼꼼한 성격을 가진 박정희는 자신이 읽을 연설문을 꼼꼼히 챙기거나, 인사나 중요한 정책을 추진하는 데 필요한 사항을 수시로 메모하여 필요할 때 이용하였다. 박정희가 꼼꼼한 경제 관련 현장지도를 보여준 대표적인 예는 1963년부터 1979년까지 진행된 월례 경제동향보고회의와 1965년부터 매월 개최된 무역진흥확대회의 참석을 들 수 있다. 그리고 매년 초 박정희가 행한 행정 각 부처와 시·도 순시도 정책의 현장점검의 예에 속한다(지동욱, 2003).

에피소드 울릉도에서의 위험한 고비 ━━━━━━━━━━━

현장 시찰을 자주 한 박정희는 위험한 고비를 여러 번 맞았다. 울릉도 도동 항구에서 작은 경비정을 타고가 먼 바다에 떠 있는 큰 배로 옮겨 타려 하는데 풍랑이 심했다. 경비정은 파도에 흔들리다가 전복될 뻔했다. 위기를 감지한 해군 참모총장이 "바다로 뛰어내리자."고 했다. 그때 풍랑이 더욱 거세어져 배를 해안에서 멀리 밀어내고 있었다. 전송 나왔던 울릉도 도민들이 아우성을 치면서 밧줄을 던져 겨우 경비정을 해안으로 끌어당길 수 있었다. 해안 가까이 갔을 때 박정희를 비롯한 승선자들이 한 사람씩 바다로 첨벙첨벙 뛰어내렸다. 다행히 수심은 사람의 키를 넘지 않았다. 학동 항구에서 경비정을 타고 큰 배에 다다랐을 때 또다시 풍랑이 거세게 일었다. 박정희가 밧줄로 묶어 만든 줄사다리를 타고 큰 배에 오르는데 파도가 덮쳤다. 박정희는 비틀거렸고 하마터면 미친 듯이 출렁이는 바다 속으로 떨어질 뻔했다(조갑제, 2009).

박정희는 정책을 직접 챙기는 스타일로, 스스로 기안하고 집행을 지시·감독하였다. 정책결정 때 박정희는 다른 사람들의 자문을 구하였지만 점차 독자적인 정책 창안과 강력한 집행으로 나타났다. 박정희는 1960년대 국가 정책수행에는 많은 공식·비공식 집단의 자문을 구하고 정책결정에 참조하였지만 1970년을 전후하여 독자적인 정책결정과 집행이 두드러졌다.

에피소드 유능한 사람을 중용하다

박정희의 일하는 방식은 확인-현장-실무-결과 중시로 요약할 수 있다. 실사구시 정신, 즉 현실과 사실에 기초하여 판단하고 행동하는 실용주의자인 박정희는 자신의 임무를 잘해내는 사람은 도덕적으로 다소 문제가 있더라도 덮어주고 중용했다. 박정희는 한 장관이 부패 공무원 문제를 제기하자 "일 잘하면서도 깨끗한 사람 있으면 데리고 와 봐!"라고 했을 정도였다. 공무원들의 월급이 생계비에 미달되는 상황에서 깨끗한 사람만 찾다가는 무능한 사람들만 모을 수도 있다는 안타까움이 담긴 말이었다. 박정희는 잘해보려다가 실수한 부하들을 잘 감싸주었다. 아울러 장관들에게 차관 인사를 위임하는 등 인사권을 보장해주었다. 권한을 많이 주는 대신 결과를 철저히 따져 무능을 아부나 선전으로 메우려는 이들에게 현혹되지 않았다.

박정희는 실무자가 사안에 대해 가장 정통하다는 소신을 가지고 있었기 때문에 장·차관을 제치고 직접 실무자를 불러 의견을 듣기도 했다. 그는 정치적인 고려를 많이 하는 고위직보다는 실무자들이 국가이익의 관점에서 정책을 수행할 것이라고 믿었던 것이다. 박정희는 정책을 결정하는 자리에서 자기 뜻대로 밀어붙이는 스타일은 아니었다. 1개 부처의 국장과 5시간에 걸친 토론을 벌인 끝에 해당 국장의 타협안에 동의하고 정책을 결정하는 모습을 보이기도 했다. 확실히 초기의 박정희는 신중하였으며 아랫사람의 조언에도 귀를 기울였다.

박정희는 경부고속도로 건설 당시, 청와대 안에 상황실을 설치하고 매일매일 공사 진척 상황을 체크했다. 상황실에는 공병장교와 건설부

마산 화력발전소를 시찰 중인 박정희

사무관을 상주시키면서 건설상황을 분석·검토하도록 하였다. 박정희는 도로의 흙 다지기가 완성되는 대로 시간에 구애받지 않고 먼지를 뒤집어쓰며 그곳을 차로 달렸다. 당시에는 모두 종교와 같은 신념으로 공사를 했고 공사를 할 수 있도록 했다고 한다. 박정희는 모든 정책은 현장에서 당초 목표대로 실현되어야 한다고 믿고 자신은 행동을 중요시하는 대통령임을 자부했다.

에피소드 재떨이 던지기 선수

박정희는 부하가 일을 잘못하거나 화가 났을 때 재떨이를 던지곤 했다. 대통령이 되어 장관이 보고를 잘못하면 장관의 얼굴을 향해 재떨이를 던져 재떨이에 상처를 입은 장관도 있었다고 한다. 한때는 재떨이에 맞았다고 하면 무능력하기보다 오히려 대통령과 독대할 수 있는 실력자란 소리까지 들어 각료 중 대통령의 재떨이에 맞았다고 자랑하는 사람까지 있었다.

에피소드 저 나무가 무엇이냐?

박정희는 국토개발을 마치 흰 도화지에 그림을 그리듯 계획적으로 관리해 온 듯하다. 지방 시찰을 자주 다녀서 전국 곳곳에서 무슨 개발을 하는지 속속들이 잘 알고 있었다. 헬리콥터로 지방 시찰을 다니다가 산에 모르는 나무가 있으면 옆에 있는 경호원에게 "저 나무가 무엇이냐?"라고 물었고 경호원은 대기 중인 산림청 직원에게 바로 연락하여 나무 이름을 알아보게 하였다. 따라서 휴일 중에도 대통령이 지방 시찰을 하면 산림청 등 관련 부서들은 항상 비상 대기 상태로 근무하였다(노재현, 1993).

에피소드 장기독재로 갈 것을 예견

1972년 봄, 김수환 추기경은 식목일 다음날 하루를 박정희 대통령과 함께 움직였다. 김천역을 통과할 무렵 박정희는 "어이 비서실장, 저것 봐.

나무가 없잖아. 김수환 추기경님, 저 둑 좀 보십시오. 대한민국이 이래요! 쯧쯧……. 저 플라타너스 나무는 전지(剪枝)하면 안 되는데. 비서실장! 철도청장 불러서 저거 누가 했는지 알아봐."라며 지시를 하였다. 김수환 추기경은 "박정희 대통령은 우리 강산 구석구석 나무 한 그루에까지 애정을 쏟는 분이었다. 그 모든 것을 자신이 가꾸고 돌봐야 한다고 생각할 만큼 집착이 강했다. 종이에 4대 강을 그려 가면서 몇십 년은 족히 걸릴 개발 계획을 설명해주는 그분의 모습에서 이 나라가 1인 장기독재로 갈 것임을 예견했다."라고 술회했다(조우석, 2009).

박정희는 정책실행을 위해서는 반대세력에 대한 물리적인 강압력 사용도 주저하지 않았다. 한일국교회담이나 월남전 파병문제에서 그는 반대세력의 저항에 직면하게 된다. 이러한 이슈는 한국사회를 양분화시켰으며 학생, 지식인, 언론, 야당 및 종교집단이 정부에 반대하였다. 박정희는 고집스럽게 자신의 결정에 집착했으며 결정에 반대하는 세력을 물리적인 강압력으로 제압하였다. 그의 의사결정 방식은 절대적 명령과 복종이 덕목으로 여겨지는 군사 문화적 배경에 영향을 받은 듯하다.

경제정책

집권 후 경제발전에 대한 박정희의 의지는 상당히 강하였다. 경제개발에 대한 박정희의 노력은 1961년 11월 일본과 미국 방문에서 경제개발 5개년계획에 대한 양 국가의 적극적인 지원 요청으로 이어졌다. 1960년대 후반에 이르러 경제발전은 국가 최우선 정책으로 자리매김하게 된다.

박정희는 "경제만 발전한다면 통일문제, 부패문제, 교포문제, 근로자(노동)문제가 모두 해결된다. 민주주의도 경제개발에 선행할 수 없다."라는 신념을 가졌다. 그러나 박정희의 경제발전 성과는 그의 장기집권을 위한 구실로 바뀌게 된다.

"국가와 민족을 살리는 길은 무엇인가! 먼저 가난에서 벗어나야 한다. 가난에서 벗어나기 위해서는 경제건설부터 해야 한다. 자립경제의 달성만이 민족을 구하는 유일한 길이며, 국민을 먹여 살려놓은 다음에 문화가 있고 복지가 있는 것이 아닌가?"라고 박정희는 가난으로부터의 해방을 강조하였다.

박정희는 매월 수출진흥확대회의를 자신이 직접 주재하여 수출목표를 확인하는 한편 전 세계에 나가 있는 해외공관을 활용하여 한국인의 머리털(가발) 하나까지도 상품으로 만들어 파는 데 주력했다. 박정희는 수출량이 늘어나는 것을 마치 주식을 사놓고 기다리는 사람처럼 지켜보면서 좋아했다. 박정희는 만나는 사람마다 수출통계를 보여주며 "이걸 좀 보시오. 이번에 이렇게 올라갔어요." 하고 기뻐했다. 박정희가 집권 기간 내내 아끼고 믿었던 그룹은 정치인 쪽이 아닌 경제·과학기술 분야의 인재들이었다. 이들은 권력과는 상관이 없었으며, '능률과 실질을 숭상하는' 박정희의 국가경영 목표에 부합되는 인물들이었다.

서독에 광부와 간호원을 파견하는 것은 가난에서 벗어나보려는 작은 몸부림이었다. 양질의 풍부한 노동력이 박정희 정권의 '잘살아보자'라는 의지와 결합해서 나타난 결과였다. 당시만 해도 일자리 자체가 귀했기 때문에 아직 노사 분규는 일어나지 않는 시대였다.

독일을 방문하였을 당시 박정희 대통령 일행이 강당으로 들어가 대형 태극기가 걸린 단상에 오르자 광부들로 구성된 밴드가 애국가를 연주했다. 박정희가 선창하면서 합창이 시작됐다. "동해물과 백두산이 마르고 닳도록……." 한 소절 한 소절, 애국가를 부르는 소리가 더 커져갔다. "무궁화 삼-천리 화려-강-산……." 이 대목부터 합창소리가 목멘 소리로 조금씩 변하기 시작했다. 광부와 간호원들에게는 떠나온 고향과 조국산천이 눈앞에 스치고 지나갔을 것이다. 가난한 나라의 대통령으로서 젊은 이들이 타국에 와 고생하는 현장을 본 박정희의 음성도 변하기는 매한가지였다. 마침내 마지막 소절인 "대한사람 대한으로……"에서는 더 이상 가사가 들리지 않았다. 모두 눈물을 쏟아냈다. 밴드의 애국가 연주가 끝나자 박정희는 손수건으로 눈물을 닦고 코를 풀더니 연설을 시작했다. 박정희의 연설은 제대로 이어지지 못했다. 울음소리가 점점 더 커지기 시작했기 때문이다. 서로 감정이 전달되면서 박정희 자신도 울고 말았다. 육영수와 수행원들도 모두 울었다. 결국 연설은 어느 대목에선가 완전히 중단되었고 강당 안은 눈물바다가 되어버렸다(조갑제, 2008).

서독에서 연설하는 박정희와 눈물을 닦는 간호사들

박정희는 우선 경제적으로 자립해야 한다고 생각했다. 이 점이 이승만과 달랐다. 이승만은 나라만 찾으면 다 해결된다고 생각했다. 이승만은 경제의 중요성을 몰랐다. 어떻게 하면 잘살게 할 수 있느냐 하는 것보다는 국민에게 허리띠를 졸라매라고만 하였다. 이승만은 자기 앞에서 돈 이야기를 하는 것을 아주 싫어했다. 해외공관에서 예산 이야기를 해오면 외국에 대사를 간 사람이 어떻게 돈 이야기를 하느냐, 창피하지도 않느냐고 화를 낼 정도였다. 그러나 박정희는 나라를 찾은 다음에는 건설을 해야 한다는 것을 명심하고 있었다.

박정희는 대통령 취임 후 경제발전에 더욱 박차를 가해 '보릿고개'로 상징되는 절대빈곤을 벗어나 눈부신 경제성장을 일궈냈다. 이 절대빈곤의 극복은 지금까지도 가장 대표적인 업적으로 평가되고 있다.

경제정책의 핵심은 수출 위주의 산업화를 통한 급속한 경제성장이었다. 1960년도의 1인당 국민소득이 80달러, 농림·수산업의 비중이 38%, GNP 중 소비 비율이 97%에 달하는 전형적인 후진국 경제구조에서 1979년도에는 수출 1백50억 달러, 수출품 중 중화학공업 제품 비중이 38%, 광공업 분야 중에서 중화학공업이 차지하는 비중이 50%에 육박하는 발전된 중화학공업 중심의 중진국으로 뛰어올랐다.

박정희는 수출 주도의 산업화를 기본전략으로 채택하였다. 60년대는 경공업 중심, 70년대에는 중화학공업 중심의 산업화를 추진하였는데, 중화학공업화는 수입대체적인 성격도 강하게 띠고 있었다. 특히 70년대에 급박한 문제였던 국가안보를 위하여 무기의 현대화 및 국산화를 추진하는 측면에서 그 성격이 뚜렷이 나타났다.

박정희는 1970년대 국정의 중심을 국가안보와 경제발전에 두었다. 경제정책은 농업과 공업을 병행하여 추진하고 경공업에서 중화학공업으로 전환시켰으며, 더 나아가 방위산업을 의욕적으로 추진하였다.

즉, 박정희는 경제개발과 국방을 통치의 2대 지주로 설정했다. 자조정신을 바탕으로 자립경제를 건설하고 자주국방 태세를 바탕으로 민주주의를 뿌리내려 진정한 독립 국가를 이룩한 뒤 통일로 간다는 것이 박정희가 제시한 국가 발전전략의 거대한 청사진이었다.

박정희는 전근대적이었던 청와대 시스템을 자신의 행정가형 스타일에 걸맞게 근대적인 체제로 전면 개편하여 청와대를 현대화하였다. 박정희는 국가적 과업이나 목표를 달성하는 과정에서 '안 되면 되게 하라'라는 군대식 밀어붙이기 같은 추진력이 돋보였다. 전문가들은 이러한 추진력이 근대화와 경제발전에 기여했다고 높이 평가한다. 또한 남의 의견을 충분히 들은 뒤에 결정을 내리되, 일단 결정하면 확고부동한 의지로 목표를 향해 밀어붙였다. 경제발전에서 정책을 결정할 때 참모를 중시하고 부처업무를 꼼꼼히 챙기며 효율성과 성과를 중시한 특성이 강하게 나타난다.

1964년 박정희가 굴욕외교라는 논란 속에 국민의 대대적인 반대를 6·3사태로 억누르면서까지 한국과 일본의 국교를 정상화시킨 것은 국내 경제발전을 위해 필요한 막대한 해외 투자자금의 조달과 긴밀한 연관이 있었다. 또 한국군의 월남파병도 파병에 따른 경제적 이익이 중요한 고려사항으로 삼았다.

박정희는 한국과 일본의 국교수교가 경제발전의 원동력이 될 것이라 생각했다. "우리가 언제까지 미국 놈들 밀가루나 얻어먹고 살아야겠어? 경제발전은 해야겠는데 모든 게 돈이야. 세수(稅收)가 늘어날 것 같지도 않고 외자도입도 어려워. 유일한 방법은 합의한 대로 일본으로부터 유상·무상 6억 달러 청구권 자금을 받는 거야. 나는 생명을 걸고 추진할 생각이니 그쯤으로 알고…… 너무 민족감정만 앞세우면

뭘 해. 일본이 미국에 머리 숙이고 배웠듯 우리도 그런 자세로 배워야지. 이제는 국제화 시대야. 쇄국은 끝났어. 가까운 선진국 일본을 멀리한다면 우리의 발전도 그만큼 늦어져. 어쨌든 협력시대를 열어야 돼." 이렇듯 명분보다는 실리가 중요하다는 점을 강조하면서 한일국교 수립에 정열을 쏟았다(노재현, 1993).

유신시대 초기에는 전 국민적인 새마을운동을 전개했다. 농어촌의 초가를 기와집으로 바꾸는 등 대변혁을 일으켰다. 그리고 제5차 경제개발계획의 성공적 완성으로 국민의 절대적 빈곤을 어느 정도 해결했다. 박정희의 새마을운동은 조국근대화를 통한 민족의 평화적 통일과 복지국가를 건설하여 민족중흥을 기하고자 했던 한국적 근대화 운동의 한 유형인 동시에 한국사회 개혁운동의 일환이었다.

새마을운동 노래의 가사에서도 "서로서로 도와서(협동) 땀 흘려서 일하고(근면) 소득증대 힘써서 부자마을 만드세. 살기 좋은 내 마을 우리 힘으로 만드세(자조)"라고 하였으니 바로 근면·자조·협동의 정신으로 우리의 근대화를 촉진하고자 하는 것이 그 목표이자 의지였다.

경부고속도로를 만들려던 박정희는 야당의 반대로 곤란을 겪게 된다. 경부고속도로 인준을 국회에서 통과시키려 하자 격렬한 야당의 반대에 부딪힌다.

에피소드 여당은 뭐하는 것들이야?

김종필 공화당 의장이 굳은 표정으로 담배를 피우고 있던 박정희에게 말을 꺼냈다. "각하, 야당이 농성을 하고 있어 도저히 정상적인 통과는 불가능합니다. 다음 회기에 통과시키도록 하겠습니다." 김종필 의장의 말이 끝나기가 무섭게 박정희가 소리를 지르며 재떨이를 들었다. "무슨 소리야! 내가 이 나라 경제발전을 위해 경부고속도로를 만드는데, 뭐? 야당이 반대한다고 국회에서 통과를 못 시켜? 뭐 이런 일이 다 있어!" 박정희가 던진 재떨이는 김종필 당의장 쪽으로 날아갔다. 김종필 당의장은 말할 것도 없고 이효상 국회의장을 비롯해 그 자리에 함께 있던 당직자 모두는 혼비백산하여 하얗게 질리고 말았다. 분이 안 풀린 박정희는 다시 한 번 고함을 질렀다. "내가 이 나라 경제를 살리려고 산업도로를 만드는데, 야당이 반대한다고 여당이 그걸 하나 통과 못 시켜? 여당은 뭐 하는 것들이야?(이만섭, 2004)"

박정희는 건설부장관에게 "이봐, 장관. 나는 요새 고속도로에 미쳤어."라고 말했을 정도였다. 박정희의 독한 집념이 경부고속도로를 만든 것이라 할 수 있었다. 박정희가 직접 지도를 챙겨들고 지프로, 헬기로 마구 시찰하니 아랫사람들도 덩달아 미치지 않을 수 없었다고 한다.

경부고속도로 완공을 7개월 앞두고 대구-부산 간 고속도로의 부분 개통식에 참석한 박정희는 행사를 마친 후 미리 서울에서 준비해 간 샴페인을 건네받았다. 그리고 도로 위에 서서 그 술을 골고루 여기저기 뿌렸다. 몹시 추웠던 그날, 검은색 코트 차림의 박정희는 오른손에 샴페인 병을 쥔 채 감격스러운 모습이었다. 그날의 샴페인은 자본

경부고속도로에 샴페인을 뿌리는 박정희

도 기술도 경험도 없이 이뤄낸 기적을 시위하는 행위이며 일종의 어려움을 이겨낸 감격의 시위였다(조우석, 2009).

경부고속도로를 건설하면서 박정희는 세밀한 부분까지 그림으로 그려가며 정열을 쏟아 부었다. 경부고속도로 건설을 위한 스케치가 들어 있는 길이 1미터 50센티미터의 종이 수백 장을 둘둘 쌓아 놓으면 높이가 상당했다. 모두 경부고속도로 설계도였다. 서울-부산 사이의 휴게소, 인터체인지 그리고 항공사진을 테이프로 정성껏 붙여놓았다. 몇 년, 며칠날, 어디서, 어떻게 한 것이라는 메모가 있을 정도로 섬세하게 그림을 그렸다.

경부고속도로를 만들 당시 정주영 현대건설 사장의 밀어붙이는 스타일은 박정희의 구미에 쏙 맞았다. 1971년, 통일로를 닦을 때였다. 어느 날 저녁에 박정희는 태완선 건설부장관, 정주영 현대건설 사장과 함께 청와대에서 식사를 같이하게 되었다. 당시 건설부는 공사를 앞두고 예산이 없어 고민 중이었다. 건설부장관이 예비비라도 타내려 했던지 "각하, 돈이 워낙 모자라서……."라며 얘기를 꺼냈다. 그 순간 정주영 사장이 갑자기 건설부장관의 말을 가로막으며 "각하, 괜찮습니다."라고 말하는 것이었다. "각하의 필생 사업인데 아무려면 어떻습니까. 공사비는 올해 안 되면 내년에 주시든가, 아니면 내후년도 괜찮습니다. 정 어려우면 안 주셔도 됩니다." 하는 것이었다. 정주영의 이러한 배짱은 박정희의 마음에 쏙 들었다(노재현, 1993).

에피소드 조국 근대화의 일꾼 ▨▨▨▨▨▨▨▨▨▨▨▨▨▨▨▨

1972년 여름, 박정희 대통령은 진해 저도로 휴가를 갔다. 낮엔 저도에서 쉬고 밤이면 진해 숙소에 가서 잤다. 그러나 이동 중엔 해군 엄호가 따르는 등 여러 사람이 수고하는 것을 본 박정희는 저도의 일제 강점기에 지은 목조건물을 수리하여 그들을 자게 하라고 박종규 경호실장에게 지시했다. 1973년, 여름휴가를 맞아 박정희는 밤늦게 저도에 도착했다. 그곳엔 목조건물이 사라지고 새 집 한 채가 번듯하게 서 있었다. "경호실장을 불러!" 박정희는 박종규에게 화를 냈다. "집을 수리하라고 했지, 누가 돈을 들여 새로 지으라고 했나? 넌 뭘 시키면 꼭 이렇게 하더라. 집 내리지 마! 난 도로 나간다."라며 화를 냈다. 김정렴 비서실장이 나서서 만류했다. 때마침 집을 지은 현대건설의 정주영 회장이 대기 중이었다. 측근들은 박정희가 좋아하는 정주영 회장이 해결사로 나서면 화가 풀릴 수도 있다고 결론지었다. 다음날 아침, 정주영 회장이 박정희에게 말했다. "각하, 제가 새로 짓도록 했습니다. 각하께서 쓰시는데 저의 사재인들 아깝겠습니까? 돈이 많이 들지도 않았습니다." 박정희는 정주영 회장의 이야기를 듣고 마음을 진정시킬 수 있었다. 박정희는 고속도로를 건설하면서 정주영의 아이디어와 추진력에 감탄하며 "정주영 회장이야말로 조국 근대화의 일꾼"이라고 치켜세웠다. 건설장비와 자금, 기술이 모자라는 상황에서도 정주영 회장은 일이 성사되도록 꾸려갔다는 것이다. 그처럼 정주영의 신세도 지고 자주 무릎을 맞대온 박정희는 어찌 보면 군부의 친위장교 이상으로 현대를 키우고 정주영의 성공을 자기 일처럼 기뻐했다(김충식, 1993).

에피소드 남이 쏘아 올렸는데!

미국 플로리다 주에 있는 케네디 우주센터에서 아틀라스 로켓의 시험 발사가 있었다. 박정희는 좌석에 앉아 점화 광경을 지켜보았다. 로켓의 모습이 시야에서 사라지고 하늘에 하얀색의 가느다란 구름 줄기만 연하게 보일 때에야 모두 제 정신이 돌아온 듯 감탄사를 터뜨리기 시작했다. 박정희가 망원경에서 눈을 떼자 수행원이 "소감이 어떻습니까?"라고 직업적인 질문을 던졌다. 그 순간 박정희의 얼굴에는 불쾌하고 짜증스럽다는 표정이 역력히 나타났다. "뭐? 소감! 남이 쏘아 올렸는데 소감이 다 뭐야." 사교적 언사가 아닌 단도직입적인 가식 없는 말이었다(김성진, 2006).

월남파병도 경제발전이라는 의미에서 박정희가 강력히 추진한 것이었다. 월남파병은 처음부터 목적을 가지고 참전을 결정하였다. 박정희는 월남파병이 표면에 내세운 것만큼 명분은 별로 없는 참전이란 걸 잘 알고 있었다. 그래서 더더욱 실리를 챙기는 데 소홀해선 안 되며, 파병 규모는 최대가 5만 명이고, 그 이상은 절대 안 된다고 생각하였다. 예상대로 폭발적인 월남 특수는 사회의 분위기를 바꿀 정도였다. 해방 이후 처음으로 흥청거리는 사회 분위기가 조성될 정도였다.

에피소드 결혼 행진

월남전 파병을 위한 한국과 미국의 정상회담이 열렸다. 회담이 끝나고 소회의실 문이 열리자 수행원들의 시선이 일제히 문 쪽으로 향했다. 잠시 후 키가 큰 존슨 대통령과 키가 작은 박정희 대통령이 맨 먼저 나타났다. 존슨 대통령의 오른팔이 박정희의 왼팔을 끼고 있었다. 두 사람 모두 만면에 미소를 띠고 천천히 걸어 나오고 있었다. 마치 결혼행진 같아 보였

월남파병 군인들

다(조갑제, 2009).

군인들이 월남 현지에서 번 돈으로 산 텔레비전 등 가전제품이 시골 마을 가가호호에 들어가면서 피부에 와 닿는 변화가 속속 연출됐다. 사람들은 뿌듯해했다. 월남전 귀국 장병들은 텔레비전을 가져와 팔아서 장가갈 밑천을 마련했다. 당시는 농가에 텔레비전이 없을 때여서 그만큼 귀한 물건이었다. 장병들이 귀국 후 부산에서 텔레비전 한 대를 팔면 7만 원을 받을 수 있었다고 한다. 월남에서의 텔레비전 가격은 100~120달러인데, 그때 환율이 달러당 300원 가량이었으니까 7만 원에 팔면 두 곱 넘는 장사가 되었다. 7만 원으로 돼지 새끼를 40마리는 살 수 있었으니 농촌에서는 거금이었다. 월남전에서 얻어낸 대가로 경부고속도로, 소양강댐 건설에 도움을 주었다. 또 박태준이 운영하던 포항제철이 근대적 종합제철공장으로 만들어지는 데 투자도 할 수 있었다(노재현, 1993).

에피소드 차지철의 월남파병 반대 ▬▬▬▬▬▬▬▬▬▬▬▬▬▬

월남파병에 대한 반대는 야당과 학생들뿐만 아니라 국회 내에서도 목소리가 높아졌다. 월남파병을 해서 미국으로부터 경제 지원을 원했던 박정희는 월남파병을 위해 차지철 의원에게 파병 반대 의원을 알기 위해 월남파병을 반대하는 척하라고 지시한다. 차지철 의원은 박정희의 지시에 충실하기 위해 월남파병을 반대하는 척한다. 반대하는 논리를 연구하면서 차지철은 월남의 역사를 공부하게 되고 시간이 지나면서 진짜로 월남의 독립을 위해 월남파병을 반대하게 된다. 차지철을 이용해 월남파병에 반대하는 의원을 파악하여 포섭하려던 박정희는 차지철의 월남파병 반대 사실에 당황해한다(노재현, 1993).

박정희는 월남전에서 사용한 탄피를 모아서 당시 철이 부족했던 제철소에 철을 사용할 수 있게 하였다. 박정희는 박태준에게 책임지고 포탄 탄피를 녹이는 시설을 개발해내라고 지시하였다. 탄피를 고국에 가져가면 큰돈이 될 것이며 탄피는 전투부대를 통해 조달해주겠다고 하였다. 단, 관계자 외에는 아무도 모르게 하고, 특히 미군에게 들키지 않도록 최대한 조심하라고 당부하였다.

한국군이 모은 막대한 양의 탄피 놋쇠 덩어리는 우리 해군 수송선(LST)에 실려 진해 해군기지로 몰래 옮겨졌다. 전쟁터에서 그냥 버려질 수도 있는 쇳조각이었지만 어디까지나 미국 정부의 재산이었기 때문에 나중에 미국 측과 분쟁이 빚어졌다. 일종의 밀수 형태인 '탄피 수송 작전'은 집안의 양은그릇도 몇 번이고 땜질해가며 소중히 쓰던 당시 우리나라의 어려운 나라 살림을 생각해보면 경제발전에 밑거름이 됐던 '월남 특수'의 한 부분이었다고 할 수 있다. 박정희는 탄피 수송 작전이 나중에 미국과의 외교 문제로 번지자 보고를 받으면서 국방장관에게 "당신, 알고 보니 해적이구먼."이라며 농담을 하였다(노재현, 1993).

박정희는 무엇보다 눈물을 많이 흘리는 대통령이었다. 대통령직 수행과 삶의 고비에서 눈물을 쏟는 일이 유달리 잦았고, 그 때문에 뺨을 타고 흘러내리는 눈물에서 울부짖는 통곡까지 울음에는 다양한 면이 있었다.

에피소드 1호 야간실업학교

1970년대 초반, 박정희가 경남 마산의 한일합섬 공장을 시찰했다. 그날 시찰을 하던 박정희는 10대 어린 여공에게 다가가 소원을 물었다. 한 여공이 "저도 영어 공부를 하고 싶습니다. 영어를 잘 모르니까 감독님 말씀을 잘 알아들을 수가 없어서요."라고 하였다. 박정희는 대통령 체면에 잠시 고개를 젖혀 애써 눈물을 숨기려 했다. 그렇게 마음을 달랜 뒤 박정희가 이윽고 입을 열었다. 옆에 있는 사장에게 "이들이 공부할 수 있는 길은 없겠습니까?" 하고 하소연하듯이 물었고, 사장은 "곧 야간학교를 만들겠습니다."라고 답하였다. 그날 박정희가 보였던 눈물로 인해 1974년 산업체 부설 야간 실업학교 1호인 한일여자실업고가 만들어졌다. 훗날 '팔도잔디'로 유명해진 학교였다. 방학 겸 휴가철이면 흩어졌던 학생 겸 근로자들이 자기네 뒷동산이나 논두렁의 뗏장을 떠왔고 고향의 꿈을 담은 그 잔디로 조각보를 이어 붙이듯 학교 운동장을 덮었다고 한다(조우석, 2009).

에피소드 좋은 기도 감사합니다!

1971년 초, 공군사관학교 졸업식장에서 군종장교 김선도 목사가 축도했다. "역사를 주관하시는 하나님! 사관생도들이 이제 할퀴고 찢긴 이 조국을 지키러 나갑니다. 이들을 보호해주시고 국군 통수권자이신 대통령이 외롭지 않도록 살펴주십시오. 솔로몬의 지혜와 다윗의 용기를 부어주십시오." 축도를 끝낸 김선도 목사가 박정희에게 인사를 드리려고 고개를 돌렸더니 그는 벌겋게 충혈된 두 눈을 손수건으로 가리고 있었다. 졸업식 행사가 무사히 끝난 뒤 박정희는 김 목사 쪽으로 성큼성큼 걸어왔다. 그리고 그의 두 손을 꼭 잡더니만 "좋은 기도, 정말 고맙습니다."라는 인사를 전했다(조우석, 2009).

박정희는 신뢰하는 부하를 잃었을 때 대성통곡을 하곤 했다. 김학렬은 박정희가 가장 아끼던 경제 참모였다. 박정희는 "김학렬은 나의 경제 과외선생"이라고 치켜세웠으며, 둘은 언제라도 막걸리를 마시며 아이디어를 짜내고 경제를 걱정하던 사이였다. 김학렬이 심혈을 기울였던 제2차 경제개발 5개년계획의 종합평가회가 중앙청에서 열리던 무렵 박정희 대통령에게 메모 한 장이 전해졌고, 그것을 본 대통령은 이내 고개를 떨어뜨렸다. '김학렬 부총리 별세'라는 메모였다. 회의를 계속할 것을 조용히 지시하고 박정희는 조용히 회의장을 빠져나왔다. 화장실을 찾아간 박정희는 꺼이꺼이 소리를 내며 슬피 울었다. 김학렬을 혹사시켜서 젊은 나이에 세상을 떠나게 했다고 자책하면서 애끓는 울음을 멈추지 못했다. "임자, 미안해! 내가 임자를 죽였어."라며 계속 울었다. 김학렬의 상가를 찾아가 조의를 표하면서도 계속 울었다. 미망인의 손을 잡은 박정희 대통령은 체통이고 뭐고 없어 보였다. 자기가 너무 김학렬을 혹사시켰고, 술도 많이 먹이는 바람에 몸을 다치게 했다는 고백을 미망인에게 털어놓기에 바빴다(조우석, 2009).

유신 시기에는 입법·사법·행정에 관한 모든 결정은 청와대에서 만들어졌다. 여당, 국회, 중앙정보부, 정부관료, 군대 그리고 사법부까지도 청와대 명령의 지배를 받았다. 정책결정 방식에 있어서 모든 권위나 정치적 주도권은 박정희 개인에게 강화되어 있었다. 비록 박정희는 주기적인 각료회의를 거쳐 정책결정을 하였으나 중요한 정책 결정은 각료회의로 부터 영향을 받지 않았고, 각료들은 결정된 정책이 비현실적이더라도 박정희의 정책을 승인하는 정도였다. 박정희는 초기에 군과 민간인의 배경을 가진 각료, 전문가, 원로들의 조언을 경청했으나 점차로 그들의 의견을 무시하거나 거부하게 되었다. 그의 정책결정은 점차로 개인적·비공식적인 네트워크를 통한 정보에 의존하게 되었다.

유신시대에는 모든 주요 의사 결정은 박정희 개인과 청와대 내의 소수 비서진들에 의해 독점적으로 결정되었다. 정부각료들도 정책결정에 큰 영향력이 없고 단지 정책을 집행하는 역할만 수행했다. 정부관료, 국회, 정당, 여론 등도 박정희의 의사결정에 그다지 큰 영향력을 주지 못했다.

박정희는 자신과 다른 의견을 불복종으로 간주했으며 다른 의견을 갖는 사람들은 적으로까지 간주하였다. 박정희는 설득보다는 명령과 지시에 의한 통치를 함으로써 개방적인 면과 유연성이 부족하였다. 그는 공식체계를 통해 정책결정을 하지 않았고, 관료들의 자율성을 저하시켰다. 박정희의 정보 수집은 비밀스러웠고 비공식적 접촉, 개인적인 조사, 탐색에 의존하였다.

박정희는 가난한 농가 출신으로 전임 이승만·윤보선 대통령이 명문가 출신이었던 것과는 대조적이었다. 관비로 사범학교, 군관학교, 사관학교에서 매우 힘들게 공부한 그는 근면한 노력가였다. 박정희가 정권을 잡은 것은 활동력이 풍부한 43세의 한창 때였으며, 전임자들이 통치수단으로 정계의 권모술수를 내세운 것과는 대조적이었다. 박정희는 군인 기질로 인해 정당인을 싫어했다. "정당꾼들은 모두 흙배에 태워 가라앉혀 버려라."고 말하는 게 그의 입버릇이었다. 그는 군인답게 늘 '지휘관 선두'의 원칙을 엄수했으며 현장을 확인하고 또 확인하였다. 그는 경제개발 목표로 항상 구체적인 숫자를 요구하였다. 각 연도의 경제성장률, 수출목표, 물가 억제선 등을 추상적이 아닌 구체적 숫자로 요구하였다. 매월 경제기획원에서 개최되는 월간 경제동향 브리핑에 직접 출석하여 담당 장관에게 직접 보고를 받고, 동석한 경제 관료에게 그 숫자를 재확인시켰다(지동욱, 2003).

에피소드 수치가 정확해야! ========================

장관이 박정희에게 업무 보고를 할 때는 수치를 0.01%까지도 정확히 보고해야 했다. 예를 들어 쌀값이 현재 정확히 얼마이며 작년과 비교해서 3.24% 올랐다고 보고해야지 그저 약 3% 올랐다고 보고하면 박정희는 호통을 치곤 했다.

　　민정이양 이후 처음 실시된 1963년 대통령 선거에서 박정희는 거물인 윤보선과 맞붙게 된다. 인지도에서 앞서 있던 윤보선이 당선될 것으로 예상되었다. 윤보선은 명문가의 자손으로 안국동의 99칸짜리 한옥에서 살고 있었다. 윤보선은 대통령 선거운동 기간에 농촌에서 유세를 하는 와중에도 서울에서 공수해 온 호텔 음식을 식사로 먹곤 하였다. 한편 박정희는 바지를 걷어붙이고 모내기 농사를 도우며 농부들과 같이 막걸리도 마시곤 하였다. 이러한 사실이 보도되자 당시 농촌인구가 많던 한국사회에서는 윤보선의 귀족적 이미지보다는 박정희의 소탈한 이미지에 더 호감을 갖게 되었다. 이것이 박정희가 대통령 선거에서 승리할 수 있었던 비결이었다.

에피소드 **용변기에 벽돌**

　　박정희는 매우 검소한 생활을 했다. 물을 아끼려고 용변기에 벽돌을 집어넣고 아무리 더워도 에어컨을 틀지 못하게 하였다. 어느 여름날, 날씨가 너무 더워 박정희의 얼굴이 발갛게 달아오른 것을 본 비서관이 대통령 집무실에 에어컨을 가동하지 않고 바람만 환기시켜 시원하게 하려 했는데 박정희가 이를 알고 딸 박근혜와 식사하는 중에 "내 허락 없이 마음대로 에어컨을 틀었어!"라며 불평하였다고 한다. 수십 년이나 매고 있는 혁대, 매년 여름철이면 꺼내 신는 백구두, 몇 벌 되지 않는 양복, 깍두기 등 너덧 가지 반찬과 함께 내놓는 설렁탕, 그리고 화장지 하나라도 아껴 쓰려는 절약정신 등은 기자들이 보기에는 인상적인 것이었다고 한다.

에피소드 **술이 취해 박치기**

　　청와대에서 기자들과 만찬을 하던 박정희는 술이 취하자 머리로 기자에게 박치기를 하였다. 이러한 사실이 기자들 사이에서 퍼지게 되었다. 그러나 박정희는 이 사실이 기억이 나지 않을 정도로 말년에는 심신이 피로했던 것 같다. 그다음에 기자들과의 만찬에서 사과하면서 "기자들에게 술을 많이 따라 주도록 하시오. 그래야만 술에 취해 설사 내가 실수를 하더라도 못 쓸 게 아니오."라면서 농담을 하였다(월간조선부, 1993; 강성재, 1992).

박정희는 다른 대통령과는 달리 일가친척을 보살펴주는 일이 없었으며, 일가친척이 관직에 관여하는 행위도 금지하였다. 빈농이었기에 일가친척 중 고위직에 앉을 만큼의 능력을 갖춘 자가 없던 까닭도 있겠지만 그보다는 박정희의 신조라 할 수 있었다. 다른 대통령들의 경우 박정희와 크게 다르지 않은 성장과정이라도 친인척 비호로 스스로 비극적인 말로를 재촉했던 것과 비교될 수 있다.

에피소드 친인척을 멀리함

박정희는 친척이 권력에 개입하는 것을 우려하였다. 심지어 누나도 만나주지 않았다고 한다. "제가 대통령직에서 물러나면 잘 모시겠습니다. 그러나 제가 임기 중에는 고향 구미에 내려가셔서 저를 모르는 듯 계십시오."라고 했다. 한두 번도 아니고 수차례나 그런 이야기를 들은 누나의 서운함은 적지 않았다. "어디에도 움직이지 말고 고향에만 있으라니, 그것도 그냥 가만히 있으라니……. 국민의 거주이전의 자유를 왜 박탈하느냐?"는 원망도 했다. 조카가 새나라 자동차 석 대를 갖고 서울에서 영업을 하고 있다는 사실을 알고 비서실장과 직원을 불러 노발대발 호통을 쳤다고 한다. "이 사람들아! 그놈(조카)이 전에 벽돌공장에서 직공으로 일하고 있었어. 무슨 돈으로 새나라 자동차를 석 대나 사서 서울에서 영업을 하고 있단 말인가? 당장 새나라 자동차를 압수해!" 이 일로 친인척을 관리하던 비서관은 사표를 내고 청와대를 떠나게 되었다(조갑제, 1998).

1974년 8월 15일 광복절 기념식장에서 연설을 하던 박정희는 재일교포 출신의 문세광의 저격을 받게 된다. 이 저격으로 육영수 여사가 사망하고 말았다. 육영수 여사를 잃은 박정희 대통령이 비통해하는 모습은 옆에서 보기에도 딱할 정도였다. 박정희는 문상객들 앞에서는 절대 흐트러진 모습을 보이지 않았으며 자녀들에게도 이 점을 각별히

육영수 여사의 운구차를 보내며 눈물을 닦는 박정희

일러뒀다. 그러나 밤이 깊어져 문상객들의 발길이 뜸해지면 혼자 육영수 여사의 영전에서 통곡했는데, 그 울음소리가 맹수의 울부짖음을 연상케 했다고 한다.

에피소드 육영수를 그리워한 박정희

"지금도 그 사람이 두 손을 내밀며 저 문으로 들어오는 것 같아. '이 손 좀 잡아보세요. 나병환자들과 악수한 손이에요.'라고 웃으면서 말이야." 박정희는 육영수에 대한 애틋한 사랑의 마음을 이같이 표현했다. 당시 국민은 박정희를 근엄하기만 하고 일밖에 모르며, 책임감과 사명감에만 충실한 지도자라는 이미지로만 인식하였다(김성진, 2006).

에피소드 밥을 짓고 국을 끓인 육영수

육영수는 신문의 사회면에 실린 짤막한 기사 하나를 보았다. 이촌동 판자촌에 사는 박옥순(24)이라는 여인이 아들을 낳았는데 미역국은 고사하고 쌀이 없어서 젖먹이와 함께 굶어 죽게 생겼다는 것이었다. 육영수는 미역과 고기, 산모가 입을 옷, 아기 옷, 내복, 이불 한 채, 쌀 한 가마니를 사서 박 여인의 집으로 갔다. 판자촌은 한강변에 있었는데 거적때기로 만든 문을 열고 들어가자 몸이 퉁퉁 부은 산모와 탈수가 된 듯 쪼글쪼글

한 어린아이가 가쁜 숨을 몰아쉬고 있었다. 운전기사를 시켜 물과 연탄을 사온 육영수는 부엌으로 가 밥을 짓고 국을 끓였다. 산모는 누구인지도 모르고 육영수의 두 손을 잡으며 하염없이 흐느껴 울었다고 한다(박찬수, 2009).

육영수의 이미지는 딸인 박근혜 전 한나라당 대표가 그대로 받은 듯하다. 1974년 8월 15일, 문세광 저격사건으로 육영수가 숨진 뒤 맏딸 박근혜가 퍼스트레이디 역할을 대신했다. 20대 초반의 어린 숙녀가 '퍼스트레이디'가 된 것은 당시 한국의 가부장적인 분위기로는 매우 이례적인 일이었다.

"사람들은 내가 어머니의 빈 자리를 채우고 어머니가 했던 것과 똑같은 일을 하기를 원했던 것 같다." 박근혜는 이렇게 술회했다. 지금 정치인으로서 박근혜의 인기는 그때 퍼스트레이디로서의 활동, 좀 더 정확하게는 어머니 육영수를 따라했던 모습에 상당 부분 영향을 받고 있는 듯하다(박찬수, 2009).

박정희는 정권을 잡은 후 행정관료와 교수를 적재적소에 활용하였다. 무명대학의 교수를 재무장관으로 발탁하거나 부처의 과장급으로 직접 활용하기도 하였다. 이들 테크노크라트가 박 정권 18년간의 행정을 지탱하였다. 박정희는 인재등용 시 격식 등은 무시했다. 공병 장교 출신의 김현옥이 부산의 도시 건설에서 역량을 발휘한 것을 눈여겨본 후에 거물 정치가가 서울시장에 취임한다는 상식을 깨고 무명의 부산시장 김현옥을 서울시장에 임명하였다. 능력이 있으면 야당 정치가라도 전력을 묻지 않고 거리낌 없이 기용했다. 부총리 태완선, 주일대사 김영선이 그런 예로서, 김대중 납치사건 후에 복잡해진 한일 관계를 회복하기 위해 다나카(田中) 총리와 절친했던 김영선을 주일대사에 기용한 것이다(지동욱, 2003).

반대자를 국무총리로 =============

　제3공화국 시절 국무총리로 기용한 최두선은 대통령 선거 당시 동아일
보 사장으로, 박정희의 여순사건 관련 사실을 호외로 발행할 정도로 반대
쪽에 서 있던 사람이었다. 그런 사람을 과감히 국무총리 자리에 앉혔다는
것은 박정희가 여야 없이 인재 등용의 폭이 넓었다는 것을 반증한다(이만
섭, 2004).

저돌적인 사람이 필요 =============

　거의 모든 외무부 공무원이 이동원의 외무장관 기용을 반대하는 상황
에서 이동원의 임명을 철회해줄 것을 요청했다. 박정희는 "그러면 누가
좋다고 생각하는가?" 하고 물었다. "최규하 대사(당시 주 말레이시아 대사) 같
은 분이 좋지 않겠습니까?"라고 하자 박정희는 "그래, 최 대사도 자격이
있지. 그러나 평시 같으면 그런 분도 좋지만 한일회담의 성사와 국회 비
준을 위해서는 틀에 박힌 외교관 출신보다 다소 저돌적이더라도 자신의
몸을 아끼지 않는 이동원 씨 같은 사람이 좋지 않을까?"라며 이동원을 외
무부장관으로 기용한다. 이동원 장관은 어려운 난관을 뚫고 한일회담을
성사시키게 된다(이만섭, 2004).

　　그러나 박정희는 냉혹하고 비정한 일면도 있었다. 장기영 부총
리가 포항종합제철 기공식에 참석해 있는 동안 라디오를 통해 해임을
발표했다. 내로라하는 사람들과 일반 국민으로 가득 찬 공식 석상에서
일종의 창피를 준 셈이다(지동욱, 2003).

　　박정희가 집권 초기인 1960년대 중반까지 대통령으로서 보여준
성격은 사적으로 아랫사람이나 정치적으로 전혀 위협이 안 되는 사람
에게는 정(情)을 주고 관심을 보여준 소박한 면이 있었다. 그러나 정권
이 길어질수록 권위주의적인 인간관계를 보여주었다. 이후락은 "박정
희 대통령을 교주로 하는 박정희교(敎)를 신앙하는 기분"으로 일할 것

을 비서관들에게 강조하였고, 차지철은 박정희를 "이 나라, 이 겨레의 구원자 되신 임"으로 모셨다. 박정희는 권력유지에 대한 강한 집착과 냉혹한 행위를 보여주었다. 박정희는 선동가이기보다는 강한 추진력의 행정가형·실무형의 지도자로 꼽힌다. 대중적인 인기에 별 관심을 두지 않고 직업 정치인들을 마음속 깊이 경멸하였다(최상천, 2004).

박정희는 어떤 장관이 잘못하면 화가 나서 쉬게 했지만 인정이 많아 사람을 보내 계속 사후관리를 했다는 점에서 이승만 대통령과는 대조적이었다. 작은 수첩에 천 명 가량의 명단을 적어놓고 수시로 어떻게 지내는지, 밥은 먹고 사는지 알아보았는데 그중에서 반성하고 있다는 보고가 올라오면 다시 발탁해 쓰기도 했다.

에피소드 조병옥 박사가 있었다면 5·16이 없었을 것

박정희는 조병옥 박사의 비서 출신이 어려운 상황에서 부탁을 해오자 "조병옥 박사의 비서 같으면 도와주어야지……."하면서 "사실 통이 크고 선이 굵은 데다 애국심이 강한 조병옥 박사 같은 분이 살아 계셨다면 내가 5·16혁명을 일으키지 않았을 것"이라고 술회한 적이 있다.

에피소드 새 구두를 건네줌

청와대 내의 경비경찰이 감을 따기 위해 벗어 던진 구두가 나무에 걸려 애를 태우고 있었다. 마침 그곳을 지나가던 박정희는 모르는 체했다가 다음날 내무반에 새 구두를 들고 찾아가 그 경찰에게 슬그머니 건네주었다. 이처럼 박정희는 부하들에게 세심한 배려를 한 일화가 꽤 있다(윤창중, 1994).

에피소드 대통령의 관심 표명

박정희는 보고서에 '매우 좋은 생각임', '더욱 발전시켜 재보고해주길

바람'이라고 직접 평을 달아 다시 비서실로 보내곤 했다. 이러한 평을 받은 비서실 직원은 큰 감명을 받고 신바람이 나서 일에 매달렸다고 한다. 비서실 직원들은 이 같은 대통령의 관심 표명 때문에 대통령에게 충성을 바쳤다는 얘기도 있었다(윤창중, 1994).

에피소드 이후락의 텔레파시

이후락의 텔레파시는 비상한 데가 있었다. 어느 날 청와대 비서실장의 방에 모인 사람들이 담배를 피워 방안에 담배연기가 가득 찼다. 이후락이 벌떡 일어서더니, "각하가 곧 오신다."라며 비서들에게 창문을 열라고 시켰다. 그러자 정말 몇 분도 채 안 되어 박정희가 그곳에 나타났다. 대통령이 비서실장의 방에 나타나는 건 드문 일이었다. 또한 사정이 생겨 출근하지 못할 경우 이후락은 다른 비서에게 "각하에게 보고할 서류는 이런 순서로 하라."고 일러놓았다. 그러면 박정희가 묻는 순서와 그 서류의 순서가 빈틈없이 맞아떨어졌다. 이후락은 청와대로 출근하는 도중 박정희가 미국의 동향에 관해 궁금해할 것이 있으리란 느낌이 들면 자동차를 미국 대사관으로 돌려 관계인들과 차를 마시며 환담할 기회를 가졌다. 그리고 대강을 파악하고 청와대에 들어서면 영락없이 박정희로부터 그런 종류의 문의가 있기 마련이었다(월간조선부, 1993).

에피소드 이후락의 초밥 공수

이후락이 주일대사로 있던 1970년 일본의 유명한 횟집에서 생선초밥을 주문해서 박정희에게 보냈다. 대사관 사무관이 생선초밥을 직접 들고 비행기를 타고 가서 박정희의 밥상에 올리도록 했다. 이후락은 이역만리에서도 박정희를 잊지 않고 청와대에 직접 초밥을 올릴 정도로 충성심을 보여주었다. 이후락이 1969년 대통령 비서실장에서 물러날 때 비서실 사람들을 모아놓고 눈물을 흘리며 얘기했다. 박정희를 교주로 하는 박정희교를 신앙하는 기분으로 일해야 한다는 것이었다. 어려운 일에 부딪혔을 때는 남의 눈치를 보지 말고 대통령에게 도움이 된다고 생각하면 한 걸음

더 나아가고 열심히 일해야 한다고 강조하였다(김충식, 1993).

박정희는 미국의 서부영화와 일본의 사무라이 영화를 무척 좋아했다고 한다. 일본에 파견돼 있던 중앙정보부 요원들은 볼 만한 영화를 선정해 필름을 청와대로 보내는 일이 중요한 임무에 속했다고 한다. 사무라이 영화나 메이지유신 전후를 소재로 한 영화·텔레비전 드라마는 거의 다 사서 청와대로 보냈다고 한다.

에피소드 서부영화로 오인 ▬▬▬▬▬▬▬▬▬▬▬▬▬▬▬▬▬▬▬▬▬▬▬▬▬

박정희의 취향에 따라 청와대의 측근들은 볼 만한 서부영화가 들어오면 얼른 필름을 구해서 상영하였다. 한번은 〈미드나이트 카우보이〉라는 영화가 수입되었는데 제목의 '카우보이' 때문에 서부영화로 오인해 역시 청와대로 올려졌다. 박정희가 휴식을 겸해 이 영화를 감상하는데, 무대가 현대 미국 도시인 데다 남창(존 보이트)과 절름발이(더스틴 호프만)가 어울려 돌아다니는 이상한 성인영화였다. 박정희는 깜짝 놀랐고, 그때까지 이 영화를 상영 중이던 국내 개봉관들은 예정보다 빨리 영화를 바꾸어야 했다 (노재현, 1993).

에피소드 박종규의 정강이 차기 ▬▬▬▬▬▬▬▬▬▬▬▬▬▬▬▬▬▬▬▬▬

박종규는 박정희 대통령 시절에 경호실장을 지냈다. 우직하고 충성스런 박종규는 군 시절 박정희보다 상관이었던 장군들이 박정희를 대하는 태도가 불손하다고 생각하였다. 그래서 박정희를 만나고 나오는 전 상관들의 정강이를 걷어차며 기합을 주곤 했다. 정강이를 걷어차인 장군들이 박정희에게 불만을 토로하자 박정희는 "원래 종규가 성격이 좀 거칠어서 그러니 이해해주시오."라며 박종규의 군기잡기를 묵인해주었다.

에피소드 대통령의 몸을 껴안고

　박정희가 현장 시찰을 가던 중 헬리콥터가 상공에서 고장이 나 기체가 갑자기 흔들리더니 빙빙 돌며 지상으로 떨어지기 시작했다. 모두 죽는가 보다 생각했다. 엔진이 고장으로 멈춰버린 것이었다. 박종규 경호실장은 그 와중에도 박정희의 작은 몸을 꼭 껴안고 있었다. 추락할 때 대통령에게 조금이라도 충격이 덜 받도록 하려는 뜻이었다. 이후락 비서실장도 얼굴이 하얗게 질린 기색이 역력했다. 언뜻 아래를 보니 푸른 숲이 깔려 있었고 모두 저절로 눈을 꼭 감았다. 얼마 후 조종사가 용케도 산골짜기의 작은 밭에 비상 착륙을 성공시켰다. 제3공화국의 권력 수뇌부가 몰살당할 위기를 가까스로 넘겼다. 공중에 있었던 다른 헬기가 급히 근처에 착륙했다. 박정희는 다른 헬기로 옮겨 타기 전에 고장 난 헬기의 조종사에게 다가가 "수고했어."라고 오히려 위로했다. 그리고 이후락 비서실장을 불러 "현장까지 앞으로 얼마나 걸리는가?"라고 물은 뒤 "조종사는 군부대와 협조해 헬기를 수리하고 서울로 와야 할 테니 식사비를 충분히 주라."라고 지시했다. 이후락은 어쩔 줄 몰라 하는 조종사에게 금일봉을 쥐어준 뒤 대통령과 함께 떠났다(김종신, 1997).

에피소드 임자, 나한테 한 대 맞은 걸로 치세!

　제3공화국 초기에는 공 · 사석에서 자유롭게 담배를 피우던 시절이었다. 박정희가 업무보고를 받으면서 막 담배를 꺼내 물었다. 당시 도지사가 재빠르게 라이터를 꺼내들어 대통령의 얼굴에 갖다 댔는데, 그만 가스 조절이 잘 안 되었다. 순간적으로 불꽃이 20센티미터 가량 치솟자 박정희가 흠칫하며 고개를 젖히는 사태가 발생했다. 있을 수 있는 해프닝이었지만, 박종규 경호팀은 그렇게 생각하지 않았다. 지사를 으슥한 곳으로 따로 불러내 "왜 각하를 놀라게 했느냐?"라며 몇 대 때리며 혼을 냈다. 몇 달 뒤 청와대에 올라올 기회가 있었던 지사는 박정희에게 불만을 나타냈다. 그러자 박정희는 "임자, 나한테 한 대 맞은 걸로 치세."라며 대응했다(조우석, 2009).

박정희는 친위 그룹의 여자 관계나 사소한 폭력 행사에는 관대했다. 자신이 여자 문제에 대해 윤리적인 죄책감을 크게 느끼지 않는 사고방식을 갖고 있어서이기도 했다. 김재규가 내연의 처에게서 아들을 낳고 버젓이 돌잔치를 벌여도, 장관이 집무실에서 여비서와 불륜을 저지르다 들통 나도 그런대로 넘어갔다. 박종규나 차지철이 대통령 경호를 이유로 휘두른 폭력도 눈감아주었다.

그러나 박정희는 군에 대해서는 세심한 배려를 하였다. 군 통제 방법의 일환이기도 했다. 젊은 장교 중에서도 4년제 정규 육군사관학교를 졸업한 제11기생에게 각별한 관심을 기울였다. 이들 중 영남 출신인 전두환, 노태우 등에게 특히 주목하고 심복으로 길렀다. 이들은 군 내부에 '하나회'라는 사조직을 만들었다. 박정희 대통령을 받들고자 은밀히 인맥을 형성한 것이다. 따라서 선배 장군들도 하나회의 장교들을 신경 쓰지 않을 수 없었다. 윤필용 사건 당시 하나회의 일부 회원은 처벌되었으나, 전두환은 오히려 이 사건을 계기로 하나회에서 지위를 더욱 높이게 되었으며 하나회는 나중에 전두환, 노태우 등 신군부가 권력을 탈취할 때 활용되었다.

3. 주요 정치적 사건을 통해 본 박정희의 행태

    박정희는 분할과 통치(Divided and Rule)의 원리를 이용해 정부각료나 관료들의 통치에 능숙히 대처했다. 박정희는 어느 한 집단이나 개인의 영향력이 커지는 것을 막기 위하여 다른 집단이나 개인의 영향력을 키워주어 서로 견제시키면서 자신에게 충성하도록 만들었다. 정부 각 부처 간 혹은 기관 간에 서로 경쟁하게 만들었다. 특히 권력기관이었던 중앙정보부, 보안사령부, 경호실, 수도경비사령부 등이 서로 경쟁하면서 자신에게 충성하게 하였다.

복지회사건

    복지회사건(1968년)은 제2인자로 부상하는 김종필을 견제하기 위해 만들어진 전형적인 2인자 견제의 한 사례였다. 복지회사건의 전말은 다음과 같다. 송상남이라는 예비역 대령이 공화당의 산업화정책에 따라 도시는 발전하고 있으나 농촌은 뒤처지고 있으므로 농촌근대화운동을 벌이자는 구상을 갖고 복지회라는 조직을 구성하였다. 송상남은 김종필의 측근인 김용태를 찾아가 "농어민 향상을 위한 순수연구단체의 회장직을 맡아 달라."고 부탁하였다. 그 후 김종필 측근들이 많이 가입해 있는 이 단체를 박정희는 3선 개헌을 반대하고 김종필을 대통령으로 옹립하려는 의도로 파악하여 중앙정보부를 시켜서 김용태를 체포하여 고문하였다. 이때 김용태의 부인도 중앙정보부에 끌려와 고문을 당하던 중 임신한 아이를 유산하게 된다. 아들이 없고 딸만 있어 아들을 원했던 김용태는 유산된 아이가 아들이었다는 사실에 슬픔에 빠지고 이후 중앙정보부장이었던 김형욱을 증오하게 된다. 중앙정보부는 복지회사건을 두고 박정희에게 대항하고 김종필계 사람들이 김종필을 대통령으로 옹립하였다고 주장하면서 김종필계의 의원들을 당에서 제명하여 김종필의 영향력을 약화시켰다(김충식, 1993).

1968년 5월 25일, 공화당의 복지회 관련자 제명이 있은 후 김종필 당의장은 돌연 정계은퇴를 선언해버렸다. 박 대통령이 끊임없이 자신을 견제해 온 것에 대한 반발이었다. 이후에도 박정희는 중앙정보부를 시켜서 계속적으로 김종필을 견제하며, 김종필계 사람들을 협박하고 회유하여 정권 내내 김종필의 영향력을 감소시키려고 노력하였다.

에피소드 돈가스 김형욱

박정희는 육사 8기 출신인 저돌적인 성격을 가진 김형욱을 중앙정보부장에 임명한다. 정권의 기반을 다지기 위해 저돌적인 김형욱을 이용하여 정적을 제거해 나간다. 김형욱은 '돈가스'(생긴 모습이 험악하다는 의미)란 별명답게 박정희의 악역을 자처하면서 협박과 폭력을 사용하여 박정희 정권의 기반을 다진다. 권좌에서 물러난 후 이용만 당했다는 배신감에 미국으로 망명하여 후에 미국의회 청문회에서 박정희 정권의 비리를 폭로한다. 이후 김형욱은 실종되었는데 살해된 것으로 추정된다.

　박정희가 김형욱을 불러서 "이봐, 형욱이! 나 정권 못 내놔. 절대로!"라면서 김형욱에게 알아서 하라고 지시하였다. 박정희는 또한 "이거 봐. 우리 통일해야 해. 경제건설 해야 돼. 자주국방도 해야 돼. 나 아니면 할 작자가 없단 말이야. 응?" 박정희는 길게 경제건설, 자주국방, 통일 그 세 가지 항목을 반복하면서 정권을 내놓을 수 없는 이유와 3선 개헌이 필요한 이유를 주장하였다(김형욱, 1985).

　3선 개헌을 하려던 박정희는 당시 공화당 의장인 윤천주가 강직한 성격으로 3선 개헌에 반대하자 그를 설득하느라 애를 먹는다. 그러다 김형욱을 시켜서 간신히 윤천주를 설득하였다. 3선 개헌이 통과된 후 김형욱은 박정희에게 "윤천주가 개헌 지지로 마음을 바꿀 때 너무 괴로워하면서 개헌파동이 끝나면 미국 유학을 가고 싶다기에 3만 달러 정도의 경비를 후원하기로 약속한 적이 있었지요. 그 점 각도도 알고 계시리라 믿습니다만." 이라고 말하자 박정희는 "그런데?" 하며 반문하였다. 김형욱이 "그 후 너무들 바빠서 김성곤 의원으로부터 그 자금을 확보하지 못했습니다. 약속은 약속이니까 각하께서 좀 처리해주셨으면 합니다만." 하며 윤천주에게 돈을 지급할 것을 요구하자 박정희는 "그놈의 새끼를 뭐하러 도와줘!"라며 화를 냈다. 이에 김형욱이 "그래도 약속은 약속 아닙니까? 윤천주 의원도 결국 개헌안에 찬성투표를 하였으니까요."라고 하자 박정희는 "이제 윤천주 같은 새끼 필요 없어! 김 부장은 다 지난 일 가지고 너무 신경을 쓰는군. 그냥 묵살해버리시오. 그건 그렇고 김 부장의 후임은 누가 좋겠나?"라며 윤천주의 일을 무시해버렸다(김형욱, 1985).

　박종규는 경호실 비서가 간첩혐의로 중앙정보부에 연행되자 자신에게 외국어를 가르쳤던 여비서라 신원이 확실하다고 항변한다. 그러나 김형욱 중앙정보부장이 이를 무시하고 비서를 연행하자 중앙정보부 부장실로 김형욱을 찾아가 권총으로 김형욱을 협박하며 욕설을 퍼부었다. 이렇듯 박정희의 총애를 받던 박종규는 중앙정보부장까지 무시하는 태도를 보인다. 실제로 대통령과 함께하던 만찬 중에 김형욱과 싸움이 붙어서 김형욱을 주먹으로 때린 일도 있었다.

윤필용 사건

1973년, 수도경비사령관으로 있던 윤필용 소장과 그의 막료 등 10여 명이 전격적으로 구속된 이 사건은 당시 이들이 부정부패 비리에 관련되어 검거된 것으로 발표되었다. 재판에서도 이런 죄목으로 유죄판결을 받았다. 그러나 당시 군부의 최고 실력자요, 박정희의 큰 신임을 얻고 있던 윤필용의 돌연한 구속은 부정부패 같은 행위보다는 정치적인 이유가 있었다. 그 정치적인 이유란 수도경비사 병력을 동원한 쿠데타 계획의 모의였던 것으로 알려졌다.

과연 윤필용이 그런 모의를 꾸몄고, 그 모의가 어느 정도 구체적인 단계에 이르렀는지는 확실치 않다. 그러나 72년 말부터 73년 초에 걸쳐 윤필용은 술좌석 같은 데서 유신체제와 유정회 국회의원 인선에 불만을 털어놓으며 "박정희 대통령을 쉬게 해야 한다."라는 말을 곧잘 했고, 이후락 중앙정보부장이 술좌석에서 이런 윤필용의 불만과 군부 거사의 힌트를 들었다는 얘기가 있다. 이후락을 형님으로 호칭하던 윤필용은 서울 시내 요정에서 몇 번 이후락과 자리를 같이하며, "어떻습니까? 형님. 박 대통령을 쉬게 하고 형님이 정권을 인수하면……. 명령만 하시면 언제든지 출동할 준비가 되어 있습니다."라는 식으로 충동

재판 내용을 듣는 윤필용(오른쪽)

질했다는 것이다.

　　그러나 정세판단에 민감한 이후락은 결코 언질을 주지 않았고, 그러는 동안에 술좌석에서 이야기를 들은 윤필용과 가까웠던 한 언론인이 청와대에 얘기하여 윤필용 일파가 일제히 검거되었다는 것이다. 이후락은 직접 가담하지도 않았고 언질도 준 적이 없었으나 일이 터지자 박정희 앞에 무릎을 꿇고 눈물로 자기의 결백을 호소하여 무사했다고 한다.

에피소드 고속도로 대신 비행기를

　　독일 방문 중 고속도로를 보자 박정희는 "우리나라도 저런 고속도로를 가졌으면……"하며 눈물을 흘렸다고 한다. 고속도로를 건설하기 위해 노력했지만 반대 여론이 높았다고 한다. 당시 국내 경제 여건상 자동차도 별로 없으면서 고속도로를 건설하는 것은 효율성이 떨어진다며 고속도로 건설을 반대하는 목소리가 컸다. 심지어 수도경비사령관을 역임한 윤필용조차 "각하는 바보야! 무엇 때문에 많은 돈을 들여 고속도로를 건설하려 하는지……. 차라리 고속도로 대신 그 돈으로 비행기를 구입해 물류를 운송하는 것이 더 좋다."라고 할 정도였다..

에피소드 박종규의 중앙정보부장 욕심

박종규는 경호실장으로 재직할 당시 박정희 대통령의 잦은 연회와 여자관계 소문 때문에 육영수 여사로부터 많은 문책을 당해 스트레스를 받는다. 박종규는 스트레스에서 탈피하기 위하여 경호실장을 그만두고 중앙정보부장이 되길 원한다. 그러나 중앙정보부장인 이후락과 수도경비사령관인 윤필용이 가까워지자 차기 중앙정보부장으로 윤필용이 임명될 것을 우려하여 윤필용 사건이 터졌을 때 주도적으로 박정희에게 윤필용의 불경죄를 고해바친다.

에피소드 이후락의 청산가리

북한과 남한의 화해 협력 무드가 조성되자 이후락은 김일성을 만나러 북한으로 밀행한다. 북한에 가서 김일성을 만나지 못하고 남한으로 귀국하기 하루 전, 비가 억수로 많이 오는 칠흑 같은 밤에 북한군이 와서 같이 가자고 하였다. 이에 위협을 느낀 이후락은 가지고 갔던 청산가리를 주머니에 넣고 차에 오른다. 차는 어디로 가는지 모른 채 김일성 주석 궁에 도착한다. 엘리베이터가 열리고 김일성이 이후락을 반기며 악수를 청하자 주머니에 청산가리를 넣은 채 손에 달라붙어서 멈칫하며 손에서 청산가리 종이를 뗀 후 악수를 한다. 김일성은 이후락에게 "남조선 중앙정보부장이 북한에 오다니 당신은 통일의 영웅이오!"라며 극찬한다. 이후 남북 적십자회담이 열리고 남북한 상호 평화체제 유지를 위한 7·4 공동성명이 발표된다. 이후락은 이 당시 너무 놀라서 그 후 심장병을 앓았다 한다 (김충식, 1993).

에피소드 김두한의 눈물

해방 이후 좌우익 싸움에서 우익의 선봉장으로 앞장섰던 주먹 김두한은 김종필과 가깝다는 이유로 중앙정보부에 끌려가 무지막지한 고문을 당한다. 한번은 오해에서 빚어진 사건으로 중앙정보부에 끌려가 고문을 당한 김두한을 이후락 부장이 불러서 "미안하다! 오해였다!"라며 눈물을 흘리는 김두한에게 다가가서 손수건으로 눈물을 닦아줬다고 한다. 김두한은 강인한 체력에도 중앙정보부의 모진 고문으로 인한 후유증으로 이른 나이에 사망하였다고 한다(김충식, 1993).

4 · 8 항명사건

박정희가 3선 개헌을 통과시키는 데 무엇보다도 먼저 넘어야 할 고빗길은 공화당 내부의 반대세력을 꺾는 일이었다. 김종필 라인을 중심으로 한 반대세력을 분쇄하는 작업이 4 · 8 항명파동이었다. 여러 번의 견제와 4인 체제에 밀려 이미 비주류로 전락하고 만 김종필 라인은 무슨 일이 있더라도 3선 개헌만큼은 봉쇄해야 한다는 결의 아래, 실력 발휘의 기회만을 노리고 있었다.

1969년 4월 8일, 권오병 문교부장관에 대해 야당이 불신임 결의안을 국회에 제출하여 표결에 부쳤다. 공화당은 박정희의 지시에 따라 야당이 제출한 불신임안을 부결 처리하도록 당론으로 확정하였다. 그러나 김종필계의 이탈로 불신임안은 가결되고 말았다. 박정희의 3선 개헌 반대를 노린 김종필 라인의 실력 과시였다.

이 항명에 대한 박정희의 진노는 대단했다. 마침 그날 진해 해군사관학교 졸업식에 참석해 있던 박정희는 현지에서 항명 소식을 듣고는 급하게 서울로 올라와 확대간부회의를 소집하고 불호령을 내렸다. 당명에 거역한 김종필 라인을 당의 지도체제에 도전하는 반당적인 불평분자라고 규정하면서 항명한 자들을 철저히 가려내 가차 없이 처단하라고 지시했다.

그날 간부회의에 참석했던 사람들은 박정희의 불호령이 어찌나 대단했던지 말 한마디 하는 사람이 없었고, 오금이 저려 손 하나 까딱하지 못했다고 한다. 이 같은 박정희의 진노는 3선 개헌에 대비하여 반대세력에 미리 쐐기를 박아두려는 의도적인 포석이었다고 볼 수도 있고, 자신의 영도력에 도전하는 행위는 절대로 용서할 수 없을 만큼 박정희의 권위의식이 굳어졌음을 반증하는 것이라고 볼 수도 있다.

여하튼 4·8 항명파동은 김종필 라인의 실력 과시용이었지만 그 결과는 김종필 세력이 노출되고 주요 인사가 제명 처분되는 등 오히려 세력약화를 자초하는 결과가 되고 말았다. 이 4·8 항명파동으로 양순직, 예춘호, 박종태, 정태성, 김달수 의원이 제명되었다.

그 당시 김종필은 외국에 나가 있었으나 김종필 라인은 사실상 정치세력으로서의 존재에 종막을 고하였다. 그 후에 진행된 개개인에 대한 각개 격파작전으로 김종필 라인은 산산조각이 났으며, 개헌반대 세력으로서의 힘을 조금도 발휘하지 못했다.

3선 개헌안은 마지막 통과 때까지 박정희 자신을 포함하여 아무도 장담하지 못했다. 찬성과 반대의 표 계산에서 너무나 아슬아슬했기 때문이었다. 그 때문에 박정희는 당내 반대의원들의 설득과 포섭에 온갖 정력을 다 기울였다. 그 과정에서 박정희의 용병술이 최고로 발휘되었다.

박정희는 이후락, 김형욱, 4인 체제 등 각 세력 계열로 하여금 경쟁적으로 충성심을 발휘케 하는 데 성공했으며, 개헌반대 세력의 우두머리였던 김종필로 하여금 스스로 자기 세력의 반대의원들을 찬성 쪽으로 돌리는 데 앞장서도록 만들었다. 김종필 라인 소속으로 개헌반대

에 앞장섰던 김택수를 원내총무에 임명함으로써 이이제이 식으로 개
헌추진을 떠맡기도 하였다.

에피소드 다음은 임자 차례야!

김종필이 3선 개헌에 반대하고 김종필을 따르는 국회의원들이 김종필
에 동조하자 박정희는 김종필을 회유 · 협박한다. 당무를 다 접고 제주도
에 가서 그림을 그리는 김종필을 불러들여 "이번 한 번만 더 하고 안 한
다. 다음은 임자 차례야!"라며 회유해서 결국 김종필계가 3선 개헌에 찬
성하는 결과를 가져온다.

에피소드 김종필에 대한 견제

박정희는 대통령 재임 시절 끊임없이 김종필을 견제한다. 강창성 보안
사령관을 임명할 때도 군사 보안에 관한 한 김종필에게 보고하지 말고 자
신에게 보고하도록 한다. 김재규가 중앙정보부장이 되어 김종필의 집을
방문하여 "저는 박정희 각하 한 분만을 위해 목숨을 바치며 어느 누구라
도 박정희 각하를 위협하는 인물은 제거할 것입니다."라며 권력을 넘보
지 말라는 협박을 하였다. 실제로, 김종필은 2인자라고는 하지만 끊임없
는 견제로 실권이 없었다고 한다.

4인 체제와 10 · 2 항명

박정희는 공화당의 김성곤, 길재호, 백남억, 김진만의 소위 4인방
으로 불리는 인사들을 당의 주요 보직에 임명하여 김종필을 견제하게
하였다. 4인방은 서서히 세력을 형성하여 김종필계를 견제하면서 자

박정희와 악수를 나누는 김성곤

신들의 힘을 키워갔다.

4인방은 1960년대 말까지 당의 재정, 공천, 운영 등 전반적인 주도권을 장악하여 명실상부한 주류세력을 형성하기에 이르렀다. 그러나 4인 체제의 공화당 주도권 장악은 어디까지나 박정희의 묵인에서 비롯된 것이었다. 다시 말하면 4인 체제의 득세는 박정희가 김종필 라인의 견제와 3선 개헌이라는 필요에 의해 그만큼 힘을 길러준 결과에 지나지 않았다. 따라서 박정희의 의도에 따라 4인 체제의 운명은 어느 때고 하루아침에 달라질 수 있는, 뿌리 없는 정치세력에 지나지 않는 것이었다. 4인 체제는 이런 역학 관계를 잘 터득하지 못했다. 특히 3선 개헌이 이루어지고 난 다음에는 최대의 공로자로 자부하며 우쭐댔다.

김성곤은 박정희의 3선 임기가 끝난 뒤인 1970년대 중반을 내다보면서 권력구조의 개편까지 구상했다. 즉, 박정희의 3선 임기가 끝나면 헌법을 개정하여 대통령의 권한을 약화시키고, 내각에 실권을 주는 이른바 2원집정제안을 구상하고 있었던 것이다. 이 이야기가 박정희의 귀에 들어갔을 때 박정희는 "소름 끼칠 듯한 무서운 눈매로 노려

보았다."고 한다. 김성곤은 순진하게 박정희가 3선 임기만을 끝내고 물러설 것으로 생각했을지 모르나, 이미 그때 박정희는 3선 후의 대비책, 즉 유신체제를 구상하고 있었던 것이다(조갑제, 2009).

3선 개헌과 대통령 선거가 끝난 마당에 4인 체제의 이용가치는 이미 사라지고 없었으며, 정치세력으로 발전하려는 기세를 가만히 두고 볼 박정희가 아니었다. 결국, 오치성 내무부장관의 해임안을 둘러싼 이른바 10·2 항명파동을 계기로 4인체제는 철퇴를 맞고 일거에 붕괴되고 만다.

10·2 항명파동은 김종필계인 오치성 내무부장관이 박정희의 지시에 의해 4인체제에 충성하는 도지사를 비롯하여 전국 군수·시장·경찰간부들에 대한 대대적인 인사를 단행했다. 이에 4인 체제는 반발하여 때마침 야당이 제안한 내무부장관 해임안 표결 때, 박정희의 지시를 어기고 반란표를 던졌다. 이 바람에 오치성 장관의 해임안은 가결되어 버렸다. 4인체제는 이로써 김종필에게 본때를 보여주었고, 자기들의 실력을 과시했다고 생각했다(주돈식, 2004).

그러나 이런 실력 과시는 스스로의 명을 재촉하는 결과를 초래하고 말았다. 반란표를 던진 의원들은 정보기관에 연행되어 혼이 났고, 항명세력의 리더인 김성곤, 길재호는 당에서 제명되었다. 이렇게 해서 4인체제는 가장 우쭐댔던 득의의 시기에 급전직하로 몰락의 구렁텅이로 빠지고 말았다.

이것은 박정희의 예정된 통치 스케줄이었다. 김종필 라인이 그렇게 당했던 것처럼, 4인체제가 위협적인 정치세력으로 성장할 기미를 보이자마자 일거에 거세시켜버린 것이다. 이렇게 보면 10·2 항명파동은 하나의 계기였을 뿐, 그때 그 같은 항명사건이 없었다 하더라도 4인체제는 어차피 박정희에 의해 제거되었으리라고 보는 편이 정확하다.

에피소드 4인체제

박정희는 김종필을 견제하기 위해 공화당의 유력 인사들에게 힘을 실어주어 김종필의 세력을 약화시킨다. 이른바 4인체제로 김성곤, 백남억, 김진만, 길재호는 사실상 당의 모든 권한을 장악하고 김종필계의 힘을 약화시킨다. 그러나 김종필의 권한을 약화시키는 선을 넘어 이들 4인체제의 권한이 강화되자 박정희는 이들을 응징하는 칼을 뽑아들게 된다.

에피소드 김성곤의 2원집정제 구상

4인체제의 수장인 김성곤은 당의 재정 담당을 맡으면서 여야 국회의원들에게 정치자금을 보태준다. 김성곤의 재력에 의한 정치에 야당 의원들도 김성곤에게 호의를 나타낸다. 여야 의원으로부터 호의를 얻은 김성곤은 점차 자신이 생겨 시도의 지사, 시장, 경찰서장에게까지 영향력을 미친다. 권력이 강해진 김성곤은 박정희를 대통령으로 하고 실질적인 권한은 본인이 행사하는 2원집정제를 꿈꾼다. 그러나 박정희의 단호한 숙청에 그 꿈은 무산되고 말았다.

에피소드 콧수염을 뜯김

10 · 2 항명파동 이후 박정희는 진노하여 항명 인사들을 철저히 조사하라고 지시한다. 4인체제 인사는 조사를 받게 되고 김성곤과 길재호는 혹독한 심문을 받는다. 특히 김성곤의 트레이드마크인 콧수염을 기관에서 하나씩 뽑아내어 고문했다는 루머도 있었다. 김성곤은 공화당에서 제명되고 권력을 잃게 되며, 이에 대한 상실감으로 자주 폭음을 하다 결국 폭음으로 인해 수명을 다하게 된다(전인권, 2006).

4. 유신정권의 탄생

유신체제의 탄생

1971년 12월, 박정희는 국가비상사태를 선언하였다. 그 내용은 국가안보를 최우선시하고 일체의 사회불안을 용납지 않으며, 최악의 경우 국민 자유의 일부도 유보하겠다는 등 6개 항의 특별조치였다. 1972년 10월 17일, 박정희는 유신체제의 수립을 위한 특별선언문을 발표하였다. 대통령의 특별선언과 함께 전국에 비상계엄령이 선포되었다. 각 대학에는 휴교령이 내려지고 언론, 출판, 보도, 방송의 사전검열조치가 취해졌다. 국회가 해산되고 정당 및 정치활동이 중지되었다. 유신체제는 삼권분립, 견제와 균형, 경쟁적 선거제도라는 자유민주주의의 기본원칙을 전면 부정하였으며, 대통령의 권한 강화와 반대세력에 대한 억압을 그 내용으로 하고 있었다.

유신체제는 합법적으로 대통령에 당선되어 권력을 유지하기 어려운 상황에서 박정희가 취했던 최후의 권력 연장 수단이었다고 할 수 있다. 유신 선포 당시 한국은 상당한 사회경제적 어려움과 혼란에 처해 있었다. 당시 한국의 경제는 큰 어려움에 직면해 있었고 중화학공업 중심으로 산업을 육성할 시기였다.

1970년 11월의 전태일 자살을 계기로 노동운동이 일어났고, 철거민 이주 촌인 경기도 광주에서 대규모 시위가 일어났으며, 교련 반대 데모 등 학생들의 시위도 있었다. 이러한 시위들은 근대화를 하는 과정에서 생겨난 빈부격차에 대한 불만과 정부에 대한 불만에서 일어난 것이었다. 다시 말해, 박정희 정권의 지난 10년간의 치적에 대한 국민의 불만이 본격적으로 터져 나온 것이라고 할 수 있었다.

그러나 이러한 저항이 박정희 정권에 얼마나 큰 위협이 되었는지는 의문이다. 저항세력은 잘 조직된 것이 아니었고 계속적으로 일어난 것도 아니었다. 노동자들의 요구는 순전히 경제적인 보상을 요구한 것이었고, 철거민의 시위도 거주지를 보장해 달라는 생존권을 요구한 것이었다. 유신이 일어나기 전에 노사 분규도 점차 감소하고 있었다. 학생들의 시위는 독재와 사회적 불평등에 대한 항의였다. 노동자와 학생들은 박정희 정권에 직접적인 위협을 줄 만큼 잘 조직되지 못했고 광범위하게 퍼져 있지도 않았다.

이들의 저항은 박정희 정권이 강압적으로 탄압하자 손쉽게 억압되고 말았다. 당시 박정희 정권은 유신을 선포하지 않았어도 사회를 통제할 능력이 있었고, 중화학공업 육성에 박차를 가할 수도 있었다.

에피소드 이번이 마지막이오!

1971년 대통령 선거는 공화당의 박정희와 신민당의 김대중 간의 대결이었다. 박정희는 온갖 관권과 금권을 동원하여 선거에 임했다. 김대중은 박정희의 3선을 저지하려고 예비군제도의 폐지를 공약으로 내세우며 장충단공원에서 대규모 유세를 벌인다. 당시의 예비군 폐지는 일반인의 관심을 끌어 김대중의 인기가 높았다. 공화당은 비상이 걸렸다. 다시는 출마하지 않겠다는 약속을 하지 않으면 김대중 후보에게 질 수 있다고 참모들이 건의하게 된다. 급기야 박정희는 선거유세에서 "이번이 여러분에게 마지막으로 표를 호소하는 것이니 마지막으로 한 번만 밀어 달라!"라고 호소하였다. 3선만 하고 그다음에는 선거에 안 나오겠다는 의미로 여겨졌다. 이후 사실 유신헌법을 선포하면서 사실상 국민에게 더 이상 표를 호소하지 않는 간접선거를 채택하면서 유세에서 했던 호소가 정확히 일치되는 현상을 만들었다. 1971년 선거에서 많은 돈과 관권을 동원했음에도 김대중과의 표 차이가 많이 나지 않자 박정희는 더 이상 선거에 의해 대통령이 되기가 어렵다는 점을 깨닫고 유신을 선포했다고 여겨진다(조갑제, 2009).

유신체제를 선포하면서 박정희는 안보위기를 중요한 이유로 내세웠다. 그러나 1972년은 남북대화의 진전으로 긴장이 완화되고 비무장지대에서의 충돌이 줄어든 시기였다. 따라서 안보위협이 유신체제를 선포케 했다는 이유는 설득력이 없다. 오히려 박정희는 안보위기를 이용하여 이미 추진되어 오던 권력의 집중과 장기집권을 과감하게 추진하였다.

이승만과 달리 박정희는 카리스마적인 호소력이 약했고, 권력 기반이 처음부터 확고한 것도 아니었다. 그러나 그는 자신에게 유리하게 권력을 다져 나갈 능력을 가지고 있었다. 그는 자신에 대한 군의 도전 가능성을 집권 초기부터 뿌리 뽑았으며, 정당정치를 처음부터 자신의 권력 확대에 이용할 줄 알았다. 그는 일단 정치권력을 잡은 후 독자적인 세력의 성장을 용인하지 않았고, 잠재적인 도전세력이 커질 가능성을 처음부터 제거하였다.

이를 위해 여러 인물과 파벌들을 효율적으로 분할 통치하였다. 이렇게 하여 박정희는 잠재적인 도전세력을 모두 제거하고, 1970년대에 들어설 무렵 권력이 박정희 개인에게 집중될 수 있도록 하였다.

유신체제의 선포는 합법적인 권력연장이 어려운 상황에서 나온 박정희의 승부수였다. 유신체제의 선포는 정권을 강화하기 위한 제도적 변화였다. 즉, 그 궁극적 목적은 자신의 권력연장과 확대에 있었다.

에피소드 이제 그따위 놈의 선거는 없어!

박정희는 장충동 유세에서 박정희는 "이번 선거를 끝으로 다시 입후보하지 않을 것이니 꼭 찍어 달라."라고 호소하였다. 이런 말을 하지 않으면 수도권에서 김대중 후보에게 뒤처져 위험하다고 건의한 사람들이 많았기 때문이다. 장충동 유세 이후 박정희는 비서관들에게 불만을 호소했다. "이게 민주주의요? 가장 냉정하게 판단해야 할 대통령 선거에서, 감정적으로 유권자를 만들어놓기 시합하는 것이 민주주의냐, 이 말이야.", "그때 장충동에서 내 연설 자세히 들었겠지?" 하며 비서관에게 물었다. "예, '이게 마지막 유세'라고 하시는 말씀, 감명이 깊었습니다."라고 비서가 답하자 "무슨 소리야? 내가 한 말은 '이제 다시는 여러분한테 표를 달라는 말을 하지 않겠습니다'였다고."라고 말했다. 그러더니 박정희는 갑자기 손바닥으로 탁자를 탁 치더니 이렇게 내뱉는 것이었다. "이제 그따위 놈의 선거는 없어!" 비서들은 섬뜩한 느낌이 들었다고 한다(김충식, 1993).

에피소드 심각하게 걱정해!

박정희는 자신의 업적을 몰라주는 국민이 원망스러웠다. 김종필을 만나 다음과 같이 불만을 나타냈다. "나는 그래도 빈곤을 추방하려고 열심히 일했어. 한 10년 열심히 하여 이제 굶지 않을 정도는 됐어. 수출도 잘되고 말이야. 그런데 국민은 내가 삼선(三選)을 하겠다니까 언짢게 생각하는 것 같아. 그걸 모르겠어. 내가 영구 집권한다는 것도 아니고 말이야. 아직 정하지 않았지만 선거가 끝난 뒤에는 후계자를 정하겠다고 이야기했잖아. 그랬는데 김대중이 뭔데 차이가 그것밖에 안 나나?" 박정희는 자신을 압승시켜 주지 않은 국민에게 매우 섭섭한 모양이었다. 좀처럼 이런 말을 하지 않던 박정희는 그야말로 작심한 듯 이야기를 계속했다. "김대중과 비교해서 국민이 나를 대접하는 게 겨우 이 정도인가?", "자네도 알

다시피 우리가 돈을 얼마나 썼으며 행정력은 얼마나 구사했나? 절대다수의 의석을 차지하는 공화당이 각 지구당에 돈을 얼마나 내려 보냈나 말이야? 그래도 요것밖에 차이가 안 나?", "민주주의는 역시 약점이 있어. 우리나라 같은 경우 선거 바람이 잘못 불면 엉뚱한 사람이 당선될 가능성이 얼마든지 있어. 그랬을 때 과연 이 나라가 일관성 있게 자유민주주의 체제를 유지할지 의심스러워. 그래서 난 심각하게 걱정해.", "그래서 요담에 내가 그만두기 전에 그런 면에서 취약점을 확실히 보완할 수 있는 체제를 정비해놓는 게 내가 마지막에 해야 할 일이 아닌가 하는 생각이 들어."(김충식, 1993)

에피소드 권총 뺄 기세

박정희는 후계자를 정하는 것이 어떻겠냐는 참모의 조언에 버럭 화를 내면서 소리를 질렀다. "그렇지만 대통령이 된 사람이 조직을 모두 다 장악할 텐데 4년 후에 '정권 여기 있습니다' 하고 내놓을 사람이 어디 있겠어?"라며 의문을 제기하자 참모는 "각하! 만일 후계자한테 맡겨서 그분이 일을 잘하면 꼭 각하께서 다시 하실 필요는 없잖습니까?"라고 하자, 이 말에 박정희의 얼굴은 백짓장처럼 창백해졌다. 허리에 권총이라도 차고 있었다면 금방이라도 빼서 쏠 듯한 기세였다고 한다.

에피소드 박종규의 배제

유신 선포 며칠 전, 박정희는 일본을 방문한다는 발표를 하고 박종규를 경호 선발대로 일본에 파견한다. 일본에서 박종규는 유신 선포를 듣게 되며 유신헌법 개정 과정을 전혀 몰랐던 박종규는 이 사실을 말해주지 않은 이후락에게 반감을 갖게 된다. 박종규를 소외시킨 것은 입이 가볍다는 이유에서였다. 윤필용사건 당시 박종규가 이후락을 비난했던 이유도 아마 이러한 소외에서 비롯된 배신감 때문이었을 것이다.

유신체제의 특징

① 박정희 1인 지배와 사회의 위축

유신체제는 한마디로 박정희의 1인 지배체제였다. 박정희의 권한은 절대적인 것이었다. 계엄령 하에서 국민투표를 통과한 유신헌법은 대통령을 입법, 사법, 행정의 3부 위에 군림하는 국가적 지도자로 규정하였다. 통일주체국민회의라는 어용기구를 만들어 이곳에서 대통령을 선출하도록 하였다. 국민이 대통령을 뽑는 직접선거가 아니라 통일주체국민회의라는 기구가 대통령을 뽑는 간접선거였다. 장충체육관에 모인 통일주체국민회의 대의원들은 대통령 후보자가 박정희 혼자였음에도 절대다수의 찬성으로 박정희를 임기 6년의 대통령으로 선출하였다. 야당은 입후보자로 나오지도 못한 상황이었다. 대통령의 종신 임기가 보장되는 선거였다. 이러한 선거를 일명 '체육관 선거'라 하였다. 대통령은 국회를 해산시킬 수 있는 국회해산권도 가졌다. 또한 국회의원 1/3을 임명할 수 있는 권한을 가졌다. 이를 '유신정우회(유정회)'라 하였다. 국민이 뽑은 국회의원이 아니라 대통령이 임명하는 국회의원이었다. 국회의원은 점점 대통령의 하수인으로 전락하였다. 동시에 판사 임명권과 긴급조치권을 부여받아 대통령은 안보에서 사법에 이르는 국정의 모든 분야를 직접 장악할 수 있게 되었다.

유신체제 하에서는 박정희 대통령과 청와대 비서실과 경호실, 정보기관, 군부 그리고 기술 관료가 권력의 중심이 되었다. 특히 군부는 박정희에게 충성하고 박정희의 권력을 지탱해주는 중요한 집단이었다. 5·16 쿠데타 직후의 군부 파벌의 투쟁을 극복하고 박정희가 군에 대한 통제를 확립한 후 군부의 박정희에 대한 도전은 자취를 감추었다. 이것이 박정희 정권이 장기간 지속될 수 있었던 중요한 이유 중하나였다. 박정희의 군에 대한 통제는 철저했다. 그는 비공식적으로 개인 연결망을 통해 군부의 잠재적 도전자들을 제거했다. 군 장교들은 박정희에게 충성하고 이러한 충성의 대가로 그들의 진급과 보직을 보장하면서 상호 이익이 되는 관계를 형성하였다.

에피소드 전두환과 손영길 ▬▬▬▬▬▬▬▬▬▬▬▬▬▬▬▬▬

　　육사 11기의 대표 주자는 박정희의 총애를 받았던 전두환과 손영길이었다. 박정희가 군수사령관을 지낸 시절에 참모를 역임한 손영길은 박정희의 총애를 받았고, 후에 박정희의 양아들이라는 소문이 났던 전두환도 박정희의 총애를 받았다. 육군참모총장을 놓고 미리부터 라이벌로 신경전을 벌이던 두 사람은 윤필용 사건 때 운명이 엇갈리게 된다. 하나회 숙청 때 전두환은 살아남고 윤필용의 참모장이었던 손영길은 군복을 벗게된다. 전두환과 손영길이 나란히 별을 달아 진급했을 때 박정희는 두 사람을 청와대로 불러 금일봉과 자동차를 선물로 주었다.

　　박정희는 군 장교들을 상호 감시케 하여 권력의 누수가 생기는 것을 방지했다. 중앙정보부와 보안사령부, 합참정보국, 방첩대 등이 중요한 정보기구로 이용되었다. 그 결과 유신체제 하에서 박정희에 대한 군의 도전은 있을 수 없었고, 오히려 군 장교들 사이에서는 박정희에 대한 충성 경쟁이 벌어졌다. 박정희는 군의 충성을 확립하고 통치의 발판으로 삼기 위하여 특정 장군들을 총애하고 키웠다. 그 결과 일부 장성들은 유신체제 하에서 점차 정치군인이 되어갔다.

　　박정희의 권력이 커진 것에 비해 국민의 정치적 자유와 시민권은 크게 위축되었다. 언론 · 출판 · 집회 · 결사의 자유가 크게 제약받았고, 노동의 권리 · 법적 절차를 밟을 권리들이 위축되었다. 행정의 효율성과 질서 유지의 명분으로 국민의 자유와 권리는 제한되었다. 박정희는 이를 '한국적 민주주의'라고 불렀다. 정치적 반대세력의 불법적 체포와 고문, 납치가 횡행하였다. 이는 주로 중앙정보부와 보안사령부, 수도경비사령부 등의 군 기관에 의해 이루어졌다.

정치적 탄압의 법적 조치는 긴급조치 선포로 나왔다. 긴급조치는 1호부터 9호까지 이어졌다. 그중 가장 포괄적인 것은 1975년 5월 13일에 선포된 긴급조치 제9호였다. 이는 유신헌법에 대한 비판을 금지했고, 정부에 대한 어떠한 비판도 '유언비어'라는 족쇄로 채워져 모든 비난이 차단되었다. 긴급조치를 위반할 경우에는 구속 수감되었고 형량이 무거웠다. 긴급조치로 국민의 언로가 차단되었고 유신체제나 대통령에 대한 어떠한 비판도 금지됨으로써 국민은 정치적 암흑의 시대를 강요 당하였다.

에피소드 술 마시지 말고 일찍 귀가하세요! ━━━━━━━━━━

긴급조치가 선포되고 사회적으로 위축된 분위기가 형성되었다. 긴급조치를 위반하는 사람들은 모두 구속 수감되었고 이 과정에서 중앙정보부에 의해 고문까지 당하는 사례가 나타났다. 긴급조치 하에서는 유신헌법이나 정부에 대한 비판이 금지되었기 때문에 누구나 말조심을 해야 했다. 긴급조치를 위반한 사람을 신고하면 포상금을 주는 제도가 있어서 술취한 승객이 택시를 타고 무의식적으로 정부나 유신헌법을 비판하면 택시기사가 운전 중에 바로 경찰서로 직행하여 고발하고 포상금을 탄 경우도 있었다. 따라서 아내들은 남편이 출근할 때 술 마시지 말고 일찍 귀가하기를 당부하는 것이 유행처럼 되었다.

미국의 카터 대통령은 대통령이 된 후 박정희 정권의 독재를 비난하기 시작하면서 인권외교를 강조하였다. 한국의 인권 개선을 요구하면서 박정희와 갈등을 빚는다. 인권이 개선되지 않으면 주한미군을 철수하겠다고 압력을 넣기도 하였다. 박정희는 이에 분노하지만 미군철수는 박정희를 괴롭히는 무기가 되었다. 1979년, 카터는 한국을 방문하여 박정희와 회담을 하였지만 서로의 의견 차이를 좁히지는 못했다.

에피소드 카터와 박정희의 갈등 =========

박정희와 카터의 회담은 양측의 의견 차이가 드러나 어색한 분위기 속에서 끝이 났다. 박정희는 40여 분 동안이나 일방적으로 미군철수의 부당성을 지적했다. 당시 그 회담에 배석한 미국 측 인사들도 대부분 미군철수를 반대하고 있었는데, 그런 상황 속에서 박정희가 그 문제를 집중적으로 들고 나오니 카터 대통령은 화가 났다.

카터의 방한 일정은 박정희의 심기를 건드리기에 충분했다. 공항 도착 직후 웃음기 없는 얼굴로 박정희와 악수를 마친 뒤 카터는 곧바로 동두천에 있는 미군 캠프로 날아갔고 그곳에서 첫날밤을 보냈다. 다음날에는 미군들과 조깅을 하는 여유를 보이면서도 예정된 한국군 기지에 대한 시찰을 거부했다. 한국의 국방부장관을 바람 맞히는가 하면 박정희 정권이 기피 인물로 분류한 야당 인사와의 면담에 열을 올렸다. 카터 대통령은 한국을 떠나기 직전 박정희에게 기독교 신자가 될 것을 은근히 권유하기도 했는데, 박정희의 인권탄압을 염두에 둔 발언이었다. 당시 외신들은 카터의 한국 방문을 '선교 활동'에 비유할 정도였다(월간조선부, 1993).

에피소드 카터는 역시 촌놈이야! =========

미국의 글라이스틴 주한대사가 최광수 청와대 의전수석에게 전화로 "카터가 오늘 당장 미국으로 간다고 화를 내 큰일 났다."라는 연락을 해왔다. 이유가 뭐냐고 했더니 박정희의 주한미군문제, 인권문제에 관한 얘기에 속이 뒤집혀서 짐 보따리를 싸라고 펄펄 뛰고 있다는 것이었다. 박정희는 인권문제에 대해서 "인권문제는 내가 먹여살리는 내 국민이니까 내가 더 잘 안다. 간섭 말아라."라는 식으로 카터에게 말했던 것이다. 박정희는 미국의 압력이라는 긴 터널에서 벗어난 듯 뿌듯한 기분이 들었다고 한다. "카터는 역시 촌놈이야. 땅콩농장 출신이야." 박정희는 측근들에게 그렇게 말했다. "이제 촌놈 카터도 위대한 이 박정희의 경륜으로 눌렀다. 미국에 기대어 유신에 도전할 자들은 나설 테면 나서라."라고 호령하는 듯했다고 한다(김충식, 1993).

동아일보에 대한 광고 탄압은 1974년 12월 중순, 중앙정보부의 지시에 따라 각 기업체 책임자들을 불러 동아일보와 동아방송에 광고를 내지 말도록 압력을 넣음으로써 시작되었다. 당시 동아일보가 유신체제에 협조적이지 않았다는 이유에서였다. 중앙정보부가 강력하게 광고를 못 내게 하자 광고 수요가 높은 시기인 크리스마스 이브부터 광고가 무더기로 해약됐다. 정부는 이 같은 광고 해약 사태에 대해 광고주인 기업과 동아일보 간에 빚어진 사태라고 주장했다. 광고를 낼 수 없었던 동아일보는 재정난에 허덕이게 되었다. 광고 해약 사태가 지속되자 광고 대신 빈 공간으로 신문을 발행하게 되었다. 빈 공간으로 신문이 계속 나오자 국민도 광고 해약 사태를 알게 되었고, 이에 대한 항의의 표시로 국민이 자신의 돈을 들여 개인광고를 내게 되었다. 이름을 밝히지 않은 시민이 돈을 지불하며 광고를 내게 되면서 정부를 비방하는 광고가 나오기 시작하였다. 예를 들면 군부의 한 중령은 군인이면서도 유신체제를 비난하자 많은 독자들은 그 내용이 궁금하여 더욱더 동아일보를 보게 되었다. 광고의 다른 비난 내용을 보기 위해 동아일보의 독자가 늘어나자 이에 당황한 정부는 광고 탄압을 거둬들이게 되었다.

② 총력안보체제

유신체제에서 안보는 경제성장과 함께 중요한 버팀목이었다. 안보는 인도차이나 반도에서 공산화가 가속화된 1975년 이후 더욱더 강조되었다. 안보와 경제성장은 이제 떼려야 뗄 수 없는 관계를 갖게 되었다. 총력안보체제로 이름 지어진 유신체제는 전 한국 사회를 병영화하고 군사적 동원을 목표로 하고 있었다(김영명, 1996).

향토예비군과 교련교육이 강화되었다. 사회안전법, 민방위법, 방위세법을 신설하고 각 대학에 학도호국단을 창설하는 등 정부는 전 사회의 군사적 동원을 꾀하였다. 군 조직이 개편되어 장비와 인력이 확대되었고, 정부의 적극적인 안보교육과 군사 문화의 주입으로 대한민국 국민의 일상생활에 군대 문화가 깊숙이 침투하게 되었다. 또한 역사적 영웅에 대한 숭배와 충효사상의 강조가 전통적인 유교문화와 맞물려 정부의 사회 통제에 중요한 몫을 담당하였다.

한편 군 내부에서는 1960년 이후 군사적 영역이 아닌 정치적 · 사회적 영역에 대한 체계적인 관심이 나타났다. 군 교육기관의 교과과정은 정치 · 사회 문제들에 대한 군의 관심을 잘 반영하고 있었다. 이를 통해 군부는 외부의 적뿐 아니라 내부의 적으로부터 국가 방위와 국가 발전을 포함시켜 안보의 개념을 확대시켰다. 이는 특히 1960년 이후 국방대학원을 중심으로 한 군 교육기관들에서 두드러졌다.

에피소드 미루나무 도끼사건 ▬▬▬▬▬▬▬▬▬▬▬▬▬▬▬▬▬▬▬▬▬▬▬

미군이 판문점 군사분계선 지역에 있는 미루나무의 가지를 자르는 중에 북한군이 나타나 도끼로 미군을 살해하는 사건이 터지자 남북한은 긴장한다. 이번 기회에 북한을 혼내주려던 박정희는 공수부대를 시켜서 미루나무를 다시 절단하려 하였다. 이번에도 북한이 도끼로 공격하면 숨기고 간 총으로 사살하고 미국과 함께 황해도 연백평야까지 공격할 계획을 세운다. 그러나 위기의식을 느낀 북한은 미루나무가 절단되는 것을 보고만 있고 아무런 행동을 취하지 않는다. 이때가 한반도의 가장 위험한 시기였다고 한다(김충식, 1993).

미국에 의존해 국가 방위를 하는 데 한계를 느낀 박정희는 자주국방에 대한 정열을 불태운다. 당시 기술이 없었던 한국으로서는 스스로 무기를 만든다는 것이 매우 힘들었다. 박정희는 열의를 가지고 국방과학연구소를 만들어 이곳을 중심으로 국산무기를 만드는 데 주력한다. 1971년 청와대 비서실을 통해 국방과학연구소로 밀명이 떨어졌다. "총포 · 탄약 등 재래식 경(輕)무기와 주요 군수 장비를 앞으로 4개월 내에 국산화하라."라는 황당한 지시였다(전인권, 2006).

당시 국방과학연구소의 기술은 초보단계였다. 소총을 만들어 시험 사격을 해보면 몇십 발도 못 쏘고 총열이 갈라지거나 휘었다. 시범 사격을 할 때에는 화약이 터질지 몰라 거총 상태에서 방아쇠에 가는 실을 매어 멀리서 잡아당겨 쏘곤 하였다. 연구팀은 농담으로 '리모트 컨트롤장치'라고 불렀다.

또한 박정희는 1970년대 내내 핵무기를 보유하고자 노력했다. 박정희는 미국이 한미상호방위조약에 따라 필요한 시기에 한국 내 필요한 지역에 마음대로 반입 · 반출하던 핵무기, 즉 핵우산의 그늘에서 벗어나 버젓한 '국산품 핵폭탄'을 갖고 싶어 했다. 박정희는 "우리같이 작은 나라는 고슴도치가 돼야 한다. 온몸을 바늘로 둘러싸서 사자나 코끼리 같은 큰 동물들이 작다고 깔보고 함부로 짓밟지 못하게 만들어야 한다."라고 강조하면서 핵무기 보유에 대한 열정을 불태웠다. 그러나 박정희는 해가 갈수록 죄어드는 미국의 압력에 좌절해야 했다.

박정희의 경제개발 집념은 대단했다. 경제개발과 더불어 자주국방에 대한 집념도 강하여 오원철을 경제 제2수석비서관으로 임명하여 자주국방과 중화학공업 육성에 이바지하도록 하였다. 오원철이 중화학공업 육성에 온갖 노력을 기울여 어느 정도 결실을 맺게 되자 박정희는 오원철을 가리켜 "당신은 국보요!"라며 칭송했다. 포항 근교에서 유전이 발견되었다고 하자 박정희는 여러 각료들을 불러 "이제 우리도 석유 국가가 되었다."라고 흥분하며 기념으로 발굴한 석유를 컵에 따라 마시자고 제안했다. 그러나 포항 근교에서 발견된 석유는 경제적 가치가 없는 것이었다 (윤종성, 2010).

에피소드 핵무기 포기 각서

1975년 8월, 박정희는 일생일대의 굴욕을 맛보게 된다. 즉 미국에 '핵무기 포기 각서'를 써주고 만 것이다. 1975년 8월, 미국 국방장관 슐레진저가 방한했을 때 박정희를 강하게 압박한 끝에 핵무기 개발 포기 각서를 받아갔다고 한다. 박정희의 성격으로 보아 10 · 26이 아니었더라면 결국

미사일 발사를 참관하는 박정희

핵무기를 갖고야 말았을 것이라고 한다. 포기 각서는 썼지만 핵무장 옵션까지 포기한 것 같지는 않았다고 한다.

국가와 민간사회

'한국적 민주주의'는 경제발전과 안보를 위해 능률의 극대화를 꾀하였다. 민주주의적 정치과정은 국토분열을 일으키는 국력의 낭비로 여겨졌다. 평화통일이 국가 목표로 강조되었다. 따라서 안보위기에 대한 강조는 급격히 증가되었다. 평화통일이라는 명분으로 안보위기를 강조하면서 실제로는 사회를 통제하려 하였다. 경제성장의 목표는 유신 이전에 비해 덜 강조되었다. 박정희 정권은 경제성장보다는 안보를 더 중요시하게 되었다.

박정희는 능률적인 국가 발전을 위해 자주정신과 생활 방편으로서의 조화를 강조하였다. 따라서 개인과 국가가 하나가 되며 이를 위해 충·효의 유교 이념이 강조되었다. 개인보다는 국가를 우선하고 개인과 전체의 조화를 국민에게 주입시키려 하였다. 박정희는 국가의 생존과 발전을 위해서는 한국의 현실에 맞지 않는 서구적 민주주의보다는 보다 효율적인 정치체제가 필요한데 그것이 바로 유신체제라고 주장하였다. 서구의 민주주의라는 옷은 우리나라 체형에 맞지 않는 것이므로 우리의 체형에 맞는 한국적 민주주의를 강조하였다. 우리 현실에서는 개인의 자유보다는 국가가 우선이므로 개인은 국가를 위해 희생할 필요가 있다는 것이다. 따라서 나라에 충성하는 것이 한국적 민주주의의 한 방법이라고 강조하였다. 안보와 능률, 질서와 국가 발전에 대한 강조가 전통적 민족주의적 요소와 결합되어 있었다. 그리고 이 모두는 박정희 개인에 대한 국민의 충성을 강조하고 있었다(김영명, 1996).

유신시대에는 군부, 기술관료, 재벌들의 영향력이 강하였다. 그중 기술관료는 박정희에 의해 더 큰 힘을 발휘하게 되었다. 박정희는 기술관료들을 적극 활용하였다. 기술관료는 박정희의 비호를 받으면서 경제정책을 만들고 집행하면서 박정희의 통치기반을 다져주었다.

박정희는 권력기관에 근무했던 사람들의 진급과 보직을 챙겨주면서 그들의 충성을 요구하였다. 그러나 기술관료의 권력에 비해 군부의 권력은 상대적으로 줄어들었다. 그 이유는 박정희가 군의 권력이 커지는 것을 용납하지 않았고, 오래 통치하는 동안 정치나 경제과정에서 군 출신 인사들의 중요성이 줄어들었기 때문이다.

에피소드 탱자 민주주의

박정희는 서구 민주주의는 한국의 토양에는 맞지 않는 '탱자 민주주의'라고 야유한 적이 있다. "여러분! 이 책상 위에 마침 이걸 누가 갖다놨는지 모르겠지만, 이게 아마 탱자일 겁니다." 청중석에서 "유자입니다. 유자!"라고 하자 "유자입니까? 아, 잘 몰랐습니다. 우리나라에 탱자라고 있지요? 어느 식물학자가 몇 년 전에 일본에서 밀감나무를 이식해다가 자기 집에 심어서 키워놨는데, 몇 년 지나고 난 뒤에 열매가 열렸다 이겁니다. 노란 게 열렸는데 따보니까 밀감이 아니고 탱자가 열렸더라 이겁니다. 민주주의도 마찬가지입니다. 외국에선 아무리 좋은 민주주의라도 서구 제국에선 가장 알맞은 그런 제도였을지 모르지만, 그것을 우리나라에 가져와서 완전한 밀감을 만들기 위해서는 여러 가지 여건을 잘 만들어줘서 어느 시기에 가서 접목을 시켜서 이것이 완전히 우리나라의 밀감이 될 수 있도록 해야 되는 것이지, 그냥 갖다 여기다 꽂아놓는 것은 민주주의가 되지 않고 탱자 민주주의가 된다 이겁니다."(조갑제, 2009)

박정희 주변의 대통령 비서실, 경호실, 중앙정보부 등이 실권을 휘둘렀다. 권력을 휘두르면서 경호실, 중앙정보부 간의 권력 암투가 벌어지기도 하였다. 박정희는 일처리가 매끄럽지 못한 김재규를 신임하지 못하게 되었다. 박정희는 김재규에게 중요한 보고가 아닌 경우에는 차지철 경호실장에게 보고하라고 지시하였다. 차지철은 자신의 정보망을 통해 김재규가 정보보고를 하기 전에 박정희에게 먼저 보고하여 박정희의 신임을 얻었다. 따라서 김재규는 중요하지 않은 보고는 차지철에게 하게 되었다.

　　청와대 비서실이나 정보부 직원들은 김재규가 차지철에게 밀리고 있는 것을 느꼈다고 한다. 김재규의 승용차가 청와대 내의 차지철 경호실장 방 입구에 한나절씩 주차해 있는 일도 있어 '바쁜 정보부장이 저래도 되나' 하고 생각한 비서도 있었다고 한다. 전화도 김재규가 먼저 걸어 차지철 실장을 기다리는 처지였다고 한다. 이렇듯 차지철의 영향력은 커지고 김재규의 영향력은 점점 작아지게 되어 둘 사이에 갈등이 많이 일어났다.

에피소드 이 김재규가 용납하지 않는다!

　　1978년 1월, 서울 청구동 김종필 의원 집에 정보부장 김재규가 나타났다. 국무총리를 그만둔 뒤 유정회 평의원으로 소일하던 김종필의 집을 정보부가 덮쳐 요란한 가택수색을 벌인 뒤였다. 화가 난 김종필이 김재규에게 쏘아붙였다. "당신들 해도 너무해. 내가 무슨 죄가 있다고 이러는 거야! 내가 불충을 했나, 또 불충한 사람인가? 내가 당신네 기관을 만든 사람인데! 그래, 무슨 음모라도 했더란 말이오? 내가 조사대상이야?" 하면서 김재규에게 따졌다. 김종필의 아내 박영옥도 눈물을 쏟으며 항변했다. 이에 김재규는 "각하(그는 죽을 때까지 김종필을 그렇게 불렀다), 초대 정보부장을 지내셔서 잘 아시겠지만 정보부장 직무는 두 가지입니다. 하나는 공산당

잡는 거고 다른 하나는 대통령 각하를 철두철미하게 모시는 것입니다. 만일 각하(김종필)를 포함해서 누구라도 대통령 각하에게 다른 생각을 가진다면 이 김재규가 용납하지 않을 것입니다."라며 자신의 의지를 보여주었다(김충식, 1993).

에피소드 차지철의 입김

서울의 롯데호텔은 애초에 50여 층으로 설계되었다. 그러나 차지철 경호실장의 입김에 눌려 37층으로 낮아졌다. 1973년 5월, 호텔 설립계획이 수립되고 동양 최초이자 최고의 건물을 짓기로 했다. 설계도 54층으로 되어 있었다. 그러나 경호실에서 "청와대가 멀리 내려다 보이는 초고층은 안 된다. 청와대 경호상 안 된다."라며 제동을 걸었다. 결국 김종필 총리까지 박 대통령 앞에 나서서 37층까지만 짓기로 낙착됐다(김충식, 1993).

에피소드 박정희의 정권 말년

1977년쯤 일본인 정객이 김종필에게 "박정희 대통령은 곧 끝날 거요. 그분이 골프장에 가시면 몇 미터 간격으로 경호원이 늘어서 있더군요. 인도네시아의 수카르노 정권 말년이 꼭 저랬습니다."라고 박정희의 권위주의적 행태를 우려했다. 육영수 여사 피격 이후 박정희는 총명을 잃어가는 행동이 여기저기서 나타났다고 한다. 1978년 말경부터 박정희 대통령은 오전 11시가 되도록 장관들을 만나지 않고 차지철 경호실장하고만 집무실에 앉아 있는 경우가 잦아졌다고 한다. 이러한 예는 박정희가 말년으로 갈수록 차지철 경호실장에게 더욱 밀착하여 의지하고 있었다는 것을 보여준다.

1974년, 경호실장에 오른 차지철은 경호실 차장 밑에 행정·작전차장보를 새로 만들어 현역 준장을 임명하였다. 차장도 현역 소장을 앉혔고 나중엔 중장 계급의 경호실 차장도 생겼다. 작전차장보를 소장으로 임명하기도 하였다. 청와대 내외 경비 병력인 수경사 30경비단과 33경비단을 대대급에서 여단급으로 격상시켰다. 이러한 조치는 육군 대위 출신인 차지철이 장군에 대한 열등의식으로 자신의 부하에 장군들을 배치시켰고 군부에 영향력을 행사하려는 의도가 있었다. 차지철은 자신의 권위를 내세우기 위해 1977년경부터 경복궁 연병장에서 국기 하강식을 실시하였다. 대통령의 국군의 날 사열을 본뜬 이 하기식은 차지철이 사열관 자격으로 로열박스에 앉고 국회 요직·공화당 간부·장관 등을 주변에 세워 진행했다. 군 정예부대인 수경사 30·33경비단, 공수단, 특경대 등이 경호실 화기를 도열해놓고 벌인 멋진 하기식은 차지철의 권위를 한껏 드높였다. 나중에 5·6공의 대통령이 되는 전두환, 노태우 작전차장보들이 우렁차게 제병지휘를 했다.

또한 유사시 수도경비사령부의 병력을 지휘할 수 있는 권한을 민간인인 경호실장이 갖도록 하였으며, 대통령에게 보고되는 서류에 독이 묻어 있을지도 모른다는 핑계로 모든 서류를 경호실을 통해 올리라고 할 정도로 박정희의 신임을 미끼로 막강한 권력을 휘둘렀다.

에피소드 공수단은 육군참모총장이 지휘 ▬▬▬▬▬▬▬▬▬

1979년 10·26 직전의 부마 민주화운동 때 박정희는 육참총장 정승화, 경호실장 차지철이 함께 있는 자리에서 부산과 마산에 공수부대를 파견할 것을 지시하였다. 그런데 공수단 파견을 지휘권자인 육군참모총장에게 지시하지 않고 경호실장인 차지철에게 "이봐, 차실장! 공수단을 뽑아보내!"라며 지시하는 것이었다. 이에 당황한 정승화 육군참모총장은 "각하, 공수단은 육참총장이 지휘하도록 돼 있습니다."라고 정색을 하며 말하자 박정희는 "그렇던가?" 하면서 씩 웃었다고 한다. 이처럼 모든 정치를 차지철에게 의존하여 차지철이 권력을 남용하는데도 이를 두둔하고 계속 신임하였다(노가원, 1995).

에피소드 번번이 당한 김재규 ▰▰▰▰▰▰▰▰▰▰▰▰▰▰▰▰▰▰▰

김재규에 의하면 박정희는 늘 "정보 좀 잘 수집해봐!"라며 화를 냈다고 한다. 김재규가 부마 민주화운동은 시민의 호응이 높은 민중봉기이므로 근본대책이 필요하다고 보고하자 박정희는 화를 내면서 "내가 직접 발포를 명령하지. 4·19 때는 최인규를 발포책임자로 사형시켰지만 대통령인 나를 사형이야 시키겠나."라며 힐난하였다고 한다. 김재규는 대통령도 문제이지만 대통령에게 정보를 잘못 입력하는 경호실장 차지철에게 번번이 당하고 있었다. 김재규가 박정희로부터 면박 당하고 차지철에게 밀리고 있다는 것을 중앙정보부 간부들은 느끼고 있었다. 체면이 서지 않았는지 김재규는 말하지 않아도 될 것을 일부러 화제로 삼곤 했다. 예를 들어 월요일 아침 중앙정보부 국장회의 때면 으레 김재규는 고개를 젖히며 말했다. "어제 일요일인데도 청와대에 불려갔지. 막사이주(막걸리와 사이다를 배합한 술)를 얼마나 마셨던지 아침까지 힘들군." 그런 식이었다. 박정희의 신임이 여전하다는 것을 보여주기 위함이었다(한국정치연구회, 1998).

5. 10·26과 박정희 정권의 몰락

붕괴로 이른 길

1970년대 말에 고조된 노동소요는 이른바 YH사건으로 절정에 달했다. 체불임금 문제로 농성하던 여공들에 대한 경찰의 무력 진압은 한 여공의 사망을 통해 엄청난 정치적 사건으로 비화되었다. 이 사건 자체는 조직적인 대규모 노동운동은 아니었으나, 정권에 대한 도전이 무르익어 가던 상황에서 터졌기 때문에 반체제운동의 기폭제가 되었다.

에피소드 YH사건

YH사건은 임금을 지급하지 않은 회사가 부도 처리되어 임금을 받을 수 없게 된 여공들이 이에 대한 항의로 당시 야당인 신민당사에 들어가 체불임금을 지급하라고 요구하면서 시위를 벌이게 된다. 부도난 회사 사장은 임금을 떼먹은 채 재산을 미국으로 빼돌렸다. 신민당은 이들 여공을 보호하려 했으나 정부가 강제적 해산을 결정하고 경찰들이 신민당사에 난입하여 여공들을 모두 체포해 간다. 이 과정에서 경찰에 쫓기던 김경숙이라는 여공이 건물에서 떨어져 죽게 된다.

YH사건 이후 국민의 불만은 이른바 부마 민주화운동으로 절정에 달하였다. 1978년의 국회의원 선거에서 신민당은 공화당보다 더 높은 득표를 올렸다. 이는 신민당뿐 아니라 학생과 재야 세력에게 용기를 주었고, 정부에는 위기의식을 불러일으켰다. 정부에 대한 미국의 압력도 가중되어 1978년 12월, 정부는 김대중을 석방하였다.

이러한 반정부 세력의 강화 속에서 1979년 5월에는 김영삼이 신민당 총재로 복귀하여 유신체제에 대한 전면투쟁을 선포하였다. 그는 박정희의 사임을 요구하고, 경제정책을 비난하였으며, 김일성과의 면담을 제의하였다. 정부는 이에 김대중을 다시 가택연금하고 상이군인들로 하여금 신민당사를 습격케 하는 등 강경책으로 맞서다가, 김영삼의 축출을 기도하여 법원으로 하여금 그의 총재직 박탈을 결정하도록 했다. 김영삼이 9월 16일 〈뉴욕타임스〉지와 기자회견을 하면서 동맹국인 미국은 민주주의를 위해 박정희 독재정권에 좀 더 강한 압력을 행사해야 한다는 주장을 하게 된다. 이에 김영삼의 회견 내용이 사대주의적 발상이며 국가를 모독했다는 이유로 김영삼의 국회의원직을 박탈하게 된다. 박정희 정권의 이러한 무리한 강경책은 커다란 파문을

YH사건 당시 진압 장면

초래하였다.

에피소드 이해할 수 없는 중앙정보부장의 행동 ▬▬▬▬▬▬▬▬

　　신민당 전당대회는 여당의 공작으로 야당의 이철승이 거의 이기는 선거였다. 김영삼은 당내의 세력이 미미하여 전당대회에서 당수로 선출되는 것이 거의 기적에 가까웠다. 김영삼의 입장에서는 김대중의 동교동계의 협조가 절실히 필요하여 김대중과 중국집에서 점심 회동을 한다. 당시 김대중은 가택연금 상황이라 운신의 폭이 좁았다. 야당 당수선거가 임박해 김대중과 김영삼이 만나는 것은 매우 민감한 사안인데도 양김의 중국집 회동은 별다른 방해 없이 이루어졌다. 이것이 중앙정보부장인 김재규의 실수인지 아니면 고의적인 행동인지가 미스터리로 남는다.

에피소드 마음 바뀐 이기택 ▬▬▬▬▬▬▬▬

　　5 · 10 신민당 전당대회는 단 3명의 대의원만으로 당수에 도전하는 김영삼의 크나큰 도박이었다. 당시 야당의 선거를 공작한 사람은 형식적으로는 중앙정보부장이었지만 차지철 경호실장이 구체적으로 주도하였다. 차지철은 3위를 할 것으로 예상되는 신도환에게 집중하여 이철승을 도와 이철승이 당선되도록 하려 하였다. 당시 김영삼은 '선명 야당'을 주장하였고 이철승은 '참여 속의 개혁'으로 비교적 정부에 우호적이었다. 1차 투표에서 이철승이 1위, 김영삼이 2위, 이기택이 3위, 신도환이 4위를 하였는데 원래 이기택은 2차 투표에서 이철승을 지지하기로 하였다. 그러나 당사 밖의 젊은이들이 "김영삼! 김영삼!"을 외치는 구호를 듣고 마음을 바꾸어 김영삼을 지지하기로 한다. 한편 신도환은 이기택에게 져서 4위가 된 것에 실망하여 당황하면서 자기 계파 사람에게 이철승을 지지하라고 지시할 기회를 놓친다. 이런 극적인 상황으로 김영삼이 신민당 당수가 되는 커다란 계기가 되었다.

그동안 쌓여 있던 국민의 불만이 이 사건을 계기로 폭발하기 시작한다. 김영삼의 선거구인 부산과 마산을 중심으로 일어난 학생 데모는 곧 일반 시민이 참여한 대중 시위로 발전하였다. 시위는 10월 16일 부산에서 발생하여, 마산, 창원 등 인접지역으로 확산되어 대규모 시위로 번졌다. 정부는 이튿날 부산에 계엄령을 선포하고 26일에는 마산, 창원에 위수령을 발동할 만큼 시위는 심각하였다. 이것은 박정희의 퇴진을 요구하는, 정권에 대한 시민의 직접적인 도전이었다.

유신 말기는 국가가 주도해 온 중화학 투자로부터 경제적 자유화로의 구조 개편이 필요한 때였다. 물가상승률, GNP성장률, 수출증가율 등 구체적인 경제지표를 볼 때에도 1979년은 1971~1972년에 비해 경제 여건이 나빴다. 그러한 경제 여건은 노동소요를 부추겨, 과거보다 더 많은 건수의 노사분규가 보고되었다.

그러나 노동운동 자체가 박정희 정권에 큰 도전이 되었다고 볼 수는 없다. 노동운동은 국가의 통제 때문에 유신 기간에 걸쳐 여전히 미약했기 때문이었다. 중요한 것은 노동운동 일반보다는 YH사태 같이 사소한 특정 노동 소요가 미친 정치적인 충격이었는데, 이러한 충격은 계속된 노동 억압의 부산물이었다.

조직적인 사회운동이 여전히 미약했던 현실에서 이러한 폭발적인 노사분규는 정치적 탄압과 경제적 위기에 대한 대중적 불만의 폭발을 상징하였다. 다시 말해, 당시의 경제적 위기는 일반 대중의 광범위한 불만을 불러왔고, 이러한 불만이 부마 민주화운동이라는 시민 항거를 가져오게 된 것이다.

이렇게 볼 때, 경제적 위기의 요인이 당시의 정치적 위기에 상당한 영향을 미쳤음을 부인할 수 없다. 특히 정권의 정당성이 상당 부분 경제적 성과에 의존하고 있었기 때문에 경제적 위기는 정권에 큰 타

부마 민주화운동 당시

격을 주었다. 그러나 유신체제의 붕괴가 한국 경제의 본질적인 모순에 의해 야기되었다고 생각하는 것은 지나친 일이다. 경제적 요인은 체제의 정치적 모순이 대중적 불만으로 터져 나오는 데 촉매 역할을 했을 뿐이다(김영명, 1996).

유신체제 붕괴의 근본 원인은 박정희 1인 독재체제에 대한 거부감이다. 박정희의 죽음이 곧 유신체제의 폐기를 의미한 것은 아니었다. 그러나 실제로 박정희가 죽은 후 그 누구도 그 체제를 유지해 나가려고 하지 않았다는 사실은 유신체제가 곧 박정희 개인에 의해 지탱된 체제였다는 사실을 뜻하였다.

에피소드 그저 내 옆에 있기만 하시오!

김계원은 중앙정보부장을 지낸 뒤 중국 대사로 오래 근무해서 국내 사정에 어두웠다. 그런 김계원에게 비서실장을 하라고 하자 김계원은 "각하! 저는 국내정치에 어두워서 비서실장직을 하기가 어렵습니다!"라고 얘기했으나 박정희는 "괜찮아! 그저 내 옆에 있기만 하시오!"라며 김계원을 비서실장에 임명한다. 박정희의 예리한 통찰력은 인사를 통해 나타났는데, 말년의 박정희는 이렇듯 인사를 예리하게 하지 못해 결국 불행한 최후를 맞게 되었다.

10 · 26

10월 26일 오후 차지철 경호실장으로부터 대통령, 비서실장, 중앙정보부장, 경호실장이 참석하는 만찬을 궁정동 중앙정보부 안가에 준비하라는 연락을 받은 김재규 부장은 차 실장을 살해할 결심을 한다.

이날 만찬장에서 박 대통령이 "부산데모만 해도 신민당이 계획해서 뒤에서 한 짓인데 중앙정보부는 더 정확한 정보를 수집해야겠어! 중앙정보부가 좀 무서워야지, 당신네는 야당의 비행 보고나 움켜쥐고 있으면 무엇 하나! 딱딱 입건해야지!" 하고 말하자 김재규 부장은 "정치는 대국적으로 상대방에게 구실을 주고 국회에 나오라고 해야지 그러지 않고는 나오지 않을 것입니다."라고 답변했으며 차 실장은 "신민당 놈들, 그만두고 싶어 하는 놈은 한 놈도 없습니다. 그 자식들 전차로 싹 깔아뭉개겠어요!" 하고 나섰다.

이에 김재규는 (김계원 비서실장을 툭 치면서) "각하를 똑바로 모시시오!" 하고 (차지철을 보며) "각하! 이 따위 버러지 같은 놈을 데리고 정치를 하니 올바로 되겠습니까?" 하며 권총을 꺼내 차지철을 향해 한 발을 발사하고 다음으로 대통령을 향해 한 발을 발사했다.

총을 맞은 차지철은 경호원을 부르면서 화장실로 뛰어갔고 박정희는 김재규가 쏜 총탄에 가슴을 맞고 피를 흘리며 앞으로 쓰러졌다.

10 · 26 현장 재현하는 김재규

이에 옆에서 술시중을 들던 여인이 박정희에게 "각하 괜찮습니까?" 하고 묻자 박정희는 "음, 나는 괜찮아!" 하며 계속 피를 흘리며 신음하였다. 김재규는 다시 권총을 들고 화장실에서 나오는 차지철을 쏘고 다시 박정희의 머리를 향해 총을 쏘았다.

결국 박정희는 숨을 거두게 되었다. 즉, 박정희 18년 독재정치의 종지부를 찍고 유신체제는 붕괴되었다.

<h3>에피소드 박정희 이름의 파자 해석</h3>

10 · 26 이후 박정희의 이름을 파자하여 해석하는 것이 유행했다. 즉,

박정희의 이름을 파자로 풀어보니까 "十八(朴은 점을 보니 18년)년 집권하고 그치거나 끝내지(正) 않으면 신하에게 자기의 몸을 총으로 탕탕하며 맞는 다(熙자는 자기 몸을 신하에게로)"는 파자의 해석이 나왔다.

에피소드 국기하강 열병식

차지철은 마치 대통령인 양 경복궁에서 국기 하강 시 열병을 하였다. 경호실 병력과 수경사 병력이 동원되어 열병식을 하며 단상에서 경례를 받는 모습은 국군의 날 대통령이 하는 것과 비슷했다. 국무총리를 비롯하여 각 각료들이 초청되어 열병식 행사를 지켜보았다. 전두환이 경호실 작전차장보일 때 열병식에서 차지철에게 거수경례하는 사례도 있었다. 이에 대해 많은 비판이 있었으나 박정희의 신뢰가 두터운 차지철이 버티고 있어 누구도 함부로 불평을 토로하지 못하였다.

에피소드 차지철과 김재규의 갈등

차지철과 김재규는 갈등이 많았다. 중앙정보부가 관장하는 삽교천 송신탑 착공 행사에 김재규가 대통령과 동행하려 하자 차지철이 이를 만류한다. 육군 중장 출신인 김재규는 대위 출신인 차지철이 항상 건방지다며 분노해 왔다. 대통령에게 보고할 사항도 차 실장의 집무실에 가서 먼저 보고하는 경우도 있었다고 한다. 성격이 내성적인 김재규는 마음속으로 항상 차지철을 증오하며 언제 한번 본때를 보이겠다며 앙심을 품게 된다. 이러한 감정이 10 · 26의 중요한 원인이 되었다.

에피소드 미신적인 현상들

육영수는 8월 15일 광복절 행사에서 조총련계 재일교포인 문세광에게 권총으로 암살을 당한다. 당시 여러 가지 의혹이 많았지만 육영수 여사가 사망하기 얼마 전, 벽에 핏빛을 본 사람과 하늘이 갑자기 꺼멓게 되었다는 증언이 나왔다. 박정희 대통령이 시해될 때에도 삽교천 행사에서 동상 커튼이 열리지 않았고, 도고온천에서 점심을 먹기 위해 헬기로 호텔에 착륙하는데 노루가 놀라서 벽에 머리를 부딪혀 죽었다. 또한 청와대 지붕 위에 커다란 부엉이가 앉아서 울고 갔다 한다. 이러한 미신적인 사건이 당시에는 많이 퍼져 있었다.

에피소드 권총을 차지 않은 경호실장

차지철은 평소 군의 관리에 관심을 갖고 군 인사를 청와대에 초청해 만찬을 하곤 했다. 경호실장 밑에 차장을 두었는데 별이 3개인 중장으로 하고 작전차장보는 별이 2개인 소장으로 하여 자신의 위상을 높이려 했다. 평소 대통령과 같이하던 연회에서 권총을 본 대통령이 싫어하는 기색을 보이자 그 이후에는 만찬장에서 권총을 차지 않았다. 10 · 26 당시에도 총격전이 났으나 권총을 소지하지 않아 대통령을 보호하지 못했다. 경호실장이 권총을 차지 않았으니 이것 또한 우스운 사건이었다.

에피소드 침대 위의 총

일제 강점기 때의 지인인 일본인이 청와대를 방문했다가 박정희의 침대 위에 총이 여러 자루 걸려 있는 것을 보고 깜짝 놀라서 물어보니, 박정희는 "쿠데타로 정권을 잡은 자신이 언제 무력으로 권력을 빼앗길지 몰라 항상 머리맡에 총을 두고 잠을 자야 마음이 편하다."고 했다. 박정희는 권력을 잃는 것에 대한 강박관념이 매우 강했다고 한다. 박정희는 "쿠데타의 지휘자로서 이곳을 무혈점령한 제가 여기에 살고 있다는 것에서 운명의 불가사의를 느낍니다. 그러한 내가 언제 살해될지 모른다는 각오는 하고 있습니다."라며 자신의 심정을 일본인 지인에게 고백하였다. 이러한 강박관념이 말년에 여러 사람을 만나는 것을 회피하고 경호실의 측근들만 만나는 폐쇄적인 행동을 만든 듯하다.

박정희 체제가 18년 동안이나 지속될 수 있었던 것은 정부의 경제성장 달성과 분단 상황으로 인한 안보 위기의식에 힘입은 바가 컸다. 그러나 이러한 요인들이 본질적으로 일시적일 수밖에 없었던 유신 체제의 모순을 영원히 보장할 수는 없었다. 실제로 경제성장이라는 명분은 유신 후반기에는 더 이상 정치적 억압의 구실로 작용하기 힘들게 되었고, 남북대화와 안보 이슈 또한 국민의 성장하는 민주의식을 계속 억누를 구실을 제공하지는 못했다. 이 두 명분의 활용은 명백한 한계가 있었고, 특히 사회경제적 발전과 민주의식의 성장이 뚜렷해진 70년대 말에 들어서자 이미 20년 가까이 똑같은 통치 명분을 접했던 국민에게 그 효력은 반감될 수밖에 없었다. 따라서 박정희에게는 장기집권이라는 본질적으로 부정적인 현상을 보상하기 위한 새로운 정당성의 원천이 필요하였으나 그는 이를 개발하지 못하였다.

4

전두환과
제5공화국

1. 12 · 12 군부쿠데타와 5 · 18 민주화운동
2. 전두환의 퍼스낼리티
3. 제5공화국 시절의 주요 정치적 사건

1. 12 · 12 군부쿠데타와 5 · 18 민주화운동

12 · 12 군부쿠데타

10 · 26사건 직후 최규하 국무총리가 대통령 권한대행을 맡아 제주도를 제외한 전국에 비상계엄을 선포하고 정승화 참모총장을 계엄사령관에 임명하였다. 군 수뇌부는 정치적 중립을 선포하여 합법적인 방법에 따른 정치 일정을 고수할 것을 선언하고, 유신헌법 폐기를 결정하였다. 이로써 유신체제는 공식적인 종말을 보게 되었다. 이는 유신체제를 끝내야 한다는 국민의 열망이 있었고, 미국도 한국의 민주화를 지지한다는 입장을 나타냈기 때문이다.

그러나 곧 군 내부의 권력 투쟁이 현실화되었다. 당시 보안사령관 겸 합동수사본부장을 맡고 있던 전두환 소장 중심의 새로운 군부 세력이 독자적인 힘으로 떠올랐다. 신군부는 보안사령부, 합동수사본부, 육사 11기, 하나회를 중심으로 뭉쳐 강력한 세력을 형성하였다. 유신체제 기간 동안 박정희의 비호 하에 정치군인이었던 이들은 정승화 계엄사령관 측과 대립하였다.

에피소드 하나회의 단결

　하나회는 육사 11기를 중심으로 만들어졌다. 육사 11기는 기존의 육사 기수(1~10기)가 짧은 기간을 수료하고 장교로 임관한 데 비하여 이승만 대통령이 미국의 웨스트포인트 육군사관학교의 학제를 본떠서 만든 정규 육군사관학교에서 4년제로 졸업하게 되었다. 11기생들은 자신들만 정규 육사 1기로 여길 정도로 자부심이 대단하였다. 하나회는 11기를 중심으로 각 후배 기수에서 두각을 나타낸 장교들을 중심으로 만든 사조직이었다. 박정희의 비호 아래 대부분 영남 출신 장교들로 구성된 하나회는 진급과 보직에서 큰 특혜를 받았다. 하나회는 12·12 쿠데타 때 직속 상관의 명령을 거역하고 하나회 선배의 명령만 따르는 하극상을 보여주었다.

　정승화 세력은 새로운 민주적 정치 질서를 원하는 국민적 여망을 인식하고 그 과정을 주도하려 하였다. 반면 전두환 세력은 박정희의 피살에 분개하면서 정치 변동이 가져올 수 있는 기득권의 상실을 두려워하였다. 정승화는 전두환의 도전과 월권을 우려하여 그를 좌천시키려 하였다. 그러나 그 직전인 12월 12일, 보안사 측의 군대가 참모총장 공관에 침입하여 총격전 끝에 정승화가 체포되었다. 정승화는 박정희가 피살되기 직전 궁정동에서 김재규와 같이 있었다는 이유로 신군부의 의혹을 사고 있었다. 12·12사건을 계기로 군부에서 정승화 세력은 몰락하고 전두환을 중심으로 한 소위 신군부가 군을 장악하게 되었다.

에피소드 동해안 경비사령관으로 전출

　전두환은 합수본부장이 되자마자 중앙정보부 국장들을 보안사로 불러들여 10·26사건을 설명하면서 중앙정보부의 권한을 접수한다. 수경사령관 인사에도 자신의 의견을 내어 장태완을 수경사령관으로 임명하는 것은 좀 무리가 있다고 정승화 총장에게 건의한다. 당시 젊은 군인들은 정승화가 10·26 만찬장에 있었기 때문에 박정희 피살에 관여했다는 의심을 했다. 이러한 상황에서 전두환은 온갖 정치적인 사안에 대해 간섭을 하였다. 전두환이 합수부에서 월권을 행사하자 정승화는 전두환을 합수본부장에서 해임하고 동해안 경비사령관으로 전출시키려 한다. 이러한 정보가 누설되자 전두환은 정승화를 제거해야 본인이 살 수 있다는 생각으로 12·12 군사쿠데타를 도모하게 된다.

에피소드 경복궁 회동

전두환은 대통령의 허락을 받지 않은 채 정승화를 연행한다. 정승화를 연행하는 체포조를 총리 공관으로 보낸 후에 대통령의 허락을 받으려 하나 최규하는 국방장관의 재가가 먼저 필요하다며 시간을 끈다. 이러한 상황에서 총장 공관에서 연행하는 도중 무력 충돌이 발생하게 된다. 만약 참모총장의 연행이 허락되지 않으면 전두환은 허락 없는 무리한 연행에 대한 책임을 모면할 수 없었다. 따라서 전두환은 경복궁으로 자신을 지지하는 군 장성들을 소집하여 조직적으로 정승화 세력을 진압하게 된다. 전두환을 따르는 하나회 출신들은 군부의 명령지휘계통을 어기고 하극상을 저지르며 사조직의 명령만 따르게 된다. 자신의 상관을 체포하거나 자신의 상관에게 총부리를 겨누는 비극적 사태가 일어났다.

12·12 쿠데타가 일어난 뒤 신군부를 바라보는 미국의 시선은 결코 곱지 않았다. 미국 측으로부터 신군부가 '불가피한 선택'으로 인정받기까지는 오랜 시간과 진통이 뒤따랐다. 12·12 쿠데타 이후 미국은 몹시 격앙된 반응을 보였다고 한다. 특히 심한 거부감을 표시한 글라이스틴 대사와 신군부와의 관계는 악화될 대로 악화되고 있었다. 화가 머리끝까지 난 전두환 장군은 글라이스틴 대사에게 대놓고 "당신이 총독이냐?"라며 다그쳤을 정도였다고 한다.

12 · 12 이후 탱크가 배치된 중앙청

　　12 · 12 쿠데타는 명백히 하극상 사건이었고, 유혈 충돌을 통한
군부 내의 쿠데타였다. 또 그 사건은 신군부가 정권 장악을 향해 한 걸
음 내딛는 중대한 출발점이었다. 또한 광주 민주화항쟁의 진압을 통해
신군부가 권력을 장악해 가는 일련의 과정이 되었다.

　　12 · 12 쿠데타를 계기로 신군부가 가장 강력한 권력 집단으로
등장하게 되었다. 신군부가 권력을 장악하게 되면서 군부 내의 온건
파는 몰락하게 된다. 최규하 정부는 갈수록 무력한 면을 보여주었다.
1980년 4월 14일, 전두환 합수본부장이 중앙정보부 부장 직까지 겸직
하게 되면서 실질적인 최고 권력자가 되었다. 최규하 대통령과 정부
관료들은 신군부의 하수인에 불과한 존재로 전락하게 되었다. 정부는
무력했고 군부는 권력을 강화하고 여야 정치인들은 분열의 조짐을 보
였다. 이러한 분위기에서 2원집정부제 개헌설이나 친여 신당설 등의

유언비어가 정치 일정의 불확실성을 높였다. 언론에서는 이러한 현상을 앞이 보이지 않는 정국이라 하여 '안개 정국'이라고 불렀다. 그러나 이러한 안개 정국 속에서도 신군부의 권력 장악은 착착 진행되고 있었다.

이에 비해 정치 지도자들은 크게 분열되어 있었다. 김대중, 김영삼, 김종필의 소위 3김은 심각한 대권 경쟁을 하고 있었다. 특히 김대중, 김영삼 두 야권 지도자의 경쟁은 민주세력이 분열되는 양상을 보여주어 민주화의 길은 점점 멀어져 갔다. 물론 김대중과 김영삼이 단결하였다고 하더라도 신군부 세력이 여전히 권력을 장악하였을 수도 있었다. 그러나 김대중과 김영삼의 단결이 신군부 세력의 정치적 구상에 상당한 변화를 가져왔을 가능성도 있었다. 최소한 신군부 세력이 광주 학살을 통한 무소불위의 권력 행사를 하지는 못했을 것이다.

학생과 재야세력은 효과적인 정치세력으로 부상하지 못하였을 뿐 아니라, 김대중과 김영삼의 분열에 의해 내분을 겪게 되었다. 재야세력의 분열은 민주화 방법의 차이에서 비롯되었다. 제도 정치를 중심으로 민주화를 이루고자 한 온건론자들과 급격한 변화를 추구하며 민주화운동에 좀 더 비중을 둔 강경론자들이 의견 차이를 보였다.

온건론자들은 주로 교수, 성직자, 정치인들로 구성되었고, 강경론자들은 학생운동 출신과 노동운동 출신의 젊은 세대로 구성되었다. 온건론자들은 신민당이 중심이 되어서 제도적 개혁을 완성하기를 주장하였고, 강경론자들은 대중을 동원하여 사회변화를 추구하는 민주화를 주장하였다. 학생운동권도 재학생 지도부와 복학생 세력으로 분열되었다. 재학생 지도부는 단계적인 투쟁을 강조하였고 복학생 세력은 국민연합을 강조하는 전면적 투쟁을 강조하였다. 학생들은 반독재 민주화운동에는 서로 공감대를 갖고 있었으며 동시에 미국 정부가 한국의 민주화를 지원해줄 것을 기대하고 있었다. 이때까지만 해도 학생운동권은 미국의 역할을 기대하며 미국에 대해 호의를 가졌으나 1980년대 후반 이후 학생운동 세력은 반미 목소리를 높이게 된다.

5 · 18 민주화운동

　5 · 18 광주민주화운동은 한국전쟁 이후 가장 많은 사상자를 낸 정치적 비극이었다. 광주민주화운동은 민주주의를 부르짖는 학생 세력에 대해 정권을 획득하려는 신군부의 탄압이었다. 민주주의 사회를 이룩하려는 학생 세력은 신군부의 탄압에 맞서서 필사적으로 저항하였다.

　광주민주화운동 이전에 서울의 봄을 거치면서 학생들은 시위를 자제하기로 결정하였다. 그러나 신군부는 계엄령을 확대하여 학생들을 연행하고 체포하였다. 12 · 12 쿠데타 이후 신군부는 정치권력을 장악하기 위한 명분과 계기가 필요하였다. 권력 장악을 위해 광주에서의 학생시위를 명분으로 삼았던 것이다.

에피소드 서울의 봄

　박정희가 시해되고 1980년 봄이 되자 민주화에 대한 요구가 봇물처럼 쏟아졌다. 그동안 유신체제의 억압에 눌려 살던 학생, 노동자, 시민이 민주화에 대한 요구와 이행을 실현하라며 정부에 대해 시위를 하게 된다. 5 · 17 계엄령이 발표되기 전까지 수많은 학생이 서울역에서 집회를 가지면서 민주주의 정부 수립을 요구하는 시위를 벌였다. 이러한 표현과 집회의 자유 기간을 서울에 봄이 왔다는 의미에서 '서울의 봄'이라 하였다.

광주민주화운동 당시

광주민주화운동은 총격전까지 벌어진 폭력적 탄압이었다. 광주 시민의 저항이 강했기 때문에 권력을 잡은 후 신군부 세력의 정치적 탄압 또한 매우 심했다. 반면, 국민에 대한 유혈 참극은 이후 수립된 전두환 정권에 정당성이 결핍되었다는 엄청난 시련을 안겨주었다. 광주의 무력 유혈 진압은 최악의 선택이었다.

광주민주화운동의 저항세력은 학생을 중심으로 하여 일반 시민이 대거 참여하였다. 공수부대의 무자비한 진압이 광주시민 전체의 분노를 자아내어 시민의 증오심은 극에 달하였다. 이러한 증오심이 시민군의 탄생과 총격전, 그리고 시청에서의 마지막 대결로 이어지는 극한적 투쟁을 가능하게 하였다. 그러나 광주 시민은 신식무기와 훈련으로 무장된 군부의 적수가 될 수 없었다. 더구나 광주민주화운동은 광주를 중심으로 한 전남 지역에 국한되어 있었고, 그 이외 지역의 주민들은 그 실상조차 제대로 알지 못하였다.

에피소드 고립된 섬 광주

전남대에 학생들이 등교하려 하자 정문을 지키던 공수부대원들이 이유 없이 전남대생들을 구타하기 시작하였다. 이러한 전남대에서의 폭력이 광주민주화운동의 시발점이 되었다. 폭력을 목격한 시민이 대항하자 공수부대원들은 무자비하게 시민을 총칼로 폭행한다. 시민은 공수부대의 만행에 저항하기 위하여 무장을 하게 된다. 격돌이 거세지고 총격전으로 번지면서 시민이 도청을 점령하게 되고 공수부대원들은 잠시 광주를 떠난다. 나중에 군이 집결하여 도청을 사수하는 시민을 무차별 사살·체포한다. 이러한 잔혹한 만행이 벌어지는 동안 전국의 신문이나 방송은 이에 대한 보도를 하지 않아서 국민은 광주에서 무슨 일이 벌어지는 줄을 알지 못했다. 광주는 이 시기에 완전히 고립된 섬 같았다.

이에 반해 신군부 세력은 광주민주화운동을 최종적으로 권력을 굳히는 기회로 삼아 무자비한 진압에 나섰다. 과격한 진압을 통해 국민 저항의 뿌리를 뽑으려는 의도가 있었던 것으로 보인다. 이러한 목표를 가진 신군부의 무력 앞에 자연발생적이고 전국적 지지를 차단당한 광주 시민의 투쟁은 무릎을 꿇을 수밖에 없었다. 그 결과 수백 명에 달하는 인명이 피살된 광주민주화운동은 민주화의 목표를 달성하지 못하고 실패로 돌아가고 말았다. 그러나 이러한 참극은 이후 전두환 정부와 노태우 정부에게 원죄로 작용하여 정권의 목을 조이는 역할을 하였다. 그리고 광주민주화운동 이후 민주화투쟁은 더욱 강력해지게 되었고 반미의식이 확산되었다.

에피소드 아들 앞에서 아버지를 고문

5·17 이후 서빙고 분실로 끌려간 야당과 재야인사들에게 누더기 육군 형무소 죄수복이 입혀졌다. 그러고는 아들이나 손자뻘밖에 안 되는 헌병들이 매질을 가했다. 심지어 자식이 보는 앞에서 뭇매를 때려 '혼절'시키는 패륜 행위도 서슴지 않았다. 자식을 아버지가 있는 방으로 끌고 간 뒤 다짜고짜 아버지를 패기 시작했다. 처음에는 주먹으로 때리다가 나중엔 나무의자로 머리를 내리쳤다. 아버지는 아들 앞에서 차마 비명도 못 지른

채 실신했고 의자는 산산조각 났다. 옆에 수사관 헌병들도 있었는데 미쳐 날뛰는 장교를 만류하지 못했다. 자식은 충격을 받아 살려달라고 애원하지도 못했다고 한다(이도성, 1993).

2. 전두환의 퍼스낼리티

가정적 배경

전두환은 1931년 1월 18일, 경남 합천군 율곡면 내천리의 자그마한 초가집에서 7남매 중 5남으로 태어났다. 내천리에는 예부터 용왕 신앙의 대상이 되는 천지 못 등이 있었는데 전두환의 어머니는 매일 비가 오나 눈이 오나 지극정성으로 지성을 드렸다. 어느 날 그녀는 오색의 무지개가 자기 집 앞마당에 발을 내리고 거기서 세 동자와 한 동녀가 옥구슬 소리를 내며 앞마당에 내려와서 입을 모아 그녀에게 어머니라고 부르는 꿈을 꾸었다고 한다. 그 동자 중 하나는 용모가 준수한 데다 머리에는 관(冠)까지 쓰고 있었다고 한다. 그 꿈을 아무에게도 말하지 않고 혼자서 간직하다가 3남 1녀를 낳았다. 그 후 마을에서 동냥하고 돌아가던 중에게서 "당신의 앞니가 흉치(凶齒)여서 뻗어나는 운(運)을 막는다."는 말을 듣고 직접 집게로 생니 세 개를 뺄 만큼 자식을 위해서는 못하는 것이 없는 헌신적인 어머니였다고 한다(한승조, 1992).

전두환의 아버지는 가난한 농부였으나 한문지식을 가졌다고 한다. 확실치는 않으나 일본 순사를 개천으로 밀어뜨린 사건 때문에 보복을 피하여 만주로 이주해야 했다고 한다. 그래서 가족 모두 1939년

가을, 만주 길림성으로 이주하였다. 전두환의 아버지는 만주에서 중국인의 한의원 일을 도우며 일을 배웠다. 어머니는 아침저녁으로 논밭일을 도맡아서 했다. 전두환은 아홉 살이 되어서야 호란초등학교에 입학할 수 있었다. 그러나 주변 마적단의 행패를 견디다 못해 전두환의 가족은 1941년 봄, 다시 대구로 귀향하였다.

그러나 아무런 기반도 없는 대구에서 가난할 수밖에 없었다. 딸하나를 데리고 사는 노인 집에 월세로 방을 얻어 살았다. 너무 못살아서 1주일에 보리밥을 두 번 먹으면 다행이었고 점심을 굶는 일도 많았다고 한다. 대구에서는 전두환의 아버지가 만주에서 익힌 한의업으로 가족들은 그나마 입에 풀칠을 할 수 있었다. 그래도 그 많은 아이들의 학교교육을 시키기에는 힘겨운 상황이었다. 전두환은 만주에서 겨우 초등학교 1학년 과정을 마쳤을 뿐이어서 대구에서 편입학을 할 수 없었다. 그래서 그는 독학을 해야 했으며 학원을 다니기도 하다가 1944년, 요행히도 초등학교 4학년에 편입하여 1947년 7월 17일 우등생으로 초등학교를 졸업하게 되었다(한승조, 1992).

돈이 없어 전두환은 처음에 학교에도 못 갔다. 보통 아이들보다 2~3년 늦게, 그것도 정식 학교에는 자리가 차서 금강학원이라는 곳에 들어갔다. 그 학원에는 스무 살이 다 된 학생들도 있었다. 전두환은 만주에서 1학년을 마쳤으므로 2학년에 들어갔다가 공부를 잘해 곧 4학년으로 월반했다고 한다. 4학년 2학기 때 회도초등학교 5학년에 시험을 쳐서 전학했다. 초등학교는 정식 학교를 두 학년밖에 못 다닌 셈이었다.

금강학원에 다니던 열 살을 전후해서 전두환은 신문배달도 했고 대구 약전 골목에서 약 배달 심부름도 했다. 일본 사람 집에 취직을 해서 리어카에 청국장을 싣고 배달하는 일을 하다가 돌멩이에 걸려 길

바닥에 쏟아버리는 바람에 20여 일 고생한 봉급도 받지 못하고 그만 둔 일도 있었다. 배달 일을 하다가 개 때문에 혼난 일이 여러 번 있었기 때문에 그는 어릴 때부터 개를 좋아하지 않았다.

전두환은 운동을 아주 좋아해 회도초등학교 때부터 축구선수로 골키퍼를 맡았고, 육상과 씨름도 선수였다. 초등학교 6학년 학적부에 다음과 같은 기록이 적혀 있었다. "침착한 성질을 가지고 겸손 · 친절하고 모든 일에 열의가 있음. 주의력 · 기억력 · 이해력이 풍부하며 책임감이 왕성함." 6년제인 대구공립 공업중학교 기계과에 입학한 후에도 골키퍼로 활약하였으며 축구반 주장이었다. 중학교 시절, 좌익계열 학생들이 교실에까지 들어와 삐라를 뿌리고 수업 거부를 선동했을 때 전두환이 그들을 가로막고 나서 몰아내 기계과만 수업 거부를 하지 않은 일도 있었다(월간조선부, 1993).

이렇듯 전두환은 박정희와 마찬가지로 가난한 환경에서 자라나 어렵게 공부할 수밖에 없었다. 학창 시절에는 신문배달을 하며 용돈을 벌기도 하였다. 가난한 가정에서 성장한 배경이 전두환으로 하여금 부지런하고 나태하지 않으며 열심히 살려는 의지에 상당히 영향을 미쳤다고 생각된다.

에피소드 딜리버리 보이-움막집 아이

전두환은 학창 시절에 신문배달을 하면서 고학했던 시절을 자주 회상하곤 했다. 신문배달을 하며 공부했던 자신을 '딜리버리 보이'라고 불렀다며 자랑스럽게 떠올리곤 했다. 또한 집안이 가난하여 변변한 집이 없어서 움막집에서 살았다고 한다. 동네 아이들은 전두환을 가리켜 '움막집 아이'라고 불렀다 한다(월간조선부, 1993).

군사적 배경

1950년 6월 25일, 북한 공산군이 남침하자 전두환은 제11기 육군사관학교에 응시한다. 1951년 11월 말에 육사에 입학해서 노태우, 김복동, 백운택 등을 만나 쉽게 친교를 맺었다. 전두환은 육사에서 매일 치르는 시험과 고된 훈련에 시달려 힘겨운 나날을 보냈다.

에피소드 화장실에서의 공부

전두환은 육사에서 가르치는 미국식 교육에 익숙하지 않아서 공부가 늘 뒤처졌다. 그래서 부족한 부분을 만회하려고 노력하였다. 소등 시간이 지나면 모두 불을 꺼야 했기 때문에 밤에 공부를 할 수 없어서 화장실 불빛 아래서 늦은 시간에 공부를 하곤 했다. 이렇게 늦은 밤 화장실에서 공부를 열심히 하며 노력했지만 성적은 그다지 오르지 않고 늘 하위권을 맴돌았다.

에피소드 골키퍼

전두환은 운동을 좋아해서 육사생도 시절에 골키퍼로 활약했다. 축구를 좋아했기 때문에 대통령이 된 이후에도 국제 컵 대회 때마다 경기장에 나가 축구를 관전하곤 했다. 당시 전두환은 매우 딱딱하고 무서운 이미지로 소문났다. 대통령으로서 경기장에 나와 축구 관람을 하다가 우리나라가 한 골을 넣자 박수치며 좋아하는 모습이 카메라에 잡혔다. 그 모습이 천진난만해 보이기도 해서 이때부터 사람들은 전두환이 무섭지 않다는 느낌을 받게 되었다. 더 나아가 어느 면에서는 전두환을 가볍고 우습게 여기는 일면도 있게 만들었다.

1955년 9월 30일, 육사 제11기 졸업식이 있었다. 한국 최초의 4년제 정규사관학교를 졸업한 장교들은 대단한 프라이드를 가지고 군에 배치되었다. 힘겨운 과정을 마친 전두환 소위의 기쁨과 감격은 남다른 바가 있었던 것 같다. 전두환은 공개석상에서 다음과 같이 장담하였다. "나는 사관학교를 우수한 성적으로 졸업하지 못했다. 그러나 앞으로 군대에서는 단연코 으뜸가는 장교가 되어 보겠다." 전두환은 육사 졸업앨범에 '멸사돌진'이란 말을 남겼다. 죽음을 무릅쓰고 돌진한다는 말로 전두환의 성격과 군 생활의 자세를 드러내는 말로 보인다. 전두환은 임관 후에 본인이 육사 11기의 선두주자임을 자처하며 매사에 열심이었다(한승조, 1992).

1958년 12월 26일, 전두환 중위는 도저히 결혼할 수 없는 빈궁한 처지에서 이규광 장군의 딸인 이순자와 결혼했다. 서로 사랑하는 사이였으나 결혼을 앞두고 경제적으로 자신이 없어 이순자와의 결혼을 피하자, "경제적 부담은 결코 지우지 않겠다. 집안일은 내가 모두 책임지겠다. 염려 말고 결혼하자."라는 신부 측의 재촉이 큰 힘이 되었던 것 같다. 결혼 후에는 8년 동안이나 처가살이를 한 덕분에 자신의 봉급을 동료들과 부하들을 위해 쓸 수 있어서 많은 친구와 심복들을 만들었던 것 같다(오경환, 2003).

1955년 임관 후, 전두환 대위는 공수부대(낙하산부대)의 창설 멤버로 선발되었다. 1960년에는 미국 포트베닝에 있는 특수교육기관에서 레인저 트레이닝 코스(특수훈련)와 낙하산 강하 훈련을 받고 귀국하여 공수부대 창설에 관계하였다. 이때 함께 훈련을 받은 사람이 차지철 대위였다.

에피소드 베풂의 철학

전두환의 부하나 후배들이 보통 전두환을 평할 때 '베풂의 철학이 많은 사람'이라고 하였다. 그는 부하나 후배를 위해서는 입던 옷까지 벗어서 도와줬다고 한다. 후배들이 어려울 때는 발 벗고 나서서 도우려고 노력했다고 한다. 가령 1백 원이 생기면 70원을 후배들을 위해 쓰고 20원은 가정을 위해, 10원은 자신을 위해 쓰는 베풂과 나눔의 생활철학이 초급장교 때부터 몸에 배어 있었다고 한다. 후배들이 공사 간에 어려운 상황에 부닥치면 전두환은 자신의 일처럼 열심히 뛰어다니며 해결해주었다. 그의 후배나 동료 관리에는 천부적인 정성이 배어 있다고 한다. 한 후배가 주말에 전두환의 부대를 찾아가자 전두환은 어떻게든 돈을 구해 후배에게 밥을 사주고 갈 때 돈까지 줬다고 했다. 한편 어느 후배가 노태우를 찾아가자 노태우는 빨래를 하고 난 후에야 후배를 만나 얘기를 나누었다고 한다. 이러한 성격 차이로 인해 전두환을 따르는 후배는 많았으나 노태우를 따르는 후배는 별로 없었다(박보균, 1994).

1961년 5월 16일, 쿠데타가 일어나자 전두환 대위는 혼자서 군사혁명의 본부가 된 육군본부로 찾아갔다. 그리고 당돌하게도 쿠데타의 지도자에게 면담을 신청했다. 쫓아내려는 주변 장병들과 험악하게 대립하며 고성이 오가는 소리를 들은 박정희 장군은 전두환을 불러들였다. 5·16 군사혁명을 지지할 것인지 반대할 것인지 직접 확인해보고자 왔다는 전두환의 기개가 박정희 소장의 마음에 들었던 것 같다. 박정희는 전두환에게 5·16 혁명의 취지와 목적을 설명한다. 설명을 들은 전두환은 "그런 혁명이라면 육사 생도의 지지데모를 동원하겠다." 라고 제안하여 박정희를 기쁘게 했다. 그 후 박정희가 누차 군복을 벗고 함께 정치권에서 일하자는 권유를 했지만 전두환은 사양하고 끝내 군에 머물렀다. 그러나 그동안 국가재건최고회의의 의장실 수석민원비서관과 중앙정보부 제7국 인사과장을 역임한다. 박정희의 전두환에 대한 신임이 전두환을 군부에서 선두주자의 위치에 머무르게 했던 것 같다(정윤재, 2003).

박정희의 제안 거절

　전두환은 1962년, 최고회의 민원비서관으로 일했다. 박정희 장군은 그에게 국회의원 출마를 권유했지만 군인으로 성공하고 싶어서 이를 거절했으나 오래 있다가는 붙들려 빠져나오지 못하겠다는 생각에서 다른 동기생을 대신 앉히고 박정희 장군 곁을 떠났다고 한다. 박정희는 전두환이 국회의원 출마를 마다하고 군에 남겠다는 데 깊은 인상을 받은 것 같았고 그 후에도 각별한 신뢰를 표시했다고 한다.

　전두환이 다시 박정희 대통령 곁에 있게 된 것은 1967년 8월 수도경비사령부 제30대대 대대장으로 청와대 경비를 맡고 나서였다. 당시 30대대의 대대장은 박정희의 신임이 두터운 장교를 임명하던 시기였다. 30대대 대대장의 권한은 막강했고 전두환은 박정희와 자주 만나게 되면서 신임이 더욱 두터워지는 계기가 되었다. 이때 전두환은 박종규 경호실장을 설득해 유사시에 청와대 내에서 박격포와 조명탄을 쏠 수 있도록 규정을 고치고 나서 68년 1월 21일 무장공비 침투 때 조명탄을 쏘아 김신조 등을 생포할 수 있었다.

박정희의 양아들

　전두환은 한때 박정희의 양아들이라고까지 소문날 정도로 박정희의 신임이 두터웠다. 전두환이 청와대를 경호하는 30대대장으로 경복궁에 있을 때, 박정희는 권투경기가 방영되면 권투해설자 대신에 전두환의 입담 좋은 구수한 해설을 듣곤 했다. 당시 박정희와 독대한다는 것은 권력의 척도를 말하는 것이었는데, 전두환은 이렇게 권투해설을 하면서 자연스럽게 박정희와 독대를 하곤 했다. 박정희의 신임이 두터운 것이 알려져, 전두환이 사단장 시절에 차를 타고 지나가면 그 지역의 국회의원이 지나가는 차를 향해 인사를 할 정도였다고 한다(노가원, 1995).

1970년 11월 22일, 전두환은 월남으로 전출되어 제9사단 129연대장으로 여러 무공을 세우고 을지무공, 화랑무공 등의 훈장을 받는다. 전두환은 부하들에게 "강한 훈련만이 전쟁에서 승리를 보장한다.", "용자(勇者)는 살고 비겁한 자는 죽는다.", "전우를 아껴라.", "물욕·금욕·여자·술을 삼가라."고 훈계하며 자신부터 솔선수범했다(한승조, 1992).

에피소드 젯밥에 더 관심

전두환은 연대장으로 월남에 파견된다. 전투가 벌어져도 본국에서 격려 차 오는 국회의원이나 고위 공직자를 접대하는 데 온갖 정성을 다 바쳤다. 전쟁 수행은 참모장과 참모들이 수행하고 전두환은 전쟁보다는 본국의 소식과 본국 인사를 접대하는 데 열중했다.

1970년 전두환은 베트남에 파견된 백마사단 제29연대장으로서 실전을 겪고 귀국한다. 전두환은 명실공히 정예 장교로서 그 유명한 제1공수특전단장에 임명된다. 육군에서 공수특전단이 편성될 당시 특전단 요원이었던 전두환은 500회 낙하를 기록할 만큼 적극성을 보였으며, 육사 출신 장교들의 친선단체인 '북극성회' 회장을 맡음으로써 육사 출신의 중심인물로 부각되었다. 그는 북극성회 회장으로서 부하와 회원들의 민원엔 항시 발 벗고 나서는 성격이어서 군 내부에서 청탁을 가장 많이 받는 장교이기도 했다. 전두환은 군 생활을 하면서 나름의 독특한 의리와 처세로 대인관계가 좋았다.

5·16 쿠데타 직후 윤필용은 최고회의 의장 비서실장이었고 박종규는 경호담당관으로 윤필용보다 한 단계 직급이 낮았다. 그러나 나중에 박종규가 경호실장이고 윤필용이 수경사령관으로 만났을 때는 경호실장이 직급상 위일 때가 많았다. 이런 점 때문에 박종규가 경호업

무가 끝난 후 저녁을 살 때면 윤필용은 참석하지 않고 대신 참모장을 보냈다. 내부적으로 두 사람이 거북한 관계였지만 전두환은 양쪽 모두로부터 신임을 얻었다. 전두환의 탁월한 처세술 덕분이었다고 한다.

박종규는 전두환이 육사 출신 선배들보다 자신(박종규는 육군종합학교 5기 출신)을 더 잘 따른다고 생각할 정도로 전두환은 박종규에게 깍듯했다. 전두환은 윤필용에게도 자기에게 충성을 바친다는 생각이 들게끔 행동했다. 두 사람의 미묘한 경쟁관계로 자칫 한쪽으로부터 경원되기 쉬웠으나 양쪽 모두로부터 인정받은 것은 전두환의 재산이기도 했다고 한다.

전두환의 이 같은 처세술을 놓고 11기 비 하나회 동기생들이나 군부의 선배들은 권력 주변의 움직임에만 신경 쓰는 정치장교의 전형이라고 비난했다. 전두환의 의리론은 자신이 1등 하는 데에만 이용되는 상황논리라는 것이었다.

에피소드 여자를 만나 담판 ▬▬▬▬▬▬▬▬▬▬▬▬▬▬▬▬▬▬▬

대령 시절, 전두환의 유능한 후배가 자신을 짝사랑하는 여인 때문에 고민에 빠져 있었다. 알고 보니 그 여자는 이혼녀였고 문제가 많았다. 이것이 알려지면 군복무에 지장을 받게 되어 있어 그 장교는 혼자 끙끙 앓았다. 전두환이 그것을 알고 대신 그 여자를 만나 결별을 담판지어 주었다고 한다. 아무튼 전두환은 잘 뻗어 나가는 후배들의 민원창구이자 고충해결사로 물불을 가리지 않았다고 한다. 이렇듯 전두환은 화끈하고 베풀 줄 아는 유능한 선배로 후배들에게 인식되었다(박보균, 1994).

에피소드 중고 냉장고 ▬▬▬▬▬▬▬▬▬▬▬▬▬▬▬▬▬▬▬▬▬▬▬▬▬▬▬

집을 처음 장만하고 지겨운 셋방살이를 면한 후배가 전두환과 이순자를 집으로 초대하였다. 전두환은 이것저것 살펴보고 집으로 돌아가 그날 밤에 조그만 중고 냉장고를 한 대 보내주었다. 부하의 집을 둘러보고 돌아가 궁리 끝내 자기 집에 있던 냉장고의 음식물을 빼고 보내준 것이라 한다(박보균, 1994).

공수부대의 공중전술 점프는 1천2백 50피트 상공에서 떨어져 9초 안에 땅에 도착하는 것이었다. 이때 낙하산이 안 펴지면 죽는 위험한 훈련이었다. 1만 피트보다 훨씬 높은 데서 낭만을 느끼며 뛰어내리는 스카이다이빙과는 위험도에서 근본적으로 달랐다. 하루는 부하가 전두환에게 "오늘따라 겁이 납니다."라고 했다. 그랬더니 전두환도 "야, 나도 겁나. 많이 뛸수록 겁이 나는 거야. 저쪽에 앉아 있는 고참들이 왜 목에 힘을 주고 있는 줄 아나? 부하들의 시선 때문에 힘주고 있지만 속으로는 겁을 내고 있을 거야. 나도 뭐 뛰고 싶어서 뛰는 줄 아나? 부하들에게 솔선수범을 보여주려고 뛰는 거야."라고 하였다. 이러한 솔직함이 부하들을 사로잡는 매력이 되었다. 전두환은 남에게 주거나 베풀 때 계산을 하지 않는다고 부하들은 생각했다(박보균, 1994).

에피소드 공수훈련에 솔선수범

전두환은 군 생활을 매우 활발하게 하며 그 자체를 즐긴 것 같다. 공수 낙하 시범을 보일 때도 나이에 어울리지 않게 어려운 낙하 점프도 솔선수범으로 보였다고 한다. 반면 노태우는 겁이 좀 많아 완전한 장비를 갖춘 후에야 낙하 점프를 했다고 한다. 낙하 점프 시범도 전두환이 노태우보다 그 횟수가 훨씬 많았다고 한다.

전두환은 육사 시절에 성적은 하위그룹이었으나 언변이 좋고 실천력이 뛰어나 임관해서부터 곧 두각을 나타냈다. 육사 출신 군인으로서의 소질은 대충 중대장(대위) 시절이면 일차적으로 판가름 난다고 한다.

중대장은 1백50여 명을 이끌면서 고지를 점령하고 내무생활을 함께해야 하는 힘든 자리였다. 그렇기 때문에 지휘력, 충성도, 관리능력이 고스란히 드러난다. 하나회 멤버들도 대충 이 무렵에 선별된다. 전두환 대위는 바로 이때부터 동기생들 중 두각을 나타냈고, 5·16 주체와 정규 육사 출신들 간의 연결고리 역할을 하게 되었다.

노태우는 동기생들 중에도 유독 전두환에게 고분고분하며 뒤를 따라다녀 편하게 자리를 이어받았다. 그래서 정규 육사 출신들 간에는 한 사람은 돌파와 개척자, 다른 한 사람은 편승과 마무리의 귀재라는 이미지가 박혀 있었다(월간조선부, 1993).

전두환은 일찍부터 윤필용, 박종규와 형님 동생 사이가 되었고, 박정희 앞에서 권투해설을 할 정도로 넉살이 좋았다. 보안사령관이었던 김재규, 진종채와는 일정한 수준의 관계를 유지했으며 한때 강창성 보안사령관에게도 '형님' 하면서 접근한 적이 있다고 한다. 전두환은 교제를 위해 체질에 맞지 않는 술을 마시기도 했지만 도박이나 잡기는 질색이었다고 한다.

노태우는 전두환의 뒤를 따라가는 데만 충실하면 군대생활에서 성공할 수 있다고 확신한 것 같다. 처남, 매제 사이가 소용없었다고 한다. 한 번은 처남인 김복동 준장이 "강창성이가 나는 봐준 것 같다."라고 윤필용 사건을 꺼내자 노태우 준장이 화를 내며 "내 앞에서 강창성 얘기를 꺼내지 마시오." 하며 김복동 준장의 뺨을 때린 적이 있었다고 한다. 노태우로서는 하나회를 박살낸 강창성에게 이를 갈고 있는 전두환의 심사에 어긋나는 얘기를 듣는 것이 참을 수 없었던 것 같았다(박보균, 1994).

전두환이 하나회를 만든 배경은 자신의 한계를 극복하기 위한 새로운 시도였다. 일부 동기생들은 전두환을 육사 시절에 공부도 못하고, 축구에서나 한가락 하는 대구공업고등학교 출신의 촌놈이란 인상을 갖고 있었다. 그렇기 때문에 육사생도들의 5·16 지지데모를 이끌어내고 박정희 대통령이 예쁘게 봐줘 잘나가고 있는 전두환에 대해 공부를 잘해 육사 교수부에 있는 동기생(주로 이북 출신)들은 반감을 갖고 있었다.

청와대 작전차장보 시절, 전두환의 태도는 다른 사람들과 달랐다. 전두환에 앞서 차장보를 지낸 선배 장군의 경우 차지철 경호실장 앞에서 제대로 오금을 펴지도 못했다. 테이블을 가운데 두고 차지철 실장과 마주 앉을 때에는 엉덩이를 의자 끝에 간신히 걸치고 앉을 정도로 조심했다고 한다. 그러나 전두환은 의자 등받이에 떠억 등을 붙이고 앉아 이야기하다 우스갯소리가 나오면 호탕하게 웃어젖히기도 하였다. 물론 그렇다고 해서 차지철 실장에게 예의를 차리지 않은 것은 아니었다. 깍듯이 예를 갖추면서도 행동 하나하나가 당당한 면이 있었다고 한다. 청와대에서 민방위훈련을 할 때 차지철 실장이 직접 나서서 병력 배치를 했다. 그런데 전두환 작전차장보가 뒤에서 보고 있다가 다시 배치하는 것이었다. 부하가 "경호 실장님 지시인데요."라고 말해도 "괜찮아. 내가 책임질게."라고 하였다. 당시 그런 일은 그 누구도 꿈조차 꿀 수 없었다고 한다. 의외로 뒤탈은 없었다고 한다. 이러다 보니 전두환을 따르는 후배가 많아진 반면에 "자기가 뭔데?" 하고 반발하는 그룹도 적지 않았다고 한다(박보균, 1994).

전두환은 박정희의 지시로 경호실 작전차장보에서 보직 변경 없이 소장으로 진급했다. 이 때문에 전두환은 진급 후 1년이 지나서야 뒤늦게 1사단장으로 부임했다. 박정희는 그 뒤 1사단을 특별히 방문해 전두환 사단장을 격려했다. 사단장 시절, 북괴 땅굴을 발견한 것도 전두환이었다. 능력과 충성심에서 박정희 대통령의 마음을 사로잡을 만했다. 한마디로 박정희는 전두환을 끔찍이 챙겼다. 그러니 전두환에게 힘이 안 붙으려야 안 붙을 수 없었다.

대통령 경호실 작전차장보를 거쳐 1977년 소장으로 승진한 뒤 제1사단장을 거쳐 1979년 3월 보안사령관에 임명되었다. 당시 중장급이 임명되던 국군 보안사령관 자리에 1사단장이던 전두환 소장이 전격 임명되자 군내에서도 말이 많았다. 더구나 전두환은 1사단장을 지낸 지 1년 2개월밖에 안 되었기 때문이었다. 당시 사단장 임기는 2년 정도가 관례였다. 실 병력도 없는 보안사가 대통령 시해사건을 제대로 수습할 수 있게 된 데는 전두환 장군 부임 이후 몇 달에 걸쳐 부대를 일사불란한 체제로 갖추어 놓았던 것이 결정적으로 작용했다고 한다. 나중의 일이지만 박정희가 어떤 운명을 예감해서, 즉 10·26사태를 무의식적으로 염두에 두고 이 같은 파격적인 인사를 단행한 것은 아닐까 하는 이야기도 나왔다.

전두환의 소집으로 군내 후배들이 음식점에 모이면 차려진 음식에 먼저 손을 대는 법이 없었다. 하다못해 고스톱이라도 하면서 전두환이 올 때까지 기다렸다. 전두환이 나타나면 일제히 좌정했고 분위기도 매우 엄숙했다. 식사를 대강 끝내면 전두환이 몇 마디 위로와 격려를 해준 다음 일찍 자리를 뜨는데, 그때서야 후배들은 술잔을 권하며 웃고 떠들기도 했다. 긴장이 풀리는 것이었다. 단 한 해 후배들도 그랬다고 한다.

어느 날 전두환은 참석자들과 함께 얼큰해지도록 마신 뒤 남들보다 일찍 자리를 떴다. 전두환이 자리를 뜬 뒤 그가 남기고 간 양주를 누군가가 마저 마시려고 자기 잔에 따랐다. 그런데 알고 보니 그것은 맹물이었다. 다른 사람들은 진짜 술을 취하도록 마셨으나 전두환은 분위기만 잡으면서 물을 들이켜고 있었던 것이다.

전두환은 도박을 무척 싫어했다. 동료나 후배들이 도박하는 것을 보면 다시는 상종하지 않을 정도로 도박을 싫어했다. 동기생들이 모여 있을 때 전두환이 조금 늦으면 모두 음식을 먹지 않은 채 기다리곤 했다. 도박을 하다가 누군가 "두환이가 온다."고 하면 얼른 도박을 그만두고 아무 일 없었다는 듯 전두환을 맞아 음식을 주문하여 식사를 하곤 했다. 육사 12기 후배들은 1기 선배인 전두환을 더욱 어려워했다. 또한 전두환은 술을 마시는 것을 별로 좋아하지 않았다. 남들은 술판이 벌어지면 전두환이 술을 많이 마시는 것으로 오해했는데 사실은 술 색깔과 비슷한 물이나 음료수를 마신 것이다. 대통령 시절에는 새벽에 경호실장을 호출했는데 경호실장이 술을 마시는 것을 알고 나중에 해임한 사건도 있었다.

12 · 12 쿠데타에서 정권을 장악하기에 이르기까지 육사 출신들은 전두환 외에 어느 누구도 지도자로 생각할 수 없을 정도로 단합되어 있었다. 말하자면 전두환은 감히 누구도 넘볼 수 없을 정도로 그들 간에 확고한 위치를 차지하고 있었던 것

10.26 사건을 발표하는 합수본부장 시절의 전두환

이다. 전두환의 리더십은 어느 날 권력을 손에 쥐고부터 생긴 것이 아니다. 오랜 기간 쏟아부은 노력과 정성을 결정적일 때 후배들의 충성 확보로 보상받은 것이라고 할 수 있다. 그의 리더십의 실체는 바로 여기에서 출발한다. 그렇기 때문에 정규 육사 출신, 특히 하나회 출신들은 저마다 전두환의 리더십에 관한 '그림'을 갖고 있었다.

국보위를 출범시키고 민정당 창당 작업을 하면서 신군부는 여론을 우호적인 쪽으로 조성하기 위해 서울 시내의 내로라하는 점술가들을 손보기도 했다. 뒤숭숭한 사회 분위기 속에서 몇몇 점쟁이가 차기 대권주자에 관해 점괘들을 내놓아 혼내준 적도 있었다. 보안사의 한 간부가 신통하다는 점술가를 잡아다가 겁을 주었다. "야! 인마! 내 얼굴 똑바로 보고 한번 말해봐. 내가 앞으로 어떻게 될 관상인지 말해보란 말이야!"라고 하였다. 그 점술가는 놀라 사색이 되었다. 소문이 퍼지자 그 뒤부터는 점괘가 비교적 전두환에게 유리하게 나온다는 소식이 들리기도 하였다(이도성, 1993).

전두환은 싱가포르의 이광요 수상을 만났을 때 자신이 대통령이 된 배경을 다음과 같이 설명했다고 한다. "나는 애당초 대통령이 되고자 한 야망이 있었던 사람이 아닙니다. 나에게 맡겨진 임무와 어려움에 대처해 나가는 과정에서 주위로부터의 압력과 권유를 이기지 못해 중책을 맡게 된 것입니다." 이 말은 당시 극심한 사회혼란 속에서 나라의 부름을 받아 최선의 봉사를 하게 된 것이라는 뜻이었다. 전두환은 "나라와 민생이 시련과 파탄에 직면했을 때 이를 회피할 수 없다는 의무감과 양심으로 소명에 응했던 것"이라고 설명한 적도 있었다. 전두환은 처음 대통령직을 수락해야 할 입장에서 번민이 많았다고 한다. 노태우는 한때 "전두환이 취임하기 전에 함께 울기도 많이 하면서 운명에 대한 한탄을 했다."라고 밝힌 적이 있었다(하원, 1985).

최규하 대통령이 전두환을 청와대로 불렀다. 집무실에 단둘이 마주한 자리에서 최규하 대통령이 "전두환 장군이 중책을 맡아주어야겠소."라고 말하였다. 전두환도 그때 국무총리까지는 '상상 가능한 범위'에 넣고 있었다고 한다. 국보위 상임위원장으로 사실상 내각을 손에 쥐고 있었기 때문이다. 그런데 최규하 대통령이 손으로 자기 소파를 가리키면서 "바로 이 자리요."라고 했다고 한다. 전두환은 그 순간 정신이 흔들릴 정도로 놀랐다고 한다. "각하, 저는 군밖에 모릅니다."라고 말하자 최규하 대통령은 "나는 군마저도 모르오."라고 확고한 태도를 보였다고 한다. 당황한 상태에서 전두환은 '이제 대한민국은 큰일 났구나. 자칫하면 와르르 무너지겠구나.'라는 생각이 들었고, 방금 들은 말이 진짜 최규하 대통령의 육성인가 싶어 살짝 자신의 허벅지를 꼬집어보았다고 한다. 뒷날 전두환 대통령이 이때의 심정을 다른 사람에게 털어놓자 곧 권력 주변에서는 "전두환 대통령과 이순자 여사가 최규하 대통령의 하야와 정권 인계 결심을 전해 듣고 너무 기뻐한 나머지 이게 꿈이냐 생시냐 하는 심정으로 자기들 허벅지를 꼬집었다더라."라는 소문이 돌았다. 전두환은 이처럼 대통령에는 관심이 없었음을 표현했지만 12·12 쿠데타 이후의 행적은 이러한 사실을 의심하게 만들었다(천금성, 1981).

전두환은 "전혀 알려지지 않은 촌놈이 텔레비전에 두 번인가 나가고 나니 외신에서 실력자라고 하더라. 비상계엄에서 합수본부장을 맡아 각 기관 조정책임을 맡고 있는 것뿐이고 '10·26'이라는 큰 사건을 맡게 돼 그럴 것이다."라며 자신은 대통령 자리에 욕심이 없었다고 설명한다. 그러나 "3김, 저것들이 설치고 있는데 저 사람들 가지고는 어디 되겠습니까. 김종필이는 흠이 많고 경솔하며, 김영삼이는 아직 어려서 능력이 부족한 것 같고, 김대중이는 사상을 도무지 믿을 수 있어야지요."라며 3김을 깎아내린 발언을 보면 대통령에 욕심이 없었다는 것은 신뢰할 수 없었다(이도성, 1993).

에피소드 용각산이냐?

국보위 설치의 최종 결재권자인 최규하 대통령의 참모들은 '합법적인 절차'로 헌정을 유지하는 데 신경을 쓰는 정도였다. 신군부 쪽이 가져온 안건은 헌정을 유린하는 내용이었다. 유신과 함께 구시대의 유물이 된 긴급조치를 다시 끄집어내자는 의견도 있었다. 그러나 최규하 대통령은 어떤 일이 있어도 합헌적 조치가 돼야 한다는 점을 지적했다. 그래서 결재할 안건을 며칠을 끌며 어렵게 버텼다. 당시 전두환 사령관은 최규하 대통령이 계속 재가를 미루자 "청와대만 가면 왜 소리가 안 나느냐. 거기가 용각산(당시 가래 기침약인 용각산은 미세한 분말가루로 되어 있어 흔들어도 소리가 나지 않는다는 유명한 광고를 하고 있었다)이냐?"라며 불만을 표시하기도 했다(이도성, 1993).

전두환 대통령은 빈한한 농가의 5남으로 태어났고 학교교육 배경도 어설픈 편이었다. 그러나 심신이 강건하고 성격이 소박 단순하여 어떤 어려움 앞에서도 물러서지 않는 강인한 기질을 보여주었다고 한다. 전두환은 평소에 집에서 나갈 때 "나 갑니다."라고 할 뿐 다녀온다는 말을 하지 않았다고 한다. 군인은 언제 어디서 근무하다 죽을지 모르는데 어떻게 미리 다녀온다는 말을 하느냐는 것이다. 전두환은 상관, 동료, 부하에게 의리나 충성이 두터운 장교로서 널리 알려져 있었다고 한다. 그러나 그의 의리나 충성은 자기와 가까운 이해관계가 있는 사람들에게만 해당되는 것일 뿐 모든 군 동료나 상관, 부하에 대한 충성이나 의리가 아니었다(한승조, 1992).

에피소드 골목강아지

김영삼 정부가 들어선 뒤 광주민주화운동과 비자금사건으로 전두환은 구속되었다. 전두환은 자신의 구속에 반항해 구속되기 전, 집 앞 골목에서 "이것은 정치보복"이라면서 김영삼을 비난하는 성명을 발표한다. 당시 언론은 골목에서 큰소리로 떠들었다는 의미에서 전두환을 '골목강아지'라고 비유했다. 전두환은 유치장에서 과거 광주민주화운동 3주년 때 민주화를 위해 22일간 단식투쟁했던 김영삼을 모방하여 23일간 단식하면서 김영삼에게 반발하는 모습을 보인다. 간수가 단식하는 전두환을 보고 "무엇을 잘했다고 단식하는지?"라며 비판한 후 노태우가 구속된 유치장을 들여다보니 노태우는 아무 말 없이 유치장에서 주는 관식을 남기지 않고 싹싹 먹는 것을 보고 씁쓸해 했다고 한다.

단순 간결한 정책결정

전두환은 단호한 정책결정을 하였는데, 의외로 단순한 기질을 지녀 세상을 단순히 흑백논리로 생각했던 것 같다. 복잡한 이론이나 논리를 싫어했고 단순하고 간결한 결정을 선호했다. 비서나 참모가 어떤 정책에 대해 복잡한 보고를 하면 끝까지 경청하지 않고 중간에 결정하는 경우가 많았다. 이렇듯 전두환은 단순히 가부를 결정하는 방식을 선호했고 정책결정도 즉흥적이었다고 한다. 그래서 국민이 원하는 것이 무엇인지에 관계없이 정책결정을 하여 많은 시행착오를 저질렀다. 또한 전두환은 자신이 시행한 정책이 평가받는 것을 싫어했으며 정책에 대한 여론도 무시했다. 장관 임명에 대해 야당이나 여론이 비난을 해도 그대로 그 장관을 임명하여 중용하는 경우가 많았다.

에피소드 간결한 브리핑 ══════════════

전두환은 참모들이 브리핑을 할 때 간결하게 하는 것을 선호했다. 예를 들면 물가에 대해 구체적인 수치를 들어가며 설명하면 매우 싫어했다고 한다. 박정희는 구체적인 수치를 보고하는 장관이나 참모들에게 자주 묻곤 했는데 전두환은 수치보다는 간결하게 "잘되고 있습니다." 혹은 "이러한 정책이 좋다고 생각합니다. 왜냐하면 이러한 정책은 성공할 수 있기 때문입니다."라는 식으로 좋은지 나쁜지를 간결하게 설명하며 브리핑하는 것을 좋아했다고 한다(하원, 1985).

전두환은 어려운 상황에 직면하면 과감한 결정을 내리곤 했다. 일단 결정을 내리면 결정을 실행할 구체적인 행동을 요구했고, 참모들에게는 명백하고 간결한 정보를 요구했다. 정책결정을 할 때에는 분명한 목표를 설정하고, 해당 기관에 세부적인 정책결정을 일임했지만 실질적으로 전두환은 세부사항까지 간섭하였다.

그러나 전두환도 스스로 정책결정의 어려움, 다시 말해 외로움을 표현한 적이 있었다. 어려운 정책결정을 할 때에는 자신에게도 상관이 있었으면 하고 생각될 때가 있었다고 한다. 정책결정의 고독함을 메우기 위해 담배를 피우기도 하였다. 국가원수라는 것이 어떤 면에서는 매우 고독한 자리인데 담배는 아주 가까운 친구가 되어주기 때문이라는 것이다. 대통령으로서 누릴 수 있는 단 하나의 자유라고 했지만 실제로 전두환은 담배 맛은 별로 모르는 편이었다고 실토하였다(하원, 1985).

집무실에서 각종 서류를 검토하면서 의문점이 발견되거나 확인이 필요한 사항이 있을 때도 수시로 인터폰이나 전화를 걸었다. 전두환은 정책구상을 하다가 마땅한 생각이 떠오르면 관계자에게 바로 지시하였다. 아침·저녁 신문과 TV를 접하면서 시정해야 할 점이 보도되면 관계자에게 사실 여부를 묻기 위해 인터폰을 이용하곤 하였다. 이 때문에 청와대 내의 수석비서관 등 고위 참모들은 24시간 긴장상태에 있을 수밖에 없었다(하원, 1985).

'물불 가리지 않는 저돌적인 리더십'을 지닌 전두환에게서 가장 돋보이는 정책 스타일은 결단력이었다. 전두환은 소수의 폐쇄적인 정보제공과 정세분석을 근거로 정책결정을 내리고 번복도 쉽게 하였다. 전두환은 종합적이고 체계적인 분석과 논의에 의한 결정보다 독단적인 판단과 사적인 정보보고를 토대로 결정하고, 주요 담당자들은 결정·집행의 통보 대상이었다. 그런가 하면 최종결정이나 집행과정에서 다른 이해당사자나 기관의 정책건의에 의하여 쉽게 번복하기도 하였다. 이런 스타일의 대통령은 직접 만나 설득하는 것이 정책을 변화시키는 가장 좋은 방법이었다. 전두환은 단순하고, 어떤 어려움이 닥쳐도 물러서지 않는 강인한 기질이 있었으며, 즉흥적·감상적이고, 공명심이나 현시욕이 강한 군인 기질이 다분하였다.

1981년, 전두환이 미국을 방문했을 때 국무장관 알렉산더 헤이그는 레이건에게 다음과 같은 의견서를 올렸다. "전두환은 일을 빨리 처리하기 위해 충동적으로 행동하는 경향이 있고, 지식 면에서 많은 결함이 있음." 이 의견서가 말해주듯이 전두환은 이성에 의존하기보다는 본성에 의존하는 행동형이었다. 사전계획 없이 새벽 1~2시에도 일선 파출소나 시장 상가에 불쑥 나타나는 것이 그의 스타일이었다. 전두환의 성격은 일이 벌어지면 누구보다 먼저 뛰어나가는 스타일이었다고 한다. 이것저것 깊이 생각한 후 행동하기보다는 마음먹은 일은 거침없이 해치우는 해결사형이었다고 한다. 전두환은 장애물이 나타나도 우회할 줄 모르고 성난 들소처럼 정면으로 돌진하는 사람이었다고 한다.

전두환은 자기가 데리고 쓴 사람은 끝까지 챙기고, 어쩔 수 없이 내보낼 경우 통념을 무색케 할 만큼 거금을 손에 쥐어주었다고 한다.

5공 초 전두환이 안기부장을 겸하여 숙정작업을 벌였을 때 해직된 어떤 고위 간부는 "목은 잘렸지만 서운한 감정은 없다. 먹고 살게는 해주었기 때문이다."라고 실토할 정도였다.

전두환은 믿는 사람에게는 주저함이 없이 돈가방을 맡기는 화끈한 사람이었다. 이러한 화끈함이 사람을 사로잡는 장기였다. 전두환은 사람을 쓸 때도 격식과 절차를 따지지 않았다고 한다. 만약 그가 이것저것 따지는 스타일이었다면 사람을 쓸 때마다 2~3배수의 추천을 받아 경중을 달아보느라 고심했을 것이다. 그러나 전두환은 그런 복잡한 방식을 버리고 단순 명쾌하게 결정하는 화끈한 타입이었다.

에피소드 그들은 나의 분신들입니다!

북한에 의해 저질러진 버마 랭군 폭탄테러 사건이 난 후 전두환은 네윈 장군과의 회담을 마치자마자 사상자들이 수용되어 있는 육군병원에 들러 순국한 사람들의 유해안치소에 분향, 조의를 표하고 부상자들을 위문했다. 이 무렵 랭군 분위기는 언제 어디서 북한의 제2 기습공격이 벌어질지 모르는 긴장상태였기 때문에 전두환의 병원 방문은 상상하기 어려운 일이었다. 전두환이 영빈관을 떠나면서 승용차가 병원으로 향하도록 지시했을 때 기겁한 것은 버마 대통령과 경호 관계자들이었다. 그들은 어떤 위험이 뒤따를지 모르는 긴박한 상황이므로 병원 방문을 하지 말라고 만류했다. 그러나 전두환이 "그들은 나의 분신들입니다. 그들은 나를 위해, 그리고 나라를 위해 희생되어 생사의 기로를 헤매고 있지 않습니까? 그들의 용태를 보지 않고서 내 발길이 떨어지겠습니까?"라고 답변하자 버마 측 인사들도 더 이상 만류하지 못했다. 전두환이 병원에 도착하여 병상을 돌자, 부상자들은 경황이 없는 가운데서도 감격의 눈물을 흘렸다고 한다(하원, 1985).

전두환은 장악력이 강한 지도자였다. 그는 장악력을 기초로 신군부의 지도자가 됐고 대통령이 되어서도 경제우선정책과 국가운영 방향을 주로 인사 장악력을 통해 추진했다. 집권 말기까지 철저했던 권력 누수 방지 측면에서 보면 그는 성공한 셈이었다. 그렇기 때문에 그의 밑에 있던 2인자 그룹은 대체로 철저한 순종형이었고, 나중에 대권을 쟁취한 노태우가 그 대표적인 인물이었다. 한때 후계자 후보 반열에 올랐던 노신영·장세동도 철저히 충성을 담보로 해 관계를 유지했다.

전두환은 1988년 퇴임 직후 "대통령이 되고 난 뒤 솔직히 말해 가장 무서운 단체가 군대였다."라고 토로한 적이 있다. '권력은 총구에서 나온다'라는 말을 실천한 장본인이기 때문이었을 것이다. 그는 권좌에 오른 뒤 총구가 거꾸로 자신을 겨냥할 수 있음을 끊임없이 의식했다.

전두환은 자신의 통치 하에서 그동안 군대가 조용하다가 군이 정말로 동원되면, 자신이 아끼는 사단장들 가운데 과격한 인물이 위험한 생각을 할 수도 있다는 걱정을 하였다. 즉, 전두환을 골치 아프게 하는 사람들을 없애는 것이 나라를 위하는 길이라고 생각하면서 특공대를 만들어 김영삼, 김대중을 해치기라도 하면 큰일이 난다고 생각하여 자신은 이것을 진짜 경계하였다고 실토하였다. 전두환이 집권 7년 동안 얼마나 안보를 중요시했는지는 1988년 2월 26일 퇴임 첫날 연희동 방문객들에게 "청와대를 떠나니 북한에 폭격당할 염려가 없어져서 푹 잘 잤다."라고 말한 데서도 잘 나타났다.

에피소드 사람이란 때리면 들어갑니다!

전두환은 국무위원들에게 다음과 같이 자신의 군 출동에 대한 생각을 고백했다. "비상조치를 발동해서 바로 수색영장 없이 모조리 잡아다가 1주일만 찬바람을 일으켜봐요. 사람이란 때리면 들어갑니다. 그만두면 자라목처럼 나옵니다. 서울 지역에 비상계엄이라도 내릴 수 있습니다. 올림픽이 있어서 못할 거다? 천만에. 올림픽 집어치우고라도 나라를 구해야 할 판이 되면 하는 겁니다. 박정희 대통령 때 1년에 한 번씩 군대를 출동시켰어요. 그래서 18년을 끌고 갔지만, 우리는 지난 5년 동안 위수령 한 번 안 했습니다."(박보균, 1994)

전두환은 군의 도움으로 집권했지만 집권 후에는 군을 부담스러워했던 것 같다. 군대가 아니라 시대 상황과 국민의 선택이 자신의 집권을 가능하게 했다고 믿고 싶었던 것 같다.

전두환 정부 시기에는 민간 출신의 전문 지식인이 정책결정에 참여하였으나 실제로 많은 영향을 미치지는 못했다. 초기에 모든 정책결정이 소수의 군 출신 막료들의 조언과 전두환 본인의 결단에 의해 결정되었다. 전두환은 박정희와는 달리 정보의 네트워크가 다양하지 않았고, 극소수 측근의 단선적인 정보에 크게 영향을 받았다. 공식적인 절차를 통해 결정된 정책도 소수 측근의 조언에 의해서 신중한 고찰 없이 그 결정된 정책을 변경하는 경우가 있었다. 예를 들면, 항공정밀 사업 선정에서 대우가 우선적으로 선택되었다. 여러 가지 지표를 중심으로 분석하여 정부에서 결정한 것이다. 그러나 참모가 항공 사업은 정밀하고 꼼꼼한 기업이 선정되는 것이 좋겠다며 삼성을 추천하자 다음날 정부기관에서 선정한 대우보다는 삼성이 나을 것 같다고 하면서 항공 사업을 삼성에게 주는 결정을 하였다고 할 정도였다.

전두환은 "대통령은 인기를 의식하지 않을 수 없겠지만, 우선 국민이 잘 먹고 잘살아야 하고, 돈이 있어야 국방이나 외교, 문화, 체육도 되므로 무엇이든 근본은 경제이다."라고 강조하였다. 이처럼 경제를 중시한 전두환은 당대 최고의 엘리트로 보좌진을 구성하고 그들에게 힘을 실어주는 방식으로 경제정책을 챙겼다. 김재익에게 경제수석

자리를 맡기며 "경제는 당신이 대통령이야. 마음대로 해."라고 말한 것이 한 예라고 볼 수 있다. 경제는 경제 논리대로 무조건 밀고 나가면 된다는 것이 전두환의 믿음이었다.

김재익

전두환의 용인술은 민간 출신 중 김재익 경제수석을 전격적으로 중용한 데서 빛을 발한다. 10 · 26 이후 극도로 어려웠던 경제 상황에서 몇 년 후 세 마리 토끼를 잡게 된 일은 대단한 업적이었다. '3저 호황 덕분'이라고 깎아내리는 측도 있으나 세계적으로 보아도 3저 호황의 흐름을 제대로 탄 나라는 몇 안 되었다.

에피소드 김 수석이 나의 선생님이오!

전두환은 스스로가 경제에 대한 지식이 없다는 것을 알고 경제에 해박한 김재익을 경제수석으로 임명한 후 김재익의 정책을 전폭 지지해준다. 김재익을 가리켜 "경제는 당신이 나의 선생이야!"라며 김재익에게 경제 정책에 대한 힘을 실어준다. 김재익은 아웅산 사건 때 북한의 폭탄테러로 목숨을 잃게 된다. 전두환은 김재익의 죽음을 매우 안타까워했다(지동욱, 2003).

전두환은 1980년 9월, 대통령에 취임하면서 김재익을 경제수석에 임명했다. 그리고 김재익을 전적으로 밀어주면서 성장 · 물가 · 국제수지라는 이른바 세 마리 토끼를 잡은 5공 경제 치적의 발판을 마련했다. 이 대목은 전두환의 용인술이 돋보이는 부분이기도 하였다. 김재익은 일반의 선입관과는 달리 정치력도 상당했다. 그는 허삼수와 허화평과도 크고 작은 갈등을 빚으며 수차례 사의를 표명했지만, 결국 청와대를 떠난 것은 허삼수와 허화평이었다. 김재익이 이겼다기보다는 전두환이 한쪽 카드를 버리기로 작심한 탓이었다.

김재익 경제수석은 지대한 영향력을 발휘했다. 전두환이 김재익을 기용한 것은 행운이었다고 한다. 김재익은 실력과 비전을 가지고 있었고 공직자로서 모범에 가까운 모습을 보였다. 대체로 훌륭한 인재였다는 평가가 많았다. 전두환과 김재익의 만남을 두고 '힘과 꿈의 결합'이라고 표현한 사람이 있을 정도였다(박보균, 1994).

전두환의 경제 방면 지식이 당초에는 백지에 가까웠음을 들어 "김재익이 아닌 다른 학자라도 전두환의 머리를 사로잡았을 것"이라며 "백지에는 먼저 그림을 그려 넣는 사람이 임자"라고 둘의 만남을 깎아내리는 사람도 있었다. 그러나 김재익 경제수석은 평범한 화가가 아니었다. '백지(전두환)'도 단순한 백지가 아니었다. 많은 화가들이 서로 자기 그림을 먼저 그려 넣으려고 달려들었지만 이 중에서 김재익을 선택한 사람은 전두환 자신이었다(박보균, 1994).

전두환은 1980년, 대통령이 되고 나서 주말마다 경제기획원 차관보, 국세청 과장까지 불러 그들에게 배웠다. 김재익 경제수석에게 장관 보고뿐만 아니라 실무자의 전망과 정책방향도 보고토록 했다. 그 사람들에게서 하루 3~4시간씩 보고를 받았다. 1980년 말까지 경제학 교수를 아침 7시에도 부르고, 일과가 끝나자마자 뒷방으로도 부르는 일정을 3~4개월이나 계속하였다. 이때 이후부터 한국경제의 문제점과 끌고 나갈 방향과 시책이 어느 정도 정립되었다고 한다.

전두환이 대통령으로 취임할 당시 우리나라의 경제 사정은 좋은 편이 아니었다. 성장률은 마이너스 4.8%, 도매물가 상승률은 42.3%였다. 무역 적자도 44억 달러나 됐다. 거기에다 달러화의 급등과 국제적인 고금리 현상, 중화학공업의 과잉 투자와 정치 불안 등이 한국경제의 숨통을 조이고 있었다. 이런 사정을 인지한 전두환은 경제 살리기에 국가경영의 승부를 걸었다. 12 · 12 쿠데타의 원죄를 경제로 보상받겠다는 생각이었다(김충남, 1998).

우선 박정희의 경제개발 5개년계획을 경제사회발전 5개년계획으로 바꾸고, 긴축정책과 투자확대정책(외국자본의 직접투자 확대)을 저돌적으로 밀어붙였다. 안정과 성장이라는 두 마리 토끼를 잡는 것이 전두환의 목표였다.

재정적자를 해소하기 위해 예산편성 기준을 제로베이스로 바꾸었고, 기업 통폐합과 임금동결조치 또한 강력하게 밀고 나갔다. 노동법도 성장과 안정에 초점을 맞춰 개정했다. 노조의 저항이 있었지만 전두환은 이에 미동도 하지 않았다.

에피소드 흥부의 태도에 문제

전두환은 어렸을 때 어머니가 "명절 때라면 모르지만 양말 한 켤레도 남에게서 도움 받을 생각을 가져서는 안 된다."라고 형제들에게 가르쳤다고 하였다. 그리고 결혼해서 출가한 딸에게는 친정에 와서 바가지 하나라도 가져갈 생각을 하지 말라고 엄히 타일렀다고 한다. 전두환이 이런 말을 한 것은 "요행은 없다. 열심히 노력하는 사람에게만 길이 트이고 복이 오는 법이다."라는 말을 하기 위해서였다. 전두환은 놀부와 흥부의 얘기도 오늘날의 상황에 있어서는 흥부의 무기력한 생활태도에 문제가 있는 것으로 보는 듯했다. 형편이 좀 나아진다고 흥청망청 써버리는 것도 큰 문제이고 개미처럼 부지런히 땀을 흘리지 않고 요행을 바라는 것도 큰 문제라고 전두환은 생각했다(하원, 1985).

이렇듯 우직하게 밀어붙인 결과 1982년부터 물가는 한 자리 숫자로 돌아섰고, 때마침 조성된 '3저 현상(달러환율 · 국제금리 · 국제유가의 하락)'

으로 한국경제는 호황을 누리게 되었다. 전두환의 방법은 거칠었지만 결국 성장과 안정의 두 마리 토끼를 잡는 데 성공한 셈이었다. 박정희 가 물려준 경제유산을 지킨 셈이었다. 그러나 도시와 농촌 간에 격차 가 커지고, 분배구조가 악화되었고, 정경유착이 심해졌으며, 노사갈등 이 심각해지는 등 역기능도 적지 않게 나타났다.

전두환은 물가안정의 중요성을 늘 강조하였다. 안정론을 강조하 면서도 이러한 계획 속에는 적절한 성장도 있어야 한다는 점을 강조 했다. 전두환은 물가안정과 경제성장, 국제경쟁력의 제고와 부정부패 척결, 그리고 정치사회의 안정 등을 한 고리로 엮어서 생각하였다. 물 가안정이 되어야 분배구조가 튼튼해지고 그러면 부정부패도 근절시 킬 수 있다는 생각이었다.

첫 호남 출신이자 5공화국 시절 3대 안 기부장인 장세동이 수감생활이 끝나면서 전두환 대통령을 찾아가 "휴가 잘 다녀왔습 니다."라고 말했다는 일화는 유명하다. 장 세동은 많은 화제를 만들어낸 인물이었다. 1987년, 박종철 군 사망사건의 여파로 안기 부장직에서 물러난 뒤에는 줄곧 청문회 출 석과 구속 수감 등 시련을 맞았다. 각종 청

장세동

문회에 불려 다니면서도 "모든 책임은 나에게 있다."라며 주군인 전두 환을 엄호하고 나서 '의리의 돌쇠', '싸나이 장쎄동'이란 별칭을 얻기 도 했다.

전두환은 술을 좋아하고 다소 덜렁대는 정동호 경호실장에게 불 만이 많았다. 정동호 경호실장은 청와대 부근 경호실장 관사에서 자지 않고 집에서 출퇴근했다. 차지철이 살던 집이 싫었던 모양이다. 이 때

문에 정동호 경호실장은 전두환의 새벽 불시 시찰에 늦은 적도 여러 번 있었다. 한번은 새벽에 중구청을 순시할 때 정동호 경호실장이 전날 밤에 먹은 술이 덜 깬 것을 알고는 "다음부터는 수행하지 마시오." 라고 호통 친 적도 있을 정도였다(박보균, 1994).

　　장세동은 누구나 아는 전두환의 심복이었다. 군 재직 시절부터 전두환을 상관으로 모셔온 장세동은 누구보다도 전두환에 대한 충성심이 강했다. 경호실장으로 재직할 당시 전두환을 물리적으로만 경호하는 것이 아니라 대통령의 심기가 편해야 국정 일이 잘 이루어질 수 있다면서 세심한 심리 경호도 도맡아 했다. 장세동은 하루 24시간을 오로지 전두환을 위해 바쳤다. 전두환이 하루 일과를 시작하는 것은 청와대 경내 산책부터였다. 장세동은 매일 새벽 먼저 산책로를 답사·확인한 후 전두환을 모셨다. 낙엽을 치우는 것은 물론 새똥이 떨어진 것도 그냥 보아 넘기지 않았다. 그는 산책로 주변 화강암 계단에 떨어진 까치 똥이 잘 지워지지 않자 화학약품까지 고안해 냈다. 장세동은 좋아하던 테니스도 치지 않았다. 담배와 술을 끊은 것은 물론이었다. "테니스 치다가 실수로 넘어지거나 상처가 나면 흉한 모습으로 대통령 앞에 나서야 하기 때문이다."라고 고백할 정도였다. 심지어 식사도 절식을 했다. "식사를 많이 해 배탈이 나면 그 순간 의무를 다하지 못할까 봐 그렇다."라고 대답하기도 했다(월간조선부, 1993).

　　장세동은 대통령을 보좌하는 데 최대한의 준비를 하였다. 전두환이 즐기는 된장국이나 쌈을 많이 올리는 등 전두환의 식성 관리에서부터 지방숙소 청결상태에 이르기까지 일일이 신경을 썼다. 어느 도지사는 전두환 대통령의 지방순시 때 숙소 청소가 제대로 안 됐다고 장세동한테 호된 꾸지람을 듣고 혼비백산한 적도 있었다(박보균, 1994).

　　전두환이 취임 초부터 변함없이 청와대의 비서실장과 경호실장에게 엄명한 사항은 "인(人)의 장막을 쳐 만나야 될 사람을 인위적으로 만나지 못하도록 하는 일이 없도록 하라."라는 것이었다. 비서실이나 경호실이 인의 장막이 되어서는 안 된다는 의미였다(하원, 1985).

에피소드 호골 곰탕

> 장세동은 월남전에 파병되어 전두환을 상관으로 모셨다. 한때 경계근무 중인 사병들이 정글에서 호랑이 한 마리를 잡았다고 한다. 호랑이 뼈가 몸에 좋다고 해서 사단장에게도 보내고 장세동이 아이디어를 낸 전두환 연대장의 건강을 위한 '호골 곰탕'을 끓였다고 한다. 전두환은 호골 곰탕을 한 입 떠먹고는 "이상한 냄새가 나 못 먹겠다."라고 했다. 이렇듯 장세동은 작전의 원활한 수행을 위해 베트콩 동향 파악에서부터 상관인 전두환의 건강관리까지 세심하게 배려하였다(박보균, 1994).

전두환은 1984년 3월, 신현수 감사위원의 큰딸과 반정부의 대표 격인 김대중의 둘째아들이 결혼하려고 했을 때 신 감사위원이 공직까지 사퇴하려 한다는 말을 전해 들었다. 전두환은 "자식을 키워 본 사람이면 누구나 아는 일이지만, 요즘에는 다 큰 자식이 혼사문제에 부모 말을 듣느냐? 자식들의 일은 부모 뜻대로 안 되는 것이 현실이다.", "결혼이란 것은 인생의 중대사이니만큼 뜻대로 안 된다고 모른 척하지 말고 부모가 사랑으로 감싸줘야 한다. 자녀의 결혼과 정치를 연관시킬 필요가 없으니, 신 감사위원에게 장녀 결혼에 대한 나의 축하의 뜻을 전하라."고 지시해 신 감사위원의 부담을 덜어주었다. 전두환은 주변에서 가정을 돌보지 않고 방탕한 사람이 있으면 "자기 가정도 못 다스리는 사람이 어떻게 지도자가 될 수 있느냐?"면서 가차 없이 물리치곤 했다. 그러나 전두환은 2003년 4월 말 재판에서 전 재산이 "29만 1천 원뿐으로 측근과 자식들이 생활비를 대주는데, 이들 역시 겨우 먹고 사는 정도"라고 진술하여 세간의 웃음거리가 되었다.

전두환은 중간 보스를 인정하지 않았고 일은 소관 업무 담당자에게 온전히 철저히 맡기고 그만한 권한과 책임을 부여하였다. 자기 업무에 게으름을 피우거나 공연히 남의 업무 영역을 기웃거리는 사람은 가만두지 않았다고 한다.

에피소드 임기 7년 ━━━━━━━━━━━━━━━━━━━━━━━

전두환이 집권하기 전, 우여곡절 끝에 임기를 7년 단임제로 개헌하기로 방향이 잡혔다. 그때 한 후배 장성(신군부 핵심)이 전두환을 찾아가 7년은 너무 긴 것이 아니냐고 조심스럽게 물었다. 그러자 전두환은 단호하게 "네가 무슨 말을 하려는지 안다. 내가 7년을 하고 또 7년을 더 할까 봐 그러는 거지! 내가 또 해먹으려 하거든 네가 나를 쏘아버리면 될 거 아냐! 사나이답지 못하게 왜들 그래?"라고 호통쳤다(이도성. 1993).

전두환은 임기 말에 단임제에 대해 많은 회의를 하였다. 많은 사람이 전두환에게 7년을 더 해달라고 건의하기도 했다고 한다. 올림픽을 책임진 사람도 올림픽 기간 중 대통령을 계속해야 한다고 하였다. 헌법을 힘으로 뜯어 고쳐 7년을 끌고 가느냐, 원래 약속한 대로 단임으로 끌고 가느냐를 두고 퇴임 1년 전에 많이 고민했다고 한다.

처음에는 대통령 임기를 6년으로 하려 하였다. 그러나 전두환은 대통령 임기를 왜 6년으로 했느냐면서 7년으로 바꾸도록 지시하였다. 프랑스도 대통령 임기가 7년이고 지금 우리나라가 불안한 상황이니 일을 제대로 마무리하고 나가려면 7년이 필요하다고 하였다. 취임 첫해는 제대로 일을 못하고 마지막 한 해는 퇴임준비를 하느라 바쁘니 일할 기간이 5년은 돼야 하지 않겠느냐는 논리였다.

에피소드 돌발사고 때의 농담

1982년 3월, 강원도 순시를 하면서 그 지역의 각계 인사 1백여 명과 오찬을 나누는 자리에서, 전두환은 강원도지사로부터 "오늘 반찬으로 내놓은 산나물은 강원도 산골의 산삼 녹은 물을 먹고 자란 것이어서 몸에 좋다고 합니다."라는 자랑을 들었다. 그런데 도지사의 자랑이 있은 다음 얼마 안 되어 난데없이 정전이 되어 오찬회장의 전깃불이 나가버린 것이었다. 국가원수가 참석한 행사장에서의 정전사고는 단순한 불편을 넘어 여러 가지 돌발 문제를 수반하기 때문에 행사 주최 측은 당황하였다. 다행히도 전깃불은 곧 들어왔으나 모든 참석자의 시선은 전두환에게 쏠렸다. "딴 것은 다 산삼을 먹었는데 전기만 산삼을 못 먹었구먼." 하고 농담을 하자 장내는 폭소와 함께 긴장감이 사라져버렸다. 1983년 3월, 대구 순시 때에는 전두환이 시청 회의실에서 훈시를 하는 도중에 마이크가 갑자기 고장 난 일이 있었다. 이때도 물론 관계자들이 안절부절못하고 초조해했다. 전두환은 "이 마이크가 저녁을 굶어 힘을 못 쓰는 모양이군."이라고 웃으며 말하고는 마이크 없이 육성으로 훈시를 계속했다(하원, 1985).

에피소드 쉬운 말로 연설문 작성

전두환은 비서관들에게 연설문을 작성할 때 가능한 한 문장을 쉬운 말로 쓸 것을 강조하였다. 전두환은 중학교만 나온 사람이라면 누구든지 이해할 수 있을 정도의 문장으로 연설문을 작성할 것을 강조하였다. 전두환은 어려운 영어용어나 식민지 시대의 잔재인 일본식 한자어는 피하라고 하였다. '물가오름세 심리'란 단어는 비서관이 작성했던 연설문 속의 '인플레이션 심리'라는 당초 표현을 전두환이 직접 고친 것 중의 하나였다. 또한 지방순시 때 보고자가 '구서' 등 어려운 용어를 쓸 때는 그 자리에서 '쥐잡이' 등으로 바꾸라고 지시하였다(하원, 1985).

의외로 전두환은 특권의식을 싫어했다고 한다. 전두환은 통행금지 제도가 없어지기 직전, 수행원 몇 명만 대동한 채 서울의 밤거리를 시찰하였다. 자신의 운전기사가 금지구역에서 차를 좌회전하자 전두환은 "국정의 막중한 책임을 지고 있는 청와대에서부터 법을 위반하면 다른 데는 더할 말이 없지 않겠냐?" 하면서 운전기사를 나무란 일이 있었다.

또 전방의 한 부대를 예고 없이 찾은 전두환이 탄 차를 정문 위병이 제지한 적이 있다. 위병은 상부 허가가 없어 못 들여보내겠다고 거절하면서 당직사령이 직접 나올 때까지 정문 앞에서 전두환 일행을 기다리게 하였다. 이에 전두환은 그 부대장에게 위병의 근무자세가 훌륭하니 포상하라고 지시했다고 한다(하원, 1985).

전두환은 타고난 건강에서 오는 기동성과 근면성을 지니고 끊임없이 밀어붙이는 스타일이었다. 전두환은 대통령 임기 7년 동안 밤 12시 이전에 잠자리에 든 일이 없고 아침 6시 이후에 일어난 일이 없다고 할 정도였다. 전두환 자신은 전쟁을 수행하는 군인의 자세로서 대통령직을 수행했다고 자랑하였다.

실제로 전두환의 청와대 일정표를 들여다보면 그의 생활이 매우 빡빡하고 힘들었다는 것을 느낄 수 있다. 타고난 건강이 없었더라면 감당하기 어려운 생활이었을지 모른다. 전두환은 하루의 일과를 끝내고도 정보자료들과 보고서들, 그리고 결재서류들을 한 아름 안고 퇴근하곤 했다.

전두환에게 퇴근은 퇴근이 아니라 새로운 일의 시작이었다고 한다. 정보자료나 보고서에서뿐만 아니라 신문이나 텔레비전의 보도에서 국정에 대한 문제가 제기되면 그 자리에서 수석비서관들에게 전화를 걸어 다음날 아침까지 연구해서 보고하라고 지시하였다. 이 때문에 수석비서관들도 어디 가서 안심하고 쉴 수 있는 여유가 없었다고 한다. 특히 경제수석비서관은 대통령과 조찬을 함께하면서 보고를 해야 하는 일이 많았다고 한다. 대통령에 취임한 다음날 친구들이 찾아와서 인사를 하고 돌아가는데 전두환은 함께 나가서 술자리라도 벌이고 싶은 충동을 겨우 억제하면서 "당신들끼리 잘 놀아라."라고 말했다고 한다. 그러나 이러한 부지런함은 본인에게만 만족스러웠지만 정작 국민이 무엇을 원하는지를 제대로 파악하고 그 일에 근면함을 보이지는 않았다. 이것이 국민과 거리감을 갖게 하였고 독재정권이라는 이름을 계속 유지하게 되었다.

에피소드 전두환과 노태우의 돈봉투

전두환의 돈 씀씀이는 노태우보다 통이 컸다고 한다. 6공화국 출범 초창기 어느 날, 노태우는 중견 언론인 한 사람을 청와대 집무실에서 일대일로 만났다. 기사 취재와는 거리가 먼 자리였고 언론인이 면담을 끝내고 일어서자 노태우는 "취재활동에 보태 써라." 하면서 봉투를 하나 건넸다. 그 언론인은 선선히 받기에는 양심이 허락하지 않았으나, 그렇다고 완강하게 고사하면 대통령이 민망하게 생각할까 봐 일단 봉투를 받았다고 한다.

언론인은 집무실에서 나오면서 '만약 봉투 속에 50만 원 이상의 거액이 들어 있으면 공보비서관실을 통해 돌려드리고 그 미만이라면 알아서 처리하겠다.'라고 다짐했다. 봉투 속에는 50만 원 미만의 돈이 들어 있었다. 그 언론인은 대수롭지 않은 일로 넘길 수도 있겠지만 금액 면에서 노태우는 전두환과 다르다는 느낌을 강하게 받았다고 한다. 주위 사람들에 대한 돈 씀씀이는 노태우가 전두환을 따라갈 수 없었다. 전두환의 돈 씀씀이가 타의 추종을 불허할 만큼 크다는 것은 군대 시절에 이미 소문났다. 전두환은 아끼는 부하들이 교육이나 보직 변경 차 인사를 오면 지갑에 있는 돈을 세어보지 않고 손에 잡히는 대로 쥐어주는 사람으로 유명하였다. 돈 씀씀이가 큰 만큼 전두환은 남에게서 받은 돈의 액수도 단위가 높았다. 전두환이 군의 요직에 있을 때 모 경제부처 책임자에게 부하들의 휴가비를 좀 보내달라고 하였다. 경제부처 책임자는 자기 딴에는 최고로 성의를 표시해서 휴가비를 보냈다. 그러나 전두환은 얼마 후 필요 없다는 통보와 함께 돈을 되돌려주었다. 이유는 돈이 적었기 때문이다. 경제부처 책임자는 나중에 전두환이 자기가 보낸 금액보다 숫자 '0'을 하나 더 기대했다는 사실을 알게 되었다(월간조선부. 1993).

3. 제5공화국 시절의 주요 정치적 사건

민정당과 관제 야당

　　신군부는 각종 법적 조치와 억압 장치를 통해 과거 야당 정치인과 잠재적 도전세력의 발을 묶어놓는다. 한편 정권을 확실히 다지기 위해 새로운 당을 만드는 작업에 착수하였다. 신군부 세력은 보안사 주도하에 과거 정치인, 군 출신 인사, 신진 정치지망생 등을 끌어 모아 여당인 민주정의당을 창당하였다. 정치금지법을 만들어 유력한 야당 인사들이 정치에 참여하지 못하게 만들었다. 과거 신민당 10대 의원 14명을 중심으로 신군부에 도전하지 않는 민주한국당을 창당하였다. 민주공화당과 유신정우회 출신들을 중심으로 한국국민당이 만들어졌다. 혁신정당으로는 민주사회당이 결성되었다. 이렇게 하여 외형상으로는 다당제의 정당 모양을 갖추게 되었다.

　　신군부 세력은 야당의 힘을 분산시키기 위하여 다당제 정당을 만들었으며 주요 야당을 창당하는 데 직접 간여하였다. 그뿐만 아니라, 신군부는 각 당의 주요 당직을 친여 인사로 구성하거나 정치적으로 매수하여 야당을 조종하였다. 이들 정당은 형식적으로는 야당이라고 하지만, 일종의 관제정당으로서 여당과 밀월 관계를 유지하면서 전두환 정권의 체제 정비에 협조한 측면도 있었다. 이러한 현상은 1985년 김대중과 김영삼이 중심이 되어 만들어진 신한민주당이 출현할 때까지 지속되었다.

사회정화운동

전두환 정권은 권력의 정당성 확보를 위하여 '사회정화'라는 이름으로 국민을 통제하였다. 우선 제5공화국 출범 초기에는 정치풍토쇄신법을 통해 정치권을 정화한 다음에는 관료사회와 언론계에 대해서도 정화작업을 벌였다. 이러한 정화작업은 관료들이 새로운 정부에 순응하게 만들었고 관료들을 통제하여 정권유지의 도구로 활용하였다.

전두환은 1980년 8월 4일, "백수의 왕인 사자도 다른 맹수의 공격 때문에 죽는 것이 아니라 내부의 병균이나 기생충 때문에 죽는다."라면서 사회정화를 선언했다. 사회악 일소 특별조치 및 계엄포고령 제19호를 발표한 것이다. 가장 무자비하고 대규모적인 숙청은 1980년 8월 '사회악 일소를 위한 특별조치'에 따라 이루어진 폭력배 소탕작전이었다. 문신이나 전과가 있는 사람들을 닥치는 대로 잡아들였을 뿐만아니라, 민주노조 간부를 포함하는 상당수 민주인사들이 체포, 구속되었다. 이 조치로 약 3,000명에 달하는 시민이 군부대에 수용되어 이른바 '몸과 마음과 정신을 맑게 한다'는 삼청교육을 받았다.

삼청교육대 훈련 모습

이러한 사회정화 조치는 사회악 일소와 정의사회 건설을 위해 필요한 것이라고 선전하였지만, 실제로는 신군부의 권력기반을 강화하고 잠재적인 반대세력을 제거하기 위한 것이었다.

정화 조치의 목적은 표면적으로는 폭력 없는 정의로운 사회를 건설하는 데 있었으나, 실제로는 공포 분위기를 조성해서 저항세력을 잠재우는 데 있었다. 전두환은 쿠데타 직후 언론 저항을 근원적으로 봉쇄하기 위해 172종의 정기간행물을 무더기로 폐간시켰고, 870여 명의 언론인을 해직시켰다. 언론사도 강제 통폐합했다. 대한일보, 동아방송, 동양방송 등이 하루아침에 문을 닫았다. 1980년 11월에 단행된 조치였다. 그리고 언론기본법을 제정(1981.1)하여 언론 통제를 제도화했다. 이 법에 따르면 문공부장관은 아무런 사법적 절차를 거치지 않고 사람의 명예와 권리를 훼손하거나 공중도덕 또는 사회윤리를 저해하는 언론기관의 등록을 취소할 수 있었다.

권력자들은 정권 유지를 위해 끊임없이 대중을 탈정치화시킨다. 즉, 정치적 무관심을 조장하기 위해서 로마의 독재자들은 콜로세움의 격투기를 장려했고 장개석은 홍등가를 번창시켰다고 한다. 전두환도 레포츠에 열정을 쏟아서 국민이 정치에 관심을 갖는 것을 막으려고 하였다. 전두환은 1981년, 서울 여의도광장에서 '국풍81'이라는 대규모 문화행사를 펼쳤다. 5월 28일부터 6월 1일까지 5일간 개최된 이 행사는 1,300명의 출연자와 약 1,000만 명(연인원)의 관람객을 끌어들인 춤과 노래의 한마당이었다. 그것은 쿠데타로 집권한 신군부가 국민의 불만을 희석시키기 위해 의도적으로 연출한 일종의 굿판이었다고 할 수 있었다.

전두환은 또 88올림픽과 86아시안게임을 유치해서 국민의 가슴을 설레게 하였다. 1982년 1월 5일에는 야간 통행금지도 해제했다. 밤

새도록 흥청망청 마시고 즐겨도 누구 하나 간섭하지 않았다. 1982년 3월에는 프로야구단도 출범시켜 국민을 운동장으로, 텔레비전 앞으로 끌어 모았다. 정치로부터 받는 스트레스를 레포츠로 해소하라는 전두환의 소리 없는 주문처럼 보였다.

전두환을 가리켜 '스포츠대통령' 또는 '금메달대통령'이라고 부르는 사람들도 있다. 역대 대통령 가운데 전두환만큼 스포츠를 사랑하고 체육인들을 아끼는 대통령이 없었기 때문일 것이다. 전두환도 자신이 국민 사이에서 '스포츠대통령'이라고 불리는 것을 싫어하지는 않았던 것 같다.

___에피소드___ **전두환과 박종환 감독**

1983년 6월, 청소년 축구팀이 멕시코 고원에서 세계 4강에 들었을 무렵이었다. 전두환 대통령이 전주 소년체전 유공자들을 청와대로 초청해 오찬을 베풀었던 6월 13일, 정주영 체육회장이 "우리 청소년 팀을 직접 응원하기 위해 최순영 축구협회장이 멕시코 현지로 급히 갔습니다."라고 보고했다. 전두환은 크게 고개를 끄덕이며 "여기 앉아서 응원하는 것으로는 만족할 수 없었겠지. 그런 사람은 얼마나 좋겠는가. 가고 싶으면 어디든지 마음대로 갈 수 있으니……."라고 혼잣말로 대답했다. 이때 전두환은 진정으로 부러워하는 표정이었다. 1983년 2월, 태국 국제초청축구대회에서 우승을 차지하고 개선한 청소년 팀을 청와대 만찬에 초대했을 때 전두환은 오래전의 일을 회상했다. "내가 공수특전단 단장으로 있을 때 갓 창단한 서울시청 축구팀에게 2주일 동안 극기훈련을 시켜준 일이 있어요. 특전단 요원들과 다를 바 없는 고된 훈련을 시켰지요. 그랬더니 선수들이 겁을 모르게 되고 팀의 단결력이 눈에 띄게 달라지더니 당시 무명이던 서울시청팀은 연전연승을 하더군……." 대통령의 이러한 회고담을 듣던 한 사람이 조심스럽게 말했다. "각하, 그때 서울시청팀의 감독은 저였습니다." 그는 청소년 대표팀을 세계 4강에 오르게 한 박종환 감독이었다(하원, 1985).

에피소드 텔레비전 대신 메모 ▰▰▰▰▰▰▰▰▰▰▰▰▰▰

　　1984년 LA올림픽에서 하루 동안 금메달 3개가 쏟아졌던 날, 전두환은 기쁨을 가눌 길이 없어 자식들을 앞에 두고 술잔을 기울이며 축하했다고 한다. 전두환은 또 LA올림픽 기간 중 유도, 레슬링 등 우리 선수가 금메달을 놓고 겨뤘던 시합은 마음이 졸여 텔레비전을 끄고, 대신 비서관으로부터 메모지가 들어오면 "금메달을 땄구나."하며 기뻐했다고 한다. 우리 선수가 금메달을 따면 비서관이 승전보를 전하기 위해 대통령 집무실에 메모를 넣었기 때문이다.

신민당의 돌풍: 제12대 국회의원 선거

　　5·17 이래 억압으로 일관하던 전두환은 1983년이 되자 자신감이 생겼는지 갑자기 억압의 고삐를 늦추고 유화정책을 펴기 시작했다. 제한적이지만 정치활동 규제자를 대폭 해금했고 해직 교수와 제적 대학생들의 복직과 복교도 허용했다. 이때 전두환이 기대한 것은 관용의 정치에 대한 국민의 지지였다. 그러나 이러한 전략적 판단은 빗나갔다. 유화정책이 민주화운동의 물꼬를 트는 계기를 제공했기 때문이다. 저항세력의 결집체인 민추협(민주화추진협의회)의 태동(1983년 5월)이 이를 잘 보여주었다.

　　5공화국의 독재에 맞서서 저항운동이 확산되고, 1985년 제12대 국회의원 선거를 맞이하였다. 전두환 정권은 제12대 총선을 집권 5년에 대한 평가이며, 정권 후반기의 정치적 안정을 다지는 중요한 의미를 지닌 선거로 판단하였다. 그래서 정부 여당은 엄청난 금품과 행정력을 총동원하여 선거에 임하였다.

김대중과 김영삼은 1983년 민주화추진협의회(민추협)를 결성하여 제5공화국의 독재에 항거해 왔다. 민추협을 중심으로 한 야당 정치세력은 선거일 한 달도 못 남긴 1985년 1월 '신한민주당'(신민당)을 창당하고서 제12대 국회의원 선거에 참여하였다. 기존의 관제야당과 뚜렷이 구별되는 신민당의 등장은 참다운 야당 인사와 민주화운동 세력이 연합하였다는 인식을 보여 주었다.

선거에서 학생, 재야운동가, 노동운동가, 지식인 등은 신민당이 돌풍을 일으킬 수 있도록 전단 배포, 유세 참여, 투표독려 등의 온갖 노력을 기울였다. 창당한 지 한 달이 채 안 되는 신민당이 제1야당으로 급부상하는 정치적 신화를 만들어냈다. 이는 집권 민정당에 심각한 충격을 안겨주었을 뿐만 아니라, 기존의 제1야당인 민한당을 공중분해 위기로 몰아넣었다.

에피소드 민주화추진협의회

정치금지를 당하고 있던 김영삼은 민주화추진협의회를 만들게 된다. 김영삼의 상도동계와 김대중의 동교동계가 중심이 돼서 민추협을 결성하는데, 처음에는 김대중이 이에 회의적 반응을 보이나 김영삼 특유의 추진력으로 민추협이 결성되고 미국에서 귀국한 김대중도 이에 합류하여 신민당 창당의 모체가 된다. 당시 야당다운 야당이 없었던 시대에 민추협은 국민이 생각하는 야당의 모습을 보여주었다.

에피소드 이철의 군화

신민당과 민정당의 국회의원 선거에서 종로지역이 상당한 관심을 불러일으켰다. 집권여당인 민정당에는 이종찬, 신민당에는 이민우, 민한당에는 정대철이 나와 각축을 벌이게 되었다. 결국 이종찬과 이민우가 당선되었다. 성북구에서는 신민당의 이철 후보가 나와 군화를 목에 걸고 "여러분! 제가 이 군화 밑에서 사형선고를 받은 이철입니다!"라며 지역구민의 동정심을 유발시켜 당선되었다.

만연된 부정부패와 정책의 실패

전두환은 5공 정권 내내 부정부패에 연루되어 고초를 겪어야 했다. 정래혁 대표 사건은 정래혁과 선거구가 같은 합참의장 출신 4성 장군인 문형태의 투서에서 비롯됐다. 3공 시절 화순-곡성-담양 선거구에서 국회의원을 지낸 문형태는 정래혁이 5공화국 정권에서 자신의 선거구를 차지해 국회의장·여당 대표를 하고 있는 것에 깊은 경쟁의식을 느꼈다. 두 사람은 이미 세상이 다 알 정도의 견원지간이었다.

문형태의 투서가 처음 청와대·안기부·민정당에 도착한 것은 1984년 6월 13일이었다. 발신인이 민정당원으로 돼 있는 투서는 정래혁이 각종 투기를 해 모은 부동산 등 재산이 1백 78억 원대에 이르러 정래혁을 그대로 공직에 머무르게 하는 것은 대통령과 민정당에 누가 될 것이라는 내용이었다. 또 투서는 각 언론기관에도 우편 배달됐다. 곧이어 정래혁 대표의 의원직 사퇴와 재산의 사회 환원을 약속하는 성명서가 발표됐다. 검찰은 대신 문형태에게 정치활동 포기를 약속하는 공개사과문을 발표케 했다. 두 사람은 여러모로 추악한 별들의 이전투구를 보여주었다.

전두환은 친인척 관리를 소홀히 했다. 각종 비리가 친인척을 통해 나왔다. 정권이 바뀌자 그동안 숨겨졌던 친인척 비리의 실상이 연쇄적으로 터져 나왔다. 새마을본부 회장이던 전경환(전두환의 동생)은 공금횡령과 이권개입으로 실형을 선고받았고, 처남과 동서도 법의 심판을 받았다. 부인 이순자도 예외가 아니었다. 새세대심장재단과 새세대육영회 회장직을 이용하여 비리를 범한 것으로 검찰조사에서 확인되었다.

장영자 부부가 공영토건, 일신제강 등 6개 기업으로부터 7,111억 원의 어음을 받아 현금으로 할인해 쓰는 수법으로 1,800억 원을 빼돌린 금융사기 행각이 발생하였다. 일명 '장영자 사건'에서 이순자 여사의 삼촌인 이규광 장군이 연루되어 구속되었고, 민정당의 권정달 사무총장도 물러났다. 연이어 이순자의 아버지인 이규동 장군을 배경으로 사업을 확장시킨 것으로 알려진 명성그룹 김철호가 1,800억 원의 부도를 낸 사건이 발생하였다. 또한 1985년에는 소값 파동이 야기되자 일부 농민이 새마을본부 회장인 전경환이 소를 도입한 것 때문이라고 공격하고 나섰다. 설상가상으로 전두환은 1983년 버마 방문 중에 아웅산의 참사로 서석준 부총리를 비롯해 17명의 유능한 참모를 잃게 되었다. 이들의 유자녀를 위해 만든 일해재단으로 인해 일부 국민으로부터 퇴임 후 버마의 네윈처럼 국가원로자문회의 의장이 되어 영향력을 행사코자 기도한다는 의혹을 사게 되었다.

에피소드 **노태우의 시련**

노태우는 2인자로 인정받긴 했으나 수많은 사람으로부터 시련을 겪게된다. 어느 날 노태우가 선거운동 차 권정달의 사무실을 찾았으나 당시 민정당 사무총장으로 위세를 떨치고 있던 권정달은 손님을 만나는 중에 노태우가 들어오자 모른 척 기다리게 만든다. 자신의 후배인 권정달의 행위를 보고 노태우는 자존심이 상해 그냥 기다리지 않고 나가버린다. 노태우가 대통령이 된 후 권정달은 국회의원에 공천을 받지 못하는 보복을 당한다. 또한 안기부장이었던 장세동은 전두환이 후계자로 노태우를 지명하는 것에 반대했다. 5공 말기에 장세동이 비서실장이 되는 것을 노태우가 몸을 던져 막은 이유는 장세동이 자신이 후계자로 지명되는 데 결정적으로 반대할 것을 걱정해서였다.

전두환은 비서실장보다는 수석비서관들의 역할을 중요시하였다. 5공화국의 수석비서관들은 비서실장에 비해 상대적으로 재임기간도 길고 위상도 높았다. 전두환은 수석비서관들에게 비서실장을 거치지 않고 직접 지시하거나 단독보고를 받는 형식으로 힘을 실어주었다.

허화평과 허삼수는 1979년 12·12 쿠데타부터 5공화국 초반에 걸쳐 전두환에 다음갈 정도로 막강한 위치였으며, 82년 말 청와대 수석비서관직을 함께 물러남으로써 하루아침에 권력을 잃은 경우에 해당된다.

이 중에서 '비서실 보좌관'으로만 명시됐던 허화평의 위치는 대단히 독특했다. 직급은 차관급으로 다른 수석비서관과 같았다. 그러나 비서실 보좌관이라는 자리는 대통령 비서실의 우두머리인 비서실장(장관급)의 보좌관이라는 뜻이 아니었다. 비서실 전반의 심부름을 해주는 보좌관이라는 뜻은 더더욱 아니었다. 굳이 당시 정황으로 말하자면 허화평은 사실상 '숨은 비서실장'이었다. 6공화국까지를 통틀어 비서실 보좌관이라는 직책이 마련된 것은 이때가 처음이자 마지막이었다(이도성, 1993).

허화평 비서실 보좌관은 보통 '보좌관' 또는 '청와대 보좌관'으로 불렸다. 1981년 12월 23일자로 그가 정무 수석비서관으로 자리를 옮길 때까지 이 명칭은 정계 · 관계 · 재계를 통틀어 막강한 권위를 갖고 있었다. 허화평 보좌관의 집무실은 다른 수석비서관들과는 달리 청와대 본관(1층)에 있었다. 별관(비서 동)에서 일하면서 결재를 받을 때마다 본관의 대통령 집무실을 들락거릴 처지가 아니었다.

하다못해 임금님의 세수 작업을 거드는 직책이라 하더라도 임금과 물리적으로 가까운 거리에 있는 사람에게는 일단 한풀 접어주고 대하게 되는 게 권력 주변의 어쩔 수 없는 생리다. 더구나 허화평 보좌관은 사실상 5공화국 정권의 밑그림을 그리고 그 채색 작업까지 감독하던 실세 중의 실세였다.

당시 본관 1층 보좌관실은 중요한 사람과 서류들의 1차 집결지였다. 전두환의 집무실로 향하는 웬만한 문건이나 면담 대상자는 허화평 보좌관의 손길을 거쳐야 했다. 그만큼 허화평에 대한 전두환의 신임은 각별했다.

에피소드 만만치 않은 양허

전두환은 허화평과 허삼수를 호락호락하지 않다고 보았다. 다른 후배들은 호통을 치면 쑥 들어가지만 양허는 전두환이 자신들을 불러주면 따지겠다는 생각을 했다. 이것을 전두환은 알고 있었다. 전두환은 5공 정권의 소프트웨어를 공급하는 역할을 해온 허화평 수석을 불러 통치노선에 대한 논쟁 같은 것을 하는 것을 싫어했다. 왜냐하면 전두환은 제갈공명으로 허화평을 신임한 측면도 있었지만 논리적인 논쟁은 허화평을 당해낼 수 없었기 때문이다(이도성. 1993).

에피소드 양허의 몰락

전두환이 보안사령관 시절 가장 신뢰했던 대령은 허화평과 허삼수였다. 5공화국의 공신인 양허는 청와대에서 정책과 민정수석을 하면서 전두환을 보필한다. 그러나 장영자 사건을 계기로 전두환의 친인척 비리가 터지자 양허는 친인척을 확실히 정리하자는 주장을 편다. 대통령을 윽박지르는 기세를 발휘했던 양허는 대통령에게 부담을 주어 결국 권좌에서 물러나고 전두환이 국세청장을 제안하나 모두 미국으로 가버린다. 이후 전두환과는 인연을 맺지 않고 홀로 독립하였다. 양허는 5공 초기 그나마 의욕적으로 개혁을 추진하려는 열정이 있었다. 이후 전두환은 부담이 적은 비서관들을 임명해서 각종 친인척 비리가 발생하게 된다.

12·12 쿠데타와 5·17 계엄령 선포, 5·18 광주민주화운동과 언론통폐합 등에서 보여준 전두환의 저돌성은 한때 위력을 나타내는 듯했으나 결국에는 부메랑이 되어 자신을 비극의 주인공으로 만들었다.

전두환 본인만 비극의 주인공이 된 것이 아니다. 수많은 사람이 억울하게 목숨을 잃었고 고통도 겪어야 했다. 민주주의가 사장되고 인권이 실종되었으며, 언론과 학문의 자유도 말살됐다. 이 모두가 앞뒤를 가리지 않은 전두환의 충동성이 낳은 부산물이었다.

5.

노태우와
제6공화국

1. 6·10민주화운동과 6·29선언

6·10 민주화운동

전두환 정권은 1985년 2월 총선에 대비하여 1984년부터 자율화·개방화 정책을 추진하면서 탄압을 완화하는 인상을 주었다. 심지어 '민주화투쟁전국학생연합' 소속 학생 300여 명이 1984년 11월에 민정당사를 점거하고 농성을 벌여도 민정당에서는 학생들의 처벌을 완화시켜주도록 주문하였다. 또한 선거를 앞두고는 정치활동 규제자들도 해금 조치하였다. 정치활동이 재개되자 김영삼, 김대중을 중심으로 1985년 1월 신한민주당(신민당)이 창당되었다. 총선에서 민정당은 지역구 87석과 전국구 61석을 획득하여 총 148석이 됨으로써 원내 과반수 확보에는 성공했다. 그러나 총 유효득표에서는 신민당이 민정당을 앞섰다. 1985년 총선을 두고 '투표에 의한 국민의 민주화운동' 내지 '민주적 폭발 현상'이라는 이야기가 나올 정도였다.

신당 바람을 불러온 신민당은 양심수와 구속학생 석방 등을 정부에 요구하면서 대통령 직선 개헌 투쟁으로 이어갔다. 김대중과 김영삼은 신민당 중심으로 야당통합을 하면서 통일민주당이라는 새로운 야당을 만들었다.

전두환과 노태우는 대통령 직선제로 헌법이 바뀌게 되면 양김의 인기가 대단해서 재집권하기가 어렵다고 판단한다. 따라서 전두환과 노태우는 현행 헌법을 지켜야 하며 직선제 개헌에 반대한다는 입장을 분명히 하였다. 그러나 청년, 학생 및 사회단체들은 '헌법투쟁대회 및 개헌서명운동추진본부 결성식'을 계기로 하여 직선제를 중심으로 하는 민주헌법 쟁취투쟁을 본격적으로 전개하였다. 신민당도 1천만 개헌 서명운동을 전격적으로 시작하면서 각 지부 결성식을 통해 대중집회 운동을 본격화했다.

전두환은 야당의 직선제 개헌에 대한 요구가 거세지자 여야가 국회에서 합의한다면 개헌하는 데 반대하지 않겠다고 하였다. 그러나 국회 내에서 여당인 민정당은 대통령 직선제로는 정권을 재창출하기 어려워 내각책임제를 주장하였다. 야당인 신민당은 대통령직선제로 헌법이 개정되어야 한다고 주장하며 서로 타협점을 찾지 못했다. 이에 전두환은 4월 13일 특별담화를 통해 "여야가 합의하면 내 임기 내에 개헌하는 데 반대하지 않겠다고 말했지만 1년이 지나도 합의가 되지 않으니 개헌을 중단하고 평화적 정권 이양과 서울올림픽이라는 국가적 대사를 완성한 후 충분한 시간을 두고 개헌문제를 다시 생각하자." 하면서 개헌 논의는 88올림픽 이후로 미룬다고 발표하였다. 이것을 4·13 호헌조치라 부른다. 이러한 호헌조치에 야당은 장기집권의 음모라며 비난하면서 단호히 대처할 것을 천명하였고 개헌 작업의 계속 추진을 요구하였다.

통일민주당이 창당대회를 개최하자 안기부는 정치깡패를 동원하여 창당 작업을 방해했다. 이러한 반대에도 통일민주당이 주축이 되어 광범위한 민주세력을 묶어 '민주헌법쟁취 국민운동본부'가 결성되어 전두환 정권에 대항하게 되었다.

신민당이 창당되고 대통령 직선제 투쟁에 돌입하게 된다. 각 지역마다 신민당 지부 현판식을 하는데 정치깡패가 나타나서 현판식 행사를 무력으로 무산시킨다. 용팔이라는 깡패가 주동이 되어 각목으로 신민당 관련자들을 폭행하고 현판식 간판을 부숴버리는 만행을 저지른다. 이는 당시 안기부의 사주를 받고 깡패가 동원되어 신민당을 방해한 대표적 사건이다.

민정당은 예정대로 6월 10일 잠실 실내체육관에서 전당대회를 개최하고 노태우를 차기 대통령 후보로 선출하였다. 이에 맞서 '민주헌법쟁취 국민운동본부'는 6월 10일 '박종철 군 고문살인 은폐조작규탄 및 호헌철폐관철대회'를 전국 22개 도시에서 일제히 개최하였다. 이것이 6 · 10 민주화운동의 시작이었다. 이처럼 연일 저항세력이 커지자 19일 전두환 대통령은 군 병력을 동원하여 사태를 수습하려 했다. 계엄령 및 위수령 선포의 위기 속에서 언론과 학자들이 민주화 요구를 주장하고 나섰고 미국도 한국대책특별반을 편성하여 한국의 민주화에 관심을 표명하게 되었다. 이렇듯 국내외적으로 압력이 행사되자 군 동원의 위험성과 무모함을 깨달은 전두환은 군 동원을 포기하고 새로운 방식으로 정국의 전환을 꾀하였다. 6 · 29 선언은 이러한 위기적 상황에서 제시된 것이다.

에피소드 "탁" 치니 "억" 하고 죽더라

박종철은 서울대 학생으로 민주화운동을 하다가 잡혀 고문으로 죽었다. 박종철이 고문으로 사망하자 정부는 심문하는 과정에서 책상을 "탁" 치니까 놀라서 "억" 하고 그 자리에서 사망했다고 발표하면서 고문치사 사건을 조작하였다. 그러나 박종철은 전기고문과 물고문으로 인하여 사망했다는 것이 천주교 정의사제단에 의해 밝혀지자 학생, 시민, 재야인사들의 시위로 이어졌다. 고문치사 은폐조작이 밝혀지자 많은 시민이 분노하게 되었으며 이것은 6 · 10 민주화운동의 기폭제가 되었다.

에피소드 경적을 울린 운전자들

6 · 10 민주화운동 중 학생들이 시위를 하다가 전경에게 쫓겨서 명동성당에서 시위를 하게 되었다. 학생들은 고립된 상태에서 담벼락 위에 올라가서 명동성당을 경유하는 모든 차량에 경적을 울려 자신들의 뜻에 동조해달라고 손짓을 했다. 당시 명동성당을 경유하는 차량의 운전자들은 누구나 할 것 없이 경적을 울렸고 많은 시민은 학생들을 향해 박수를 치며 환호했다. 당시의 공권력은 이러한 민심의 대세를 쳐다만 본 채 어떠한 행동도 취하지 못했다.

에피소드 넥타이부대의 등장

기존의 민주화운동은 야당과 재야, 학생이 중심이 되어 시위를 벌이고 일반 시민은 동조는 하지만 본격적인 시위에 가담하지 않는 현상을 보여 왔다. 그러나 6 · 10 민주화운동 때는 직장에 다니는 넥타이를 맨 직장인들이 점심시간을 이용하여 시위에 동조하고 시위대에게 물과 김밥을 제공하는 등 적극적인 시위 동참 행동을 보여주었다. 방관적인 입장에서 탈피하여 적극적인 동참자의 모습을 보여준 사례였다. 여기에 또한 소위 아줌마 부대들도 학생들을 옹호하며 음료수와 김밥을 제공하기도 했다. 이러한 현상으로 인하여 당시 시위를 진압하던 전경들의 사기가 떨어진 것도 사실이었다.

6 · 29 선언

6월 10일부터 시작된 민주화운동의 열기를 군 병력으로 진압하려 했으나 여의치 않자 위기에 처한 전두환 정권은 대통령 직선제 개헌안을 받아들이게 된다. 당시 노태우 민정당 대표는 1987년 6월 29일에 대통령 직선제, 1988년 2월의 정부 이양, 김대중의 사면복권, 시국 관련 사범의 석방, 언론자유 창달 등을 포함하는 시국 수습 방안 8개항을 선언한다. 6 · 29 선언은 전두환 정권이 국민에게 굴복했다는 것으로 여겨지면서 국민 대다수가 이를 환호하며 받아들이게 된다.

에피소드 6 · 29의 진실

6 · 29가 누구의 작품이었는지가 후에 논란의 대상이 되었다. 6 · 10 민주화운동으로 인해 내각책임제로의 개헌이 무산되자 전두환 대통령이 노태우를 설득하여 직선제를 받아들이자고 했으나 노태우는 그렇게 되면 자신이 대통령에 당선되기가 어려워 거절했다고 한다. 그러나 전두환이 양김을 분열시키면 승산이 있다고 설득하여 결국 노태우가 전두환의 제안을 받아들였다는 것이다. 물론 노태우 진영은 6 · 29가 순전히 노태우 자신의 결정이라고 주장한다.

---

6 · 29 선언은 기존의 독재체제를 더 이상 지속할 수 없다는 계산에서 나온 것이다. 어느 정도 민주주의의 절차를 보장함으로써 국민적 저항을 약화시키려는 계산에서 비롯되었다. 또한 저항세력의 내부 분열을 일으킴으로써 다시 정권을 잡을 수 있다는 계산도 있었다. 특히 이는 김대중과 김영삼의 뿌리 깊은 경쟁을 이용하고, 여당의 막강한 조직 및 자금을 바탕으로 대통령 직선제를 할 경우에 승리할 수 있다는 계산이 있었다. 실제로 6 · 29 선언 이후 정부는 김대중을 포함한

2,335명의 사면, 복권을 시행하였다. 이런 의미에서 6·29 선언은 어느 면에서는 노태우 자신이 표현한 대로 '국민에 대한 항복'이라고 말할 수 있겠으나, 다른 면에서는 항복을 가장한 권력연장의 계산된 행동이었다.

6·29 선언이 발표되자 시위는 주춤해졌다. 이제 거리에서의 시위 대신 국회에서의 헌법 개정을 위한 작업이 진행되었다. 1987년 10월 22일, 여야 합의에 의해 헌법개정안이 국민투표를 통과하여 확정되었다. 새로운 헌법 개정의 핵심내용은 국민이 직접 대통령을 선출하는 대통령직선제를 채택하고 대통령의 임기를 5년 단임으로 한다는 것이었다.

김영삼과 김대중의 분열

6·29 선언 이후 새 헌법에 따라 국민이 직접 대통령을 뽑는 선거가 1987년 12월 16일로 공고되고 치열한 선거전이 시작되었다. 통일민주당의 김영삼 총재는 10월 10일 대통령에 출마하겠다고 공식으로 선언하였다. 김대중 또한 10월 28일에 대통령 출마와 신당 창당을 공식 선언하고 평화민주당을 창당하였다. 11월 9일, 민주당이 김영삼을 대통령 후보로 선출하자 평민당도 12일 창당대회 겸 후보지명대회를 개최하여 김대중을 대통령 후보로 선출하였다. 이로써 국민이 원했던 김대중과 김영삼의 대통령 후보 단일화의 꿈은 무산되고 말았다.

군부정권 하에서 민주세력의 절대적 지지를 받으며 반독재·민주화투쟁을 전개해온 김영삼과 김대중은 6·29 선언 이후 경쟁자가

6·29 선언하는 노태우

되면서 서로 틈이 벌어지게 된다. 김대중과 김영삼은 민주세력의 후보 단일화 호소를 외면하고 분열되어 지지세력조차 출신지별로 분열된다. 따라서 야당세력이 약화되었을 뿐 아니라 대통령 선거에서 지역적 분열을 부채질하게 만들었다.

　김영삼 후보는 '군정종식'을 내세우고 정승화 전 육군참모총장을 입당시켜 유세에 활용하였고, 김대중 후보 또한 '군정종식'을 내세운 데 반해 노태우 후보는 '권위주의 청산'과 함께 '보통사람들의 위대한 시대'를 열 것을 제창했다. 11월 27일, 노태우 후보는 인천유세에서 대통령에 당선되면 임기 중 중국과 수교를 하여 한반도에 평화와 통일의 길을 열고 서해안 시대를 열겠다고 약속했다. 또한 대통령에 당선되면 중간평가를 실시하여 대통령의 신임을 국민에게 묻겠다고 하였다. 중간평가에서 국민의 신임이 낮으면 대통령직에서 물러나겠다고 호언하였다. 물론 노태우가 대통령으로 당선되고 여러 가지 이유로 중간평가는 실시되지 않았다. 1987년 12월 16일 투표와 개표는 평화롭게 진행되었다. 선거에 대한 국민의 관심이 높아서 대통령 선거 사상 가장 높은 투표율을 보였다. 전국 유권자의 89.2%가 참여한 가운데 개표 결과 노태우 36.64%, 김영삼 28.04%, 김대중 27.05%, 김종필 8.07%를 각각 얻어 노태우 후보가 제13대 대통령에 당선되었다.

에피소드 단일화 요구 ▬▬▬▬▬▬▬▬▬▬▬▬▬▬▬▬▬▬▬▬▬▬▬▬▬▬

어렵게 얻어낸 민주화이기에 많은 사람은 양 김의 단일화로 민주화가 이룩되기를 바랐다. 그러나 양 김은 회동을 해서도 먼저 양보할 기미를 보이지 않았다. 많은 사람은 걱정하게 되고 삭발과 단식투쟁까지 하면서 단일화를 요구하였다. 밀실에 양 김만 집어넣고 단일화가 될 때까지 문을 걸어 잠그자는 의견도 나왔다. 그러나 양 김은 단일화를 이루지 못하고 대권을 노태우에게 뺏기고 만다. 양 김의 득표는 노태우를 훨씬 이기는 것이었다. 카리스마가 있었고 국민의 신뢰가 강했던 양 김의 신화가 무너지는 순간이었다.

2. 노태우의 퍼스낼리티

가정적 배경

노태우는 1932년 12월 4일, 경북 달성군 공산면 신용리 팔공산 아래 서촌에서 노병수의 장남으로 태어났다. 그의 아버지는 가난해서 보통학교 이상 학교를 다니지 못했으나 그 동리에서 인물이 좋고 똑똑한 젊은이로서 평판이 좋았다고 한다. 그의 어머니는 독실한 불교 신자로서 헌신적인 한국의 어머니였다. 노태우의 어머니가 그를 잉태할 때 꾸었던 태몽은 다음과 같았다. 어머니가 콩밭에 김을 매러 갔더니 밭에 시퍼런 구렁이가 숨어 있는 것을 보고 놀라서 집으로 돌아왔다. 그 구렁이가 계속 따라와서 부엌에 숨으려 했더니 발뒤꿈치를 물고 온몸을 휘감아 버렸고 놀라서 잠에서 깼다(한승조, 1992).

그 꿈을 꾼 이후에 태기가 있어 노태우를 낳았다고 한다. 그 말을 들은 할아버지는 시퍼런 구렁이는 청용인즉, 아이의 이름을 태룡(泰龍)이라고 지으려다가 꿈을 드러내놓지 않고 안으로 숨기기 위해 일부러 어리석을 우(遇) 자를 붙여 이름을 태우(泰遇)라고 지었다는 것이다. 아버지 노병수 씨는 갓난아기를 면한 어린아이를 무릎에 안고 당시로서는 귀했던 바이올린, 유성기, 퉁소를 불어주기도 했으며 아들을 극진히 사랑하여 퇴근하기 무섭게 아이를 받아 안고 온갖 아름다움과 희망, 그리고 사랑을 심어주었다고 한다. 당시 노태우의 아버지는 면서기로 일했다고 한다. 노태우는 7세 때 아버지를 잃었다. 그래서 어려서부터 가장노릇을 해야 할 처지였다. 소년 노태우는 아버지의 유품 중 하나인 퉁소를 즐겨 불었다. 노태우가 돌아가신 아버지를 생각하며 구성지게 퉁소를 불 때면 동네 친구들이 주위를 에워쌌다고 한다. 이처럼 어려서부터 음악에 관심이 많았던 노태우는 고등학교 시절에는 직접 만든 노래를 불렀고, 군에서 부대장으로 재직할 때는 〈연대가〉를 비롯하여 백마사단가인 〈백마혼〉 등을 직접 작사·작곡할 정도의 음악적 기량을 보여주었다고 한다. 그는 평소에 말이 없고 어린아이답지 않다는 칭찬을 들으면서 자라났다. 아마도 "행여 아비 없는 막된 자식이란 소릴 들어서는 안 된다."라는 어머님의 가르침에 영향을 받은 것이었으리라 생각된다(주돈식, 2004).

아버지가 없는 집안의 장남인 노태우는 어려서부터 다른 아이들처럼 어리광을 피우며 자라기는 어려웠다. 따라서 어른스럽게 행동했다고 보인다. 이러한 배경은 어른이 되서도 자기 말을 아끼며 조심스런 행동을 하게 되는 이유가 되었다.

노태우는 대구공업학교 항공과에 입학하였다. 그러나 장차 의사가 되려면 인문계 학교를 나와야 하기 때문에 그 후 경북중학교로 편입하였다. 경북중학교에서의 성적은 중상위권이었고, "온순 착실하고 열심히 노력하며 책임감이 강하다"라고 당시 학적부에 기록되어 있다. 고교 동창들은 노태우가 휘파람을 특히 잘 불었고 온화하고 과묵한 학생이었다고 기억하였다(오경환, 2003).

    노태우의 중학교 때의 트레이드마크는 스마일이었다고 한다. 화내는 것을 잘 볼 수 없었고 언제나 싱글벙글 웃었다고 한다. 마주 앉으면 편안해지며 별 말이 없었다고 한다. 친구들이 몇 마디 하면 그저 한마디 하는 정도였고, 귀가 커서인지 말하는 것보다 듣는 것을 좋아했다고 한다. 인정도 많고 너그러운 편이었으며 남과 싸우지 않았다고 한다. 좋아하는 친구와 싫어하는 친구를 편 가르기 좋아하는 게 보통인데 노태우는 누구든 싫어하지 않고 좋아했다고 한다. 학교 안에서 아이들끼리 싸움이 나면 꼭 노태우가 불려가든가 끼어 있든가 하였다. 중재자 노릇을 하였던 것이다. 이쪽저쪽 의견을 다 들어주고, 그런 다음 조리 있게 설득했는데, 좌우지간 치고받고 싸우다가도 노태우가 수완을 발휘하면 서로 웃으며 악수를 했다고 한다. 중학교 5학년 때에는 친구들이 노태우의 별명을 '노 정승(盧政丞)'이라 붙여주었다. 그것은 세종대왕 때 황희(黃喜) 정승을 빗대어 지은 별명이었다(이영규·이배영, 1987).

    노태우가 경북고등학교 3학년 때 의학전문학교 입시를 준비를 하고 있던 중 한국전쟁이 일어났다. 노태우는 학도병으로 종군하려다가 헌병학교에 입학하였다. 그리고 1951년 전쟁이 소강상태에 이르고 휴전회담이 시작되었을 무렵, 육군사관학교 사관생도 모집 포스터를 보았다. 그는 혼자 깊이 생각한 끝에 육사로 가기로 결심하였다. 그런 결심을 하게 된 이유는 4년제 대학과 똑같은 과정을 밟아 이공학사라는 학위를 받는다는 것과 등록금은 물론 기숙사 비용도 국가가 부담해준다는 것이 그의 마음을 끌었던 것 같다. 그때까지 그는 대구의 삼촌 집에서 기거하면서 학비를 얻어 쓰고 있는 처지였기 때문이다. 넉넉하지도 않은 삼촌댁에 더 부담을 주지 않아도 된다는 것이 그의 결심을 재촉했던 것 같다. 노태우는 육사 시절 전두환, 이기백, 정호영, 김복동 등 대구 출신이거나 대구에서 고등학교를 다닌 동향 생도들과 만나게 되고 이들과 교제를 갖게 된다(월간조선부, 1993).

군사적 배경

　　1955년, 노태우는 육군사관학교를 졸업하고 육군 소위로 임관하였다. 그리고 1959년 5월 동료인 김복동의 누이동생 김옥숙과 결혼하였다. 1961년 5월 5·16 군사쿠데타가 일어났을 때 당시 육군 대위였던 그는 동기생들과 육사로 가서 육사생도들을 설득하여 쿠데타 지지 퍼레이드를 끌어내는 데 한몫을 하였다. 1968년, 중령으로서 월남전에 참전하여 대대장으로서 공(功)을 세워 화랑무공훈장을 받았다.

　　초급장교 시절 노태우의 행적에 주목할 만한 것이 두 가지 있었다. 하나는 박정희와의 만남이었고, 또 하나는 군대에서는 금지되어 있는 '북극성회'라는 사조직의 결성이었다. 1956년 봄, 중부전선 5사단 소대장으로 배치된 노태우 소위는 당시 사단장이었던 박정희를 만난다. 박정희는 육사 11기생인 노태우 소위를 몹시 아껴줬고, 노태우 소위 역시 일본군 장교 출신인 소장 박정희에게 존경과 복종으로 답했다(이한열 추모사업회, 1991).

육사 시절의 전두환과 노태우

에피소드 박정희와의 만남

　　노태우는 초급장교로 5사단에 배치되었다. 5사단장은 박정희였다. 초급장교였기 때문에 사단장을 만나기가 어려웠으나 사단장이 밥을 먹자고 먼저 연락해 왔다. 사단장이 소대장을 불러서 밥을 먹자고 하는 경우는 거의 없었다. 이상하고 황공하다는 생각이 들었다고 한다. 노태우가 대대 사격장을 닦고 있을 때 박정희가 불러서 식사를 같이하게 되었다. 박정희가 초급장교 생활이 어떠냐면서 여러 가지를 물어보았다. 식사가 끝나고 인사를 하니 박정희가 자신을 좀 보자면서 "내가 바닷가에 가서 오리 사냥을 하려는데 같이 가자."라고 하였다. 이에 노태우는 "사격장을 닦는 임무가 있다."고 하면서 못 가겠다고 하였다. 그랬더니 박정희는 할 수 없다며 잘 가라고 인사하였다. 그러고는 "내가 사단을 떠나게 되었어."라고 하였다. 어디로 가느냐고 노태우가 묻자 육군대학으로 간다는 것이었다. 노태우는 "잘 가십시오." 하면서 경례를 하였다. 노태우는 착잡한 심정이 들어 사단을 떠나는 박정희의 제안을 따르지 못한 것을 후회했다고 한다. 5·16 쿠데타 이후 노태우가 박정희를 만났을 때 박정희는 노태우에게 "야, 인마! 그때 참 서운했어!"라고 하였다(노태우, 2011).

북극성회라는 사조직 모임은 1959년 노태우 중위의 결혼식 때, 평소 그와 가까이 지내던 육사 동기생이 모두 모이자 노태우가 제안하여 즉석에서 만들어졌다. 이름조차 별들의 모임인 북극성회 성원들은 박정희 정권 당시 영남 출신 군부인맥 조직인 하나회의 실세들로, 5공화국과 6공화국을 출범시키고 움직여온 정치군인들의 모임이었다(이한열 추모사업회, 1991).

1979년 10·26 사태가 발생했을 때 노태우는 육군 소장이며 9사단장이었다. 당시 박정희 대통령의 시해사건을 조사하는 과정에서 육군참모총장인 정승화 대장을 조사할 것인가 말 것인가 하는 문제를 놓고 육군이 내분 위기를 맞고 있었다. 노태우는 전두환 합동수사본부장 편에 서서 9사단의 일부 병력을 동원하였다. 노태우가 출동시킨 병력은 당시 전방을 지키는 수도권 방어에 중요한 부대였기 때문에 북한이 남침할 경우 매우 위험한 상황에 빠지게 된다는 비판이 있었다.

에피소드 생일집 잔치 ===========================

노태우는 평소 존경하던 박정희가 죽자 초급장교 시절의 경험과 대권에 대한 야망으로 12 · 12 쿠데타가 일어나기 일주일 전, 서울로 나들이를 나와 정승화 육군참모총장 제거계획을 제안했다. 암호명이 '생일집 잔치'로 알려진 이 계획에서 노태우 소장의 임무는 정승화 측 군부가 저항할 경우 전방의 9사단 병력을 투입하여 진압한다는 것이었다(이한열 추모사업회, 1991).

---

12 · 12 쿠테타 이후에는 수경사령관, 보안사령관을 역임하였다. 그 이후 정계로 진출하여 정무장관, 내무장관, 전국구 국회의원, 올림픽조직위원장, 민정당 대표최고위원을 차례로 거치고 1987년 4월 민정당 대통령 후보로 지명 받았다. 그리고 1987년 12월 17일 대통령 선거에서 김영삼, 김대중을 따돌리고 승리하여 1988년 2월 25일 제12대 대통령에 당선되었다.

노태우는 평소에 평범을 강조해 왔다. 군 생활 중에는 전두환의 뒤를 따라다니며 조용히 일을 처리하는 스타일로, 전두환과는 달리 군 내부에서 후배들로부터 크게 신망을 받는 타입은 아니었다. 후배들을 돌봐준다거나 챙기는 스타일이기보다는 자신의 의견을 크게 피력하지 않고 자기 일을 묵묵히 해내는 스타일이었다. 따라서 인내를 가지고 때가 오기만을 기다린 경우가 많았다. 그러다 때가 오면 민첩하게 그 기회를 포착하는 데 순발력을 발휘했다.

노태우는 어려운 살림에 아버지를 잃고 일찍 가장이 되어서 그런지 혹은 자랑스럽게 내세울 만한 것이 없어서인지 어디서나 조심스러웠다. 누구에게나 겸손하며 온순하게 대하는 태도를 보였으며 언제 어디에 가서도 실수하거나 인간적 약점을 내보이지 않는 조심성 많은 인생을 살아왔다. 이러한 성격이 그의 리더십에도 그대로 투영되었다. 전두환과는 달리 어떤 목표를 달성하기 위해서 공격적이거나 과감하게 도전하는 일이 드물고 대체로 소극적이고 방어적이었다. 축구 경기에서 득점을 하려고 설치다가 실패를 하느니 처음부터 실점을 막기 위해 수비에 치중하는 스타일이었다.

에피소드 아카징키

　　노태우는 위관 시절, 미국에서 심리전 교육을 받고 돌아와 공수부대에 근무하게 되었으나 공수부대가 체질에 맞지 않았는지 곧 다른 데로 옮겨 갔다. 그런데 다시 공수부대 지휘관이 되어 뒤늦게 점프훈련을 받게 되었다. 공중점프 후에 땅에 떨어져 낙하산에 질질 끌려가는 것을 막기 위해 받는 훈련을 노태우는 강당에서 편하게 받았다. 점프훈련을 할 때 '숙달된 조교' 격인 전두환은 노태우와 함께 훈련을 받는 우정을 보여주었다. 점프훈련을 할 때 노태우는 철모를 쓰는 대신 헬기조종사의 파이버를 빌려 쓰고 왔다고 해서 "준비성도 좋지만 너무 몸을 아낀다."라는 핀잔을 듣기도 했다. 육사 시절 그는 럭비부에서 달리기는 잘했지만 몸을 사려 '아카징키'라는 별명을 얻었다고 한다(박보균, 1994).

　　노태우는 내무부장관으로 임명되고 나서 "무사명 · 무책임 · 무소견 · 무기력이라는 4무를 추방하자"라는 제법 의욕적인 취임사를 내놓았다. 당시 내무부 관리들은 거물급 실세의 등장으로 무언가 변화가 생겨 바빠지겠거니 지레 짐작했다. 그러나 노태우 장관은 기대와는 전혀 딴판이었다. 특별히 일을 챙기거나 벌일 생각을 하지 않는 것은 물론 시간이 지날수록 처신을 조심하는 데만 신경을 썼다. 그는 순경 인사 하나에도 손을 대지 않으려 했고 내무부 내의 인사는 차관에게 아예 맡겨버렸다. 대통령의 관심사항인 시·도지사 인사는 아예 관심도 두지 않았다. 노태우가 마음만 먹으면 강력한 권한을 발휘할 수 있는 여건을 이처럼 허비하는 데 대해 차츰 추측이 무성해졌다. 전두환이 노태우를 내무부장관에 앉혀놓고 흠집을 내려는 것이냐, 아니면 후계자로서 경력관리를 해주는 것이냐에 대한 논란이 있었다(박보균, 1994).

1987년, 민정당 전당대회에서 당원들은 노태우 대표의 얼굴 사진 피켓을 흔들어대면서 '노태우'를 연호했다. 행사장 벽면에는 '90년대 국운을 개척할 정치인', '진정한 민주화의 기수' 등의 플래카드까지 걸렸다. 민정당 행사장에 총재(전두환 대통령)는 간 곳 없고 노태우 대표만 부각된 셈이었다. 전두환은 이날 행사를 텔레비전 뉴스로 지켜보다가 "내각제 홍보하는 행사인데 정책은 홍보 안 하고 왜 인물만 홍보하는 거야?"라며 호통을 쳤다고 한다. 이틀 뒤 전두환은 노태우를 직접 소환했다. 막 서울로 올라온 노태우는 가락동 연수원의 민정당 행사에 참석하던 중 긴급 호출되었다. 전두환의 불호령이 떨어졌다고 한다. 청와대에서 어떻게나 전두환에게 혼쭐이 났는지 노태우의 얼굴이 행사장으로 다시 돌아와서까지 붉으락푸르락했다고 한다. 노태우는 그런 흥분된 표정을 보기 힘든 사람인데 엄청나게 싫은 소리를 들었던 모양이다. 전두환은 노태우를 보자마자 "텔레비전에 많이 나가 망하는 꼴 보고 싶으냐?"라며 호되게 몰아쳤다고 한다. 이후부터 노태우의 얼굴이나 이름이 쓰인 피켓은 자취를 감추었으며, '노태우'라는 연호도 들을 수 없게 되었다. 대신 대구 행사장에서는 이치호 대구시 지부장이 노태우 대표를 소개하면서 '전두환 총재님의 분신'이라는 수식어를 달았다. 춘천 행사장에서는 단상 정면에 전두환 총재 내외가 온화하게 당원들을 향해 웃고 있는 대형 전신사진이 걸려야 했다(오병상, 1995).

에피소드 한강에서의 분 삭이기

전두환 대통령 시절, 노태우를 2인자로 인정하지 않고 노태우의 권력을 제한하는 경우가 있었다. 이에 노태우는 친구인 전두환에게 크게 따지거나 대항하지 않고 마음속으로 괴로워하면서도 표면적으로는 크게 내색하지 않았다. 속이 많이 상할 때는 혼자서 한강에 가서 분을 삭였다고 한다. 이러한 상황을 보고받은 전두환은 노태우를 만났을 때 이러한 노태우의 행태를 비꼬면서 면박을 주기도 했다. 이렇듯 노태우는 겉으로 자신의 의중을 표현하기보다는 속으로 분을 삭이거나 인내심을 갖고 기다리는 스타일이었다.

에피소드 어이, 노태우! 한강 나가 울었다며?

박종철 군 고문치사사건의 은폐조작 사실이 알려져 정호용 내무부장관 등이 전면 개각을 주장하던 1987년 5월 20일 밤, 전두환 대통령은 청와대에서 노태우 대표와 노신영 총리, 장세동 안기부장을 한자리에 불러 술잔을 나누고 있었다. 얼큰해진 전두환 대통령이 노태우를 향해 "어이 노태우! 내가 뭐란다고 당신 한강에 나가 울었다며?"라고 무안을 주었다. 노태우가 전두환의 불호령과 경계에 대한 굴신(屈身)의 답답함을 달랠 길 없어 한강변에 나가 눈물을 글썽였다는 얘기가 전두환에게 보고됐던 것이다(오병상, 1995).

에피소드 대통령과 감기

노태우가 내무부장관이었던 시절, 전두환이 부른다는 전갈이 왔다. 노태우는 몹시 감기가 들어 대통령에게 옮기면 결례이니 급한 일이 아니면 다음으로 미루어 달라고 했다. 이를 전해들은 전두환은 "과연 노태우가 최고다! 그렇게까지 대통령을 위하는구나!"라는 반응을 보였다. 이후부터 경호원들은 대통령을 만나는 사람들마다 감기에 걸렸는지 조사하기 시작하였다(조갑제, 2007).

에피소드 후배에게 무시당한 노태우 ▨▨▨▨▨▨▨▨▨▨▨▨

　권정달 민정당 사무총장은 육사 선배인 노태우가 방문했다는 사실을
알고도 자기 방에서 나오지 않았다. 사무총장을 지낸 5공화국 정치 거물
이었던 권정달은 전국구 초선으로 내정된 정치 초년병인 노태우의 방문
에 별 관심을 기울이지 않았다. 그러나 권정달은 육사 15기로 노태우의
4년 후배라는 특별한 인간관계가 있었기에 이 같은 처신은 경솔한 것이
었다. 얼마간 기다린 뒤 노태우는 권정달의 방으로 안내됐지만 권정달은
상석을 차지한 채 별로 관심을 보이지 않았다. 간단히 인사만 나눈 뒤 옆
에 앉은 노태우를 아예 무시하고 다른 사람과 얘기를 계속했다. 평소에
자신의 속을 내비치지 않는 노태우이지만 그를 오랫동안 수행해 온 이병
기 보좌역은 그의 얼굴이 조금씩 흙빛으로 변해가는 것을 알아챘다. 이병
기 보좌역이 "가시죠."라고 한마디 귓속말을 하자 노태우는 기다렸다는
듯 두말하지 않고 그대로 일어나 나와버렸다(오병상, 1995).

에피소드 만화 보며 속 달래는 노태우 ▨▨▨▨▨▨▨▨▨▨▨▨

　전두환이 노신영 국무총리를 후계자로 생각한다는 소문과 더불어 전두
환 대통령의 총리공관 나들이가 서너 차례 계속되자 마음이 상한 노태우
는 어디에다 말도 못하고 답답한 나머지 한강에 나가 멍하니 강물을 바라
보며 앉아 있곤 하였다. 집에서는 만화책을 읽었고 측근들에게 짜증을
부리기도 했다. 전두환 대통령도 낙담한 노태우의 이런 행각을 보고받고
있었다. 그때 노태우가 겪은 고통은 피눈물 나는 것이었다고 한다. 게다
가 장세동 안기부장이 사사건건 견제한다는 얘기도 들려왔다.

에피소드 몸 사리는 노태우 ▨▨▨▨▨▨▨▨▨▨▨▨

　노태우는 2인자로서 본인은 늘 살얼음판을 걷는 기분이었다. 전두환
이 대권을 줄 것 같았지만 실제로 대권을 받기까지는 몸을 사릴 수밖에
없는 형편이었다. 내무부장관 시절에도 새로운 일을 벌이지 않고 그저

사고만 나지 않도록 행동하여 공무원들의 불평을 샀다. 이러한 철저한 몸 사림과 몸 낮춤이 결국 전두환으로부터 인정받아 대권 후계자가 될 수 있었다. 한번은 친인척 문제로 5공 공신들이 모여 회의를 하고 합의해서 대통령에게 직접 건의하기로 하였다. 전두환의 친구인 노태우가 건의하는 것이 좋겠다는 의견이 대다수였다. 그러나 노태우는 전두환을 직접 만나서 건의하지 않고 편지로 완곡한 표현으로 다른 사람들의 의견인 양 표현했다. 노태우는 전두환 대통령에게 "각하를 모시는 동지들의 의견이 이렇습니다."라는 식의 문건을 제출했다. 전날 모인 자리에서의 분위기를 전혀 느낄 수 없는 일종의 완곡한 건의문이었다. 노태우는 전두환의 직설적인 성격을 잘 알고 있어 정면 돌파를 피한 것이었다. 아마 그 결의 내용이 담고 있는 부담스러움과 폭발성 때문에 노태우는 고민 고민하다가 직접만나 얘기하는 대신 서면이라는 아이디어를 냈을 것이다. 만찬회에서는 친구인 전두환에게 "6천만 국민의 위대한 영도자 전두환 각하를 존경하며 건배!"라고 제의할 정도로 전두환에게 깍듯이 대했다. 5공 청산에서 전두환이 백담사로 가는 것을 보고 노태우가 배신을 했다는 말이 나돌 정도였다.

전두환은 목에 힘주는 사람이고, 노태우는 귀에 힘주는 사람이라고 한다. 목에 힘주고 얘기하는 사람에게는 귀에 힘주고 들어줄 줄 아는 사람이 어울리게 마련이다. 육사 11기 중에서 전두환이 노태우와 가장 친했던 것은 아마도 성격 탓일 것이다. 전두환은 공격적이고 적극적인 성격이었는데 그러한 그의 성격을 가장 잘 받아준 친구가 노태우였다. 성격이 비슷해서가 아니라 서로 대조적이기에 더 친해진 것이다. 특히 전두환은 주색잡기를 무척 싫어하였다. 노태우도 포커를 하긴 했지만 육사 동기 중 술이나 노름, 여자를 멀리했던 사람 중 하나였다(오병상, 1995).

전두환과 노태우가 친했던 것은 노태우가 성격이 온순한 반면 전두환은 성격이 강해서 서로 간에는 갈등이 없었기 때문이었다. 노태우의 성격을 가장 잘 아는 전두환은 퇴임 후 자신의 안위를 생각해 노태우를 후계자로 선택한 것이라 할 수 있다. 전두환은 퇴임 후 안위는 물론 자신이 추진해 온 정책을 가장 충실히 계승할 사람이 노태우라고 생각했다.

노태우는 동기생들 중에도 유독 전두환에게 고분고분한 편이고 전두환의 뒤를 따라다니며 편하게 자리를 이어받았다. 그래서 정규 육사 출신들 간에는 한 사람은 돌파와 개척자, 다른 한 사람은 편승과 마무리의 귀재로 이미지가 박혀 있었다(박보균, 1994).

에피소드 전두환의 뒤를 쫓는 노태우

군 내에서는 전두환이 노태우보다는 선두주자였다. 노태우는 항상 전두환의 말에 고분고분 잘 따르는 편이었다. 활달한 전두환은 일을 벌이는 스타일이었고, 벌인 일을 수습하는 사람이 노태우였다. 전두환은 군에서 주요 보직을 맡은 후에 그 후임자를 가능한 한 노태우로 하도록 노력했다. 경호실 작전차장보, 육군참모총장 비서 보안사령관, 공수부대 여단장 등 노른자위를 전두환의 뒤를 이어 노태우가 맡았다. 김복동과 전두환이 서로 라이벌 관계로 사이가 나쁠 때에도 김복동의 편을 들어주지 않고 전두환의 편을 들어주어 처남인 김복동은 서운해 했다. 전두환은 다른 사람에게 "내 후임으로 노태우가 오는 것이 기쁘다."라고 할 정도였다(방경일, 2002).

노태우는 지휘관 시절, 중대장에게 독단 활용권을 부여하고 참모들의 의견을 존중했다고 해서 '덕장 스타일'이라는 얘기도 들었으나 밑에 있는 사람들은 대체로 답답해했다고 한다. 노태우의 지휘기법은 밑에 있는 사람들의 의견을 들어주고 자신의 결심을 쉽게 표출하지 않는 것이었다. 그런 만큼 독선적이니 하는 소리를 듣지는 않았지만 대신 참모들은 그를 존경하거나 두려워하지는 않았다고 한다. 나쁘게 말해 속마음을 드러내지 않아 참모들과의 진솔한 관계에 허점이 있었다.

에피소드 깨진 사발 맞추기

군대 시절, 노태우는 '깨진 사발을 맞추는' 장기를 가졌다고 한다. 전두환이 일을 벌이고 나면 수습은 노태우가 맡았다는 것이다. 군대 시절 전두환은 정규 육사 출신의 위상 확립과 하나회의 기반 확대를 위해 노력하면서 여기저기 부닥치고 소리가 많이 났다. 적도 많았고 동기생 내부에서도 반감이 생겼다. 노태우가 이를 그런대로 정리해 반감이 안 가도록 마무리해주었고 속도를 조절해주기도 하였다. 군대 시절엔 적어도 어울리는 콤비였다. 예를 들어 중대장만 돼도 후임자는 전임자의 지휘방침을 뜯어 고치려 한다. 그런데 노태우는 전두환의 자리를 이어받으면서 전임자가 돋보이게 지휘방침을 이어받았다. 경호실 차장보를 마치면서 전두환은 차지철 실장과 별로 사이가 좋지 않았지만 후임으로 들어간 노태우가 원만히 수습했다고 한다(박보균, 1994).

전두환과 김복동의 갈등과 대립에서 노태우는 처남인 김복동보다 늘 전두환 편을 들었다. 노태우는 전두환의 뒤를 따라가는 데 충실하면 군대 생활에서 성공할 수 있다고 확신한 것 같았다.

육사 11기 동창으로 5공 탄생을 주도했던 전두환과 노태우는 누구보다도 각별한 친구 사이였다. 그러나 두 사람의 관계는 2인자로서의 수모 속에 살았던 노태우의 서운한 감정으로 변화가 일기 시작하였다. 전두환은 "누가 만들어준 대통령인데!"라며 노태우를 대통령으로 만든 것이 자신인데 자신을 배신하였다고 생각한다. 노태우에게 5공 시절의 2인자 자리는 빛 좋은 개살구였을 뿐 실제로 자신은 조용히 죽어 살아야만 하는 힘든 시절이었다. 전두환 입장에서는 노태우에게 그동안 자신의 보직을 승계하였으며 대통령 선거 당시 자금을 동원하고 홍보하는 등 많은 도움을 주었다고 생각한다. "누가 만들어준 대통령인데 나를 궁지로 몰아넣고, 영하 27~28도를 오르내리는 백담사에 칩거하도록 만들었는가?" 하는 배신감을 갖게 된다. 전두환은 물러나기 전, 군부의 인사를 단행하면서 자신의 심복을 군 요직에 배치한다. 또한 국정원로자문회의를 강화하여 퇴임 이후 영향력을 행사하려 한다. 노태우는 취임 후 전두환의 동생인 전경환을 새마을 비리로, 이순자의 동생을 뇌물혐의로 구속시킨다.

에피소드 처남의 따귀를 때리다 ▬▬▬▬▬

김복동 준장이 "강창성이가 나를 봐준 것 같다."라면서 윤필용 사건 이야기를 꺼내자 노태우가 화를 내며 "내 앞에서 강창성 얘기를 꺼내지 마라."라면서 김복동의 뺨을 때린 적이 있었다. 노태우로선 하나회를 박살낸 강창성에게 이를 갈고 있는 전두환의 심사에 어긋나는 얘기를 듣는 것이 참을 수 없었던 것이다. 노태우는 일찍부터 2인자의 처세술에 익숙한 편이었다. 그런 점이 소극적이고 이기적인 인상을 주기도 했다. 좋게 보면 신중하고 참모들을 잘못 쓰면 대세를 망칠 수 있는 스타일이었다. 반대로 전두환은 '안 된다'는 충언의 소리를 듣기 어려운 상황을 스스로 만들 우려가 있었다. 대통령이 된 뒤 그런 우려는 종종 현실로 나타났다. 전두환은 군대 시절부터 노태우에게 자리를 물려주면 자기의 지휘방침을 상처내지 않고 이어줄 뿐 아니라 전임자를 격하시키지 않을 것이라는 믿음을 가졌다. 그러나 그것은 결정적일 때 오판임이 드러났다. 그 오판은 바로 우정을 증오로 돌변시키고 말았다(박보균, 1994).

에피소드 영부인들의 감정싸움 ▬▬▬▬▬

군 시절 노태우가 전두환을 따르자 전두환의 부인 이순자와 노태우의 부인 김옥숙은 자연히 친해지면서 언니 동생 하는 사이가 된다. 그러나 전두환의 위상이 높아서 자연히 김옥숙은 이순자에게 깍듯이 대한다. 더구나 대통령 영부인으로서 이순자의 위상이 높아지자 김옥숙은 이순자에게 잘 보이려 한다. 노태우가 대통령이 되고 나서 전두환을 백담사에 보내려 하자 이순자는 김옥숙에게 이럴 수 있냐며 따지게 된다. 그러나 그동안 마음속으로 자부심을 갖고 있으면서도 비굴하게 대했던 김옥숙으로서는 이제 권력이 자신들에게 왔으므로 이순자가 따지는 것을 무시하게 된다. 이에 이순자는 격한 감정을 나타내고 둘 사이는 감정대립으로 멀어지게 된다. 결국 친구뿐만 아니라 안방마님들까지도 우정에 금이 가게 되었다.

에피소드 민정당이 인기가 없어서

노태우가 당선되고 난 후 김옥숙은 이순자에게 선거 과정의 어려움을 얘기하던 중 "민정당이 인기가 없어서 정말 고생이 많았어요."라고 속마음을 털어놓았다. 나중에 이순자는 그 얘기를 들은 당시의 심경에 대해 "온몸에 소름이 돋았다."고 회고하였다. 친구라기보다 부하라고 생각될 정도의 인간관계를 유지해 오던 두 사람의 관계를 생각하면 하루 아침에 세상이 바뀐 것을 실감할 만한 충격이었을 것이다. 선거 후 승리의 기쁨에 취해 있던 김옥숙은 "우리는 국민이 직접 투표로 뽑아준 대통령이어서 체육관 대통령하고는 달라요."라면서 예의 "민정당이 인기 없어서……"라는 주장을 반복했다(오병상, 1995).

에피소드 김옥숙의 변심

5공 청산 문제로 백담사로 떠나기 전 이순자는 새로운 영부인이 된 김옥숙에게 전화를 걸었다. 퇴임 후 거의 연락이 없던 내실 간의 통화는 약 1시간 넘게 계속됐으며, 상당히 흥분된 어조의 고성도 오갔다고 한다. 당시 이순자는 "우리가 이럴 사이가 아닌데 이럴 수 있느냐?"라면서 자신의 문제뿐 아니라 친인척의 구속 문제에 대해서도 강하게 항의한 것으로 알려졌다. 이순자는 통화를 끝낸 후 "그동안 쌓였던 얘기 다 했다. 옛날 김옥숙이 아니다. 변해도 너무 변했다."라며 흥분을 감추지 못했다고 한다

(오병상, 1995).

　　권력의 비정한 생리를 잘 아는 전두환이 노태우를 후계자로 선택한 것은 권력을 내려놓은 이후를 생각해서였다. 노태우를 가장 믿었던 것은, 다시 말해서 만만하게 생각했다고 볼 수 있다. 권력을 내놓은 이후에도 전두환은 영향력을 갖고자 했기에 퇴임 후 자신의 요구를 가장 잘 받아줄 대통령으로 노태우를 선택했다는 것이다. 퇴임 후에도 권력을 가지려 했다는 것은 전두환의 순진한 오산이었다.

　　부하가 업무추진을 브리핑하고 문제점과 해결방안을 제시하면 전두환은 보고를 다 듣기도 전에 조치를 내리고 일을 즉석에서 지시한다. 한편 노태우는 보고를 모두 듣고도 도무지 결정을 내리지 않았다고 한다. 전두환은 과감하고 저돌적이어서 그런지 일을 신속하게 처리하다가 실수를 저지르곤 하였다. 그러나 노태우는 섣불리 문제를 해결하려다가 실수하느니 차라리 문제가 스스로 해결되거나 관련자들이 진이 빠져서 포기하고 물러날 때까지 인내심을 갖고 기다린다고 한다. 한 문제를 해결하면 그로 인해서 다른 문제가 생기게 되므로 아예 저절로 진정되기를 기다리는 편이었다. 이러한 행태는 노태우가 무능하고 무책임하다는 평가를 받게 된 중요한 이유였다(한승조, 1992).

　　노태우는 국민의 인기를 의식하며 인기관리에 세심한 관심을 기울였다. 모든 정보기관의 보고와 여론조사 그리고 언론을 철저하게 관찰한 후 정책결정을 하였다. 노태우는 정치적 제스처에 매우 능하여 '제스처에는 귀신'이라는 말을 들어왔다. 제스처와 말로써 자신의 의도를 알리지만 섣부른 행동으로 새로운 문제를 일으키지 않도록 조심하였다. 일을 처리하는 데에도 자신의 소신대로 결정을 내리기보다는 "남들이 어떻게 보고, 어떻게 처리하기를 바라는가?" 하는 데 더 신경을 쓴 듯했다. 자기가 해야 할 일을 하면 남들이 어떻게 생각하든 상관 없다고 생각한 것은 전두환의 스타일이다. 그러나 노태우의 스타일은 그 일 자체보다 그 결과와 남들의 평가에 더 관심을 가진 것 같았다. 그래서 그의 인기관리 능력은 역대 대통령 중 누구보다 능란했다(한승조, 1992).

이러한 노태우의 리더십 스타일은 야당과 재야세력에게도 적용 되었다. 박정희와 전두환은 야당이 반대하거나 방해하면 즉시 억압하 거나 무시하곤 했다. 그러나 노태우는 반대의 말을 다 들어주고 가급 적 요구를 수용하는 모습을 보이곤 하였다. 받아들일 수 없는 요구도 억압하거나 무시하는 대신에 반대자들이 하고 싶은 대로 하도록 방치 하곤 했다. 그래서 야당과 재야세력이 과도한 요구를 하는 모습이 노 출되어 사회적 비난을 받고 스스로 그만두게끔 만들곤 했다. 간혹 이 런 식으로 야당 지도자들을 우습게 만들어서 그런지 그의 통치기간에 야당 지도자의 인기가 노태우를 크게 앞지르지는 않았다(한승조, 1992).

노태우는 평생 언제 어디서나 남의 눈에 띌 정도로 큰 손해를 보 는 일이 없어 보였다. 겉보기에는 물러터진 것 같지만 실속을 챙기는 스타일이고 계산도 빠른 편이었다. 노태우는 큰 손해를 안 보면서 자 신의 목적을 이루는 재주와 요령을 터득했다. 노태우 대통령 당시 정 치불안, 경제쇠퇴, 사회혼란이 발생했어도 그 책임은 노태우 자신이 혼자서 지기보다는 오히려 야당과 언론에게 보다 큰 책임이 돌아가게 했다.

사람들은 노태우에게 '물 대통령'이라는 별명을 붙여주었다. 이 말은 맹물처럼 희멀겋고 싱겁다는 뜻이며 술에 물 탄 듯, 물에 술 탄 듯 무엇인지 모르겠다는 뜻도 된다. 그렇다고 그가 통치 권력을 행사 하지 않는 것이 아니고 다만 방법이 다를 뿐이었다(한승조, 1992).

노태우의 이미지 정치술에서 중요한 것은 '선언'을 통한 충격요법이었다. 6공화국 시절 유난히 선언이나 성명서가 많은 것은 이런 점에서 연유한다. 정권의 정통성에 위협이 될 만한 부정·비리사건이 터지면 선언이 나오고 성명서가 발표되었다. 선언과 성명서가 많은 만큼 국가의 '총체적 난국' 또한 잦았다. 그러나 노태우 정권이 만들어낸 국가적 위기는 국민 모두의 희생과 단결을 요구하는 말 그대로의 국가적 위기가 아니었다. 오히려 노태우 정권의 위기에 대해 대국민 홍보를 하려는 데 지나지 않았다(이한열 추모사업회, 1991).

노태우의 이미지 조작술의 한 방법은 '외곽을 때리는 노려한 전술법'이었다. 일종의 허허실실 전법으로 6·29 선언을 발표하자마자 당시 노태우 후보는 민주당사를 아무 예고 없이 기습적으로 방문하여 야권을 어리둥절하게 하여 자신의 변모를 능숙하게 과시한 바 있었다. 또 큰 행사나 선언 등이 있은 다음에는 기관투자자들에게 압력을 넣어 주식가격을 폭등세로 조작하여 마치 사회가 안정된 양 보이게 하는 방법도 이러한 외곽을 때리는 조작술과 깊은 관계가 있었다. 실제로 6·29 선언 후, 대통령 선거 직후, 7·7 선언 직후 주가는 '사상최고의 폭등'을 기록하였다(한국정치학회 관훈클럽, 2007; 이한열 추모사업회, 1991).

과거의 대통령은 미운 자를 괴롭힐 때 주로 중앙정보부나 보안사령부를 이용하였으나 노태우는 국세청을 이용하였다. 정보기관을 이용하면 인권문제로 국내외가 시끄러워지며 국민의 반감을 살 수 있다. 국세청으로 다스리면 누가 무엇이라고 말을 할 수 없기 때문이다. 물대통령이라고 노태우를 우습게 보다가 물 먹임을 당하면 어떤 고약한 고문 못지않게 괴로움을 실감한다는 말이 생길 정도였다(최진, 2007).

박철언은 노태우 부인 김옥숙의 사촌동생으로서 노태우가 대통령이 되는 데 지대한 공헌을 한다. '월계수'라는 사조직을 결성하여 노태우가 대통령이 되는 데 도움을 준다. 박철언은 노태우의 신임과 월계수회를 바탕으로 6공화국에서 정책, 인사에 개입하여 막강한 영향력을 행사한다. 소위 '6공화국의 황태자'라는 별명이 붙을 정도였다. 그러나 6공화국 말기에 김영삼과의 권력투쟁에서 밀리게 되고 문민정부가 들어서자 구속 수감되는 비운을 겪는다.

노태우는 5공화국 때 폐지되었던 특보제도를 다시 부활시켜 정책보좌관, 정치담당 특보, 외교안보보좌관 등을 신설하여, 이들에게 비서실장이나 수석비서관을 능가하는 권한을 부여하였다(최진, 2007).

노태우는 비서실의 영향력이 과도하게 확대되는 것을 원치 않으면서도 비서실에 대한 의존도는 역대 대통령에 비해 높은 편이었다. 노태우의 성격이 자신의 주장을 강하게 표현하기보다는 남의 의견을 듣고 결정하는 편이었기 때문에 자연히 참모에 대한 의존도가 높을 수밖에 없었다고 한다.

에피소드 **모르는 것이 부끄럽지 않아** ▬▬▬▬▬▬▬▬▬▬▬▬

노태우는 자신이 모르는 것을 부끄럽게 생각하지 않았다. 결함이나 약점을 감추지도 않았다고 한다. 장관들 앞에서도 "이건 내가 모르니까 알기 쉽게 설명해주시오."라고 요구하였다. 대외행사에서는 꼭 자료를 보면서 대화를 하였다. 따라서 부자연스럽게 보인 적도 많았다. 밤에 잠을 자지 않더라도 수석비서관이 준비해둔 자료를 반드시 검토하였다. 검토해서 고칠 것은 고치고 첨가할 부분은 첨가해서 만들어진 자료를 놓고 그것을 중심으로 발언을 했다. 즉석연설보다는 준비된 원고를 가지고 발언을 하였다. 따라서 노태우는 발언에 대한 구설수는 없는 편이었다.

노태우는 정치나 경제보다 비정치적인 북방정책에 주력하였다. 노태우는 커다란 흐름에 편승하여 기회를 잡는 대세 순응형답게 당

시 고르바초프 서기장의 등장으로 동서 해빙무드가 고조되는 시대상
황에 편승하여 북방정책을 국정목표의 제1호로 내세웠다. 노태우는
1988년 2월 25일 취임사에서 북방정책을 대외정책의 기조로 설정했
다고 강조하고, 임기 5년 내내 북방정책을 추진하였다. 이러한 북방정
책으로 공산권 국가들과 수교했으며 강대국들로부터 교차승인을 받
아 외교안보 및 경제적인 이익을 증대할 기반을 확장시킬 수 있었다.

노태우는 자신의 북방정책을 김종휘 외교안보 수석비서관과 박
철언 정책보좌관을 투톱으로 하여 전개하였다. 초기에는 여건 조성으
로 동구권, 소련, 중국과의 수교까지였다. 즉 북한을 포위하는 형국이
었다. 그다음에는 남북한 통일단계를 구상하였다. 남북한 기본합의서
가 그 결과였다. 마지막에는 한국의 생활권을 북방으로 확대시켜 나간
다는 계획이었다(신동준, 2009).

노태우 정부의 북방정책은 사회주의권 전체에 대한 관계개선이
목표였지만, 그중에서 중국과의 수교에 대한 노태우의 노력은 거의
'집착'에 가까운 수준이었다고 한다(학술단체협의회 · 서울대 대학원 자치회 협의회,
1992).

3. 주요 정치적 사건을 통해 본
   노태우의 행태

여소야대

대통령 선거에서 양 김 세력의 분열로 인해 정권교체는 실현되지 못하였다. 노태우는 1988년 1월 11일, 52명의 위원으로 '민주화합추진위원회'를 발족시켜 광주사태를 '광주민중항쟁'으로 이름 짓고 광주민중항쟁에 참여한 사람들의 명예를 회복시켜주려 하였다. 대통령 취임 후 발표된 새 내각은 총리에 서울대 총장을 역임한 이현재를 발탁했지만, 각료 중에는 전직 장관이 8명이나 되었고 군 출신이 5명이나 되었다.

1988년 4월 26일, 13대 국회의원 총선거가 실시되었다. 이 총선에서 민정당은 과반수의 의석을 얻지 못했다. 민정당 34.0%, 평민당 19.3%, 민주당 23.8%, 공화당은 15.6%의 득표율을 나타냈다. 그 결과로 소위 여소야대의 시대를 맞이하게 되었다. '절묘한 4당의 분할'이라는 표현대로 당시 여당은 국회에서 단독으로 아무것도 할 수 없게 되었다. 이것은 노태우에게는 매우 심각한 정치적 시련이었다.

대통령에 당선된 후 1988년 2월에 총선을 치르자는 의견이 많았다. 그러나 노태우는 총선에 출마하는 입후보자를 선정하는 데 전두환 대통령의 영향력이 있을 것을 우려하여 전두환이 완전히 물러난 4월에 총선을 치르자고 고집하였다. 만약 2월에 총선을 치렀다면 당시 야당은 대통령 선거의 패배 후유증으로 전열을 정비하지 못한 상황이었고 노태우의 인기가 상당히 있던 시기였으므로 여소야대의 상황은 막을 수 있었을 것으로 보였다. 그러나 노태우의 전두환에 대한 지나친 견제심리로 총선이 연기되고 결국 기회를 놓친 여당은 전열이 정비된 야당에게 패해 여소야대의 결과를 초래했다(신동준, 2009).

5공 청산

서울올림픽을 앞두고 노태우 대통령은 김종필, 김영삼, 김대중 3당 대표를 차례로 만나 성공적인 올림픽을 위해 협조해줄 것을 요청하고 세 지도자는 이를 흔쾌히 받아들였다. 그러나 올림픽이 끝나면서 여소야대의 국회에서 야당은 전두환 정권의 청산문제를 놓고 일제히 정부와 여당에 포문을 열었다.

이미 전두환은 퇴임 후 이른바 5공 청산의 태풍에 휘말려 자신의 형제들과 처남을 포함한 친인척들, 측근 등 47명이 구속되고 29명이 불구속되는 시련을 당하고 있었다. 전두환은 국가원로자문회의 의장직과 일해연구소 이사장, 집권당 명예총재 등 일체의 공직에서 물러났다. 1988년 11월 23일, 재임 중의 비리에 대해 대국민 사과문을 발표하고 부인과 함께 백담사로 들어갔다.

노태우는 전두환이 국민에게 사과한 다음 모든 재산을 국민에게 헌납하고 백담사로 간다면 즉각 사면조치를 단행하기로 약속했다고 한다. 노태우는 전두환이 백담사로 떠난 사흘 후 대국민 담화에서 더 이상 전두환을 사법적으로 단죄하지 않겠다고 발표했다. 또한 전두환 정권의 비리를 조속히 매듭짓고 시국 관련자를 전면적으로 석방하겠다고 발표하였다.

5공 청산을 위한 '최선의 방책'은 전두환 스스로 자진 해명, 사과, 재산 헌납, 그리고 낙향하도록 결단을 유도하는 것이었다. 이는 6공 청와대가 올림픽이 끝난 10월부터 전두환에게 요구한 내용이었다. 실제로 전두환이 완강히 거부한 '낙향' 대신 '백담사 행'이라는 유배로 바뀐 것 외에는 모두 그대로 관철되었다.

어쨌든 백담사로 갈 결정은 전두환 스스로 했다. 노태우의 청와대는 은둔효과가 탁월한 현대판 유배지인 백담사로 갈 것을 권유하였고 이에 전두환은 백담사 행을 결정하면서 분노와 자괴감에 휩싸였다.

에피소드 용서하고말고! ▬▬▬▬▬▬▬▬▬▬▬▬

전두환이 연희동 집을 떠나기 하루 전인 22일 밤이었다. 이순자가 안방에서 짐을 꾸리고 있는 사이 응접실에서 아버지의 대국민 사과문안의 연습 낭독을 듣고 있던 전두환의 딸이 "노태우 대통령이 나중에 용서를 빌러 오면 용서하시겠습니까?"라고 물었다. 전두환은 "용서하고말고!"라며 묵묵히 답했다고 한다. 물론 딸이 아버지에게 이 같은 질문을 한 것은 '용서해서는 안 된다'라는 분노감에서였다. 한편 노태우는 세상에 알려진 것과는 달리 전두환을 백담사로 보내게 된 것은 당시 여소야대의 정국에서 어쩔 수 없는 차선책이었고 자신도 전화로 전두환에게 미안하다며 마음속으로 무척 고통스러워했다고 회고했다. 전두환을 구속하라는 야당의 요구를 거절하고 대신에 어쩔 수 없이 백담사로 보내는 결정을 하게 되었다는 것이다(오병상, 1995).

　전두환 부부는 처음 백담사에 도착하고 나서 이틀간은 두문불출
했다. 특히 전두환은 무슨 이유에서인지 "수염을 깎지 않겠다."라고
하여 텁수룩한 모습으로 지냈다. 매일 밤 전두환은 분한 마음에 끙끙
앓느라 잠을 제대로 이루지 못했다고 한다.
　백담사에서의 불편함은 전두환의 한(恨)을 차곡차곡 눈처럼 쌓이
게 만들었다. 백담사의 환경은 전직 대통령이 살기에 너무나 열악했
다. 전두환 부부가 기거하는 방의 아궁이에 군불을 때자 매운 연기가
방안으로 들어와 눈을 뜰 수 없을 정도였다고 한다. 겨울에는 머물 사
람이 없어 구들장이 내려앉은 것을 고치지 않고 방치했다가 전두환이
온다는 얘기를 듣고 하루 전에 부랴부랴 도배만 했기 때문이었다. 연
기가 들어오는 뒷문을 봉하고 외풍을 막기 위해 담요를 끈에 매달아
문 쪽을 가렸다. 전기가 안 들어와 촛불 두 자루를 켰지만 썰렁한 어둠
을 몰아내지는 못했다고 한다.

백담사 시절의 전두환

백담사 생활을 시작한 지 6일째부터 전두환 부부는 예불에 참여하기 시작했다. 예불은 새벽 4시부터였기에 3시 30분이면 일어나야 했다. 일찍 일어나는 것도 어려웠지만 불당을 얼어붙게 하는 추위는 노태우에 대한 원망과 함께 뼛속까지 스며들었다고 한다.

일상의 불편함이 노태우에 대한 원망으로 바뀌기 시작한 것은 백담사까지 옥죄어 오는 권력의 비정함 때문이었다. 전두환은 전기 시설과 눈 덮인 계곡을 오갈 차량 지원을 요청했으나 백담사 관리를 맡은 청와대 경호실에서는 아무 대답이 없었다(오병상, 1995).

에피소드 순간온수기 설치 요구 거절

전두환 대통령 부부가 백담사로 갔을 때 전직 대통령 경호를 맡고 있던 경호실 1개 과도 백담사로 따라 내려갔다. 영하 30도까지 내려가는 추운 겨울에 경호원들은 절에서 따뜻한 물 한 바가지 얻어 쓰기가 힘들어 악전고투했다. 백담사 현지의 경호팀은 순간온수기를 설치해달라고 본부에 요청했다. 그러나 청와대 경호실장은 이 요청을 거절했다.

백담사에서 소위 귀양살이를 하던 전두환은 끝내 "노태우가 나한테 이럴 수가 있는가!"라는 울분을 삭이지 못한 채 산을 내려왔다. 그는 백담사로 떠날 무렵까지만 해도 '이것이 함께 사는 길'이라는 노태우의 간곡한 부탁을 믿으려 했다. 그러나 그 후 조상의 제사를 모실 사람이 없을 정도로 형제가 다 구속되고, 시간이 갈수록 자신의 백담사행이 '유폐'로 드러나자 전두환은 노태우의 행위를 '배신'으로 단정하면서 분노에 떨었다고 한다.

인간적인 한이 더욱 깊어진 것은 백담사 행 이후 당시까지 노태우로부터 아무런 안부 편지나 전화 연락도 없었다는 점이었다. 백담사에 내려가기 전까지만 해도 무슨 중요한 일이 있을 때마다 노태우는 전두환에게 연락을 해 왔었다.

에피소드 인간된 도리를 아는 사람 ▬▬▬▬▬▬▬▬▬▬▬▬▬▬

백담사에 머물 당시, 전두환과 가까운 목사가 "대통령이 못 오면 김옥 숙 여사라도 한번 찾아와야……"라는 얘기를 하자 전두환은 "그건 인간 된 도리를 아는 사람들 간의 얘기"라는 말로 냉소적인 반응을 보였다(오 병상, 1995).

노태우가 5공 청산을 하면서 전두환을 압박하는 행동을 보이자 전두환을 지지했던 육사 후배들 간에 불만이 터져 나오기 시작하였 다. 육사 졸업식장에서 민병돈 육사교장이 노태우의 북방정책을 비판 하고 노태우에게 경례도 붙이지 않는 돌출행동을 했다. 노태우는 얼마 후에 이를 계기로 전두환이 퇴임 직전 만들었던 군 인사체계를 완전 히 뒤집는 군 인사를 단행했다.

5공 청산을 위해 노태우는 전두환이 국회에서 자진 해명하며 대 국민 사과 성명 및 국회 질의에 나서도록 하였다. 전두환은 국회 질의 에서 미리 준비해 간 답변을 일사천리로 읽어 내려갔으며, 중요한 문 제는 대개 부인하거나 우회해서 대답했다. 당연히 비난 여론이 비등하 기 시작했다. 특히 광주 문제와 관련하여 평민당에 전화가 빗발쳤다.

전두환의 증언 도중 직접 관계자인 광주민주화운동 당시 시민군 간부 출신인 평민당 정상용 의원이 증언대를 향해 돌진했고, 정 의원 이 여당 의원들과 몸싸움을 벌이는 사이 같은 평민당 소속 이철용 의 원이 단상으로 뛰어 올라가 전두환을 향해 "이 살인마! 당신은 악마 야!"라며 삿대질을 하였다. 전두환은 어이가 없는 표정을 지으며 힐끗

쳐다본 뒤 다시 준비된 답변을 읽어 내려갔다. 민정당 의원들이 손가락질하고 서 있던 이철용 의원을 끌어 내렸다. 다시 명패가 날아가 증언대 바로 앞에 떨어졌으며, 결국 정회가 선포되었다. 이 장면은 생방송으로 전국에 중계되었다(이동형, 2011).

에피소드 백담사에서의 생활

전두환 부부의 백담사 생활이 언론에 공개되자 많은 사람이 백담사의 모습에 관심을 갖게 된다. 전두환이 백담사로 유배됐을 때 백담사는 전기가 들어오지 않는 오지의 절이었다. 전기가 없는 곳에서 새벽에 불공드리는 모습과 이순자가 손녀딸을 포대기에 안고 있는 모습을 보며 사람들은 권력의 무상함을 느낀 듯했다. 한때 나는 새도 떨어뜨린다는 세도가의 모습보다는 일개 촌부로서의 평범한 할아버지, 할머니의 인상을 주어 많은 사람의 실소를 낳았다.

3당 합당

5공 청문회를 끝내면서 전두환 정권의 청산문제가 마무리되자 정계개편론에 대한 관심이 무르익게 되었다. 민정당의 박철언 의원이 김대중의 평민당과의 접촉에 이어 김영삼의 민주당과 접촉을 시도하였다. 유신체제 하에서 공화당의 당의장을 지낸 박준규는 김영삼과 유지해온 친분을 바탕으로 민주당과 접촉을 하게 되었다. 또한 공화당과도 접촉을 시도하여 결국 민정-민주-공화의 연합 가능성이 타진되었다. 이렇게 되자 1990년 1월 22일 노태우, 김영삼, 김종필은 비밀회담을 갖고 3당을 합당하여 민주자유당(민자당)을 창당키로 합의하였다. 초기에 노태우가 여소야대를 벗어나기 위해 야당과 합당하는 문제를 의논하자 지역주의 해소 차원에서 민정당과 평화민주당의 창당을 제안하였다. 그러나 노태우는 김대중의 이념에 대한 불신이 깊어서 민정당과 평민당 간의 합당을 주저하였다. 한편 김영삼과 김종필은 김대중에 대한 불만이 고조되고 색깔론의 차원에서 김대중을 견제하기 위해 민주당과 공화당 간의 교감이 생겨나 연합이 이루어지고 있는 상황이었다. 김종필은 3당 합당을 통해 영향력을 행사할 수 있다는 점을 계산했다. 노태우는 여소야대 상황에서는 통치를 제대로 하기 어렵기 때문에 제대로 통치권을 행사하기 위해 3당 합당에 동의하였다. 김영삼은 제2야당인 상황에서는 대권을 잡기가 어렵기 때문에 여당과 합당한 후 대권을 잡으려는 계산이 있었다. 김영삼은 3당 합당 시 기자회견에서 "호랑이 굴에 들어가야 호랑이를 잡는다."라는 표현을 쓰며 대권을 잡기 위해 여당과 합당하는 것이라는 점을 내비치기도 하였다.

에피소드 공안정국으로의 회귀 ▬▬▬▬▬▬▬▬▬▬▬▬▬▬▬▬

　　노태우는 과도기의 민주화를 추진할 수 있는 대통령으로 평가되었다. 과거보다는 권위주의체제를 완화시켜 유지했고 과거의 악행은 상당 부분 사라졌다. 보통사람들을 강조하는 노태우는 어느 정도 민주화 진전에 공헌하려는 노력이 엿보였다. 그러나 노태우 정부는 서경원의 북한행을 계기로 과거의 공안정국으로 다시 회귀하는 양상을 보인다. 3당 합당 시에도 동서화합을 위해 김대중과 합당하자는 의견이 대두하였으나 노태우는 김대중의 사상을 근본적으로 불신하고 결국 온건한 김영삼과 합당을 추진하게 된다.

6

김영삼과 문민정부

1. '문민정부'의 탄생

3당 합당에서의 김영삼의 투쟁

민주당 김영삼 총재는 여소야대의 정국, 특히 야당인 민주당, 평민당, 자민련이 서로 난립하는 상황 속에서는 정권을 잡을 가능성이 희박하다고 생각하여 현실적이고 적극적인 방법을 찾게 된다. 김영삼은 민정 · 민주 · 공화 3당 보수 대연합을 통해 집권당의 핵심부에 들어서게 된다. 1990년 1월 22일 김영삼은 민정당 총재 노태우, 공화당 총재 김종필과 함께 "민정 · 민주 · 공화당은 민주자유당(민자당)으로 조건 없이 합당한다."라고 선언하였다.

3당 합당 이후 김영삼 민자당 대표최고위원은 대통령이 되기 위해 권력 내부의 치열한 투쟁과정을 거치게 된다. 소위 '정글의 법칙'의 생존감각을 터득하고 있던 김영삼은 정치를 해왔던 과정에서 숱한 우여곡절을 겪으며 불사조처럼 살아남는 방법을 익혀 왔다. 오랜 민주화 투쟁과정에서 익힌 김영삼의 정치적 감각은 민자당 내에서 자신을 반대하는 세력들의 치열한 견제와 음모를 극복하는 데 커다란 도움이 되었다.

3당 합당은 명목상으로는 3당이 합당해서 정치발전을 이루자는 것과 내각책임제를 매개로 권력을 분산하자는 데 있었다. 그러나 김영삼은 "호랑이 굴에 들어가야 호랑이를 잡는다."라는 표현을 써가며 차기 대권을 염두에 두었고 김종필은 내각책임제가 되어야 자신의 영향력이 유지된다고 계산하였다. 또한 노태우는 여소야대 상황에서 3당이 합당해야 자신이 대통령직을 잘 수행할 수 있다는 계산이 있었다. 여소야대에서 제1야당을 김대중에게 빼앗긴 김영삼은 다음 대통령 선거에서 김대중에게 밀릴 수 있다는 강박관념과 라이벌 의식이 작용한 것 같다.

3당 합당 이후 6공화국의 2인자인 박철언과 김영삼은 권력투쟁에서 심각한 갈등을 겪는다. 대통령의 특사로 소련(러시아)에 파견된 김영삼은 노태우의 편지를 직접 전달하지 못하고 박철언이 전달하는 수모를 겪게 된다. 또한 자신에 대한 정보사찰이 행해지자 민자당의 당무를 접고 마산으로 내려가 버리는 시위를 한다. 노태우가 나서서 어느 정도 교통정리를 하면서 김영삼의 손을 들어주지만 박철언은 김영삼을 대통령으로 옹립하는 데 지속적으로 반대하며 서로 반목하게 된다. 후에 김영삼이 대통령이 된 후 박철언이 구속되자 정치보복성이라는 의견이 많았다.

노태우를 비롯한 과거 민정계 출신 국회의원들은 정치권력이 김영삼에게 모이는 것을 사전에 차단하기 위해 안간힘을 썼다. 하늘에는 태양이 하나밖에 없듯이 여당에서 김영삼의 권한이 강해지는 것을 그대로 보고만 있지 않았다. 특히, 노태우를 추종하는 청와대 참모진과 안기부를 중심으로 이루어진 소위 밀실 정치를 통한 정보공작은 김영삼의 정치적 입지를 좁히고 있었다.

1990년 10월 25일, 내각책임제 각서 문제를 둘러싸고 여권 내에

3당 합당 당시 노태우, 김영삼, 김종필

일대 파동이 일어났다. 노태우, 김영삼, 김종필 3인이 자필 서명한 '내각책임제 합의문'은 민자당 제1차 전당대회 직전인 1990년 5월 6일에 작성된 것으로 의회와 내각이 함께 국민에게 책임지는 의회민주주의를 구현한다는 내용이었다. 1년 이내에 내각책임제로 개헌하며 이를 위해 금년 중 개헌작업에 착수한다는 내용이었다.

　　민자당 지도부는 이 같은 사실을 확인했으나, 김영삼 대표는 자신을 정치적으로 음해하기 위한 의도적인 행위라고 규정하면서 당무를 거부하였다. 국민적 정서와 야권의 반응도 내각책임제 개헌에 강한 저항을 보였다. 김영삼은 내각책임제의 완전 포기를 요구하고 당대표인 자신의 실질적 권한을 보장해줄 것을 주장하면서 노태우 대통령과의 단독 면담을 요구하였다. 노태우의 거절로 사태해결이 여의치 않게 되자 김영삼은 대표 일을 팽개친 채 마산으로 가버렸다. 김종필은 이러한 김영삼의 행위를 무책임하다며 공개적으로 비난하였다. 여권 내에서 분열이 일어날 것을 우려한 노태우는 결국 김영삼 대표가 요구한 대로 내각책임제를 포기하겠다고 발표하였다. 또한 김영삼 대표최고위원을 중심으로 민자당이 결속할 것임을 약속함으로써 사태는 일단 수습되었다.

에피소드 김영삼의 돌파력

김영삼은 위기에 봉착할 때마다 특유의 돌파력으로 극복하곤 했다. 3당 합당 이후 자신을 정치적으로 제거하려 하자 모든 당무를 포기한 채 마산으로 내려가 노태우 정권에 대한 불만을 표시한다. 소위 삐쳐있는 행태를 보인다. 정치권은 이러한 김영삼의 삐쳐 있는 행태를 가볍게 보기가 어려워 김영삼을 달래는 방향으로 정책을 선회하였다. 이러한 김영삼의 돌파력은 과거 야당 시절에 독재정권으로부터 탄압을 받아오면서 형성된 트레이드마크라 할 수 있었다. 이러한 특유의 돌파력은 김영삼이 정권을 잡는 데 중요한 역할을 하게 된다.

김영삼은 검찰과 같은 사정기관, 중앙정보부나 안기부 같은 정보기관에 대한 불신이 매우 강하였다. 김영삼은 비서였던 김덕룡이 검찰에 구속되자 검찰 소환 조사에 응하게 된다. 김영삼은 검찰에 나가고 싶지 않았지만 검찰에서 "잠깐이면 된다."라는 약속도 있었고, 김덕룡을 아끼는 마음에서 할 수 없이 조사에 응했다. 그러나 김영삼은 검찰에서 여러 시간 동안 모진 시달림을 받게 되었다. 잠깐이면 된다던 검찰조사는 사건과는 전혀 관계없는 사항들을 꼬치꼬치 물으며 김영삼을 모욕이라도 주듯 대했다. 더욱이 검찰은 김영삼이 검찰에 출석, 조사에 응하기만 하면 곧바로 김덕룡을 풀어주겠다던 내부 약속도 지키지 않았다.

에피소드 공권력에 대한 불신

중앙정보부나 안기부에 대한 김영삼의 혐오는 강하였다. 1985년 2 · 12 총선이 있기 전 어느 날, 김영삼이 남산 외교구락부에서 신민당 창당문제와 관련한 모임을 가졌다. 모임이 끝난 뒤 논의 내용을 기자들에게 발표하던 김영삼은 그 자리에 안기부 소속 정보원들이 기자로 위장해 앉아 있다는 사실을 비서로부터 전해 듣고, "야! 이 ○○들아! 전두환이가 시키대!"라고 벽력같이 고함을 쳤다고 한다. 김영삼이 욕설을 공개적으로 사용한 것은 그때가 처음이었다고 한다. 또한 1979년 법원의 신민당 총재 가처분 판결에서 김영삼은 양심의 보루인 사법부까지 경멸하게 되었다 (윤창중, 1994).

김영삼은 대통령이 된 후에 청와대 안에 있던 사정비서실을 폐쇄하고, 그 기능을 민정비서실에 통합할 만큼 사정기관에 대해 반감을 가졌다. 청와대의 사정업무라는 것이 정치인이나 공직자들의 약점을 잡아 꼼짝 못하게 만들거나, 말을 잘 듣지 않을 경우 뒤통수를 치는 데 필요한 자료들을 축적하는 것으로만 인식했기 때문이었다고 한다.

1990년 하반기에는 차기 대통령 후보를 둘러싼 당내 갈등이 표면화되었다. 민자당은 명목상 자유 경선을 실시하였으나, 김영삼을 이미 대통령 후보로 선정한 상황이었다. 따라서 과거 민정계 의원들은 자유경선은 불공정 경선이라고 반발하였다. 과거 민정계의 단일 후보였던 이종찬이 탈당하는 등 잡음이 끊이지 않았다. 노태우 대통령은 공식적으로는 공정관리를 표방했으나 실제로는 김영삼의 대세론을 인정하였다. 대통령의 협조를 얻은 김영삼은 당내 권력투쟁에서 최종적인 승리를 거두고 대통령 후보로 선출될 수 있었다.

민정계는 다수 의석을 바탕으로 여당의 세대교체 명분을 주장하면서 당을 장악하려 했으나, 김영삼에 필적할 만한 정치지도자를 찾을 수 없었다. 이에 비해 과거 민주당 출신인 민주계는 수적으로는 열세였지만 김영삼을 중심으로 단합하여 권력투쟁에서 승리하였다. 김영삼의 승리에는 김윤환을 중심으로 한 민정계의 상당수 인사가 김영삼 지지로 돌아선 것이 큰 역할을 하였다. 이러한 승리의 요인에는 내 각책임제 개헌에 대한 국민 여론이 우호적이지 않았으며 김영삼을 대신할 뚜렷한 후보가 나타나지 않아 김영삼의 대세론이 상당히 호응을 얻었다는 점을 들 수 있다.

에피소드 경선에 개입하지 않겠다!

김영삼 대표는 노태우와 상의도 없이 대통령 후보 당내 경선에 출마할 것을 전격 선언함으로써 국면 전환을 모색했다. 그러자 노태우는 "당신 마음대로 출마를 선언했으니 마음대로 해보시오. 나는 절대 경선에 개입하지 않겠소."라고 크게 화를 냈다. 이때부터 김영삼과 노태우는 서로 불신하며 감정싸움을 하게 되었다. 이후 노태우는 김영삼은 도저히 안 될 것 같다며 새로운 사람을 내세워야 김대중을 이길 수 있을 것이라고 하였다. 노태우는 자기에게 일언반구 상의도 없이 대권 출마를 선언한 김영삼에게 몹시 불쾌해했다. 또한 김영삼이 경선 결과에 승복하지 않겠다는 말을 했다는 데 대해 "그런 사람에게 어떻게 나라를 맡길 수 있겠소?"라며 불쾌한 감정을 나타냈다(조갑제, 2007).

에피소드 가마솥에 비유

김대중 대통령 시절, 대통령을 가마솥에 비유하는 것이 유행이었다. 한국 경제와 맞물려 대통령의 역할을 비유한 유머였다. 첫째, 이승만 대통령은 가마솥을 만들었다. 이승만은 건국을 하고 경제의 틀을 만들었다는 내용이다. 둘째, 박정희는 가마솥에 밥을 가득 지었다. 곡식을 구해서 가마솥에 밥을 지어 국민에게 배고픔을 해결해줬고, 경제발전을 이룩했다는 내용이었다. 셋째, 전두환은 가마솥의 밥을 다 먹어 치웠다. 박정희가 만들어놓은 경제 성장과 발전을 부정부패로 까먹었다는 비유이다. 넷째, 노태우는 가마솥의 누룽지까지 다 긁어 먹었다. 그나마 남아 있던 국가 재정이나 경제 성장을 다 망쳐놓았다는 비유이다. 다섯째, 김영삼은 그 가마솥을 잃어버렸다. 그나마 남아 있던 경제 기초까지도 몽땅 까먹고 빈털터리가 되었다는 비유이다. 여섯째, 김대중은 잃어버린 가마솥을 찾으러 다닌다. 김영삼이 IMF로 망쳐놓은 경제를 다시 회복하기 위해 동분서주한다는 비유이다.

에피소드 방귀에 비유 ━━━━━━━━━━━━━━

이승만 대통령이 마포에 산책을 가던 중 경치에 취해 방귀를 뀌자 옆에 있던 공직자가 "각하! 시원하시겠습니다!"라며 아부하였고, 그 공직자는 나중에 장관이 되었다는 역사적 사실이 신문에 난 적이 있다. 이에 빗대어 방귀에 대한 유머가 한때 인기를 끌었다. 첫째, 박정희가 방귀를 뀌는데 소리가 워낙 크다 보니 옆에 있었던 경호원들이 "뭐야! 뭐야!" 하며 권총을 들고 나타나자 박정희가 "내가 방귀 뀌었어! 시원해! 너희들도 뀌어봐!"라고 했다. 이는 당시 박정희 대통령의 경호가 삼엄했다는 것을 암시하는 유머이다. 둘째, 회의에서 전두환이 방귀를 '뿡!' 하고 크게 한 번 뀌자 옆에 있던 참모가 "각하! 제가 뀌었다고 하겠습니다!"라고 했다. 이는 5공 청문회에서 전두환을 위해 자신이 모든 잘못을 했다고 전두환을 비호하는 충성스런 참모를 암시하는 유머이다. 셋째, 회의석상에서 노태우가 방귀를 뀌었는데 모든 사람이 그 냄새에 얼굴을 찡그리고 코를 막자 노태우가 옆에 있는 참모에게 "니가 뀌었나? 방귀!"라고 했다. 이는 노태우는 책임감이 약하고 잘못된 일에 대해 책임을 남에게 떠맡기는 성향임을 암시하는 유머이다. 넷째, 김영삼이 회의에서 방귀를 뀌자 사람들이 얼굴을 찡그리고 코를 막았는데 대국민 담화를 자주 했던 김영삼은 갑자기 벌떡 일어나서 "여러분! 앞으로 다시는 방귀를 뀌지 않겠습니다!"라고 하자 옆에 있던 참모가 "각하! 방귀는 앞으로 뀌는 것이 아니라 뒤로 뀌는 것입니다."라고 했다. 이는 잘못이 있을 때마다 대국민 담화를 발표하여 사과하고 지적으로 좀 부족하다는 인상을 주었던 김영삼을 비유한 유머이다. 다섯째, 김대중이 회의석상에서 방귀를 뀌자 사람들이 얼굴을 찡그리고 코를 막았다. 그러자 김대중은 사람들을 향해 "여러분! 저는 방귀를 뀌지 않았습니다. 이것은 정치적 모함입니다!"라고 했다. 이는 김대중이 과거부터 무슨 일이든 자신은 잘못한 게 없는데 모든 것이 모함에 의해 이루어졌다고 말하던 것을 비유한 유머이다. 여섯째, 노무현이 회의석상에서 방귀를 뀌자 사람들이 얼굴을 찡그리고 코를 막았다. 그러자 노무현은 "이제 막가자는 거죠?"라고 했다. 이는 대통령이 되고 난 뒤 젊은 검사들과의 대화에서 자신을 공격하고 질문을 거세게 하는 검사들에게 노무현이 했던 행위를 비유하는 유머이다.

문민정부의 의의

김영삼의 문민정부 출범은 지난 30여 년간 이어진 군부의 권위주의시대를 마감하고 새로운 문민이 중심이 되는 시대를 열었다. 문민정부의 탄생은 '민주'와 '반민주'라는 정치 · 경제 · 사회의 갈등을 버리고 새로운 정치질서를 세우는 데 의미가 있었다. 이제 한국정치는 기나긴 암흑의 터널을 지나 투명성이 확보되는 예측 가능한 정치가 펼쳐질 것으로 기대되었다.

에피소드 당당함을 과시 ━━━━━━━━━━━━━━━━

취임 후 김영삼은 외국 정상과의 회담에서 상당한 적응력을 보여주었다. 비록 서투른 영어였지만 다른 나라 정상들과 시종 자연스럽게 어울리는 모습이었다. 자신의 말대로 문민정부의 정정당당한 대통령으로서 기죽을 이유가 없는 것처럼 보였다.

자유민주주의와 의회주의의 신봉자임을 자처하는 김영삼은 대통령 취임 후 정치개혁을 통해 과거를 청산하고 본격적인 경제개방과 세계화를 지향하며 남북한 간 경제협력을 활성화하겠다고 주장하였다. 김영삼은 집권 초기 전직 대통령들과는 달리 자율성과 민주성에 바탕을 두고 사회 각 분야의 개혁을 시도하였다.

김영삼은 강력한 국민적 지지를 바탕으로 '개혁의 칼'로 정치·경제·사회를 쇄신하고자 하였다. 김영삼은 부패구조를 뿌리 뽑기 위하여 과거청산이라는 '대전략'을 세우고 새로운 국가와 사회의 건설을 강조하였다.

그러나 기득권을 가진 수구 보수 세력들의 반발이 만만치 않았다. 이러한 반발에 김영삼 집권 초기의 개혁의지를 변화시켜 개혁에 대해 부분적인 수정을 가하게 하였다. 김영삼은 급격한 사회변혁보다는 점진적인 사회개혁을 원했다. 그러기 위하여 기존 기득권 세력층을 일정 정도 끌어안아야 했기 때문에 개혁의 의지는 시간이 갈수록 약화되었다. 김영삼은 '개혁정치'와 '화합정치'라는 이중 잣대를 통해 정치·경제·사회적 병폐를 치유할 수밖에 없었다.

결국 김영삼은 점진적인 개혁과 안정을 통해 기득권을 가진 수구 보수 세력의 반발을 완화시키고 사회의 병폐를 극복하고자 하였다. 그러나 국민은 정치, 경제, 사회 전반에 대한 대대적인 개혁을 원했다. 이러한 개혁이 제대로 실행되지 않게 되자 김영삼 정부에 실망감을 느끼게 된다.

김영삼은 자신의 검소함을 보여주기 위해 청와대로 외부 인사를 초청할 때마다 점심메뉴를 주로 칼국수로 하였다고 한다. 거의 매일 대통령이 칼국수를 점심으로 먹자 청와대에 근무하는 직원들도 어쩔 수 없이 점심은 칼국수로 먹게 되었다. 그래서 나이가 젊은 직원들은 점심을 먹고도 배가 고파서 오후에 간식을 먹는 경우가 많았다고 한다.

김영삼 대통령은 취임 이후 돈 안 드는 정치의 실현을 위해 선거 풍토를 개선하고 공직자의 윤리성을 강조하였다. 이를 위해 여야 간의 합의로 통합선거법을 마련하였다. 또한 고위공직자 재산등록과 실사 등 강한 개혁의지를 보였다. 그러나 취임 전 자신의 대선자금과 관련한 문제를 제대로 해명하지 못하여 자신의 도덕성이 깨끗하다는 점을 보여주지 못하였다.

김영삼이 대통령이 된 이후 하사금은 완전히 사라졌다. 이른바 통치자금이 사라진 것이었다. 김영삼은 정치는 돈으로 하는 것이 아니라 말의 위력으로 할 수도 있다는 것을 보여주려 하였다. 김영삼은 취임 후 기회가 있을 때마다 어느 개인이나 단체로부터 단 일전의 돈도 받지 않겠다고 다짐하였다.

김영삼은 '윗물 맑기 운동'이라는 이름을 지어 자신의 재산을 공개하였다. 행정부의 쇄신을 강조하면서 국민도 의식 개혁이 필요하다고 주장하였다. 그러나 사회 전반에 걸쳐 나타난 부정부패의 실상이 알려지자 국민은 분노하였다. 청와대의 '칼국수 오찬'은 웃음거리가 되었다. 김영삼은 법치주의보다는 자신의 판단에 의해 선악을 구분하는 인치주의에 의존한다는 비판을 받게 되었다. 또한 김영삼 특유의 여론정치를 이용한 '인민재판식'의 방법이 국민적 반감을 불러일으키기도 했다.

김영삼은 매일 청와대 만찬이 끝나면 다음 날짜 조간신문을 한아름 안고 들어가 관저에서 밤 12시경까지 읽고 자료를 챙긴 뒤에야 잠자리에 들었다고 한다. 김영삼은 여론에 각별히 신경을 썼기 때문에 중간에서 걸러서 보고받는 것보다 직접 여론의 흐름을 읽으려고 노력하였다.

김영삼은 군부에 과감히 메스를 가하기 시작하였다. '하나회'라는 사조직으로 인하여 분열된 군부세력을 통합하기 위해 과감히 군부 내의 사조직을 제거하기 시작하였다. 김영삼은 '하나회'를 중심으로 한 정치군인들을 전역시키거나 비리와 관련된 군인들을 구속시켰다. 이는 군부 내의 사적인 연결고리를 단절시키고 군의 위상을 쇄신시키고자 하기 위함이었다. 국방장관, 육해공군 참모총장을 새로이 기용해서 군을 새롭게 하고자 하였다. 또한 '광주민주화운동'에 연루된 군 책임자를 추궁하여 국민의 지지를 확보할 수 있었다. 그러나 법치에 의한 원칙보다는 언론을 통한 여론재판에 의존하자 기득권 세력이 이에 반발하고 저항하기 시작하였다. 또한 군부 내 사조직인 '하나회'의 주축이 대구 · 경북 출신이라는 점에서 이 지역에 '반 김영삼 정서'를 불러일으켰다. 이러한 반 김영삼 정서는 지방자치단체 선거와 총선에 반영되었다.

에피소드 하루 아침에 바뀐 참모총장 ▨▨▨▨▨▨▨▨▨▨▨▨▨▨▨▨▨▨▨▨▨▨▨▨▨▨▨▨▨▨

5공의 탄생 주역에는 육사 17기가 존재하였다. 하나회에서도 실질적인 영향력을 행사한 것은 육사 17기였다. 허화평, 허삼수, 김진영 등이 육사 17기의 중심이었다. 김진영은 정치를 하지 않고 군에 계속 남아 있으면서 군에 대한 영향력을 확대하였다. 전두환이나 노태우도 김진영을 함부로 하지 못했고 김진영을 잘못 건드리면 군이 동요될 것을 우려하였다. 김진영은 대통령에게도 할 말은 다 하는 장군으로 알려졌다. 외국에서 한국 쿠데타에 대한 유언비어가 돌 때는 항상 김진영이 그 중심에서 이름이 올랐다고 한다. 노태우 정권 때 육군참모총장에 임명되어 임기가 남아 있었음에도 김영삼은 대통령이 되자마자 김진영을 하루 아침에 예편시켰다. 군을 잘 아는 통치자라면 어려웠을 것이라는 시각도 있었으나 김영삼 특유의 밀어붙이기가 성공한 사례였다(주돈식, 2004).

공무원들의 부정부패 문제와 역대 선거과정에서의 관권 개입, 금권선거 등은 중요한 정치적 이슈였으나 통합이라는 과정을 중시하는 사이에 유야무야로 끝나는 경우가 많았다. 김영삼의 정권 초기에 가졌던 강력한 개혁 의지는 실현되지 못하고 번번이 좌초되었다.

과거와 단절하기에는 과거 정부와 연합했던 3당 합당이 김영삼이 개혁을 추진하는 데 태생적 한계를 보여주었다. 개혁과 변화보다는 현상유지를 원하는 기득권 세력층이 워낙 두터워서 일시에 과거의 유산을 척결하기는 힘겨웠다. 김영삼 스스로 "개혁이 혁명보다 어렵다." 라고 고백했을 정도였다. 따라서 합법적이고 합리적인 개혁이 어려워지게 되었다. 김영삼 특유의 정공법과 돌파력을 이용한 개혁이 오히려 도움이 되곤 하였다.

김영삼은 개혁을 하는 와중에 과거부터 자신을 도와준 참모들을 기용하고 이들을 개혁의 선봉에 서게 하였다. 소위 '가신그룹'의 정치였다. 가신그룹들은 김영삼에게 충성하면서 정권을 휘둘렀고 오히려 의회민주주의를 배제하려는 행동도 보였다. 의회민주주의자임을 자처해온 김영삼도 의회를 무시하는 태도를 보여주었다. 의회는 행정부가 제출한 안건을 집권여당에 의해 통과시켜주는 '통법부'의 의미를 크게 벗어나지 못한다는 비난을 받았다.

에피소드 꾸지람 듣는 측근 ▰▰▰▰▰▰▰▰▰▰▰▰▰▰▰▰▰▰

김영삼이 어떤 호칭으로 부르느냐에 따라 김영삼의 신뢰도가 측정되었다고 한다. 김영삼은 자신이 신뢰하는 사람들, 특히 오랜 기간 고생을 함께한 비서들에게는 직함을 붙이지 않고 그냥 이름 두 자만 부르는 습관이 있었다. 이것이 애정과 신뢰의 표현이었다. 김영삼은 애정이 없는 사람에게는 화도 내지 않았다고 한다. 가슴 속에 있는 이런저런 얘기를 털어놓는 사람은 김영삼에게 신뢰를 받고 있다고 봐도 무방하였다. 상도동 주변에는 김영삼에게 꾸지람을 가장 많이 듣는 인사가 측근 중 측근이라는 농담 섞인 얘기도 있었다. 김영삼은 화나는 일이 생기면 가장 먼저 마주치는 사람이나 자신으로부터 가장 가까운 거리에 있는 사람에게 자신의 감정을 솔직히 표현하는 성격이었다고 한다. 그러나 자신의 속마음을 터놓을 수 없는 사람들에게는 무턱대고 하지는 않았다고 한다(윤창중, 1994).

에피소드 낙선한 사람 신뢰 안 해

김영삼은 국회의원 선거에 출마해 낙선한 사람을 별로 신뢰하지 않았다. 국회의원으로 잔뼈가 굵은 김영삼은 낙선한 사람은 뭔가 문제가 있기 때문에 떨어졌다고 보는 것 같았다. 과거 통일민주당 시절, 힘들게 당선된 김영삼의 한 측근은 선거전이 막판까지 우열을 점치기 어려운 격전이 계속되자 만약 떨어지면 정계를 떠나야겠다고 결심한 적도 있었다. 선거에 떨어지는 것보다 김영삼을 다시 보게 되는 것이 더 두렵게 느껴졌다고 할 정도였다(윤창중, 1994).

에피소드 깜짝쇼식 인사

문민정부 초대 총리와 감사원장 내정자 발표를 앞둔 1993년 2월 22일 아침, 김영삼 대통령 당선자의 상도동 집으로 취재기자들이 몰려들었다. 김영삼 당선자는 거실에서 '황인성 총리-이회창 감사원장' 내정을 통보한 뒤 "아무도 맞히지 못 했지?"라며 흡족한 표정을 지었다. 초대 총리-감사원장 인선을 철저히 비밀에 부쳤던 김영삼 당선자의 '철통보안' 인사는 김영삼 대통령 임기 5년 동안 문제가 되었던 일명 깜짝쇼식 'YS인사'를 예고하는 출발점이었다.

김영삼은 법무부와 검찰을 비롯한 국세청, 경찰청, 안기부 등 이른바 실세 권력기관의 핵심 요직을 객관적 기준 없이 대부분 자신의 고교 후배나 동향인 부산·경남 출신 인사들로 충원하였다. 이는 결국 공직사회의 불만을 가져오게 된다.

상도동 비서정치의 문제점은 여러 차례 지적되었다. 비서정치는 민주적 행태보다는 밀실정치로 흐를 수밖에 없었다. 김영삼의 신임을 배경으로 한 일부 측근들이 중요 문제를 좌지우지하였기 때문에 불만의 소리가 높아졌다. 또 일부 비서진은 안하무인의 행태를 보이기까지 하였다.

김영삼은 청와대를 '정치개혁의 산실'로 설정하고, 정무기능 강화와 오랜 측근 배치 스타일을 비서실 운영방식에 적용하였다. 과거 야당 시절부터 유지해온 측근 중심형을 청와대 운영방식에 그대로 반영한 것이다. 공식지휘체계보다 비공식 보고라인을 더 선호하여 청와대가 일종의 비선라인 기능을 수행하게 된 것이다. 이러한 비선라인으로 인하여 청와대는 비서실장 → 수석비서관 → 비서관 → 행정관으로 이어지는 공식 지휘체계보다 사실상 청와대에 근무하는 민주계 인맥들이 보고라인과 정보망을 장악하고 있었다.

김영삼은 대통령 후보 시절, 여러 문제점이 노출되어 비난을 받기도 하였다. 김영삼이 민주주의를 위해 투쟁한다고 하면서도 정작 자신은 극도로 권위주의적이라는 비판이 있었다. 김영삼의 핵심 참모들조차 과거 독재정권과 싸우면서 불가피하게 독재정권의 행태와 닮게 되었다는 비판도 있었다.

김영삼은 실제로 양보와 타협에는 그리 익숙하지 못하다는 비난이 있었다. 정치적으로 두 번째를 싫어하며 3당 통합을 결행하게 된 원인 중에는 제2야당의 처지를 견디지 못했기 때문이라는 비판도 있었다. 김영삼은 김대중과는 달리 별다른 좌절을 겪지 않고 순탄하게 정치활동을 해왔다. 비교적 유복한 집안에서 태어나 서울대 철학과를 졸업하기까지 특별한 어려움을 경험하지 못했다. 이 같은 성장배경은 김영삼의 정치행태에 그대로 반영되었다. 김영삼은 자신이 참석하는 모든 정치행사가 자신을 중심으로 이루어져야 만족했으며, 비서들도 이 문제에 각별한 신경을 쏟았다(이용식, 1993).

에피소드 자기 중심의 행사

1991년 말, 정주영 국민당 대표의 희수연에 참석한 김영삼이 곧장 헤드 테이블에 앉으려다 해프닝이 빚어지기도 했다. 정주영 대표 측은 가족 행사임을 고려해 가까운 친척들을 일부러 헤드 테이블에 앉도록 했으나 늦게 도착한 김영삼이 무조건 헤드 테이블로 향하는 바람에 다른 참석자가 자리를 양보해야 했다. 이러한 사례는 여러 번 있었다고 한다(이용식, 1993).

김영삼의 사고력 또는 두뇌의 능력이 대통령이 되기에는 문제점이 있다는 비판이 일어났다. 이러한 김영삼의 머리에 대한 시비는 김영삼이 지난 1987년 13대 대통령 선거에 출마할 때부터 제기되었다. 조깅을 하는 등 철저히 건강을 관리하는 김영삼의 모습과 함께 핵 문제를 원자로로 실수하는 모습이 알려져 파문이 일어났다. 김영삼은 "머리는 빌릴 수 있어도 건강은 빌릴 수 없다."라는 말을 하여 건강하기는 하지만 머리가 명석하지 못하다는 이미지를 대중에게 심어주었다.

에피소드 김영삼의 말실수

서울 구로 지역의 한 초등학교를 방문했을 때 김영삼은 '결식(缺食) 아동'을 '결식(乞食) 아동'이라고 잘못 말해서 교장선생님이 학생들에게 이를 해명하였다. 제주도를 방문했을 때는 자꾸 '거제도'라고 말했다가 정정한 적도 있었다. 바르셀로나올림픽 마라톤 경기에서 금메달을 획득한

황영조 선수와 만났을 때는 '하영조' 선수라고 여러 차례 말하는 바람에 비서진이 종이에 커다랗게 '황영조'라고 써서 김영삼에게 보여주어야 했다. 또 올림픽 출전 선수들을 격려하기 위해 태릉선수촌을 방문했을 때는 이진삼 체육부 장관을 체육회장으로 호칭하는 등 말실수로 구설에 올랐다. 전경련 회장단과의 조찬모임에서도 '경부고속철도'를 '경부고속도로 철도'라고 말해 비서진들을 긴장시켰다(이용식, 1993).

그러나 김영삼이 말이 다소 어눌하고 전문용어를 잘 모르거나 가끔 실언하는 것은 사실이나 이는 김영삼의 성격과 관계된 지극히 표피적인 현상일 뿐 사고력이나 '머리'의 능력과는 별 관계가 없다고 측근들은 주장한다.

에피소드 기억력이 뛰어남

김영삼의 기억력은 상당히 뛰어나다고 한다. 특히 사람을 잘 기억하는 편이었다. 면담을 신청한 인사들의 명단 50명 정도를 제시하면 별다른 설명이 없더라도 만날 사람과 안 만날 사람, 만난다면 어느 정도의 예우를 할 것인지를 곧바로 결정했다. 누구냐고 되묻는 사람이 거의 없었다는 것이다. 김영삼은 자신이 우리나라에서 정치인을 가장 많이 아는 사람이라는 자부심을 가지고 있기도 하였다. 김영삼의 기억력은 정치인들에게만 국한되는 것은 아니었다. 김영삼이 애용하는 호텔 일식당의 여자 직원이 그 호텔의 남자 직원과 사내 결혼을 했다. 김영삼은 호텔 복도에서 그 남자 직원을 우연히 만나 "결혼식에 못 가서 미안하다."라는 인사와 함께 즉석에서 축의금을 전달했다. 수많은 사람을 만나는 중에서도 호텔 종업원들의 일상사까지 기억하고 있었던 것이다. 이 같은 배려는 이들을 자신의 지지자 또는 정보원으로 만들어놓았다. 과거 야당 시절에는 호텔 식당 등의 직원들이 사소하지만 중요한 정보를 제공해주기도 했다(이용식, 1993).

김영삼은 상대방의 처지를 이해하고 꿰뚫어보는 능력이 탁월했다. 상대방의 심중을 감각적으로 파악하는 독심술의 경지가 상당하다는 것이다. 한 비서는 그만두려고 마음속으로 생각하고 있을 때 김영삼이 직접 불러 "어렵더라도 조금만 참아라. 선거가 얼마 남지 않았다."라며 약간의 격려금과 함께 위로를 해주는 바람에 눈물이 핑 돌아 생각을 바꾸었다고 털어놓았다. 이 같은 현상에 대해 주위 사람들은 '누구도 흉내 내지 못할 천부적 자질'이라고 주장했다.

그러나 김영삼은 복잡한 수치나 전문용어 등에 상당히 취약했다고 한다. 오랜 야당 생활 동안 자문을 하는 전문가가 주변에 거의 없었고 반독재투쟁에 몰두하다 보니 그렇게 됐을 것이라는 주장이다.

에피소드 한강에 가 빠져 죽어라!

몽골 대통령이 방한하여 열린 청와대 환영연에서 다른 참석자들과는 달리 김영삼만 연미복을 입고 나가 노태우 대통령을 포함한 참석자들의 시선을 독차지한 적이 있었다. 그것은 수행 비서진의 실수에서 비롯된 해프닝이었다. 청와대 측은 처음에는 연미복을 입고 나오도록 했으나 나중에 평복을 입도록 참석자들에게 다시 알려줬다. 그런데 비서진들이 이를 챙기지 않아 김영삼이 낯 뜨겁게 된 셈이었다. 여느 사람 같으면 크게 문제 삼을 수도 있었으나, 아랫사람을 절대 버리지 않는다는 신조를 지켜온 김영삼은 수행 비서에게 "한강에 가 빠져 죽어라."라는 우스갯소리로 나무라며 이 일을 넘겼다.

에피소드 단호한 응징

한번 인연을 맺으면 '평생 동지'처럼 믿고 일을 맡기는 김영삼에게도 엄격한 측면이 엿보였다. 김영삼은 때때로 정치적으로 자신을 배신했다고 판단되는 사람에 대해서는 옆에서 보기에도 단호할 정도로 응징을 가하는 엄격함을 보여주었다. 이민우와 김영삼 두 사람은 1987년 초, 직선제 개헌 파동이 있기까지만 해도 30년 넘게 정치적 동지로서 고락을 같이 해 온 처지였다. 그러나 내각제 개헌론을 둘러싸고 당시 이민우가 석연찮은 애매한 태도를 보이자 결별하여, 그 이후로 계속 관계를 끊었다(송철원, 1992).

김영삼에게 '그 사람 몹쓸 사람이군.' 하고 판정을 내린 사람은 김영삼의 끈질긴 공세에 두 손을 들고 말았다는 것이다. 이는 '적 아니면 동지'라는 냉엄한 정치세계의 현실을 보여주는 것이기도 하다. 김영삼은 사람을 아끼고 아랫사람의 사소한 실수에 관대하며, 다른 사람의 말에 귀를 곧잘 기울이는 등 사람에 대한 흡인력이 강한 반면 엄격하고 냉정한 일면도 엿보인다. 자신의 정치노선에 흠집을 내거나 반기를 드는 사람에 대해서는 집요하다고 여겨질 만큼 응징을 가하는 게 김영삼의 또 다른 일면이었다.

김대중이 모든 정치적 현안에 대해 끊임없이 걱정하고 만약의 사태에 대비하여 제2안을 준비하고 확인하는 스타일이라면 김영삼은 타고난 낙천적 기질로 사태를 낙관적으로 보는 스타일이다. 이러한 낙관적 스타일을 측근들은 가슴 졸이며 걱정했지만 정작 김영삼은 태연한 기색이었다. 3당 통합 이후 위기 속에서도 김영삼은 심하다 할 정도로 낙관적인 태도를 보여 측근들을 의아하게 만들었다.

2. 김영삼의 퍼스낼리티

가정적 배경

　김영삼은 1927년 12월 20일, 경남 남해 바닷가의 작은 어촌인 거제군 장목면 외포리에서 아버지 김홍조와 어머니 박부연(1960년 사망. 당시 52세) 사이에서 1남 5녀 중 외아들로 태어났다. 어렸을 때부터 김영삼은 멸치어장을 하는 부모 밑에서 부유한 삶을 영위하게 된다.

　김영삼의 어린 시절에 대한 최초의 기억은 어머니에게 혼이 난 일이었다. 세 살쯤 되었을 때 말리려고 바닷가에 펼쳐놓은 멸치를 정신없이 집어먹고는 갈증이 나서 논물을 실컷 마셨다가 집에 돌아와 배탈이 났다. 어머니에게 꾸중을 들었고 배탈로 큰 고생도 했기 때문에 이 기억은 바닷가에 널려 있던 하얀 멸치의 그림과 함께 김영삼에게는 두고두고 지워지지 않는 잔영으로 남아 있었다(김영삼, 2000).

　김영삼의 할아버지는 거제도에서 최초로 멸치어장을 개척한 사람이었다. 재래식 어업으로 가난을 천직으로 삼았던 어촌사람들과는 달리 멸치어업의 새로운 방법을 도입하여 성공함으로써 자신의 가족뿐 아니라 일대의 수많은 주민에게도 생계의 터전을 제공한 인물이었다. 진취적이었던 할아버지의 기상은 아버지 김홍조에게 이어졌고, 다시 손자인 김영삼에게 대물림되었다. 소년 김영삼은 "낙후된 섬에서 살지언정(당시 거제도 낙후된 섬이었다) 생각만은 낙후되어서는 안 된다."는 할아버지의 신념에 이끌려 초등학교에 입학하기 두 해 전부터 서당에 나가 한학을 배웠다(박권흠, 1992).

김영삼은 서당에서 공부에 열중했다. 서당 훈장의 가르침을 할아버지의 말씀처럼 받아들였다. 집에 오면 할아버지가 예습, 복습을 꼼꼼하게 챙겼다. 김영삼은 살아오면서 할아버지처럼 인자한 성품과 엄격한 법도를 완벽하게 갖춘 인물을 다시 만나기가 어려웠다고 한다. 할아버지로부터 물려받은 도덕적 엄격함, 그리고 옳고 그름에 대한 기준이 김영삼의 정치관에 뿌리를 형성한 것으로 보인다.

김영삼의 할아버지는 한학이 소년의 인격 형성과 모든 학문의 바탕이 된다는 사실과 함께 신식학문의 중요성 또한 누구보다 먼저 깨달은 사람이었다. 그래서 김영삼은 열 살이나 되어야 초등학교에 들어가던 당시의 관례를 깨고 겨우 일곱 살에 외포초등학교에 입학하게 된다. 학교가 있는 장목은 외포리에서 20리나 떨어진 곳이었기 때문에 일찍부터 부모와 떨어져 살게 되었다(김영삼, 2000).

에피소드 민주멸치

김영삼 집안에서 운영하던 어장은 해마다 많은 돈을 벌어들였다. 할아버지가 쌓아놓은 부는 김영삼이 오랜 독재 치하에서도 꿋꿋이 버텨 나갈 수 있게 한 버팀목이 되었다. 해마다 명절이면 거제에서 잡은 멸치를 야당 정치인과 재야인사 그리고 지인들에게 한 포씩 나누어주었다. 암울했던 군사정권 시절에 멸치 한 포 한 포에는 포근한 인정이 흘렀다. 이른바 민주멸치였다. 그 이후에도 김영삼의 멸치 선물은 계속되었다. 정치권에 있으면서 김영삼의 멸치를 받지 못한 사람은 바보라 할 정도로 김영삼의 멸치는 유명하였다.

1942년, 외포초등학교를 졸업한 김영삼은 부산 동래중학교에 입학시험을 쳤으나 낙방의 고배를 들었다. 그러나 할아버지의 집념으로 김영삼은 이듬해 통영중학교에 진학하게 되었다.

통영중학 시절, 키는 작았으나 씨름은 항상 1, 2등이었다고 한다. 수영실력이 뛰어나 특히 장거리 수영에서 최고 수준인 3급을 땄다고 한다. 김영삼은 중학교 시절에 입만 열면 한국인을 욕하거나 멸시하고 아이들이 도시락 반찬으로 김치를 싸오면 빼앗아서 내던져버리던 일본인 교장에게 앙갚음을 하게 되었다.

김영삼은 일본 교장선생이 전근 갈 때 이삿짐 속의 곡식 자루에서 곡식을 빼내고 대신 흙과 돌멩이를 채워 넣었다가 발각돼 무기정학을 당했다. 불의의 권력에 대한 항거는 이때부터 시작된 셈이었다고 한다. 또한 한국 학생을 멸시하던 일본인 반장을 흠씬 두들겨 패고 정학을 당하기도 하였다(박권흠, 1992).

에피소드 조선말을 하는 부잣집 아들 ▨▨▨▨▨▨▨▨▨▨

김영삼은 동급생들보다 나이가 두 살이나 어렸고 키도 작은 편이었다. 당시 교문 안으로 들어서면 조선말을 하지 못하도록 단단히 교육을 받아 모든 학생들은 그렇게 따랐다. 그러나 김영삼은 무슨 생각에선지 그런 규칙을 무시하고 조선말을 하여 번번이 선생한테 불려가 벌을 서곤 했다. 김영삼은 키는 작았지만 힘이 세서 키 큰 학생도 꼼짝 못하고 나가떨어지곤 했으며, 웅변도 잘했다고 한다. 당시 외포리에는 기와집이 두 집밖에 없었는데, 그중 하나가 김영삼의 집이었다. 학생들은 볏짚으로 삼은 짚신을 끌고 다녔지만, 김영삼은 고무신을 신고 다닐 정도로 집안이 넉넉했다. 그러나 김영삼은 부잣집 아들 티를 내지는 않았다고 한다.

김영삼이 조회시간에 실수를 하자 교감선생님이 "누가 그랬는지 앞으로 나와라." 하니까 모든 아이들이 김영삼을 쳐다보았다. 그래서 어쩔 수 없이 앞으로 나갔다. 교감선생님은 비록 일본인이었지만 학생들에게 동정적이었고, 인간적으로도 훌륭했다고 한다. 교감선생님은 김영삼을 교감실로 데려가서 다른 선생님들도 다 들리게끔 일부러 큰 소리로 야단을 쳤다. 그러고는 물이 든 양동이를 들고 서 있으라는 벌을 내렸다. 교감선생님은 곧 수업하러 교실로 들어갔다. 그것은 적당히 하라는 뜻이었다. 수업이 끝나서 돌아올 땐 일부러 슬리퍼 소리를 크게 내며 걸어왔다고 한다. 그것은 자신이 돌아온다는 신호를 보낸 것이었다. 어린 시절, 반일 감정이 있었던 김영삼도 일본인인 교감선생님은 상당히 존경하였던 것 같다(김영삼, 2000).

해방 이후 김영삼은 부산에 있는 경남중학교 3학년에 편입했다. 부산의 명문인 경남중학교(당시 5년제)를 47년에 졸업한 그는 이듬해인 48년 9월 서울대 문리대 철학과에 입학했다.

정치가로서의 배경

김영삼은 대학 2학년 때 정부수립 기념 웅변대회에 출전하여 2등으로 입상하고 이를 계기로 정치가로서의 인연을 맺게 된다. 2등으로 외무부장관 상을 받았는데 당시 외무부장관은 장택상이었다. 이것이 인연이 되어 뒤에 국회부의장이 된 장택상의 비서로 발탁된 김영삼은 장택상의 조직과 재정을 맡으면서 본격적인 정치수업을 받게 되었다

(이진곤, 2003).

　한국전쟁이 일어나자 김영삼은 피난길에 학우의 고향인 이천에 은신하였다가 그곳에서 공산군에 대항하기 위한 마을 주민들의 저항 운동을 조직 · 지휘하였다. 1 · 4후퇴로 부산에 내려가서는 문리대 사학과 주임교수였던 국방부 정훈국장 이선근의 주선으로 KBS에서 대북방송을 맡아 활동하였다.

에피소드 **보통이 아닌 신혼부부** ▨▨▨▨▨▨▨▨▨▨▨▨▨▨

　김영삼이 국무총리 비서관으로 있을 때인 1952년 초여름에 김영삼의 친구가 신혼이었던 김영삼 부부가 살고 있는 전세방을 찾아간 일이 있었다. 당시 그 전세방은 경남도청 앞에 있던 적산가옥의 한 귀퉁이에 있었다. 김영삼에게 부탁이 있어 찾아간 것인데, 김영삼의 전세방에는 이미 몇몇 고향 사람이 여러 날 묵고 있었고, 모두 청탁을 하기 위해서 온 것이었다. 신혼부부가 쓰는 단칸방으로 들어가는 초입에 다다미방이 있었는데 그 방에서 모두 묵고 있었다. 친구 역시 그 비좁은 곳에서 머물면서 부탁한 것의 결과를 기다리고 있었다. 그때 여러 날 지내면서 보니까 당시로서는 보기 드물게 대학 출신인 김영삼의 부인이 손수 밥을 지어 다다미방에 가득 들어차 있는 손님들에게 세 끼를 꼬박꼬박 대접했다. 그러면서도 결코 얼굴 한번 찌푸리지 않는 것을 보고 이들 부부가 보통사람들이 아니구나 하고 감탄했다고 한다(강성재, 1992).

　김영삼의 어머니는 1960년, 거제도에 침입한 무장간첩에 의하여 살해되었다. 모친이 무장간첩에 의해 희생된 사실은 김영삼이 우익보수 정치가로 자리 잡는 데 크게 영향을 미친 듯하다. 이는 김영삼이 후에 대통령이 되어서도 통일에 대한 방법에서 보수적인 색채를 띠게 된 원인이 되었다.

김영삼은 한국전이 끝난 이듬해인 1954년 5월 20일에 실시된 제3대 국회의원 선거에 출마하여 어린 시절 꿈을 키워왔던 거제도에서 당선되었다. 그때 나이 25세로 당시 사상 최연소 국회의원이 되었다. 경남중학교 시절 부산의 하숙방에 '미래의 대통령 김영삼'이라고 붓글씨로 써 붙여놓고 공부했던 그의 정치인으로서의 꿈이 이때부터 구체화되기 시작하였다.

김영삼은 최연소 청년 국회의원으로서 정치무대에 등장하자마자 이승만 대통령의 3선 개헌 문제에 부닥치게 된다. 김영삼은 집권당에 있으면서 3선 개헌에 반대하고 자유당을 탈당하게 된다. 그리고 이승만을 만나 개헌은 안 된다고 주장하였다. 이기붕이 김영삼의 집을 수차례 찾아가 개헌 지지를 당부하였으나 단호히 거절하였다.

에피소드 아부지! 돈이 그렇게 필요하십니까?

이기붕은 김영삼을 직접 설득해서 개헌 대열에 끌어들이기는 어렵다고 판단하여 김영삼의 아버지를 회유하는 우회적인 방법을 택하게 된다. 이기붕은 김영삼의 아버지를 서울로 오게 하여 김영삼이 이승만을 위한 개헌을 적극 반대하고 있으니 아버지가 잘 설득해서 개헌을 지지하도록 해달라고 부탁한다. 아버지가 아무 말도 하지 않고 있자, 이기붕이 아들을 잘 설득시키면 큰 회사 사장 자리를 하나 주고, 집과 차도 마련해주어 일생을 편안히 먹고 살게 해주겠다고 하였다. 그러면서 거제도로 내려가지 말고 서울에 꼭 좀 남아서 그 일을 성사시켜 달라고 부탁하였다. 아버지는 김영삼에게 자초지종을 말하고 이기붕의 의견대로 하는 것이 좋지 않겠느냐고 떠보았다. 이에 김영삼은 "아부지, 그러면 안 되는 겁니다."라고 했다. 아버지가 "마, 너도 살고 나도 살고 우리 모두 편히 살자."하면서 "잘 생각해보라."라고 했더니, 창밖을 내다보고 있던 김영삼이 몸을 휙 돌리더니 "아부지! 돈이 그렇게 필요하십니까?" 하면서 자신의 주장을 굽히지 않았다(강성재, 1992).

김영삼은 자유당을 탈당한 후에 호헌동지회를 구성하여 사사오입 개헌 파동으로 시작된 범야당 대열에 참가함으로써 향후 길고 먼 야당의 길로 들어서게 된다. 1955년, 민주당이 창당되자 민주당에 입당하여 민주당 구파 계열에 합류하여 조병옥, 유진산으로부터 정치를 배우게 된다.

5·16 쿠데타 이후에는 야당인 민정당의 대변인을 하면서 박정희 정권과 본격적으로 대립하게 된다. 군정 측은 김영삼에게 쿠데타 지지 선언을 요구하였고 공화당 창당 참여를 회유하였으나 김영삼은 이를 거절하였다. 김영삼은 백조그릴 사건으로 22일간 서대문 형무소에 수감되기도 한다. 백조그릴 사건이란 1963년 3월 22일, 무교동에 있는 백조그릴이란 레스토랑에서 정계인사 88명이 민주구국선언을 하고 가두시위를 벌인 사건을 말한다. 1965년에는 야당인 민중당의 최연소 원내총무로 선출되기도 했다. 1969년, 박정희의 3선 개헌에 반대하면서 대중적 지지를 확보해 간다. 3선 개헌을 반대하는 과정에서 중앙정보부에 의해 초산 테러를 당하기도 한다. 그러나 자동차 문을 안에서 잠가놓아 초산 테러의 공격에서 무사하게 된다. 야당의 끈질긴 반대에도 결국 3선 개헌은 통과되었다.

에피소드 김영삼에 대한 테러 ▬▬▬▬▬▬▬▬▬▬▬▬▬▬▬▬▬▬▬

김영삼은 야당 생활을 하면서 무수한 테러에 시달렸다. 김형욱 중앙정보부장은 부하를 시켜서 차를 타고 가는 김영삼에게 초산을 뿌리는 테러를 감행한다. 다행히 평소에 차의 문을 꼭 잠그는 버릇이 있어서 테러범이 문을 열고자 했으나 열리지 않아 그대로 창문에 초산을 뿌리고 도망간다. 초산이 얼마나 강했으면 차의 페인트가 다 벗겨졌다. 조직폭력배가 김영삼의 사무실로 각목을 들고 쳐들어와서 폭력배를 피하려다 2층에서 뛰어 내려 다리를 다치기도 하였다. 또 신민당 전당대회를 폭력배를 동원한 각목대회로 치른 적도 있다.

3선 개헌이 통과되고 나자 1969년 11월, 김영삼은 기자회견에서 1971년 대통령 후보 지명전에 출마할 것을 선언한다. 이른바 '40대 기수론'을 주장하게 된다. 김영삼의 40대 기수론은 국민에게 신선한 충격을 주었다. 김영삼은 정치에 대한 현실적 감각과 대담한 추진력을 갖고 있었다. 이러한 판단과 추진력은 후에 야당 생활을 하면서 김영삼이 야당의 투사로서 그리고 대담한 승부사로서의 이미지 제고에 커다란 도움이 되었다.

40대 기수론에 대한 당내 저항은 만만치 않았다. 유진오 당수도 반대하고 당의 실권자였던 유진산의 반대도 의외로 강했다. 당의 원로와 중진들은 보수질서에 대한 정면 도전으로 받아들이면서 냉소적인 반응을 보였다. 김영삼의 과감한 도전에 표면적으로 지지를 보내는 사람은 극소수에 불과하였다. 특히 유진산은 굉장히 격노하였다. "입에서 젖비린내가 나는 아이들이 무슨 대통령이냐?" 하며 강력히 비난하

40대 기수론 당시 김영삼

였다. 그러나 김영삼의 과감성에 고무되어 당시 40대인 이철승과 김대중도 후보 출마를 선언하게 된다. 그리하여 40대인 김영삼, 이철승, 김대중이 서로 경쟁하여 대통령 후보를 선출하게 된다. 이 경선에서 김영삼은 아깝게 김대중에게 지지만 김영삼이 성취한 40대 기수론은 당시 정치계에서는 상당히 충격적인 것이었다.

에피소드 복장의 보수화

김영삼이 40대 기수론을 외칠 때 마치 케네디 대통령을 모방하듯 장발에 청바지, 뒷굽이 높은 구두에 서구사람들처럼 러닝셔츠도 입지 않는 등 잔뜩 멋을 부렸다. 그러나 대통령으로서 이러한 복장은 가벼운 인상을 준다는 지적을 받자 복장을 크게 보수화했다.

에피소드 미리 준비한 취임사

1971년, 대통령 선거를 위한 당 후보 경선에서 김영삼은 신민당의 대통령 후보로 선출될 것이라고 확신하였다. 선거 전날 김대중이 지방에서 올라온 각 대의원들을 찾아가 한 표를 호소하고 있는 와중에 김영삼은 집에서 대통령 후보 수락 취임사를 준비하고 있었다. 결국 이 취임사는 의미가 없어지게 되었다. 전당대회 날 대통령 후보 선출 축하를 위해 미리 중국집에 요리를 주문하고 맥주를 수십 상자나 들여놓았는데 이것도 의미가 없게 되었다. 김영삼은 경선 결과를 겸허히 받아들였다. "김대중의 승리는 우리의 승리이며, 나의 승리이다. 김대중 씨를 앞세우고 정권교체를 위해 어디든지 다닐 것을 약속한다."라는 축하 인사말과 달리 준비한 음식물과 맥주를 송두리째 치워버려 씁쓸함을 안겨주었다. 이렇듯 김영삼은 후보경선을 지나치게 낙관적으로 생각하여 결국 후보경선에서 패하고 말았지만 이러한 낙관적 태도는 그 이후에도 크게 변하지 않았다(김옥두, 1995).

김영삼은 절망하거나 좌절할 줄 모르는 성격을 과시했다. 많은 기회를 통해 앞만 보고 달리는 정치인, 자신감이 넘치는 저돌적인 정치인의 모습을 국민에게 뚜렷이 심어주었다. 김영삼은 항상 앞장서는 모습을 보였고 추종자들은 그를 뒤따랐다. 추종자들의 의표를 찌르기를 좋아했고 자신이 선봉에 서는 것을 자랑스러워했다.

1976년, 중도통합론을 내세우면서 당권에 도전해 오는 이철승을 중심으로 한 비주류들의 연합공세가 거칠어질수록 김영삼은 선명 야당 노선을 강화하면서 대응한다. 김영삼은 자신의 강경 노선을 비난하는 비주류들에게 "쥐를 잡지 못하거나 잡으려 하지 않는 고양이는 고양이가 아니다. 정권에 도전하지 않거나 도전하려고도 하지 않는 정당은 정당이 아니다."라며 비난하였다(박권흠, 2011).

에피소드 박정희의 눈물

1975년, 신민당 당수였던 김영삼은 박정희와의 여야 영수회담을 하기 위해 청와대로 간다. 김영삼이 유신헌법의 문제점을 지적하고 민주화를 요구하기 위해 회동을 갖자고 제의해서 회동이 이루어졌다. 그 전해에 서거한 육영수 여사에 대한 위로로 마음이 얼마나 아프냐고 물은 후 김영삼은 유신헌법 철폐와 민주화를 요구했다. 박정희는 창밖을 보면서 쓸쓸히 눈가에 흐르는 눈물을 손수건으로 닦으면서 창밖의 새를 가리키며, "김 총재! 내 신세가 저 새와 같습니다. 김 총재! 마누라도 없는 텅 빈 절간 같은 이곳에서 내가 얼마나 더 대통령을 하려는 욕심을 부리겠는가?"라며 조금 있다가 경제가 어느 정도 더 발전하면 유신헌법도 개정하고 민주화도 하겠으며 더 이상 욕심도 없다는 인상을 주었다고 한다. 이를 본 김영삼은 상당히 감성적으로 고무되어 둘이 합의한 내용을 비공개로 하자는 약속에 동의한다. 이후 회담내용을 묻는 당 사람에게 일절 그 내용을 이야기하지 않아서 김영삼도 박정희에게 동조하는 '사쿠라'라는 비난을 듣게 된다. 그러나 박정희는 약속과 다르게 더 강압적인 정치를 하게 된다.

이에 김영삼은 박정희에게 속았다고 생각해 더욱더 강력한 대여 투쟁을 벌인다. 이러한 강력한 투쟁이 10 · 26 전 박정희가 김영삼을 국회에서 제명하는 원인이 되었다(김영삼. 2000).

이후 야당에서 반 박정희 투쟁을 해오던 김영삼은 1979년, 다시 당수에 도전하게 된다. 여당의 공작정치에도 어려운 상황에서 당시 당수였던 이철승을 누르고 당당히 야당의 당수가 되어 반 유신의 선봉장 역할을 하게 된다. 또한 박정희와 투쟁하던 와중에 〈뉴욕타임스〉와의 회견 내용이 문제가 되어 국회에서 제명되는 고초를 겪게 된다. 이것이 도화선이 되어 부마 민주화운동이 일어나고, 급기야는 10 · 26이 일어나 박정희가 시해된다.

1979년의 신민당 전당대회는 드라마틱한 결과를 가져왔다. 애초에 김영삼이 당수에 선출되는 것은 어렵다고 모두가 판단했으나, 김영삼의 과감한 돌파력으로 결국 이철승을 누르고 당선되었다. 청와대, 중앙정보부, 여당의 공작정치로 이철승이 당수로 당선되게 되어 있었으나 의외로 김영삼이 1차 투표에서 선전하고 2차 투표로 가게 되자 신민당사 밖에서는 수많은 청년 시민들이 '김영삼'을 외쳤다. 이에 고무된 이기택 계열의 대의원들이 이철승 대신 김영삼을 선택하여 극적으로 역전승을 거두고 당수로 선출되었다. 소수 대의원의 지지만으로 당수에 입후보하여 당수로 선출된 이 극적인 역전극은 한국 야당사에 없었던 일인데, 당시 국민이 유신독재에 항거할 수 있는 강력한 야당을 지지한 결과라고 생각된다.

박정희는 자기의 권력을 찬탈할 인물이 누구인가를 끊임없이 체크하는 가운데 점쟁이에게 대권 운이 있는 사람이 누구인가를 항상 물어보았다. 초기에 김종필에게 대권 운이 있다는 말이 나오자 김종필을 끊임없이 견제했다. 김영삼도 대권 운이 있는 인물로 나오자 무리하게 김영삼을 압박하여 김영삼을 국회에서 제명하는 사태로까지 간 것 같다. 박정희는 쿠데타로 집권했기 때문에 항상 권력을 빼앗길까봐 노심초사했다.

에피소드 김영삼의 눈물 ▬▬▬▬▬▬▬▬▬▬▬▬▬▬▬▬▬▬

김영삼이 '눈물이 앞을 가릴 정도'로 운 것은 1979년 10월 4일, 국회에서 제명된 날이었다고 한다. 김영삼은 "국회에서 제명된 그날을 영원히 잊지 않고 지금도 기억하고 있습니다. 그때 국회의사당을 한 바퀴 돌고 현관을 나올 때 눈물이 앞을 가렸습니다."라고 회고하였다. 또한 김영삼은 1987년 6월 29일, 노태우의 6·29선언을 듣고 기자회견에서 인터뷰 도중 몰래 눈물이 어리는 것을 느꼈다고 하였다. 6월 민주화운동 내내 최루탄 속에 보낸 국민과 함께 흘려야만 했던 눈물이 생각나서였다고 한다(박용배, 2002).

에피소드 닭의 모가지를 비틀어도 새벽은 온다 ▬▬▬▬▬▬▬▬▬▬▬

"새벽을 알리는 닭의 모가지를 아무리 비틀어도 민주주의의 새벽은 온다."라며 김영삼은 의원제명 연설에서 강조하였다. 닭 우는 소리만 나면 주인이 깨우는 바람에 언제나 고통스러웠던 노예들이 닭을 죽여버렸다. 주인이 시간을 몰라 새벽잠을 깨우지 않으리라는 기대였다. 그러나 시간 대중을 못하게 되자 주인이 더 일찍 깨우더라는 이솝 우화의 반대 의미를 가지고 이러한 비유를 썼다. "나는 이 나라의 국민 그리고 민주주의를 위해 몸을 던졌습니다. 순교의 언덕 절두산을 바라보는 이 국회의사당에서 나의 목을 자른 공화당 정권의 폭거는 저 절두산이 준 역사의 의미를 부여할 것입니다. 나는 오늘의 이 수난을 민주회복을 위한 순교로 받아들일 것입니다." 국회가 자신을 제명하는 날, 김영삼이 미리 준비하여 기자들에게 배포한 성명서의 내용이었다(김영삼, 2000).

에피소드 이화여대생의 면도칼 ━━━━━━━━━━━━━━━━━━━━

김영삼 의원 제명에 대항하여 신민당 의원들은 모두 사퇴서를 제출하였다. 어느 날 부산대학교 학생들에게 이화여대에서 보낸 소포가 하나 배달되었다. 풀어보니 그 속에는 면도칼이 하나 들어 있었다. 아무 설명이 없었지만 학생들은 그 뜻을 알아차렸다. 사나이만이 갖고 있는 남성의 심벌을 자르라는 뜻이었다. 부산 출신의 김영삼 총재가 정치적으로 수난당하고 있는데 부산 학생들이 가만히 있고도 사나이라 할 수 있냐는 채찍질이었다. 이 이야기는 부산대학교 주변에서 그 당시 흘러나온 에피소드인데, 어쨌든 이 이야기가 부산 학생들을 자극하여 부마 민주화운동의 진원이 되었을 것이라는 추리도 있었다(박권흠, 2011).

에피소드 박정희를 용서 ━━━━━━━━━━━━━━━━━━━━━━━━━

10 · 26 이후 김영삼은 박정희 시해 소식을 전해 듣고 잠시 멍해졌다. 곧 정신이 돌아오면서 '불행한 일이다. 그러나 올 것이 왔구나.' 하는 생각이 들었다고 한다. 박정희 정권하에서 옥고를 치른 적이 있는 목사가 찾아와서 "박정희 역적이 죽었는데, 김 총재님! 죽었다고 용서하면 안 됩니다."라고 강조하였다. 김영삼은 목사가 이런 말을 할 정도라면 그동안 얼마나 한(恨)이 사무쳤을까 하고 생각해보았다고 한다. 김영삼은 "하나님도 원수를 용서하라고 하셨지 않습니까. 그를 용서해야 합니다."라고 말했다. 그러고는 다음 날 청와대로 가서 박정희 대통령의 빈소에 조의를 표했다. 김영삼으로서는 고인이 된 박정희와의 화해를 의미하는 것이었다고 한다(강성재, 1992).

에피소드 닭장차 ━━━━━━━━━━━━━━━━━━━━━━━━━━━━━━━━

1972년, 유신이 선포되자 참모들이 미국에 있던 김영삼에게 귀국하지 말라고 조언했으나 김영삼은 귀국을 강행한다. 이처럼 김영삼은 정면 돌파를 선호하는 승부사의 기질을 가진 전투형의 정치가였다. 김영삼은 항

닭장차에 끌려가는 김영삼

상 투지를 과시하였다. 거리 시위에서도 활기 넘치는 모습을 보였다. 시위 도중 '닭장차(당시의 경찰차를 닭장차라 불렀다)'에 끌려가는 모습을 보고 국민은 민주투사로서 김영삼에 대해 호의를 가졌다.

김영삼은 박정희 사후에 한때 정권을 잡을 것으로 보였으나 이후 전두환의 쿠데타로 다시 가택연금을 당하여 정치활동이 금지되었다. 5공화국 동안 반 전두환 세력을 형성하며 대통령 직선제를 관철시켜 결국 6·29 선언을 이끌어냈다. 이렇듯 김영삼의 정치인생은 독재에 항거하면서 과감한 추진력과 결단력을 바탕으로 정치적 이미지를 쌓아나갔다. 부유한 가정환경에서 자란 유년시절, 그리고 조병옥 같은 정치거물에게서 배운 경험으로 정치적 상황을 낙관적으로 인식하며 투사적인 면모를 발휘하는 정치행태를 보였다.

1980년 봄, 김영삼과 김대중은 정권쟁취가 눈앞에 이르렀다는 인식 아래 서로 유리한 고지를 점령하기 위해 분열하게 된다. 그러나 신군부는 계획대로 5월 18일, 전국에 비상계엄을 선포하고 김대중은 내란음모죄, 김종필은 부정축재혐의로 체포했다. 자택에 연금당한 뒤,

1980년 8월 13일 신문에 김영삼의 정계은퇴 기사가 실렸다. 김영삼은 더 이상 정치무대에 오르지 못하게 되었다.

김영삼은 1981년 5월 1일, 연금이 해제되자 민주산악회를 결성하여 민주세력의 결집을 도모하다가 다시 연금되었다. 2차 연금 중이던 10월 17일은 그의 장남의 결혼 날이었다. 전날 관할 경찰서장이 찾아와서 아들 결혼식에 가야 하지 않느냐고 물었다. 김영삼은 연금이 풀리는 것이냐고 물었다. 경찰서장이 한 시간 동안만 허락한다는 이야기를 하자 김영삼은 "무슨 말이오? 국민은 내가 연금돼 있는 줄도 모르는데. 그동안 은총으로 자유로웠다는 것을 선전하라는 말이오?"라며 단호히 거절하였다(김영삼, 2000).

에피소드 민주산악회 ▬▬▬▬▬▬▬▬▬▬▬▬▬▬▬▬▬▬▬▬

김대중은 감형되어 1982년에 미국으로 치료를 받으러 가게 되었는데, 망명 아닌 망명이 되었다. 김영삼은 연금 기간 중 붓글씨 쓰기에 열중했다. 이후 과거 민주화 동지들과 삼각산 산행을 하게 된다. 소위 산행정치 및 산행투쟁은 이때부터 시작되었다. 일명 '민주산악회'라고 하여 과거 민주화투쟁 동지들이 자연스럽게 모여들기 시작하였다. 이 산악회는 1984년 5월 18일에 결성된 민주화추진협의회의 모태가 되었다.

김영삼은 광주민주화운동 3주년을 맞은 5월 18일부터 단식에 들어갔다. 그는 〈단식에 즈음하여〉라는 성명에서 민주투쟁에 모든 것을 바칠 결심을 밝혔다. 그는 단식을 22일이나 계속하였다. 단식 중에 여당 인사가 찾아와 미국으로 보내줄 테니 단식을 중단해 달라고 요청했지만 이를 거절하고 정치 해금을 주장하였다. 김영삼의 단식 투쟁이 보도통제로 인해서 언론에 하나도 보도되지 못했다. 오히려 외국 신문에서 관심을 갖고 주요 기사거리로 다루었다. 국내 신문에는 김영삼의

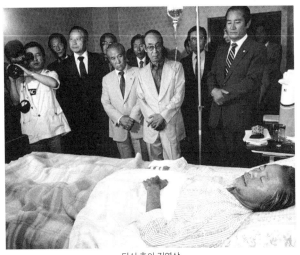
단식 후의 김영삼

이름이 빠진 채로 "○○○사건 혹은 정치현안으로 인해 정치권이 바빠졌다."라는 식으로 읽어도 무슨 내용인지를 모르게 조그마한 기사로 다루어졌다. 그러나 사람들의 입소문을 통해 김영삼의 단식투쟁은 많은 국민에게 알려지게 되었다. 단식투쟁을 계기로 김대중과 김영삼 사이의 정치적 연대가 다시 형성되었다. 결국 전두환 정부는 정치인에 대한 해금을 단행한다(이진곤, 2003).

1984년 5월 18일, 김영삼의 단식투쟁 1주년에 맞춰 민추협이 발족되었다. 이후 김영삼과 김대중은 민추협의 신당 창당 및 총선 참여를 공식 발표하였다. 신민당이 창당되고 이민우 총재가 대통령 직선제 개헌을 위한 '1,000만인 서명운동'을 실시하였다. 당초 100만 명 서명운동으로 구상하였으나, 김영삼의 주장으로 1,000만 명 서명운동으로 바뀌었다. 개헌 서명운동은 전국적으로 전개되었다. 정부의 저지에도 김영삼은 강하게 저항하였다.

전두환 대통령은 "여야가 국회에서 합의한다면 재임 중에도 헌법을 개정할 용의가 있다."라고 발표했다. 그러나 여야의 입장이 서로 달라서 개헌 합의를 이끌어낼 수 없었다. 대통령 직선제를 실시할 경우 여당은 선거에서 패배할 것을 우려해 내각책임제로의 개헌을 주장하였기 때문이다. 그러나 당시 국민은 내 손으로 직접 대통령을 뽑는 대통령 직선제에 호의를 표시하고 있었다. 개헌이 어려워지자 전두환은 4 · 13 호헌조치를 발표한다. 헌법을 개정하지 않고 과거식으로 대통령을 간선제로 뽑겠다는 것이었다. 이 발표에 야당은 물론 국민도 분개하여 거센 저항이 일어났다. 그 와중에 박종철 군 고문치사사건이 발표되자 시위는 걷잡을 수 없을 정도로 확산되어 결국 6 · 10 민주화운동으로 확대되었다.

에피소드 비표를 달지 않겠다!

6 · 10 민주화운동 중이던 1987년 6월 24일, 전두환 대통령과 김영삼 총재 간의 회담이 있었다. 청와대 측은 입구에서 비표를 부착하라고 했다. 누구에게나 요구하는 절차였다. 이에 김영삼은 강력히 반발했다. "당신들이 이래서 국민의 마음을 모른다는 얘기가 나온다. 대한민국에서 이 김영삼의 얼굴을 모르는 사람이 있는가? 세계가 다 안다. 나쁜 관례는 고쳐야 한다."며 기어이 비표를 달지 않은 채 들어갔다(김영삼, 2001).

에피소드 돈에 대한 인식

돈이 많이 드는 어떤 계획을 추진할 경우, 김영삼은 사전에 그 계획을 하나하나 체크해서 행사 비용을 깎고 돈을 주는데, 일단 돈을 건네준 뒤에는 일체 간여하지 않는 타입이었다. 그런데 김대중은 이와는 대조적으로 어떤 계획을 추진하는 데 소요되는 비용을 청구하는 대로 모두 주기는 하지만, 그 계획이 끝날 때까지 일일이 간여하는 스타일이었다. 정치자금에 대한 김영삼의 인식은 민주당 구파를 이끌었던 조병옥과 유진산으로부터 적잖은 영향을 받은 것 같다. 조병옥과 유진산은 돈이 있으면 쓰고 없으면 마는 스타일이었다. 규모 있게 돈을 쓴 타입은 아니었다. 후일 전당대회 때 표로써 그 보답을 받기는 하지만, 어려운 처지의 당 동지를 보면 주머니를 털지 않고는 못 배기는 성미였다.

6·29 선언 이후 김대중과 김영삼은 후보단일화 노력을 기울이기는 했지만 어느 쪽도 양보할 의사가 없었다. 김대중과 김영삼은 거듭된 대화를 통해 '합의에 의한 후보단일화'를 다짐했다. 후보단일화가 어려워지자 1987년 10월 17일, 김영삼은 부산 수영만에서 집회를 가졌다. '군정종식 및 김영삼 대통령 후보 추대를 위한 부산대회'였다. 연이어 김대중은 10월 28일, 대통령 출마와 함께 신당 창당을 공식 선언하였다. 이로써 김대중과 김영삼은 더 이상 돌아올 수 없는 다리를 건너게 되었다.

민주화추진협의회 발족 이래로 합심하여 민주화 투쟁을 전개했던 상도동계와 동교동계는 결별하게 되었다.

김영삼의 개인적인 장단점은 오랜 정치생활을 통해 거의 드러난 상태였다. 특히 김영삼의 자질 시비는 정치권을 넘어 전 국민의 관심사가 되다시피 하였다. 김영삼은 야당 투사일 뿐 대통령으로서의 능력은 없다는 시각이 유포되어 있었다.

에피소드 5분의 1밖에 알지 못함

김영삼은 과거 야당 당수일 때에는 날씨에 관심이 없었으나 대통령이 된 이후에는 냉해를 당하면 마음고생을 참 많이 했다고 한다. 청와대 본관 앞에서 차에서 내릴 때 날씨가 흐리거나 비가 오면 한숨을 내쉬었고, 날씨가 맑으면 굉장히 기분이 좋았다고 한다. 김영삼은 출입기자들에게 "나는 대통령이 되겠다는 집념이 강했기 때문에 대통령에 대해 모두 알고 있다고 생각했으나 막상 대통령을 해보니 5분의 1밖에 알고 있지 못했다는 것을 알게 됐다."라고 실토한 적이 있었다(윤창중, 1994).

김영삼의 자질론과 관련하여 우선 국가경영 능력과 위기관리 능력의 부재를 지적하는 사람이 많았다. 김영삼은 흔히 논리보다 감(感)의 정치인이라는 평을 받고 있었다. 과거 민주 대 반민주 등 정국 구도가 간단할 때 야당 정치인으로서 상황 돌파력 확보에는 이러한 감이 도움이 되지만 국정을 책임져야 하는 대통령에게는 오히려 위험한 요소가 될 수 있다는 주장이었다.

김영삼이 "머리는 빌릴 수 있어도 건강은 빌릴 수 없다."는 자신의 지론에 따라 해오던 이른바 비서정치, 참모정치, 측근정치도 대권 가도에서는 상당한 장애물로 대두하였다. 상호 신뢰성 확보 및 보안 유지가 비서정치의 장점이라면 폐쇄성과 배타성이라는 부정적 측면도 동전의 앞면과 뒷면처럼 함께 따라다닐 수밖에 없었다.

김영삼은 건강을 과시하기 좋아했다. 다리가 불편한 김대중과 대비되기를 바랐는지도 모른다. 매일 새벽 측근들과 조깅하는 모습을 국민에게 보여주었다. 김영삼의 이미지는 적어도 지적인 면에서는 크게 인정받지 못했다. 김영삼은 대통령 후보 시절, 후보 간 텔레비전 토론을 회피했다. 토론을 벌일 경우 자신이 불리하다고 판단한 것 같았다(이진곤, 2003).

에피소드 강인함 과시

김영삼은 취임 후 몇 달이 지난 어느 날, 태릉선수촌으로 가서 아시안게임에 대비해 합숙하는 선수들과 새벽 조깅을 함께 했다. 400m 트랙을 도는 이 조깅에는 여자 선수들을 포함해서 체육회 임원진, 비서관, 보좌관 등 5백여 명의 대부대가 참가했다. 대부분의 참가자들은 5바퀴 정도 돌 것으로 예상하고 대통령을 따라 조깅에 들어갔다. 그런데 5바퀴를 돌았지만 앞에서 뛰는 대통령은 쉴 기색이 전혀 없었다. 많은 중량급 선수와 여자 선수, 임원 일부가 1차로 탈락했다. 10바퀴를 돌았으나 대통령의 조깅은 오히려 더 스피드를 내면서 계속되었다. 2차로 많은 참가자가 탈락했다. 김영삼은 빠른 속도를 유지하면서 12바퀴 반을 돈 뒤에야 조깅을 끝냈다.

그곳이 태릉선수촌이었다는 사실이 김영삼의 투지를 더 자극했을 것이다. 그는 단순히 조깅을 했다기보다는 선수촌에서 자신이 얼마나 강인한 사람인가를 과시하기 위한 투쟁으로 달리기를 했다고 할 수 있다. 김영삼은 어릴 때부터 누구에게든 이기지 않고는 견디지 못하는 성격이었다. 남들이 자신을 따르지 못하고 두 손을 드는 모습을 봐야만 비로소 느긋해 하면서 관대해지는 모습을 자주 보여 왔다(윤창중, 1994: 오경환, 2003).

김영삼은 국민에게 게으르거나 세금을 낭비한다는 인상을 주지 않으려 노력하였다. 미국 방문 중 김영삼은 세 차례나 시차를 바꾸면서 단 하루도 쉬지 않고 8박 9일의 바쁜 일정을 소화했다. 미국에서 돌아올 때 하루 정도 쉬어야 시차 조정에 무리가 없다고 참모들이 건의를 하였다. 그러나 김영삼은 1박 하는 데 들어가는 비용이 3~4억 원에 이른다는 얘기를 듣고는 그만 기겁하여 숙박을 취소시켰다. 김영삼은 귀국 후에도 잠시도 쉬지 않고 일정대로 움직였다. 30대 후반이나 40대 초반의 청와대 출입기자들도 감당할 수 없는 체력과 정신력이었지만 김영삼도 귀국 후 얼마 되지 않아 입술 오른쪽이 터졌다(윤창중, 1994).

김영삼은 뒤끝이 없는 성격으로 화가 났더라도 돌아서면 잊어버리고 다시 만나면 새로운 기분으로 대해주었다고 한다. 이것은 주변에 사람들이 몰리게 하는 김영삼의 특유의 장점이었다. 다른 사람들이 보는 앞에서는 특정인을 질책하지 않았다고 한다.

김영삼이 가장 좋아하는 사람은 약속시간을 철저히 지키는 사람이었다. 약속시간을 잘 지키는 사람은 믿을 수 있는 사람이라고 판단했던 것 같다. 김영삼이 가장 싫어하는 스타일은 배가 나오고 뚱뚱한 사람이었다. 청와대와 내각에 단 한 사람도 비만형이 없었던 것을 보면 알 수 있다. 김영삼은 체중 관리를 자기 관리의 가장 중요한 부분으로 생각하였다.

김영삼은 기자들과의 관계가 매끄럽지 못한 정치인들을 싫어했다. 그리고 김영삼이 가장 싫어하는 인물은 생색을 내는 사람이었다. 또 자신과 협의한 내용을 밖에 알리는 사람도 싫어했다. 더욱이 어떤 일을 자신이 했다고 공치사하는 사람은 중용이 되었더라도 오래가지 못했다.

3. 주요 정치적 사건을 통해 본
   김영삼의 행태

부정부패의 척결

  김영삼은 취임 이후 자신과 가족의 모든 재산을 국민에게 공개하는 소위 '윗물 맑기 운동'을 시도했다. 그리고 재임 중 일체의 정치자금을 주고받지 않을 것을 선언했다. 모든 공직자의 재산공개가 줄을 이었다. 새로 임명된 서울시장이 재산공개 파동으로 사표를 냈다. 이어서 민자당 의원 가운데 의원직 사퇴, 탈당, 공개 및 비공개 경고 등 17명이 조치되었으며 공직자 5명의 사표도 수리되었다. 대통령의 측근도 사표를 제출하였다. 김영삼은 기업인들에게 정치자금 낼 걱정 말고 기업을 잘 키우라고 역설하였다.

  김영삼은 "내부의 적, 기득권 세력, 수구세력, 소신이 없는 공직자가 있다면 떠나라. 많은 토지를 갖고 있는 것이 고통이 되도록 하겠다." "이제부터 부정을 저지르면 과거에 비할 수 없는 처벌을 하겠다." 는 등 자신의 뜻을 직설적으로 표현하곤 했다. 김영삼은 자신의 표현대로 대통령이 자칫 잘못하면 나라가 큰일 날 수도 있다는 절박한 심정을 갖고 있다는 느낌을 주었다.

또한 성역 없는 감사를 지시하였다. 먼저 청와대에 대한 감사부터 시작하였다. 그리고 안기부를 비롯하여 이른바 성역이라고 일컬어지던 모든 분야의 감사를 실시하였다. 전두환과 노태우가 정책적으로 집행한 '평화의 댐' 사업과 '율곡사업'도 감사를 실시했다.

감사결과는 검찰에 고발되었고 그로 인해 공직자들의 구속이 속출하였다. 사정당국도 성역 없는 사정을 실시하였다. 고위직 검사와 경찰간부, 그리고 군 장성들이 줄줄이 구속되었다. "개혁이 곧 사정인가?" 하는 의문이 일어났을 정도로 부정부패를 샅샅이 파헤쳤고 거침없이 척결하였다.

문민정부에서의 검찰은 '권력 그 자체', '무소불위의 권력기관'이라는 비판이 나오게 되었다. 사정을 위한 '권력의 시녀'라는 오명에서 벗어나지 못하게 되었다. 김영삼은 검찰 고위간부들을 청와대와 국회에 배치함으로써 검찰공화국이라는 의혹을 더욱 부채질했다.

김영삼은 어느 날 갑작스럽게 기자들을 불러서 "정치를 오랫동안 하면서 정치자금이 얼마나 많은 정경유착과 나쁜 결과를 낳았는지 너무 잘 알기 때문에 나는 정치자금을 받지 않겠다."라고 일방적으로 선언하였다. 정치자금을 받지 않는 것을 제도화하는 방법을 강구했어야 하나 그렇게 하지 않았다. 이처럼 위로부터의 개혁을 시도했기 때문에 일방적 선언과 솔선수범으로 추진되었다.

에피소드 **체계적이지 못한 솔선수범의 정치**

김영삼 대통령은 취임 이틀 만에 재산을 공개하여 전 공직자의 재산공개로 확대시켰다. 그 후 다시 5일 만에 정치자금 수수거부 선언을 했으며, 청와대 안전가옥 철거, 골프 안 치기, 국수 점심 등 개혁적 조처와 도덕적 자세를 확고히 하기 시작했다. 김영삼 대통령은 개혁과 도덕성에 큰 역점을 두고 기회가 있을 때마다 이를 강조했으나 도덕운동의 확산작업은 하지 않은 것 같았다. 어쩌면 소박하고 단순하게 '솔선수범'하는 것으로 도덕운동의 확산을 기대했던 것 같다.

에피소드 기중기로 금고를 떼어냄 ━━━━━━━━━━━━━━━━

청와대에서의 집무가 시작된 날, 김영삼은 대통령 집무실 한쪽 모퉁이의 작은 방문을 열어보고 깜짝 놀랐다. 방 전체가 하나의 금고였다. 아무것도 없는 방에 일부러 짜 맞춘 것으로, 높이가 천장까지 닿는 엄청나게 큰 금고가 설치되어 있었다. 대통령 집무실의 초대형 금고. 김영삼은 집무실에까지 그렇게 큰 금고를 설치해놓은 것을 보고 놀랍기도 하고 어이가 없었다. 김영삼은 그 자리에서 "금고를 떼어내라."라고 지시했다. 워낙 큰 금고였기 때문에 그것을 떼어내려고 해도, 도저히 처리할 수 없어서 외부에서 기술자를 부르고 기중기까지 동원했다(이백만, 2009).

역사 바로 세우기

김영삼 대통령은 취임 초에 5·16을 쿠데타로, 12·12를 하극상에 의한 군사쿠데타적 사건으로 규정한 바 있다. 과거를 잊고 용서하자면서 앞으로 민주화 개혁을 추진하겠다고 다짐하였다.

그러나 당시 민주당의 박계동 의원이 터뜨린 이른바 노태우 비자금 사건은 이러한 소극적인 태도를 일시에 바꾸었다. 즉, 노태우 대통령이 집권 당시 기업체들로부터 받은 각종 뇌물과 성금들이 비밀계좌에 은닉되어 있다는 폭로였다. 이는 분명히 정경유착과 부패 고리에 대한 고발이었으며, 당시 실행된 지 얼마 되지 않은 금융실명제 위반

법정에 선 노태우와 전두환

사항이었다. 이를 계기로 과거 정권에 대한 재조사가 불가피하게 되었
고, 노태우 전 대통령은 구속되었다. 또 이를 계기로 전두환 전 대통령
에 대한 사법처리도 불가피하게 되었다. 그 결과 전두환은 구속되어
반란수괴 혐의로 기소되었으며, 대통령 재임 중 기업체들로부터 수천
억 원의 불법정치자금을 받은 혐의로 추가 기소되었다.

　　과거 청산을 위해 1995년 12월 18일, 국회에서는 5·18 특별처
리법을 통과시켰다. 정부는 과거 정권에 대한 단죄를 '역사 바로 세우
기'로 이름지었다. 역사를 바로 세우는 데 필요불가결한 조치였다고
강조하였다. 그러나 과거 대통령들을 추종한 일부 세력들의 반발을 불
러왔다. 다시 김영삼은 정치적 도전에 직면했다. 언론에서는 '역사 바
로 세우기'가 김영삼의 초기 개혁들이 소기의 성과를 거두지 못하자
나온 고육지책이라는 평가를 내리기도 했다.

　　금융실명제는 상당히 오랫동안 대통령에 의하여 "개혁 중의 개혁
이요, 우리 시대 개혁의 중추이자 핵심"으로 자랑스럽게 언급되었다.
그러나 대통령 긴급명령을 일반 법령체계로 바꿔 이 땅에 제도적으로

정착시키지 못한 채 문민정부의 종료와 함께 유보되고 말았다.

금융실명제를 준비하는 기간은 2개월로 잡았다. 대신 성장률이 1~2% 정도 떨어지고 시행 직후 증권시장이 몸살을 앓을 것도 각오했다. 가장 중요한 것은 최대한 빨리, 어떠한 일이 있어도 비밀을 지키는 것이었다. 어떠한 예외도 배제한다는 것이 원칙이었다.

에피소드 벙어리가 되어야 함 ━━━━━━━━━━━━

김영삼은 보안유지를 잘하는 참모를 특별히 신뢰하는 독특한 성격을 가졌다. 과거 독재 하의 공작정치 풍토 속에서 오랜 기간 정치를 하다 보니 보고 들은 것을 말하지 않는 참모를 믿게 되었다고 생각된다. 상도동에서 출세하려면 심지어 벙어리가 되어야 한다는 이야기가 나올 정도였다.

이 점은 누구나 이해할 수 있는 일이었다. 문제는 이를 법제화할 시기를 놓친 데 있다. 긴급명령은 1993년 8월 12일에 발표되었다. 당시는 김영삼 대통령의 임기 초였다. 개혁에 대한 국민의 기대와 지지는 전폭적인 것이었다. 상식적인 판단으로 보면 그 기세를 이용해 법제화해야 했다. 특히 금융실명거래제는 어떤 조치보다 제도화를 필요로 하는 과제였다. 그러나 김영삼은 국회의 논의에 맡길 경우 제도가 변질될 것이라고 우려해서 대통령 명령으로만 버티게 된 것 같다.

민자당 내 세력다툼과 김종필의 이탈

1994년 8월의 보궐선거에서 민자당은 패하였다. 특히 대구, 경주 지역에서의 민자당 패배는 주목할 만했다. 박철언의 부인이 대구에서 당선되었는데, 이는 대구 지역의 반 김영삼 감정을 대변했다. 이에 따라 민주계는 민정계와의 유대강화를 추구하였고, 그 결과 도 지도부 위원장과 당무위원에 민정계 인사들이 발탁되었다. 또 검찰은 12·12 쿠데타 관련자에 대해 기소유예 결정을 내렸다. 이후 1994년 12월 23일의 개각에서도 민정계 인사들이 대거 발탁되었다.

이로써 민자당은 개혁을 앞세운 김영삼 직계인 민주계와 과거 세력을 대변한 민정계의 양자 구도로 재편되고 김종필의 공화계는 소외되었다. 민주계는 더 나아가 적극적으로 공화계의 무력화를 시도하였다. 민주계의 수장이었던 최형우는 대표위원제를 없애고 경선을 통해 3명의 부총재를 선출하자고 주장하면서, 사실상 김종필의 대표 사퇴를 요구하였다.

개혁에 대한 국민의 열망을 반영하여 민주계는 대구·경북 인사에 대해 사정을 감행하였고 김종필의 사퇴를 요구하였다. 이는 국민적 열망에 힘입어 민자당 내에서 주도권을 장악하려는 의도로 보였다. 김종필은 탈당하였고 이후 자민련을 결성하여 민자당, 평민당, 자민련으로 구분되는 3당 구조를 이루었다. 이것은 김영삼이 추구하는 개혁에 반발하거나 개혁이 제대로 되지 않는 것에 실망한 다양한 계층과 정치세력들의 불만이 있었기 때문이다.

민자당을 탈당한 김종필은 1995년 2월 9일, 신당 창당을 공식 선언하였다. 김종필이 새로 창당한 자유민주연합(자민련)은 충청권 출신 의원뿐만 아니라 일부 대구, 경북권 인사들을 포함하였다. 이로써 김영삼 정부가 포용하지 못한 비호남 지역의 세력이 자민련으로 결집되었다. 자민련의 출범으로 민자당의 세력은 축소되었고 지역적으로 영남 세력의 연합에 그치게 하는 결과를 가져왔다.

김대중의 복귀와 15대 국회의원 선거

1995년 6월 27일에 실시된 지방선거는 민자당의 참패였다. 민자당은 지방선거에서 15명의 시·도지사 중 5명을 당선시키는 데 그쳤고 시장·군수·구청장 선거와 시·도의원 선거에서도 야당인 민주당에 뒤졌다. 전통적으로 여당세력이 강한 대구·경북과 강원에서의 부진은 이 지역에서의 반 민자당 정서가 얼마나 심각하고 광범위하게 확산되어 있는지를 보여주었다.

6·27 지방선거에서 여당이 패배하고 민주당이 선전하자 이에 고무된 김대중은 7월 18일, 정계 복귀를 선언하고 신당을 창당하여 '새정치국민회의'라고 이름지었다. 당시 야당을 대표하던 민주당은 지역에 관계없이 김영삼의 3당 합당을 추종하지 않는 인사들과 다른 야권 정치인들, 그리고 재야세력이 연합하여 만든 정당이었다. 그러나 김대중의 복귀로 대부분의 민주당 인사들이 국민회의 휘하에 모이게 되었고, 그 결과 이기택을 중심으로 하는 민주당은 미니 정당으로 전락하여 '꼬마 민주당'이라 불리었다.

자민련과 국민회의의 창당으로 한국의 정당구조는 결국 3당 체제가 되었고, 정당들의 지역성은 이전보다 더욱 강화되었다. 민자당은 부산·경남과 대구·경북의 연합세력, 국민회의는 호남지역과 수도권의 일부 세력, 자민련은 충청지역과 대구·경북지역의 일부 세력을 기반으로 하여 세력 각축을 벌이게 되었다. 노태우 정부 하에서 보여주었던 민자당의 정국 장악력은 사라졌고, 한국의 정치는 지역분할 형태로 전락했다.

이후 김영삼은 민자당을 신한국당이라고 명칭을 변경하고 민주계, 민정계를 중심으로 재규합을 시도하였다. 보다 강도 높은 개혁으로 국민의 지지를 호소하는 방법으로 전환하였다. 1996년 4월에 실시된 15대 국회의원 선거는 예상을 깨고 수도권에서 선전한 신한국당이 139석으로, 129석을 차지한 자민련과 국민회의를 앞질렀다. 김영삼 대통령의 인기가 급격히 떨어진 상황에서 상당히 의외의 결과로 보였다. 선거전에서는 신한국당이 내세운 새로운 인물의 충원과, 개혁과 안정을 결합시킨 개혁적 보수주의 노선이 수도권 및 젊은 층의 호응을 얻은 것으로 보인다. 전두환과 노태우의 구속 등으로 새로운 바람이 일었고, 감사원장 출신으로 곧은 이미지를 가졌던 이회창 선거대책위원장 등 인물들의 참신성도 선거 승리에 공헌을 하였다.

김영삼의 개혁 실패

1996년 말, 신한국당은 야당의 반대에도 노동법을 단독으로 처리하여 노동계의 거센 반발과 저항을 불러왔다. 1996년 12월 26일, 크리스마스 자정을 몇 시간 넘긴 추운 겨울 새벽에 정부·여당에서 무리수가 나왔다. 노동법과 안기부법을 전격적으로 날치기 통과시킨 것이다. 정부·여당의 노동법 개정안은 '복수노조 허용'과 '정리해고'를 골자로 한 것이었는데, 노사 양쪽 중 어느 쪽으로부터도 환영받지 못한 설익은 상태였다. 노동법이 무리하게 날치기 통과되자 나라 안이 소용돌이쳤다. 1997년 새해 벽두부터 노동계가 들고일어나 총파업에 들어갔다. 김영삼 대통령의 임기가 1년 남짓밖에 남지 않은 상황이라 정부·여당은 이미 무기력 상태에 빠져 있었다(주돈식, 2004).

1997년 초에 터져 나온 한보 비리사건은 김영삼 정권에 큰 타격을 입혔다. 문민정권의 실세라던 홍인길, 황병태, 정재철 의원, 김우석 내무부장관 등 정 · 관계 실세들이 한보로부터 뇌물을 받은 것으로 드러나 대거 구속되고, 야당에서도 김대중 총재의 최측근인 권노갑 의원이 구속되었다. 홍인길 의원의 입에서 "나는 깃털에 불과하다."라는 말이 나왔고, 이에 따라 '몸통'이 누구냐에 온 국민의 관심이 쏠렸다. 한보사태의 여파는 결국 김영삼의 차남 김현철에게 미쳤다. 소위 '김현철 사건'은 그렇잖아도 4월 대란설, 5월 대란설 등 다가오는 경제 위기에 불안해하던 국민의 분노를 일으켰다. 결국 "아들의 잘못은 아비의 책임"이라는 김영삼의 사과 담화와 한보사태 텔레비전 청문회를 거쳐 김현철이 구속되기에 이르렀다.

김영삼의 차남 김현철은 현직 대통령의 자식으로는 처음으로 형사처벌을 받았다. 김영삼은 김현철에 대한 애정이 유별났다. 집권 당시에는 김현철을 전적으로 신뢰했다. 소통령으로 불릴 정도로 김현철은 정책, 인사에 개입하여 파워가 막강하였다. 국정운영에 대한 보고를 김영삼에게 직접 했으며 개인 사무실을 내고 실무진을 구성하여 소위 광화문 팀을 운영했다. 한보철강 부도사건이 터지고 청문회가 열리자 청문회에 불려가기도 하였다. 기업인들로부터 이권청탁을 받은 비리 혐의로 결국 구속되었다.

김영삼의 차남인 김현철의 국정개입 및 재계유착 의혹 등으로 김영삼 정권의 권위가 추락되고 권력 누수 현상이 급속화되었다. 급기야 김영삼은 집권당의 대통령 후보 선출 과정에서 중립이란 명분으로 자신의 영향력을 제대로 행사할 수 없었다. 그러나 이러한 상황은 오히려 집권당의 민주화 시험에 긍정적인 배경으로 작용되었다.

이후 김영삼은 과거와 달리 당당하고 고집스러운 모습은 전혀 찾아볼 수 없고 모든 것이 귀찮은 듯한 태도를 취했다고 한다. 김영삼은 정신적으로 허탈 상태에 빠져 있는 것 같았다고 한다. 자신은 취임 초부터 한 푼의 돈도 받지 않겠다고 해왔는데 한보사태를 계기로 측근들의 온갖 비리가 드러나 문민정부의 자부심이 땅에 떨어진 데다, 아들마저 비리 혐의로 구속되어 전 국민의 지탄을 받고 있었기 때문이다. 김영삼이 대통령 후보 경선 과정이나 대권구도에 있어서 누구를 밀고 말고 할 정신적 여력도 없이, 누가 되든지 그저 모든 게 귀찮은 심경 같아 보였다고 한다.

마음고생을 많이 해서인지 인간적인 심정을 솔직히 토로하는 김영삼의 모습은 취임 전보다 눈에 띄게 늙어 보였다고 한다. 기자간담회에서도 대통령이 많이 늙어 보이지 않느냐고 물어보는 사람들이 많았다고 한다.

특히 임기 말에 외환관리의 잘못으로 대외신인도가 추락하면서 결국 한국경제를 IMF의 관리 체제로 빠뜨림으로써 그의 민주화 세력에 대한 도덕성마저 추락하게 되었다.

1997년, 외환위기의 시발점은 1월 23일에 발생한 한보철강의 부도였다. 한보철강 부도는 정치적으로 상당한 파장을 가져왔지만 국민경제가 위기로 치달을 정도의 파장은 아니었다. 그러나 대기업들의 연이은 도산으로 경제위기는 심화되었다. 특히 기아자동차의 부도는 국내외적으로 큰 파장을 불러왔다. 기아자동차의 도산은 더 이상 국내 어느 기업도 부도로부터 안전할 수 없다는 불안감을 가져왔다. 따라서 외국인 투자가 및 투자기관들이 한국의 국제신인도를 의심하게 되었다.

대기업의 연이은 도산으로 은행 및 종합금융사들의 부실은 더욱 심화되었다. 단기로 조달한 외화를 장기로 동남아시아에 투자한 종금사들은 7월 태국의 금융위기와 8월 인도네시아의 경제위기가 촉발되면서 부실기관으로 전락하였다. 또한 10월에 발생한 홍콩 증권시장의 주가폭락은 사태를 더욱 악화시켰다. 홍콩 사태를 계기로 외국 금융기관과 투자가들은 본격적으로 투자자금을 회수하기 시작했다.

외국 투자기관들의 자금회수가 시작된 가운데 국책은행들마저 신용등급하락으로 인해 해외차입이 사실상 불가능해졌다. 따라서 외환시장에서는 극심한 달러 부족 현상이 나타났다. 가용 외환 보유고는 10월 말 223억 달러에서 11월 말 73억 달러로 급락하였다. 환율을 방어하기 위해 정부는 11월 한 달 동안 150억 달러를 쏟아부었지만 환율의 폭등과 외환의 고갈을 막을 수 없었다. 이에 따라 정부는 하는 수 없이 11월 21일, 공식적으로 국제통화기금(IMF)에 구제 금융을 요청하게 되었다.

김영삼은 역대 대통령 가운데 돌파력이 가장 돋보이는 정치지도자였다. 그것도 '우회 돌파'가 아니라 '정면 돌파'였다. 김영삼은 일을 처리할 때 과감하게 단숨에 해치우는 돌파력이 뛰어난 공격형 정치인으로, 읽고 생각하기보다 듣고 행동하는 감각적 본능이 뛰어났다. 김영삼은 스스로도 "나는 한번 결정하면 그것이 비록 내게 많은 손해를 주더라도 그냥 밀어붙이는 성격이다."라고 할 정도였다. 집권 초 일제 총독부 건물을 하루아침에 허물어뜨리는가 하면, 군부 내 사조직인 하나회를 단숨에 척결하고, 전두환·노태우 두 전직 대통령 구속을 일사천리로 밀어붙였던 사례에서 볼 때 돌파력 있고 과감하게 행동하는 스타일이었다.

김영삼은 전쟁의 선봉장처럼 혼자 헤쳐 나갔다. 개혁을 함께 추진해야 할 공직자와 국민은 그의 돌격을 구경하는 처지가 되어버렸다. 그리고 개혁의 대상이 된 사람은 자신들의 잘못을 뉘우치기보다는 국민에게 이를 정치적 보복으로 인식시키려 했다.

김영삼의 사정 위주 개혁은 결국 재임 중에 차남인 김현철을 감옥으로 보내야 하는 상황을 낳았다. 너무 자신만만한 성격이었기 때문에 주변을 살피는 데 소홀했던 것이다. 김현철은 정부 인사나 정책입안에 깊숙이 개입해서 비난을 받았다.

김현철의 구속으로 김영삼의 리더십은 급격히 위축되었다. 도덕성을 강조했던 김영삼은 가족의 비리로 인해 더 이상 도덕성을 주장하기 어렵게 되었다. 김영삼은 금전 면에서 욕심이 없는 편이었다. 돈에 얽힌 개인적인 스캔들은 없었다. 그러나 가족과 비서가 돈에 연루된 비리사건으로 처벌되었다.

김영삼은 야당 지도자일 때도, 대통령이 되어서도 '정면승부' 또는 '정면 돌파'를 선호하는 '승부사'의 기질을 가진 정치인이었다. 그는 극단적이고 전투적인 표현을 쓰기 좋아했다. 그는 언제나 투지를 과시했다. 심지어 퇴임 후에도 그는 끊임없이 투쟁의 장을 엮기 위해 애쓰고, 투쟁거리가 생기면 활력이 넘치는 모습을 보였다.

7

김대중과
국민의 정부

1. '국민의 정부' 탄생

김대중의 정계 복귀와 국민회의 창당

1992년 대통령 선거에서 패한 후 정계은퇴를 선언했던 김대중은 문민정부에 대한 국민적 지지가 하락하고 민주당을 비롯한 야권의 지도력이 약해지자 정계 복귀를 선언하게 되었다.

김대중은 6·27 지방선거가 끝난 직후인 1995년 7월 18일, 기자회견을 통해 자신의 정계복귀를 공식적으로 선언하였다. 이와 동시에 김대중은 민주당과 결별하고 새로운 정당을 출범시키게 된다. 김대중의 정계 복귀시기를 앞당기고 신당 창당의 결심을 촉발시킨 직접적 계기는 6·27 지방선거 과정에서 나타난 이기택 민주당 총재와의 갈등과 지방선거에서의 압승이었다.

동교동계를 중심으로 1995년 8월 11일 신당 창당 발기인대회가 개최되었고, 9월 5일에는 새정치국민회의(국민회의)가 창당되었다. 제2당으로 그 위상이 축소된 민주당은 당의 정상화와 세력 확장을 위한 길을 모색하였는데, 이 과정에서 '3김 정치의 청산'과 '지역할거구도의 타파'를 외치는 '개혁신당'과의 통합을 추진하였다. 양당은 몇 차례의 통합협상을 거쳐, 1995년 12월 '통합민주당'을 출범시켰다.

15대 국회의원 선거

제15대 국회의원을 뽑는 1996년 4월 11일 총선은 문민정부의 개혁정책에 대한 중간평가적 성격이 있었다. 또한 2년 후에 있을 대통령 선거의 디딤돌 역할을 하게 된다는 정치적 의미 때문에 선거가 시작되기 전부터 많은 주목을 받았다. 야당들은 4·11 총선을 김영삼 정부에 대한 중간평가로 규정하여, 정부와 정부정책에 대해 강렬한 비판을 전개하였다. 국민회의는 김영삼 정부가 '독단, 독주, 독선'의 폐단에 빠져 여야 대화가 실종되었고, 편협한 인사정책과 일관성 없는 외교 및 대북정책, 그리고 중소기업의 몰락 등의 정책 실패를 일으켰다고 비판하였다. 따라서 정부여당을 견제하기 위해서는 국민회의가 최소 1/3의 의석을 가져야 한다고 역설하였다.

1996년 4·11 총선은 1997년 대통령 선거의 전초전이라는 인식 때문에 초반부터 과열되어 상호비방 선거전으로 혼전을 거듭하였다. 그러나 문민정부의 실책에도 개표 결과, 139석을 획득한 신한국당이 제1당이 되었다. 국민회의, 자민련, 통합민주당이 각각 79석, 50석, 15석을 획득하였다. 4·11 총선 결과는 대체로 신한국당의 승리, 자민련의 선전, 개헌저지선 확보를 달성하지 못한 국민회의의 상대적 패배로 평가되었다.

15대 총선을 계기로 김영삼, 김대중, 김종필의 이른바 '3김 시대'가 다시 자리 잡히면서 상대적으로 열세에 놓인 김대중, 김종필 사이의 제휴 가능성이 점쳐지기 시작하였다. 과거의 정치적 행적으로 미루어볼 때 김대중과 김종필의 정치적 제휴는 가능성이 없는 것으로 보였다. 그러나 4·11 총선에서 불리한 상황에 놓여 차기 집권 가능성이 멀어진 김대중으로서는 김종필과 내각책임제를 매개로 하여 정권을 창출할 수밖에 없는 입장이 되었다.

제15대 대통령 선거

제15대 대통령 선거를 앞두고 각 당은 대통령 후보 경선에 돌입하였다. 국민회의는 1997년 5월에 개최된 당내 경선을 통해 김대중 총재를, 자민련은 6월 김종필 총재를 각각 대통령 후보로 선출하였다. 신한국당은 7월, 이회창을 대통령 후보로 선출하였다.

그러나 신한국당의 경선은 이회창 후보의 대표직 사퇴를 둘러싸고 내부 갈등이 표출되었다. 신한국당 내 민주계 인사들은 6월에 '정치발전협의회'를 발족하여 이회창을 견제하였고, 민정계 인사들은 '나라회'를 결성하여 이회창을 지지하였다.

신한국당은 전당대회에서 이회창을 대통령 후보로 선출하였으나 경선과정에서 겪은 당내 갈등의 후유증은 심각하였다. 당내 결속이 제대로 이루어지지 않은 상태에서 터져 나온 이회창 후보 아들의 병역문제 시비로 인해 이회창 후보의 지지율이 급속히 하락하였다. 이에 경선 후보자였던 이인제 경기도지사가 신한국당 후보 교체의 필요성을 공개적으로 제기하였다. 급기야 이인제는 9월 13일 신한국당을 탈당하고 독자적으로 대선 출마를 선언하였다. 그리고 국민신당을 창당하여 대선에 출마하였다.

일단 대선 후보자들이 결정되자, 각 당은 대선승리를 위한 정당 간의 합종연횡 작업에 돌입하였다. 먼저 국민회의와 자민련 간의 후보 단일화 협상이 비밀리에 진행되었다. 10월 26일, 마침내 내각책임제를 매개로 한 후보단일화 협상을 사실상 매듭지었다. '대통령 후보에 김대중, 총리에 김종필'이라는 원칙에 합의하였다. 김대중, 김종필은 정권교체와 내각책임제 개헌을 위한 이른바 'DJP연합'을 공식적으로 선언하였다. 이로써 대선 경쟁은 국민회의 김대중, 한나라당 이회창, 그리고 국민신당 이인제를 주요 축으로 하는 3자 경쟁 구도로 압축되었다.

　　DJP연합은 단기적인 차원에서 이루어진 것은 아니었다. 기본적으로 여소야대 정국 이후 김대중과 김종필이 장기간에 걸쳐 의정활동을 함께 펼치면서 협력할 가능성을 충분히 인정했기에 가능했다고 할 수 있었다. 당시 김종필은 김영삼의 내각제 개헌 약속 파기 등으로 인한 갈등 끝에 민자당을 탈당해 자민련을 만든 후 충청권과 대구·경북 일대를 석권 중이었다. 김대중이 이를 무시할 경우 대권장악은 어려웠다. 김종필 역시 대선 직전에 터져 나온 IMF환란으로 인해 이회창과의 연합에 부담을 갖지 않을 수 없었다. 바로 이것이 DJP연합을 가능하게 한 배경이었다. 그러나 무엇보다도 가장 큰 요인은 김대중의 절박감이었다. 그는 이미 세 차례에 걸친 대선에서 지역대립구도와 레드 콤플렉스(과거 공산주의 경력이 있다는 의혹)의 벽을 넘지 못하고 눈물을 삼켜야 했다. 그에게 1997년 대선은 생애 마지막 도전이었다. 그에게는 절박한 결심이 필요한 시기였다. 충청권에 기초한 정당과의 연합을 통해 지역균열의 한계를 넘어설 수 있었고 보수 원류를 자처하는 김종필

대선 당시 김종필과 김대중

과의 연합을 통해서 자신의 급진적인 이미지를 상쇄하는 부수적인 효과까지 얻을 수 있었다.

에피소드 김대중과 박정희 ▬▬▬▬▬▬▬▬▬▬▬▬▬▬▬▬

　김대중은 정계 입문 초기에 박정희와 의기투합할 기회가 있었다. 1958년, 강원도 인제 선거에서 선관위의 방해로 후보 등록이 어려워지자 김대중은 군에라도 호소할 생각으로 해당 사단장 관사를 찾아갔다. 당시의 사단장은 박정희였는데 마침 사단장실에 없어서 서로 만나지 못했다. 이승만 정권에 불만을 품고 있던 두 사람이 그때 만났더라면 두 사람의 관계는 달라졌을지도 모른다. 그랬더라면 둘이 함께 부정선거에 대해 의논할 수도 있었을 것이다. 그러면 최대 정적이 되어야 했던 숙명도 조금은 양상이 바뀌었을지 모른다. 평생을 정적으로 지낸 두 사람은 생전에 한 차례밖에 대면하지 못했다. 1963년 총선에서 당선된 김대중은 신년 인사 차 청와대를 방문한 자리에서 처음으로 박정희를 만나 인사를 했다. 당시 선 채로 인사했는데 박정희가 상냥하고 성실하게 김대중의 질문에 답해줬다고 한다. 김대중은 처음이자 마지막인 만남에서 나름대로 좋은 인상을 받았다고 한다. 그 때문인지 김대중은 자신을 탄압하고 죽음으로까지 내몰았던 박정희와 화해하기를 원했다. 김대중은 "당시 나는 박정희의 군인다운 순수성을 높이 샀다. 실제로 그에게도 권모술수를 용납하지 않았던 시절이 있었다. 그러나 그는 권력에 눈이 어두워지면서 정상궤도에서 이탈해 갔다. 이로 인해 그와 자주 만나지 못했다. 나는 박정희가 살아 있을 때 그와 화해할 기회를 갖지 못한 점을 매우 애석하게 생각한다."고 회고했다(김대중, 2000).

　제15대 대통령 선거에서는 선거사상 최초로 후보자 간 텔레비전 토론이 실시되었다. 김대중 후보는 자신이 주장하는 '수평적 정권교체론'과 자민련 측의 '내각책임제를 위한 정권교체론'을 접목하여 정권교체의 필요성을 강조하였다. 즉 내각책임제는 정권교체를 위한 현실적 대안이며 21세기형 정치를 위한 제도임을 역설하였다. 이에 대해 이회창은 '3김 청산'을 내세우며 국민회의-자민련의 연대는 3김 시대 연장을 위한 정치적 야합에 불과하다고 주장했다. 그리고 이인제는 한나라당도 3김 정치의 유산이 낳은 수구정당임을 강조하면서 진정한 3김 청산은 세대교체를 통해서만 가능하다는 논리를 전개하였다.

이와 더불어 상대 후보자들에 대한 폭로전과 흑색선전이 전개되었다. 먼저 국민회의는 이회창 후보의 두 아들의 병역면제 판정에 대한 의혹을 제기하였다. 이러한 폭로는 이회창 후보의 '대쪽' 이미지에 상당한 손상을 주었다. 이에 대해 이회창 후보 측은 이른바 'DJ 비자금' 의혹을 증폭시켰다. 또한 대선 직전까지 '오익제 밀입국' 사건을 빌미로 김대중 후보의 사상 문제를 꾸준히 제기하였다.

15대 대통령 선거에서는 한국정부의 IMF '구제금융 신청'에 대한 논란이 있었다. 경제위기의 원인과 IMF 관리체제에 대한 논쟁이 선거전의 주요 이슈로 등장하였다. 이에 대해 김대중 후보는 이회창과 한나라당이 경제파탄의 책임자라고 주장하였다. 반면 이회창 후보는 김대중 후보가 IMF와의 재협상을 주장하는 바람에 외환위기가 심화되었다고 반격을 가하였다.

1997년 12월 18일에 실시된 대통령 선거는 마지막 순간까지 예측을 불허하는 치열한 경합을 보였다. 그 결과 야당인 국민회의 김대중 후보가 유효 투표의 40.3%를 획득하여 38.7%를 얻은 신한국당의 이회창 후보를 39만 여 표 차이로 누르고 대통령에 당선되었다.

김대중의 승리는 지역적 기반인 호남에서 변함없이 압도적인 지지를 받았고 보수성향의 자민련과의 지역적 연합이 김대중에 대한 비판에도 불구하고 충청지역의 보수적인 유권자들을 대거 흡수했기 때문이다. 이와 함께 이인제의 단독 출마로 영남권에서 이회창과 이인제의 표가 분산되었다. 또한 김영삼 정권의 개혁 실패에 대한 실망이 컸고 김대중의 대중적 설득력이 어느 정도 작용하였다. 따라서 선거에서 김대중을 지지하지 않았던 영남과 강원 등 전통적인 여당지지 성향의 지역에서 지지율을 높일 수 있었다. 선거 때마다 김대중을 괴롭혔던 이른바 '색깔시비' 및 '북풍'이 선거에서는 위력을 발휘하지 못하였다.

정권이 바뀌었음에도 정권이양은 비교적 순조로웠다. 50년 만에 정권이 야당으로 넘어갔지만, 김영삼 대통령과 김대중 당선자의 인간적 관계는 당시엔 매우 좋았다. 이회창 한나라당 후보와 불화를 빚은 김영삼은 내심 이회창 후보보다는 김대중의 당선을 원했던 것 같다. 김영삼은 대선 직후 사석에서 "김대중 후보가 이겨서 잘됐다."라고 말했을 정도였다. 김대중 역시 김영삼에게 빚을 지고 있었다고 한다. 대선 직전 김대중의 비자금 문제가 터졌을 때 검찰 수사를 막아준 건 김영삼이라고 생각하였다. 외환위기 탓이 컸지만, 정권 인수인계 기간에 현직 대통령과 대통령 당선자가 매주 주례회동을 가진 건 매우 이례적인 일이었다(박찬수, 2009).

1992년 대선에서 승리한 뒤 김영삼 당선자와 노태우 당시 대통령은 두 번밖에 만나지 않았지만, 김영삼과 김대중은 매주 만났다고 한다. 김영삼은 김대중에게 굉장히 잘해줬고, 김대중도 김영삼에게 아주 잘했다고 한다. 김대중은 "앞으로도 잘 지냅시다."라며 김영삼 아들인 김현철의 문제를 포함해 모든 걸 다 해결해줄 것처럼 얘기했다고 한다. 그러나 이것이 나중에 김대중과 김영삼 사이에 금이 가는 계기가 되었다고 한다. 정권이 바뀐 뒤 김영삼의 아들 김현철의 사면 문제로 둘 사이는 결정적으로 틀어지게 되었다고 한다(박찬수, 2009).

1998년 2월 25일, 김대중 대통령이 정식으로 취임했으나 김대중의 '국민의 정부'는 출범부터 순탄치가 않았다. 야당이지만 과반수인 원내 제1당인 한나라당이 처음부터 협조하지 않았기 때문이다. 첫 번째 격돌은 김종필 총리 임명동의 문제에서부터 빚어졌다. DJP연합을 대선의 근본적인 패인으로 본 한나라당은 그 연장선인 DJP연정에 대해 불만이 있었고, 처음부터 연합정권인 김대중 정부의 취약점을 물고 늘어졌다. 한나라당은 김종필 총리 임명동의를 끝까지 반대했고, 국무총리 임명동의안 처리를 위해 대통령 취임식 날 오후에 열린 본회의에도 불참함으로써 국회를 유회시켰다.

김대중은 "한나라당은 취임식 날 아침에는 축하를 해놓고 오후에는 총리 인준을 위한 본회의를 거부했다. 지난해 외환 보유고가 36억 달러밖에 되지 않던 국가 부도사태를 막아 이제 겨우 2백억 달러 보유로 고비를 넘어서고 있는데, 야당의 비협조로 국정이 마비되고 국제신용도가 추락하는 일이 있어서야 되겠는가."라며 섭섭해했다.

1998년 3월 2일, 우여곡절 끝에 총리 임명동의안 비준 표결이 간신히 이뤄지긴 했으나 한나라당의 상당수 의원이 백지투표를 한 것이 드러나 자민련과 국민회의가 이를 국회법상 '무기명 비밀투표 위배'라며 투표를 중단시킴으로써 끝내 임명동의안 처리가 무산되고 말았다. 이렇게 되자 김대중은 어쩔 수 없이 김종필 총리서리 체제를 택했고, 위헌 시비를 피하기 위해 고건 전임 총리의 제청을 받는 기형적인 방법으로 내각을 구성할 수밖에 없었다.

2. 김대중의 퍼스낼리티

가정적 배경

김대중은 1925년 12월 3일, 한반도 서남쪽 끝에 위치한 전라남도 목포에서 34km 떨어진 외딴 섬 하의도에서 태어났다. 지금의 전라남도 신안군 하의면 후광리이다. 후광리에서도 원후광이라고 불리던 곳이다. 이곳에서 그는 부친 김운식, 모친 장수금 사이의 4남 중 차남으로 태어났다.

김대중의 아버지 김운식에게는 정실과 소실인 장수금, 두 부인이 있었는데 정실에게서 1남 3녀, 소실에게서 3남 1녀를 각각 두었다. 김대중은 소실 장수금의 장남이었고, 장수금은 김대중 밑으로 대의, 대현 두 아들과 외동딸 진현을 두었다. 그래서 김대중은 4남매 중 장남이 되었다. 부친 김운식은 다정다감하고 예능적 소질이 많았고, 어머니 장수금은 자식교육을 엄하게 시켰다고 한다. 둘째 부인인 소실의 경우가 대부분 그러했듯이 장수금은 김운식과 한집에서 오래 살지 못했다. 이에 따라 김대중도 아버지와 산 기간은 그리 길지 않았던 것으로 알려졌다(박호재, 2009).

에피소드 정치적 자질과 경제적 자질

아버지 김운식은 일제 강점기에 마을 이장을 지낸 비교적 지식인이었고 정치에 관심이 많았다. 그 덕분에 김대중은 집에 무료로 배달되는 신문의 1면 정치면을 여덟 살 때부터 즐겨 읽으면서 사회를 폭넓게 바라보는 시각을 습득할 수 있었다고 한다. 아버지는 하의도 소작쟁의운동의 섬 대표 중 한 사람으로 목포·광주·서울을 자주 다녔는데, 집으로 정치 얘기를 듣기 위해 찾아오는 사람들이 꽤 많았다고 한다. 아버지는 어린 김대중을 붙들고 우리나라 역사의 우월성을 강조하는가 하면, 당시 불온문서에 해당하는 조선왕조의 계통도(系統圖)를 집안에 숨겨놓고 가끔씩 그것을 펼쳐 설명해주곤 하였다. 아버지는 일부러 일본말을 배우지 않을 정도로 반일감정이 강했다. 그런가 하면 예능에도 재주가 많아서 〈쑥대머리〉를 즐겨 불렀는데, 아버지가 만약 본격적으로 소리공부를 했더라면 판소리 명창이 되고도 남을 실력이었다고 한다. 1930년경, 당시로서는 매우 귀했던 축음기를 섬에서 맨 먼저 구입했을 정도로 예술에 관심이 많다고 한다. 김대중은 아버지로부터 정치성·저항정신·역사의식·예술적 기질을 그대로 이어받았다고 한다.

어머니 장수금으로부터는 뛰어난 사업수완을 전수받은 것 같다. 장수금은 천성적으로 부지런하고 열성적이어서 부족한 살림살이를 키워나갔다. 김대중은 "어머니가 안 계셨더라면 집안이 제대로 유지될 수 없었을 것이며 어머니는 농사 외에 장사에도 손을 댔다."라고 회고했다. 어머니는 교육열이 높아서 아들의 목포 유학을 위해 하의도의 재산을 모두 처분할 정도로 자식교육에 헌신적이었다. 김대중은 아버지로부터 정치적인 자질을, 어머니로부터는 경제적 자질을 각각 물려받은 것 같다(김대중, 2000).

김운식에게 시집온 장수금은 섬이면서도 고기가 잡히지 않는 하의도에서 농사를 지어 살림을 꾸려 나갔다. 농사일을 모르던 남편은 바깥으로 돌 뿐 집안일에는 신경을 쓰지 않았기 때문에 그녀는 살림에 보탬이 되는 일이라면 무엇이든 부지런히 찾아서 했다(오경환, 2003).

김대중은 어릴 적에는 서당에서 한문을 배웠다. 그가 아홉 살 되던 해, 많은 사람의 숙원이던 4년제 하의도보통학교가 문을 열었다. 학교가 없어 배우고 싶어도 배우지 못했던 아이들이 학교로 몰려들었다. 나이 많은 아이들은 2학년에 편입되었고 어린아이들은 1학년부터 다녔다. 김대중은 2학년 학생이 되었다. 그러나 이 학교는 4년제였다. 그는 4학년 때 목포로 전학을 갔다.

그는 어릴 때부터 아이들과 잘 어울려 노는 개구쟁이라기보다 조용히 사색에 잠기는 모범생 스타일이었다. 학창시절 사진을 보면 교복을 단정하게 입고 앞을 똑바로 응시하고 있는 모습이 유난히 많다. 초등학교 시절 산수 과목을 잘하여 교장에게 칭찬을 많이 들었다고 한다. 그럼에도 우쭐대지 않았으며 몸집은 왜소했으나 침착했고 실언을 하지 않았다고 한다.

하의보통학교 4학년을 마치자 어머니는 김대중을 목포로 유학을 보냈다. 열세 살 때 혼자 목포로 나온 김대중은 국회의원 출신의 김경인의 집 다락방에서 객지생활을 시작했다. 김대중이 목포 북교초등학교 5학년에 편입하여 발군의 실력을 보일 때, 김대중의 어머니가 아버지를 설득하여 집안 전체가 1937년 가을에 목포로 이사를 갔다. 가산을 모두 정리하고 떠났다고 한다. 김대중은 목포 북교초등학교를 졸업하고 목포상고에 1등으로 진학하였다.

김대중의 어머니는 돈은 있다가도 없을 수 있지만 머리에 든 지식은 영원히 남을 것이라고 생각하여 자식들의 교육에 무척 열성적이었다.

쌀 한 가마니에 5~6원 하던 시절에 거금 1천3백 원을 주고 목포에서 '영신여관'을 사들였다. 이것은 개인의 사업을 위한 것이 아니라 자식의 교육을 위해서였다. 김대중은 그때 어머니의 그런 결단과 열성이 없었다면 지금의 자신은 없었다고 할 만큼 늘 어머니의 결단과 용기에 감사한다고 했다(오경환, 2003).

목포상고의 동기생은 모두 164명이었고 한국인, 일본인이 반반 정도였다. 그는 장차 실업가가 되겠다는 꿈을 가지고 상업학교에 입학했지만 후에 점차 '정치에 마음이 끌려' 실업가의 꿈은 사라졌다(김대중, 2000).

초등학교 때부터 역사를 좋아했던 김대중은 목포상고 시절 일본 역사를 너무 잘 알고 있어서 역사시간에 일본인 선생이 "너희들은 일본인이면서 조센징 김대중보다 일본역사를 모르면 어떻게 하느냐?"며 화를 냈다고 한다(이진곤, 2003).

김대중은 목포상고 1·2학년 때는 늘 반장이었고 성적도 좋았다. 3학년 때는 대학진학을 결심하여 취직반 반장을 그만두고 진학반으로 갔다. 일본에 가서 대학에 진학하기 위해서였다. 그런데 미 해군의 해상 봉쇄로 일본으로 가는 꿈이 좌절되었다. 그래서 '자포자기의 심정'으로 공부를 게을리 했고, 그 때문에 4학년 때부터는 성적이 점점 떨어졌다. 독서와 견문을 쌓으며 시야를 넓히느라 공부를 게을리 한 측면도 있었다. 또 일본인 학생들의 까닭 없는 시비에 맞서 싸우다가 '문제가 있는' 또는 '요주의' 학생으로 지목되어 미움을 받았고 그 탓에 공부를 잘해도 좋은 성적을 받을 수 없게 되었다. 졸업 성적은 164명 가운데 39등이었다(김대중, 2000).

목포상고의 학적부에 '독서를 좋아하나 사물을 비판적으로 보니 주의가 필요함'이라고 적힌 것을 보면, 일본인 교사의 눈에 이미 김대중은 저항적 기질이 있었다. 목포상고 3학년 때는 사상이 불순하다는 이유로 일본인 상급생들에게 걸핏하면 불려가 얻어맞기도 하였다. 김대중은 목포상고 2학년 때 일본인 교사로부터 "명연설을 듣는 것 같다."라는 칭찬을 들을 정도로 언변이 좋았지만, 평소에는 과묵한 편이었다. 고교시절에는 남에게 아쉬운 부탁을 하지 못했고, 수줍음이 많았다. 그런가 하면 목포상고 4·5학년 무렵 군사교련 시간 때 완전무장으로 유달산까지 갔다 오는 장거리 경주에서 우승할 정도로 끈기가 있었다.

목포상고 4학년 때부터는 학생자치회에 관계하였다. 질문하고 답하는 과정에서 그는 한 가지 문제를 파기 시작하면 끝까지 질문을 늘어놓아 '건방지다'는 소리를 듣기도 했다. 김대중은 목포상고를 졸업하고 난 후 만주 건국대를 지원했다. 합격은 했지만 시대적인 혼란과 가정 일이 겹쳐 진학하지는 못했다. 그의 정규적인 학교교육은 이로써 끝났다. 학력이 고등학교 졸업에 그친 게 두고두고 그에겐 아쉬움으로 남았던 듯하다(오경환, 2003).

에피소드 정규에 대한 갈망 ▬▬▬▬▬▬▬▬▬▬▬▬▬▬▬▬

'정규(正規)'에 대한 갈망은 김대중의 일생을 지배했다고 할 수 있다. 그는 육지에서 멀리 떨어진 섬 출신이었고 정상적인 가정환경에서 자라지도 못했다. 더구나 학업도 상업고등학교 졸업으로 끝내야 했다. 그가 해방정국에서 쉽게 좌익계열의 단체에 투신했던 것도 이 같은 출생 및 성장환경과 무관치 않았을 것이다. 기성질서를 전복시킴으로써 자신의 콤플렉스를 보상받고 싶었을 수 있다. 김대중이 좌익단체를 떠난 것은 결혼 후였는데 장인이 지역사회에서 상당한 부와 명망을 가졌던 인물이라는 점이 이를 가능케 했다. 어느 정도 보상을 받았다고 여겼을 것이기 때문이다.

그러나 김대중은 자신의 여러 조건들을 수용하고 그 한계 내에서 주저앉기를 거부했다. 그는 끊임없이 출세를 지향했으며 그것만이 그를 정규의 계층, 정규의 사회에 편입시켜줄 수 있을 것이라고 생각한 듯하다(이진곤, 2003).

김대중은 이처럼 어린 시절에 일제 식민통치의 서러움을 체험했다. 김대중은 초등학교 시절 작문시간에 일제 식민통치를 비난하는 글을 지어 반장 자리를 빼앗긴 경험에서 보듯이 상당히 반골적인 기질을 갖고 있었다고 하겠다. 김대중은 아버지의 영향으로 역사와 정치, 예능 분야에 특별한 관심을 갖게 되었다고 한다.

김대중은 목포상업학교를 졸업하고 일제의 강제 징집을 피하기 위해 해운회사에 취직하였다. 일본인이 경영하던 '전남기전주식회사'에 취직하여 사회생활의 첫발을 디뎠다. 8·15해방이 되어 일본인 선주가 본국으로 돌아가게 되면서 2척의 배가 김대중에게 넘어왔다. 여기에 외상과 융자로 5척의 배를 더 구입해 '흥국해운주식회사'를 세워 부산으로 본사를 옮겼다. 그는 해운사업에 주력하여 상당한 성공을 거둔 청년실업가로 성장하게 된다(박호재, 2009).

김대중은 젊은 사장으로서 소매를 걷어붙이고 돈벌이에 나섰다. 요즘 시세로 수십억 원을 벌었을 정도로 재수도 있었다. 김대중이 만든 흥국해운은 당시 금융조합연합회(농협의 전신)와 구호양곡이나 비료 등의 전국 해상수송 계약을 체결하고 그 일을 도맡아 하여 돈을 많이 벌 수 있었다.

해방 후 김대중은 여운형이 조직한 조선건국준비위원회에 참여하였고 조선신민당에도 입당했다. 그 후 조선신민당이 북한공산당의 기간조직이라는 사실을 알게 되자 곧바로 탈당하였다. 그러나 이 일은 김대중에게 색깔론 시비에 휘말리는 빌미가 되고 이로 인해 줄곧 색깔 콤플렉스에 시달리게 된다.

김대중은 해운업을 하면서 만난 첫 부인 차용애와 사별하고, 두 번째 부인 이희호와 1962년에 결혼했다. 첫 부인인 차용애는 목포의 유수한 차씨 가문 출신이었다. 아버지인 차보륜은 그 당시 목포뿐 아니라 전라도에서 가장 규모가 크다는 광선인쇄소를 경영하던 유지였으나 한국전쟁 당시 인민군에게 인쇄기와 종이 등을 몰수당해 가세가 많이 기울었다.

김대중과 결혼할 당시 차용애는 일본에 건너가 여학교를 다니고 있다가 전쟁 말기여서 졸업을 못하고 귀국한 상태였다. 그녀는 상당한 미인이었으며, 성격도 온화하고 낙천적이었다고 한다. 이들은 1944년에 결혼했다. 1959년, 김대중 후보의 인제 보궐선거 직후 그녀는 별세했다. 그녀의 사인에 대해서는 말이 많았다. 거듭된 실패와 가난 때문에 자살한 것이란 소문이 있었을 정도로 고생을 많이 했다. 그런데도 구김살 하나 없이 남편을 보필하며 홍일, 홍업 두 아들을 잘 키웠다고 한다. 자살이 아니라 고혈압으로 갑자기 쓰러져 별세했다는 것이 가족들의 이야기이다(박호재, 2009).

김대중은 차용애의 내조에 무척 고마워했으며 애틋한 마음을 항상 가지고 있었다. 자신이 고통스러울 때조차 불평 한마디 없이 용기를 북돋아주었고 정치를 하는 데 목숨 걸고 싸우도록 격려해주었으며, 만약 체포되더라도 집안일은 조금도 걱정하지 말라며 위안하였다고 한다(김대중, 2000).

김대중이 차용애와 사별한 것은 1959년이었다. 그 후 3년 만에 그는 이희호와 재혼하게 되었다. 김대중과 이희호가 처음 만난 것은 피난지 부산에서였다. 이희호는 1951년, 어느 회합에서 김정례 의원 등 몇몇 사람과 점심을 함께했을 때 김대중을 처음 만났다고 한다. 당시에 김대중은 사업가였는데 특별한 기억은 나지 않고 사업가이면서도 책을 많이 보는 사람이라는 인상을 받았다고 한다.

이희호는 당시 황신덕, 박순천, 이숙종, 이태영 등과 함께 '여성문제연구회'를 창립하여 전쟁 중에 봉사활동을 하고 있었다. 또한 이희호는 대한부인청년단의 외교국장으로 이미 적극적인 사회활동을 하고 있었다. 당시 대한부인청년단은 모윤숙이 단장, 김정례가 훈련국장으로 있었다. 그 당시 김대중은 이미 결혼한 몸이었다. 그러다가 둘이 다시 만나 가까워진 것은 1961년 후반이었다(오경환, 2003).

김대중은 3년 전에 사별한 부인과의 사이에서 낳은 홍일, 홍업 두 아들을 데리고 이희호 여사와 재혼하였다. 김대중은 아현동에 살았는데 막다른 골목에 있는 작고 허름한 한옥이었다. 국회의원이라고 해도 추석 같은 명절에도 선물 하나 들어오지 않고, 그의 여동생이 병에 걸려 죽었을 때도 찾아오는 사람이 드물었다고 한다. 김대중과 이희호의 험난한 인생행로를 예고하듯 김대중은 신혼 9일 만에 군정당국에 의해 반정부 혁명기도 혐의로 체포되고 말았다.

한 달 뒤 감옥에서 풀려났지만, 그 후 두 사람이 한 지붕 밑에서 살았던 시간은 결혼 25년 동안 그리 길지 않았다. 체포, 구속, 입건이 수없이 거듭되는 야당 정치가였기 때문에 두 사람은 본의 아니게 떨어져 살아야 했다. 김대중은 오랫동안 떨어져 있었지만 한 번도 아내에게서 따스한 시선을 돌린 적이 없다고 한다. 감옥에 있으면서도 아내와 자식들에게 남편과 아버지의 마음을 전하는 일을 잊지 않았다. 김대중은 아내는 물론 자식들이 읽어야 할 책을 일일이 적어 보낼 정도로 세심했고, 또 손녀들에 대한 그리움을 편지로 표현하기도 했다(오경환, 2003).

정치적 배경

김대중은 건준이 '조선인민공화국' 선포 이후 인민위원회가 되었을 때 목포지부에 남아 있었다. 그는 미·소공 동위원회가 무기한 휴회에 들어가고 좌우합작운동이 일어날 무렵 건준을 떠나 '좌우합작을 표방하는' 조선신민당에 입당했다. 그는 좌우합작을 목표로 한다고 해서 입당했으나 입당 후 신민당도 공산당 계열임을 알게 되었다(이진곤, 2003).

김대중은 해운업과 관련된 새로운 사업 일로 서울로 출장을 가 있던 중에 한국전쟁을 맞았다. 서울을 탈출해 목포로 내려갔으나 인민위원회에 의해 연행되어 형무소로 보내졌다. 형무소에서 처형이 시작되었는데, 트럭이 고장 나는 바람에 죄수 수송이 불가능해졌다. 그날 밤 김대중은 형무소에서 만난 동생과 함께 탈출에 성공해서 목숨을 구할 수 있었다.

에피소드 탈출에 성공 ▰▰▰▰▰▰▰▰▰▰▰▰▰▰▰▰▰▰▰▰▰▰▰▰▰▰▰▰▰▰▰▰▰▰▰▰▰▰

한국전쟁이 터진 뒤 김대중은 서울에서 친구 몇 명과 한강을 건너 걸어서 목포 집까지 내려갔다. 방공호 속에서 가족을 만났고, 이틀 만에 북한군 보안서에 잡혀가 "공산 애국자를 얼마나 밀고했느냐?"며 심하게 매를 맞은 뒤 다시 감옥으로 보내졌다. 수복 직전인 9월 15일, 수감자 200여 명이 차례로 끌려 나가 처형을 당하게 되었다. 그러던 중 죄수를 태우고 가던 트럭이 고장 나는 바람에(나중에 알려진 바로는 트럭 고장이 아니라 운전수가 일부러 낸 고장이라 함) 죄수 수송이 불가능해졌다. 북한은 후퇴를 시작하였고, 상황이 어수선해진 틈을 타서 김대중은 탈출에 성공했다(김형문, 2009).

김대중은 1951년 가을 부산으로 이사했다. 그리고 해운업을 다시 시작했다. 화물선을 10여 척이나 거느릴 정도로 사업은 번창했다. 목포에서 일간신문을 발행하던 '목포일보사'를 소유하기도 했다. 그러나 정치를 하기 위해 사업을 버리게 되었다.

김대중은 이승만 정권에 대항하여 본격적으로 정치에 입문하게 된다. 하지만 그의 정치역정은 시작부터 불운했다. 김대중은 1954년 5월, 3대 국회의원 선거 때 목포에서 무소속으로 처음 입후보했다. 그러나 결과는 낙선이었다. 김대중은 또 1958년 제4대 총선에서도 강원도 인제에서 입후보했으나 또다시 실패하였다. 그러다가 세 번째로 5대 국회의 인제 보궐선거에서 당선의 영광을 안았다. 그러나 국회의원 당선증을 받고 나서 이틀 후인 1961년에 5·16 쿠데타가 일어나 국회가 해산되면서 당선이 무효화되었다. 그는 국회의사당에 들어가 보지도 못한 채 교도소로 직행하는 불운을 겪게 되었다(김대중, 2000).

에피소드 **책상을 쾅!** ▨▨▨▨▨▨▨▨▨▨▨▨▨▨▨▨▨▨▨▨▨▨▨▨

김대중은 5·16 군사쿠데타 이후 연행되어 장면과의 관계를 심문받게 된다. 장면을 파렴치범으로 몰아가고 김대중을 비리자로 몰아가기 위해 장면에게 금품을 전달하면서 횡령했다는 사실을 자백하라고 강요당하자 김대중은 분노가 폭발하였다. 김대중이 무의식 중에 벌떡 일어서면서 두 주먹으로 책상을 '쾅!' 하고 내리치자 물 컵이 뒹굴었다. "여보! 뭐가 어째! 내가 횡령했다고? 보아하니 엊그제 고시에 붙은 새파란 사람이 그래, 양심은 어따 두었어? 세상이 몇천 번 뒤집혀도 양심이나 정의는 있을 게 아니야? 형사법 어느 조문에 죄를 날조해도 좋다고 씌어 있어? 응!" 다행히 곁에서 진술을 받아쓰던 서기가 달려들어 간신히 수습했다(김형문, 2009).

국회의원 선거에서 이렇게 불운을 겪은 그였지만, 나중에 목포에서 출마해 전국적인 화제와 관심을 모으며 화려하게 당선하였다. 공화당 정부와 박정희 대통령은 김대중을 낙선시키기 위해 목포 현지에서 국무회의까지 열 정도로 극렬한 대책을 썼지만, 김대중은 전국 신문과 통신·방송 취재기자들을 현지로 불러 모으는 데 성공해 여당이 엉뚱한 짓을 못하게 저지했다.

에피소드 장면과의 만남 ━━━━━━━━━━━━━

김대중은 민주당의 장면과 교류하게 되면서 신파에 속하게 된다. 장면은 김대중의 재능을 무척 아끼며 다른 사람에게 김대중을 소개할 때마다 전라도에서 유능하고 지성적인 청년정치가가 하나 탄생했다며 극구 칭찬해주었다. 정치초년생인 김대중을 당 선전부장으로 발탁하기도 하였다. 김대중은 장면이 저격을 받고 입원하자 병원을 찾아간다. 경호원이 김대중을 두 시간가량 병실 앞에서 기다리게 하면서 몸수색을 하였다. 그러고는 거만하게 턱으로 병실 문을 가리켰다. 들어가고 싶거든 알아서 하라는 것이었다. 대단한 결례를 한 것이다. 병실에 들어서자 누워 있는 장면의 수척한 얼굴을 보고는 엉엉 소리 내어 울어버렸다. 이것을 본 경호원은 훨씬 뒤에 김대중의 열렬한 선거운동원이 되었다(김형문. 2009).

1963년, 제6대 국회의원 선거에서 목포에서 당선되면서 마침내 정치인으로 촉망받게 되었다. 김대중의 국회 활동은 눈부셨다. 김대중의 날카로운 비판에 정부각료는 당황해했다. 김대중은 야당 제일의 웅변가로 말솜씨뿐만 아니라 수단도 좋기로 이름을 떨쳤다. 1965년, 민중당 대변인을 거쳐 이듬해에는 정책위의장을 역임한 데 이어 1967년 통합야당인 신민당 대변인이 되어 정계의 주목을 받게 된다.

김대중은 한마디로 말을 잘한다. 쇳소리가 나는 듯한 강하고 옥

타브 높은 음성과 정연한 논리, 가끔 던지는 유머, 선동적인 말솜씨는 듣는 사람을 감동시켰다. 그래서 선거 때나 국회 대정부 질문에는 여야의원 할 것 없이 그의 말을 경청하였다. 예를 들어 공화당이 혼신의 힘을 다해 김대중을 낙선시키려 했던 1967년의 목포 선거에서, 김대중은 가두유세에서 "내가 만약 부정선거와 싸우다가 쓰러지면 내 시체 위에 한 송이 꽃을 던지기에 앞서 부정선거를 획책한 원흉들을 때려 부순 뒤 내 시체에 꽃다발을 놓아 달라."라고 무쇠소리로 외쳤다. 취재 갔던 당시의 기자들까지 가슴이 울렁이는 사자후였다고 한다.

김대중은 가장 열심히 공부하는 의원으로 알려졌다. 특히 국회도서관을 가장 많이 이용하면서 철저한 준비로 자신의 이미지를 제고시켰다. 김대중은 전체적인 윤곽에서부터 세부사항에 이르기까지 치밀하게 비판하면서 동시에 항상 정책대안을 제시하여 상당히 유능한 국회의원으로 명성을 날리게 된다. 또한 김대중은 국회의 각종 위원회와 재무, 건설, 외교, 예산, 국방 등의 상임위원회에서 전문성을 키워갔다.

에피소드 세세한 관찰

김대중의 수첩에는 다른 사람이 알아볼 수 없을 정도의 잔글씨가 빼곡히 채워져 있었다. 소파 옆에 있는 어항 속 금붕어를 보면서 김대중은 비서에게 "검은색이 있는 얼룩빼기 놈이 며칠째 밥을 안 먹는다."라고 말해 주었다. 김대중은 정치로 바쁜 와중에도 세세하게 관찰하는 버릇이 있었다. 옥중서신도 언젠가 공개되어 많은 사람에게 읽힐 것을 염두에 두고 쓰여진 듯했다.

정치를 하는 과정에서 김대중은 주류보다는 비주류에, 체제보다는 재야에 치중했다. 그래서 주류에 몸담고 있는 사람보다 두 배, 세배의 힘을 들여야 했다. 하지만 전통적 조직에 대한 부담 없이 자신의 구상을 마음껏 펼칠 수 있다는 장점도 있었다. 비주류로서 전통적 조직을 벗어나 활동했던 까닭에 그는 한 길에서 막히면 좌절하고 주저앉기보다는 다른 길로 돌아가는 지혜와 투지를 보여주었다.

박정희 정권이 장기집권을 꿈꾸면서 김대중은 김영삼과 함께 가장 강력한 반대세력의 중심에 선다. 1969년, 박정희 정권의 3선 개헌을 저지하기 위한 장충단공원 집회에서 김대중은 연설을 통해 패배주의에 젖어 있던 야권의 결속과 민주주의 회복을 주장하였다. 1971년, 김대중은 김영삼이 제시한 40대 기수론에 호응하여 신민당 대통령 후보로 선정된다. 후보가 되기 어려울 것이라는 전망에도 당내 경선에서 김영삼을 누르고 대통령 후보로 선출되었다.

1970년 9월, 후보 지명을 위한 전당대회에서 김대중은 유진산 당수의 지명을 받아 압승하리라던 김영삼을 40여 표 차로 누르고 역전승했다. 1차 투표에서 김영삼에게 뒤졌지만, 지명을 받지 못한 이철승계의 반발 표가 2차 투표에서 김대중에게 가세한 것이 결정적인 승인이 되었고, 대의원들의 심리를 파악하여 끝까지 버틴 것도 주효했다. 김대중 자신의 표현대로 '대중 속에 파고든 끈기' 덕분이었다. 조직관리 면에서도 철저한 맨투맨식의 대인 접촉으로 저변에 파고든 것이 승리의 원인이 되었다. 김대중은 지명전에서 산골짝 판자촌까지 대의원을 찾아가 인간적인 호소를 했던 것이다(이동형, 2011).

유진산 신민당 당수는 김영삼을 지지하였다. 당내의 주류가 김영삼을 지지하여 김영삼이 후보로 선출될 분위기였다. 그러나 이 압도적인 대세 앞에서도 김대중은 표 대결을 단념하지 않았다. 당사자인 김대중은 "패배한다 해도 다음날을 위해 표의 시위를 해야겠다."라고 하였다. 그러나 막상 표결 결과는 예상을 빗나갔다. 당수의 추천이 곧 지명획득이라 생각했던 사람들은 1차 투표에서 누구도 과반수를 얻지 못한 결과에 어리둥절했다. 김대중은 2차 투표에서 이철승 후보의 지원을 받아서 김영삼을 누르고 역전으로 대통령 후보에 선출되었다. 패자 김영삼은 "김대중 씨의 승리는 우리의 승리며 나의 승리"라는 말로 패배에 승복했다.

1971년, 대통령 선거에서 공화당의 박정희 후보와 대결을 하게 된다. 관권과 금권, 온갖 부정이 난무한 가운데서 김대중은 46%의 지지를 얻었다. 부정선거에도 박정희와 약 100만 표로 차이가 났다. 이 선거로 인해 박정희는 계속 대통령에 당선될 것이 어렵다고 판단했던 것 같다. 박정희는 많은 돈을 썼음에도 표 차이가 의외로 작은 것에 상당히 놀랐다고 한다. 아마도 이 선거로 인해 합법적인 방법으로 대통령에 당선되기 어렵다고 생각한 박정희가 유신을 선포하지 않았나 생각된다.

비록 당선에는 이르지 못했지만 김대중은 박정희를 위협할 정도의 득표력을 과시했다. 사상 최대의 인파가 유세장으로 몰린 장충단 공원 후보 유세는 박정희의 간담을 서늘하게 할 정도였다. 영등포 유세에서는 정부의 방해에도 김대중이 나타날 때까지 비를 맞으면서 몇 시간이고 기다리는 시민도 있었다. 청중은 6시간이나 기다려 김대중의 얼굴을 보려 하였다. 만약 박정희가 집권자의 프리미엄을 십분 활용하지 않았다면, 그리고 선거가 공명선거로 치러졌다면 결과는 뒤바뀌었으리라는 말이 나왔을 정도로 김대중의 기세는 대단했다. 대통령 선거를 거치면서 김대중은 이미 박정희의 미래의 대안으로 성장해 있었다. 정치변화를 바라던 국민에게 그는 희망이었으며 정치적 세대교체의 상징이 되었다. 한 시대가 마감하고 새 시대가 열리는 시기에 김대중은 선두주자로 부상했다(이진곤, 2003).

에피소드 끊임없는 노력과 사전 준비

김대중은 국회에서의 한·일 조약 비준 반대운동을 전후하여 필리버스터(의사 진행 지연 전술) 5시간 20분의 기록을 남겼다. 김대중은 대통령 선거에서 대중을 말로 휘어잡았다. 그러나 그 같은 말을 하기 위해서는 끝없는 노력과 사전 준비가 있었다. 어떤 때는 15분을 연설하기 위해 10시간 준비한 적도 있었으며, 국회에서 예산안 심의를 할 때는 한 번 발언하기 위해 1주일을 준비하고 연습까지 했다고 한다. 특히 김대중은 말만 잘하는 정치인이 아니라는 점을 보여주기 위해 정책 제시에 주력했다. 그가 제시했던 '남북 교류론', '4대국 안전보장론', '이중곡가제', '행정수도안', '국영방송 공영제' 등의 정책 대안들 중에는 나중에 집권당에 의해 채택된 것도 적지 않다.

에피소드 기관단총으로 드르륵

박정희와의 대통령 선거 대결에서 김대중은 예비군제도 폐지 공약을 한다. 여당은 예비군제도 폐지는 국방력의 약화라며 반발하나 많은 시민이 이에 동조한다. 김대중은 이번 선거가 끝나면 박정희가 대만의 총통식 제도를 도입할 것이라고 예언한다. 유신헌법을 예언한 것이다. 김대중의 인기가 높아지자 박정희는 온갖 공권력을 동원해서 선거운동에 임한다. 마지막에는 국민에게 이번 한 번만 도와주면 다시는 선거에 나오지 않겠다고 약속한다. 결국 유신헌법의 선언으로 다시는 선거를 치르지 않고 간접선거에 의해 대통령이 되는 결과를 만들어낸다. 김대중은 선거에 지자 철저한 부정선거였다고 강조한다. 박정희는 수많은 인력과 많은 돈을 들였음에도 표 차가 많이 나지 않은 데 분노한다. 이것이 아마도 유신을 만들게 된 이유인 것 같다. 후에 감옥에 간 당시 수경사령관인 윤필용에게 만약 1971년 선거에서 박정희가 졌다면 순순히 권력을 이양했을 거냐고 물어보자 윤필용은 아니라면서 손으로 기관단총을 드르륵 하는 모션을 취했다. 박정희는 선거에 지더라도 군을 동원해서 권력을 유지하겠다고 생각했던 듯하다.

1971년, 박정희와의 대결 이후 김대중의 부각은 그에게 30년에 가까운 고난과 시련의 서곡이 되었다. 박정희는 1972년 10월 소위 종신 대통령을 꿈꾸며 유신헌법을 날치기 처리하여 현대판 집정관 독재 체제가 탄생하게 된다. 이어서 민주인사에 대한 무자비한 탄압과 혹독한 억압이 시작된다. 가장 강력한 도전세력이었던 김대중은 당연히 그 탄압의 대상이 될 수밖에 없었다.

1972년 10월, 김대중은 신병 치료차 일본 도쿄에 있었다. 김대중은 유신헌법의 발표로 인해 한국에 들어올 경우 탄압을 받을 것이라고 생각하여 일본에 거주하면서 반유신 활동을 하게 된다.

김대중은 일본에서 유신헌법의 채택, 유신정우회 구성 등을 지켜봤다. 그러면서 미국을 오가며 미국 의원, 일본 의원들과 잦은 접촉을 하고 유신 비판 운동을 벌였다. 박정희와 공화당 정부는 유신체제의 힘을 빌려 유신 반대세력을 철저히 봉쇄하고 있었다. 국내 언론기관은 정보부원이 담당제로 맡았고, 야당의 발언과 원내 활동, 대학 교수들의 강의 내용까지 통제했다. 또한 교회 목사의 설교 내용도 사전 검열을 하기 일쑤였다. 이런 상황에서 정적인 김대중이 가까운 일본에서 반유신 세력을 키워간다는 것은 박정희 입장에서는 유신을 망가뜨리는 것이었고, 자신의 체제 안정을 위해서 용납할 수 없는 일이었다.

김대중은 일본에서 미국으로 건너가 교포들에게 시국강연회를 하였다. 어떤 장성 한 사람이 김대중에게 "망명정권을 수립하는 것이 어떠냐?"고 하였다. 김대중은 "당치도 않은 말이다. 한국은 독립국이다. 그러한 생각은 그만두는 것이 좋다."고 따끔하게 충고하였다. 김대중이 일본에 체류하면서 반유신 활동을 펼치자, 이에 격분한 박정희는 당시 중앙정보부장인 이후락을 시켜 김대중을 일본에서 납치하여 살해하도록 지령했다고 한다. 박정희의 지시 없이 이후락이 단독으로 결정했다는 이야기도 있다. 그러나 김대중을 살해하는 데 실패하고 마침내 김대중은 1973년 8월 일본 도쿄 호텔에서 중앙정보부의 공작원에게 납치되어 한국으로 송환되었다. 미국과 일본을 비롯한 전 세계의 강력한 경고로 죽음의 고비를 넘기고, 1주일 만에 서울의 자택에 돌아오게 되지만 모든 활동이 중단되는 가택연금을 당하게 된다.

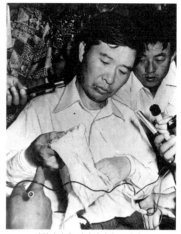

납치사건 후 기자회견하는 김대중

에피소드 바다에 수장하려 함

김대중은 일본의 호텔에서 중앙정보부 기관원에게 납치되어 옆방으로 끌려간다. 아마도 옆방에서 살해하려 했던 것 같다. 여의치 않자 마취시킨 후에 배에 태워 현해탄을 넘는다. 이때 바다에 김대중을 빠뜨려 수장시키려 했으나 정보를 입수한 미군이 비행기를 띄우자 차마 수장시키지 못했다고 한다. 한국으로 김대중을 납치해서 데리고 온 후에 가택연금을 시킨다.

에피소드 마음을 씻는 것

망명 시절, 김대중의 지인이 김대중을 만나러 호텔에 갔는데 욕실에서 속옷을 빨고 있었다. 지인이 "선생님! 빨래를 몸소 하셨는지요? 이런 것은 우리가 해드리겠습니다."라고 하자 김대중은 "괜찮아! 세탁이라고 하지만 속옷을 세탁하는 것이 아니라 마음을 씻는 것이네! 특히 나처럼 해외에서 대중의 깨끗한 돈, 다시 말해 진심이 담긴 돈으로 활동하는 입장에서 빨래를 어찌 세탁소에 보낼 수 있겠는가? 혼을 씻는다는 마음으로 하는 것인데 어찌 자네에게 맡길 수 있겠는가?"라고 하였다(김형문, 2009).

이후 김대중은 가택연금 와중에도 1974년 윤보선 전 대통령, 유진오, 김영삼, 정일형, 함세웅 신부, 김재준 목사 등 71명과 함께 민주회복국민회의라는 유신 반대 국민전선 구성에 참여했다. 또한 1975년 3월 1일, 명동사건이라 불리는 '3·1 민주구국선언'을 발표했다. 이 선언문에서 "이 나라가 1인 독재 아래 인권은 유린되고 자유는 박탈되고 있다."라고 지적하고, 구속된 민주 인사의 석방, 유신 철폐, 언론자유 회복 등을 요구했다. 윤보선 전 대통령, 문익환 목사, 함세웅 신부, 정일형, 이태영, 이문영 등이 참여했으며, 선언문은 명동성당에서 저녁 미사가 끝난 뒤 이우정이 낭독했다.

김대중은 명동사건으로 투옥되어 이후 가택연금을 당하게 된다. 가택연금 중에 신민당 당수 선거에서 김영삼을 지지하여 김영삼이 신민당 당수가 되는 데 커다란 역할을 하게 된다. 김대중은 윤보선, 함석헌과 함께 재야세력을 중심으로 '국민연합'을 구성하기도 하였다. 야당인 신민당은 이미 김영삼이 장악한 상태였으므로 김대중은 재야와 종교계 일부 등 지지 세력을 기반으로 세력을 키워나갔다. 1979년 10월 26일, 박정희 전 대통령이 시해당한 후 두 달 뒤에 김대중은 가택연금이 해제되고 사면 및 복권조치를 받았다.

에피소드 동교동 교도소

오랫동안 가택연금을 당하자 김대중의 비서들은 "이게 어디 사람이 사는 집입니까? 완전히 갇혀버렸는데……."라며 동교동 집을 교도소라고 불렀다. 이 말은 사람들에게 공감을 불러일으켜 이후 동교동을 '동교동 교도소'라고 부르기 시작했다. 동교동 사람들로서는 교도소야말로 몸서리쳐지는 곳일 텐데 스스로 자신들의 보금자리를 교도소로 불렀으니 참으로 눈물겨운 일이었다. '동교동 교도소'의 특징은 감금된 자는 나갈 수는 있지만 다시는 들어올 수 없다는 것이었다. 따라서 동교동 교도소의 수감자는 줄어들기만 했다. 이 교도소의 소식은 외부로도 널리 알려졌다 (이영옥, 1997).

복권 이전부터 신민당 안에서는 김영삼을 지지하는 당권파와 김대중을 지지하는 비 당권파로 갈라져 조직 경쟁을 펼치고 있었다. 김대중은 1980년 3월 1일 복권된 이후 "나의 거취는 재야민주 인사들과 협의하고 국민의 뜻에 따라 결정할 것"이라고 말해 신민당과 거리를 두었다. 신민당 안에서 김대중과 김영삼을 지지하는 계열이 날카롭게 대립하기 시작하였다. 김대중과 김영삼의 대립은 이후 대권을 놓고 서로 심각한 상황으로 대립하는 모습을 보여주었다. 이렇게 양 김이 서로 대립하는 가운데 신군부는 정권을 장악하기 위한 음모를 꾸미게 되었다.

신군부는 5월 17일, 전국에 비상계엄령을 선포하며 정권을 장악하기 위한 음모를 진행시켜 나갔다. 김대중은 1980년 5월 군사쿠데타를 일으킨 신군부에 의해 또다시 내란음모 혐의로 체포되었다.

에피소드 내 발로 갈 테니……

5 · 17 계엄 확대 이후 신군부에서 김대중을 체포하러 동교동으로 왔다. 군인들을 본 김대중은 응접실 안에 있던 부인 이희호 여사에게 조용히 말했다. "나를 연행하러 온 모양이야. 옷 좀 내오구려." 이희호 여사는 김대중의 옷을 내오면서 이번이 몇 번째 연행인가 생각해 보았다고 한다. 응접실에 들어온 군인들이 다짜고짜 의자에 앉아 있던 김대중의 양팔을 잡아 억지로 일으켜 세웠다. 김대중은 군인들에게 잡힌 팔을 뿌리치면서 낮은 소리로 말했다. "내 발로 갈 테니깐 걱정 말고 가만히들 있게." 그러고는 탁자 위의 담배를 집어 호주머니에 넣은 후 앞서서 응접실 밖으로

나갔다. 김대중의 등 뒤를 군인들의 총검이 에워쌌다(이영옥, 1997).

　신군부가 5·17 비상조치를 감행하자 재기의 꿈은 무산되고, 다시 감옥으로 가야 했다. 5월 17일 저녁, 자택에서 연행된 김대중은 신군부로부터 협력하면 살려주고, 아니면 죽이겠다는 협박을 받았다. 김대중은 이를 거절했다. 이에 신군부는 김대중에게 내란음모, 광주사태 선동, 한민통(한국 민주회복 통일촉진 국민회의) 사주 등의 죄목을 씌어 사형선고를 내렸다.

　그 후 1981년 1월 23일, 대법원에서 사형이 확정되었으나 나라 안팎에서 반대여론이 비등했다. 무엇보다 레이건 행정부를 통한 미국 천주교계의 구명운동이 큰 영향을 미쳤다. 배후에 로마 교황청이 있는 천주교계의 요구를 레이건이나 전두환도 가볍게 넘길 수 없었다. 이에 따라 김대중은 목숨을 건질 수 있었으며 무기에서 20년으로 감형되었다.

　5·17 이후 2년 7개월을 김대중은 감옥에서 보냈다. 감옥에서 독서로 시간을 보내면서 봄, 여름, 가을에 화단 가꾸기를 하는 것이 유일한 낙이었다. 교도소에서 화단 일부의 관리를 맡아 꽃을 가꾸었다. 여름에도 뙤약볕 아래서 땀을 뻘뻘 흘리면서 정성껏 꽃을 돌보았다. 김대중이 가꾼 꽃은 다른 꽃보다 더 잘 자랐다고 한다. 다른 화단보다 늦가을과 초겨울까지 1개월가량 더 살 수 있었다고 한다. 화단을 가꾸면서 김대중은 만사를 잊고 꽃에만 몰두해서 시름을 달랬다고 한다. 김대중은 교도소에서 가족에게 보낸 편지를 모아 옥중서한집인『민족의 한을 안고』라는 책을 내기도 하였다. 가족에 대한 간절한 사랑과 관심을 보여준 책이었다(김대중, 1994).

　그 후 김대중은 1982년 12월 석방되어 미국 망명길에 오르게 된다. 5공 정부가 그를 신병치료 명목으로 미국으로 추방하려 했기 때문이다. 미국에 가기로 결정된 후 16일, 일단 서울대학교병원에 이송되었다. 병원에 가기 전날 교도소 측에서 굳이 머리를 깎았다. 그는 후에 "특별한 이유는 없고 당국의 심술 때문이었는데 당해본 사람은 알겠지만 가장 슬픈 일 중의 하나였다."라고 후일 회고했다. 병원에 이송된 1주일 후인 23일, 비밀리에 그는 출국 조치됐다.

이 과정에서 그는 군사정권의 탄압과 온갖 유혹에도 굽히지 않았으며, 미국 망명 중에도 민주화를 위한 투쟁을 그치지 않았다. 미국에 있는 기간 동안 종교단체, 인권단체, 언론기관과도 긴밀히 접촉하면서 민주화 연설을 하였다. 미국의 대학과 시민단체의 집회에도 나가 연설을 하였다. 1983년 한국에서 단식 중이던 김영삼과 연락이 닿아서 서로 협력하기로 하면서 8·15 공동성명을 발표하기도 하였다.

1984년 2월, 김대중은 귀국할 뜻을 한국정부에 밝혔으나 한국정부는 귀국하게 되면 남은 형기를 감옥에서 지내야 한다며 귀국을 반대하였다. 신변안정이 불안한 상태에서도 김대중은 귀국을 결심하고 결국 귀국길에 올랐다.

1985년 2월 8일, 김대중은 오른손에 묵직한 지팡이를 쥐고 비행기에서 내렸다. 담담한 표정이었다. 서두르지도 그렇다고 느리지도 않은 걸음걸이였다. 부인과 또 다른 일단의 수십 명의 외국 신사들이 양복의 윗단추를 여미며 그의 뒤를 따랐다.

김대중은 한쪽 다리가 불편한 듯 걸음을 내디딜 때마다 오른쪽으로 약간씩 기우뚱거렸다. 김대중은 뭉클한 감회에 젖은 듯 트랩의 마지막 계단을 내려 조국 땅에 첫발을 다시 내딛는 순간, 눈시울엔 물기가 어리고 있었다.

자신을 가로막은 사람들에게 김대중은 "네 이놈들!" 하며 지팡이를 휘둘렀다. 가로막았던 사람들이 움찔 물러서는 듯했다. 김대중을 에워싸고 있던 사람들은 육탄으로 막아설 기세였다. 일촉즉발의 상황이었다. 공항 밖의 군중은 그 누구도 이 긴박한

환국하는 김대중

상황을 눈치 채지 못했다. 공항 대합실로의 접근이 '대간첩작전' 때보다 더 철저히 봉쇄되고 있었기 때문이다. 어느새 낯선 사내들이 와락 김대중에게 달려들어 양손을 거머쥐고 양팔을 뒤로 꺾었다. 일행은 육탄으로 막아섰지만, 건장한 사내들의 힘을 당해내지 못했다. 김대중이 들고 있던 지팡이가 허공으로 튀어 오르는가 싶더니 바닥으로 나뒹굴었다.

"가만히 있어, 죽이진 않을 테니까!" 사내들 가운데 누군가가 되는 대로 뱉어낸 말이었다. '죽이진 않는다'는 말을 그대로 믿을 수 없는 상황이었다. 김대중을 에워싼 신사들과 낯선 사내들 간에 엎치락뒤치락 몸싸움이 벌어져 공항 안은 아수라장이 펼쳐지고 있었다. 일단의 사내들이 우르르 기자들을 향해 몰려갔다. 카메라를 들이댄 기자의 팔목을 여지없이 뒤로 꺾어버렸다. 그러곤 이 세상에서 가장 험하다 싶은 인상을 지으며 위협적인 몸짓으로 공포 분위기를 만들었다(이영옥, 1997).

"신변안전을 위해 외출을 통제하고 외부인의 출입을 모두 차단합니다." 마포경찰서 정보과장의 말이었다. 집 주변엔 10여 개의 경찰 초소가 세워져 있었고, 정·사복 경찰이 철통같은 경비에 임하고 있었다. 김대중의 집으로 들어가려는 사람들은 외신기자들을 제외하고

는 일체 통제되었다. 연금 기간 동안 이희호도 많은 고통을 받았다. 외출할 때마다 정체불명의 사나이들이 두 대의 승용차로 뒤를 밟아 미행했고 출입 시에는 반드시 차의 트렁크를 열어줘야 했다. 기관원들은 거울이 달린 검색기로 차 밑바닥까지 조사하는가 하면 이희호의 차를 운전하는 운전기사의 몸까지 수색하였다. 차의 트렁크, 시트 밑까지 검색하고, 차에서 듣는 카세트테이프까지 그 내용을 확인하겠다고 압수하려 했다(이영옥, 1997).

김대중 부부의 결혼기념일을 축하하기 위해 동교동 집 대문 근처까지 온 큰아들 김홍일은 경찰의 봉쇄로 집에 들어가지도 못했다. 김홍일의 부인과 딸들이 김대중 부부에게 축하인사를 드리고 나올 때까지 몇 시간을 밖에서 기다려야만 했다. 김홍일은 부모의 결혼기념일마저 축복하지 못하도록 하는 전두환 정부의 처사에 분통이 터질 노릇이었다. 세상에 이런 사람들이 또 어디 있을까 싶어 서글픈 마음까지 들었다고 한다(이영옥, 1997).

에피소드 지붕 위에서의 시위 ▬▬▬▬▬▬▬▬▬▬▬▬▬▬▬▬▬▬▬

6 · 10 민주화운동 기간에는 동교동의 김옥두, 남궁진이 동교동 자택 지붕 위로 올라가 대형 태극기와 "김대중 선생의 불법감금을 즉각 해제하라"하는 대형 플래카드를 들고 목이 터지게 구호를 외치며 한 시간이 넘도록 '지붕 위의 데모'를 벌였다.

귀국한 김대중은 김영삼과 손을 잡고 가택연금 중에도 민주화추진협의회를 발족하여 전두환 정부의 독재에 맞서게 된다. 김영삼과 김대중이 신민당을 창당하여 제1야당으로 부상시킨다. 이후 대통령 직선제를 주장하며 전두환 정권을 압박해 나간다. 이러한 노력으로 1987년

6월 항쟁을 거쳐 6 · 29선언을 통해 대통령 직선제가 부활되고 김대중은 실형 면제와 복권조치를 받게 된다.

그러나 대통령 직선제가 관철되자 그동안 협조해온 김대중과 김영삼은 대통령 후보단일화를 성취하지 못하고 분열되고 만다. 결국 민주세력의 분열로 인해 노태우가 대통령으로 당선되었다. 민주화 투쟁 중에 후보단일화를 약속했던 김대중과 김영삼은 결국 정권욕 때문에 국민에게 한 약속을 지키지 못하게 된다. 이것은 1987년 6월 항쟁을 통해 한국의 민주주의를 회복하기 위한 노력에 찬물을 끼얹는 꼴이 되고 말았다. 이로 인해 그동안 민주화의 대명사로 여겨졌던 김대중과 김영삼의 권위가 상당히 훼손되고 향후 정치는 다시 지역구도로 가게 되는 양상을 보이게 된다.

김대중은 오랜 고초를 겪으면서 거의 광신적이라고 할 정도의 절대적 지지 세력이 있는 반면 강하게 거부하고 불신하는 세력도 공존하였다. 김대중은 정부여당에 거칠게 대결해 온 것만은 아니다. 대결보다는 타협의 성향을 보인 적도 많았다. 1971년 대통령 선거 그리고 일본에서의 납치사건, 민주회복국민회의에 참여한 것들이 그가 여당과 대결했던 대표적 사례로 인식되어 과격하다는 이미지가 만들어졌다. 오히려 김영삼이 타협보다는 투쟁을 더 많이 하였으나 김영삼이 김대중보다는 온건하다는 이미지가 형성되었다. 김영삼과 김대중은 오랜 라이벌이다. 어느 면에서 둘은 숙명적인 경쟁자다. 둘은 민주화라는 공통의 목표 앞에 협력하였다. 그러나 대권을 위해서는 언제든지 경쟁의식을 가지고 치열하게 대립하였다.

1992년 대통령 선거에서는 3당 합당을 통해 거대 여당의 대통령 후보인 김영삼과 경쟁했지만 극심한 지역정서로 인하여 다시 낙선하게 된다. 대통령 선거에서 패배한 후 김대중은 정계은퇴를 선언하며 영국으로 유학을 떠났다. 그러나 김영삼 대통령의 개혁정치의 실패와 강력한 야당의 부재로 인하여 김대중은 다시 정계에 복귀하고 차기 대권을 노리게 된다.

에피소드 눈물로 정계은퇴 선언

1992년 12월 19일, 세 번째로 대통령 선거에서 김영삼에게 패배한 뒤에 김대중은 국회의원직을 사퇴하고 평범한 한 시민이 되겠다며 자신에 대한 모든 평가를 역사에 맡기고 조용한 시민생활로 돌아가겠다고 눈물로 자신의 정계은퇴를 밝혔다. 이 정계은퇴 성명은 본인이 구술했고, 부인 이희호 여사가 울면서 받아쓴 것이라고 했다. 김대중은 이 정계은퇴 성명을 낸 뒤 영국으로 건너가 반 년간 휴식을 취하면서 외국 인사들과 교류했다.

김대중과 이희호는 부부 사이지만 김대중은 이희호를 동지로 생각하여 크고 작은 일을 상의했으며, 정치인에게나 대외적으로 하는 조그만 선물에도 꼭 두 사람 공동명의로 했다. 집 대문에는 항시 김대중과 이희호의 문패가 나란히 걸려 있었다. 이희호는 김대중이 대통령으로 집무를 할 때도 자주 공석에 참석, 김대중의 건강과 정치의안에 의견을 내기도하였다.

성수대교 붕괴 등 연이은 대형 참사로 김영삼 정권이 리더십의 한계를 드러내고, 구심점을 잃은 민주당 또한 갈피를 못 잡고 허둥대자 김대중은 1993년 7월에 귀국하였다. 그리고 아태평화재단(아시아 태평양 평화재단)을 설립(1994년 1월)하고 정계 복귀의 수순을 밟아 나갔다. 영국 캠브리지대학에서의 구상을 행동으로 옮긴 것이다. 김대중은 빗발치는 비난여론을 무릅쓰고 '새정치국민회의'를 창당(1995.9)하고 당대표직을 맡았다. 3년 전의 정계은퇴 선언을 번복한 것이다. 그리고

1996년 4월에 실시된 제15대 총선에서 국민회의가 제1야당의 지위를 확보함으로써 그는 다시금 정치 현장의 중심에 우뚝 서게 되었다.

김대중은 대권가도의 장애물이었던 색깔론과 지역감정의 벽을 넘기 위해 1997년 11월, 보수 세력을 대표하는 김종필과 손을 잡았다. 그것은 호남과 충청의 지역 연합이었다. 이로써 1990년 3당 합당을 통해 형성된 호남 고립화 구도가 영남 고립화 구도로 바뀌었다. 이기는 데 도움이 된다면 누구와도 연대한다는 실용주의 전략을 택한 결과였다.

김대중이 네 번째로 도전한 1997년 대통령 선거에서 여당의 분열로 인하여 드디어 40.3%의 지지를 얻어 대통령에 당선되었다. 그리고 이듬해인 1998년 2월 25일, 대한민국의 제15대 대통령에 취임하였다. 한국 헌정사상 처음으로 여야 간의 정권교체가 이루어진 순간이었다. 이렇듯 김대중은 온갖 고난의 역정을 이겨온 정치적 배경을 갖고 있었다. 어렵게 정치에 입문하고 독재에 항거하는 와중에 온갖 박해를 받고, 이러한 박해를 극복하여 재기에 성공하는 그러한 정치적 배경을 갖게 된다. 김대중은 민주화를 위한 노력에도 온갖 박해를 받으며 극복하는 과정에서 보여준 정치적인 부정적 이미지가 있었다. 이러한 부정적 이미지가 대통령에 쉽게 당선되지 못하게 한 원인이 되기도 하였다.

김대중은 철학 또는 이념 지향형의 인물이 아니라 현실 중시 또는 타협형의 인물이라는 느낌을 주었다. 그는 대단히 박학다식한 것으로 알려졌지만 이념이나 원칙에 투철하다는 인상은 별로 주지 못했다. 임기응변, 임시변통에 능한 것은 정치인이면 누구에게서나 발견되는 것 중의 하나이겠지만, 특히 김대중과 김영삼은 이 점에서도 남다른 면모를 보였다. 다만 김영삼은 상대적으로 직선적이고 김대중은 곡선적이라는 차이가 있을 뿐이었다. 다른 말로 하면 김영삼은 저돌적이고 김대중은 계산적이라고 할 수 있었다.

김대중은 권력으로부터의 핍박과 주변의 배신을 다반사로 겪으면서 살아왔다. 그러나 대통령이 된 후 김대중은 이들에게 보복의 칼을 들이대지 않았다. 심지어 자기에게 사형을 선고했던 전두환과 노태우를 사면하기까지 했다. 한국의 현대정치사를 보복의 역사로 기억하는 사람들은 김대중의 이런 관용이 놀랍기만 했다. 대선 때마다 그의 적수들은 "김대중이 집권하면 반드시 한풀이 정치를 할 것"이라며 보복정치에 대한 경계심을 자극했다. 그러나 그는 과거보다는 미래를 선택했고, 응징보다는 개혁과 창조에 역점을 두었다.

김대중은 "지난번에 박근혜(박정희의 딸) 대표가 와서 아버지의 일을 사과한다고 했을 때 참 기뻤고, 그래서 내가 감사하다고 했습니다. 아버님 시대에 맺었던 원한을 따님이 와서 같이 풀고 한 것이 우리가 인생을 산 보람을 느끼는 것이라고 생각했습니다."라고 회고하였다.

에피소드 창과 방패

김영삼이 좋아하는 말은 "역사는 승리자만을 기억한다."였다. 이것은 김영삼 정치를 잘 표현한다. 승리를 하기 위해서는 싸움을 해야 하며 그 싸움의 내용은 주로 공격이다. 김영삼의 사전에 2등이란 없다. 그에게 자질구레하고 골치 아픈 문제들은 별로 문제가 안 되며 중요한 것은 사람이요, 의리요, 정치적 힘 그 자체다. 그의 공격적 특성은 대통령이 된 후에도 선명하게 드러냈다. 하나회 척결, 금융실명제 실시, 부동산실명제 도입, 전두환·노태우 구속 등 그의 드높은 인기는 대부분 그와 같은 공격으로부터 나왔다. 반면 김대중의 스타일은 방어적이다. 김대중을 공격적이라고 생각하는 사람이 많겠지만, 김대중은 어느 면에서는 수비의 천재다. 김영삼이 공격축구의 천재 마라도나 같은 화려함을 가졌다면, 김대중에게는 수비축구의 달인인 베켄바워 같은 우직함이 있다. 김대중은 자신의 민주화투쟁에 대해 "집에 침입한 강도를 상대로 싸우는 가장의 심정 같은 것."이라 했다. 이 말도 김대중의 수비적인 태도를 잘 보여준다(전인권, 1997).

김대중은 민주화투쟁을 했고, 그로 인해 여러 번 죽을 고비를 넘겼다. 그러나 그와 같은 죽음의 공포가 그의 신념을 꺾지는 못했다. 그것은 분명 보통 사람이 지니기 어려운 특성이었다. 보기에 따라서는 매우 과격한 것으로 보일 수도 있으나 바로 그 점이 김대중은 수비형의 정치가임을 보여주는 결정적 대목이다. 왜냐하면 우리나라의 현대 정치사 자체가 너무나 험악했고 공격적이었기 때문이다.

김대중은 2000년 10월 노벨평화상을 수상하였다. 김대중은 1971년 대통령 선거에서 신민당 후보로 나서서 박정희와 대결하고 5공화국이 끝날 때까지 죽음에 직면할 정도로 호된 정치적 박해를 받으면서도 도전을 거듭해서 마침내 집권에 성공하였을 뿐만 아니라 노벨상까지 차지하는 영광을 누리게 되었다.

3. 주요 정치적 사건을 통해 본
   김대중의 행태

IMF 극복

　김대중은 경제개혁으로서 IMF 위기를 극복하고 4대 개혁을 통해서 새로운 국가발전 모델의 기초를 구축하려 하였다. 경제위기를 극복하기 위해서 금융개혁, 기업 구조조정, 노동개혁, 공공개혁 등 4대 개혁에 중심을 두었다. 그리고 개혁에 따르는 고통을 분담하기 위해서 복지정책을 확대하고 새로운 성장 동력으로서 정보화 등을 추진하였다.

　금융개혁은 금융기관을 구조조정하고, 공적 자금을 투입하여 기업의 재무구조를 개선하는 데 중점을 두었다. 그리고 금융기관의 건전성을 위해서 감독기능을 강화하였다. 이러한 금융개혁의 결과로 금융기관이 재편되었지만 공적 자금의 회수가 다 이루어지지 않았고 자본이 해외로 유출된다는 문제점이 발생됐다. 대기업이나 재벌 구조조정은 기업경영의 투명성을 높이는 데 중점을 두었다. 따라서 계열사 간 상호 지급보증을 해소시키고, 경영자의 책임성을 강화시켰으며, 재벌의 부당거래 및 상호출자제한 등을 실시하였다. 그러나 재벌개혁이 의

도와는 달리 소리만 요란하였을 뿐 실질적인 개혁에는 미흡하였다는 비판이 일어났다. 노동개혁은 노동시장의 유연성을 확보하는 데 중점을 두었다. 이를 위해 노동자-자본가-정부의 협의체를 모색하였다. 이러한 의도에서 탄생한 것이 노사정위원회였다. 그러나 노사정위원회의 실효성에 대한 논란이 많았으며, 노동개혁은 노동자의 희생만을 강요한 것이었다는 비판을 받았다. 공공부문에서의 개혁은 정부조직을 새로이 개편하였으며, 공기업을 민영화로 변화시키려 했다. 그러나 정부조직의 개편은 기대 이상의 성과를 거두지 못하였다. 또한 공기업을 민영화하기 위하여 공기업을 해외자본에 헐값에 넘긴다는 비판도 있었다.

재벌들은 정부의 구조조정에 따라 빅딜(big deal: 대규모 사업 교환)을 추진하고 업종을 재편성하였다. 부채가 많았던 대우그룹은 공중분해 됐고 제일은행은 외국기업에 팔리게 되었다. 고용기회 증대를 위해 새로운 사업으로서 벤처 비즈니스 창업을 적극 장려하였다. 새로운 고용처가 될 IT(정보기술) 산업을 진흥시켜 정보화 선진국을 지향했다(다마키 타다시·김영환, 2003).

교육, 의료, 사회복지 분야에도 개혁이 있었다. 세이프티 네트 (safety net, 안전책)를 만들기 위해 기초생활보장법을 제정하였다. 의료보험도 개혁했다. 의료보험 재정을 일원화시키고 의약분업을 실시하였다. 교육 개혁에서는 교원들의 정원을 줄여나갔다. 또한 국가인권위원회를 창설하여 인권증진에 힘을 기울여 국민이 원하는 정책에 중점을 두었다.

그러나 김대중의 개혁에도 고통이 따랐다. 정리해고로 실업자가 절정에 이르러 10% 가깝게 늘어났다. 다른 정권이었다면 노조의 반발을 감당할 수 없었을 텐데 진보세력의 지지를 받는 김대중 정권이었기 때문에 실업 불만을 어느 정도 극복했다고 할 수 있다.

에피소드 김우중의 믿음 ▨▨▨▨▨▨▨▨▨▨▨▨▨▨▨▨▨▨▨▨▨▨▨▨▨▨▨▨▨▨▨▨▨▨▨

김대중 정부가 들어서고 김우중은 전국경제인연합회(전경련) 회장으로 당선되었다. 김우중이 전국경제인연합회 회장이 된 것은 '청와대의 의중'이라는 소문이 돌 정도로 김우중과 김대중의 관계는 밀접했다. 김대중은 1998년 5~6월 매주 두세 번씩 정책 조언을 듣기 위해 김우중을 찾았다. 그러나 이 관계는 오래가지 않았다. 김대중 정부 초기에 김우중에게 대선자금 낸 것만 믿고 회사를 구조조정하지 않으면 크게 다치게 될 테니 모범적으로 구조조정을 하라고 충고했다. 그러나 김우중은 이런저런 핑계를 대면서 구조조정을 서둘지 않았다. 김우중은 당시 임원들에게 구조조정을 할 게 아니라 위기를 기회 삼아 공격적으로 경영하라고 주문했다고 한다. 김우중이 대선자금을 믿고 판단을 잘못한 것이었다(동아일보 특별 취재팀, 2005).

김대중은 국민을 상대로 한 정치로 상황을 타개해 나갔다. 이를 위해 '국민과의 대화'라는 이벤트를 준비했다. 각계에서 선정된 600여 명의 방청객과 소수의 질문자를 배경으로 김대중이 국정에 대해 직접 설명하고 이를 텔레비전 방송들이 생방송하는 행사였다. 김대중은 이를 통해 국민을 직접 설득하고 지지를 얻어서 그 힘으로 국정을 이끌어가려 하였다. 김대중은 이 같은 자신의 정국운영 구상을 이미 후보 시절에 직접민주주의 또는 참여민주주의라는 표현으로 예고했다.

햇볕정책과 남북정상회담

① 햇볕정책

　김대중은 정권을 획득한 후 전쟁을 억제하고 남북관계 개선을 이룩하기 위한 대북정책을 내놓았다. 소위 햇볕정책으로 불리는 대북 포용정책이었다.

　햇볕정책은 김대중 정부가 일관되게 주장해온 대북정책이었다. 한반도의 평화정착과 통일 분위기 형성을 위해 북한에 공격적인 자세를 취하기보다는 대화를 통해 지원하는 것이 효과적이라는 의미를 내포하고 있었다. 햇볕정책은 북한의 변화를 강요하는 것이 아니라 북한 스스로 문을 열고 변화할 수 있도록 여건과 환경을 마련해주고자 하는 정책이었다. 변화의 여건은 만들어주되, 북한을 해치거나 흡수통일 하지 않겠다는 것을 확실히 하자는 것이었다. 즉 햇볕정책은 북한의 무력도발은 용인하지 않으며 그 대신 북한을 흡수통일 하지 않고 남북한의 교류협력을 강화한다는 대북 3원칙을 바탕으로 하였다. 남북 간의 화해와 교류협력의 확대를 통해 북한을 평화와 개혁 · 개방으로 유도하여 궁극적으로는 평화통일로 나아가겠다는 것이 햇볕정책인 것이다.

　햇볕정책에서 '햇볕'의 어원은 이솝우화에서 나온 것이다. 길 가던 나그네가 강풍이 불면 불수록 외투를 더 여미게 되었다. 그러나 햇볕이 비치기 시작하자 따뜻함을 느끼게 되었으며 점차 햇볕이 강해지자 마침내 외투를 벗게 되었다. 이러한 이솝의 우화를 대북정책에 인용하였다. 즉 두꺼운 겨울옷을 입은 사람의 옷을 벗겨내기 위해서는 거센 바람보다 따뜻한 햇볕이 효과적이라는 설명이다.

햇볕정책은 북한이 쉽게 붕괴하지 않을 것이라는 점을 전제로 하여 한반도의 평화정착과 북한의 변화를 위해 추진된 정책이었다. 즉, 햇볕정책은 기존의 대북 봉쇄정책에서 벗어나 포용정책을 추구하는 것이다. 남북한 간의 긴장을 완화시켜 북한의 대남적화 전략이라는 외투를 벗기게 하여 평화를 정착시키겠다는 정책이었다. 이러한 햇볕정책을 기본으로 하여 김대중은 남북정상회담, 남북대화 재개 노력, 정경분리에 입각한 남북경협 확대, 이산가족 문제의 우선적 해결 노력, 인도적 차원의 대북지원, 북한 이탈 주민 보호 및 정착지원, 경수로사업의 체계적 추진 등의 대북정책을 실행하였다.

② 남북정상회담

2000년 6월, 김대중 대통령은 평양을 방문하여 북한의 김정일 국방위원장과 역사적인 남북정상회담을 개최하게 된다. 2000년 6월의 남북정상회담은 "만남 자체가 성과"라는 표현이 암시하듯 어떠한 가

김대중과 김정일

시적 결과가 나오지는 않았다. 정상회담의 결과 만들어진 남북공동선언에는 '언제 어디서 다시 만난다'라는 식의 실무적이고 각론적인 합의 사항은 없었다. 단지 통일방안과 관련된 합의 내용이 포함되어 많은 논란을 불러일으켰다.

에피소드 최대로 환영

2000년 6월 13일, 최초의 남북정상회담을 위해 평양에 도착한 김대중 대통령을 북한 김정일 국방위원장이 공항까지 나와서 환영했다. 예정에 없던 이 사건을 둘러싸고 김정일의 공항 출현이 예고된 것이냐 아니냐는 논란이 있었다. 남북정상회담 전 김정일은 국정원장인 임동원과의 면담에서 "(서울에) 가서 김대중 대통령께 이번에 오시면 공화국 역사상 최대로 환영하기 위해 준비하고 있다고 말씀드려 달라."라고 하였다. 평양 정상회담 첫날 만찬장에서 김정일은 임동원에게 이런 말을 건넸다. "내가 최대로 환영한다고 그랬죠. 그런데 말이야, 제대로 안 된 게 하나 있어. (공항 환영식에서) 기수가 태극기와 인공기를 들었어야 하는데, 그게 없었어. 또 남조선 국가 연주가 없었어. 내가 그것까지 하라고 했는데 군부에서 도저히 안 된다는 거야." (동아일보 특별 취재팀, 2005)

2000년 6월 14일에 발표된 6·15 남북공동선언에서는 '민족 자체의 역량에 바탕을 둔 자주적 통일원칙'을 재확인하였다. 또한 남측의 '연합 제안'과 북측의 '낮은 단계의 연방 제안'의 공통성을 인정하고 앞으로 이 방향에서 통일을 지향해 나가기로 하였다. 그러나 이 합의 내용은 현실성이 없다는 지적이 나왔다. 연방제가 되었건 연합제가 되었건 향후의 최종적 합의도 어렵다는 지적이 있었다. 또한 통일의 모양이 남북한 어느 체제를 따르느냐에 대한 의문도 제시되었다.

그러나 6·15 공동선언의 합의가 분단 55년 만에 나온 남북통일

안에 관한 남북 최고 책임자 간 최초의 의견 일치라는 역사적 사실은 부인할 수 없다. 기존의 통일정책은 남북이 각자의 주장을 펴면서 각자의 안을 절대 수정할 수 없다는 입장이었다. 상대방의 안을 거의 무조건 배척했던 과거 상황에 비추어 본다면 6·15 공동선언의 합의는 남북한이 서로의 방안에서 공통점을 찾았다는 데 큰 의의가 있었다.

햇볕정책에 대한 국민의 지지는 매우 높았다. 햇볕정책에 대한 국민의 지지는 김대중의 국정운영에 대한 지지율과는 상관없이 일정한 지지를 받고 있는 것으로 나타났다. 김대중 정부의 국정운영에 대한 국민의 지지가 가장 낮은 때는 20%까지 떨어졌지만 햇볕정책에 대한 지지는 아무리 나빠도 30% 아래로 떨어지지 않았으며, 대부분의 여론조사에서는 60%대의 지지를 유지해 왔다고 한다.

에피소드 연방제는 냉전 유물 ━━━━━━━━━━━━━━━━━━━━━━

"사실 고려민주연방제는 시대착오적인 냉전시대의 유물입니다." 김정일은 정상회담에서 김대중에게 뜻밖의 말을 한다. 고려연방제는 북한이 금과옥조처럼 내세운 통일방안이었기 때문이다. 정상회담의 최대 난제 중 하나였던 통일방안 문제는 김정일의 전향적인 태도에 어느 정도 힘입어 연방제와 연합제를 섞어서 공동선언을 작성하였다. "남측의 연합제안과 북측의 낮은 단계의 연방제안이 서로 공통성이 있다고 인정하고 이 방향에서 통일을 지향한다."고 명시하였다. 낮은 단계의 연방제는 이 공동선언에서 최초로 등장한 표현이다. 하지만 개념 정리를 확실히 하지 않아 나중에 논란이 되었다 (동아일보 특별 취재팀, 2005).

남북정상회담으로 남북한 화해 무드가 조성되었으나 미국은 북한과 적대적 관계를 유지하였다. 핵을 포기하기 전에는 북한과 어떠한 대화도 하지 않겠다며 대화의 문을 닫아버렸다. 미국의 부시 대통령은 북한을 '악의 축'이라고 비난하며 한국도 미국과 같이 북한에 대한 강압정책을 하길 바랐다. 이에 김대중은 남북한의 화해와 북한과 미국 간의 화해를 위해 노력하였으나 부시 대통령의 태도는 완강하였다. 김대중은 부시 대통령을 만나 북한과의 화해를 위해 외교적인 노력이 필요하다는 것을 강조하였다. 그러나 부시 대통령은 북한의 핵문제를 푸는 데 북한과의 타협을 거부하였다.

에피소드 외교적 결례 ━━━━━━━━━━━━━━━━━━

2001년 3월 7일 오전 11시, 한·미 정상회담을 위해 백악관에 들어선 김대중 대통령 일행은 흠칫 놀랐다. 부시 대통령의 바로 옆에 딕 체니 부통령이 앉아 있었기 때문이다. 어느 나라나 정상회담에서는 대통령 옆에 외교부장관이 앉는 게 관례였다. 미국의 외교부장관 격인 국무장관이 부시 대통령 옆에 있어야 했다. 그러나 콜린 파월 국무장관은 미국 측 좌석의 맨 끝에 앉아 있었다. 대북 문제에서 체니는 강경파, 파월은 온건파라는 사실은 익히 알려져 있었다. 회담이 시작되자마자 나온 부시 대통령의 발언은 한국 대표단을 긴장하게 만들었다. 부시는 "한국 쪽이 제시한 공동선언문 초안은 그대로 언론에 발표하기로 하자. 그 대신, 이 자리에선 우리가 좀 더 솔직하게 얘기를 하자."고 말했다.

김대중과 부시의 첫 회담은 이렇게 시작됐다. 그리고 이것은 부시 재임 기간 내내 계속된 한·미 간 대북정책 갈등의 시발점이었다. 정상회담이 끝난 뒤 공동 기자회견에서 부시는 김대중 대통령을 "This man"이라고 불러 숱한 해석을 낳았다. 김대중과 부시의 첫 만남은 참담한 실패로 끝났다.

정상회담에 배석했던 한 인사는 "강경파로 알려진 체니가 정상회담 장에 나오리라곤 생각을 못했다. 허를 찔린 느낌이었다."라고 말했다. 또한 이상한 일은 회담이 시작되고 얼마 지나지 않아 파월이 자리에서 일어나 밖으로 나간 것이다. 김대중과 우리 쪽 배석자들의 시선이 퇴장하는 파월에게 쏠리자, 부시는 "아무 일도 아니다. 파월은 곧 돌아올 것이다."라고 말했다. 정상회담 도중에 각료가 자리를 뜨는 건 매우 이례적인 일이었다. 회담은 시종 얼어붙은 상태에서 진행됐다. 갓 백악관에 입성한 부시는 외교 관례에 신경을 쓰지 않았다. 김대중의 말이 길어지면 말을 끊고 자기 발언을 했다. 김정일 국방위원장은 믿을 수 없고, 북한은 독재국가라는 식의 얘기를 하였다. 한·미 정상회담을 여러 차례 지켜봤던 한 인사는 "회담에서 상대국 정상의 말을 끊고 자기 발언을 하는 건 기술적으로도 쉽지 않은 일이다. 정상발언 뒤엔 통역이 이뤄지기 때문이다. 통역이 채 끝나기도 전에 말을 끊는 건 그만큼 부시의 급한 성격을 반영한 것이다."라고 말했다.

텍사스 카우보이 같은 부시의 행동은 오찬 자리에서도 그대로 드러났다. 오찬에 참석했던 한 인사는 이렇게 말했다. "점심을 하면서 확대 정상회담을 계속하는데, 서빙 하던 직원이 부시의 그릇에 수프를 퍼 주다가 실수로 국물을 양복에 약간 흘렸다. 그랬더니 부시가 큰 소리로 직원을 나무라면서 손수건에 물을 적셔 양복을 닦았다. 그 뒤에도 부시는 여러 번 자기 양복이 더러워졌다고 불평하며 투덜댔다. 정상회담에선 참 보기 힘든 장면이었다. 좋게 보면 솔직하고 형식에 얽매이지 않는 것이고, 나쁘게 보면 상대방을 배려하지 않는 성격을 드러낸 것이다."(동아일보 특별 취재팀, 2005)

김대중은 외교에 노련했지만 부시 앞에서는 통하지 않았다. 김대중은 어느 나라와 정상회담을 하건 미리 철저히 준비해서 현장에서는 자기가 할 말을 다 했다고 한다. 1분 1초도 허투루 쓰지 않았다고 한다. 대개의 정상회담은 김대중이 주도하는 식이었다. 그런데 부시와의 정상회담에서는 자기가 하고 싶은 말의 1/3도 채 하지 못했다고 한다. 회담 내내 김대중은 용케 참았지만 큰 충격을 받았다고 한다. 부시는 김대중을 만난 자리에서 북한의 김정일을 믿느냐고 물었다. 김대중은 김정일을 믿는다고 대답하였다. 그러자 부시는 무슨 근거로 김정일을 믿느냐고 다시 물어 왔다. 김대중이 "느낌으로 믿는다."라고 대답하자 부시는 외교를 느낌으로 하느냐고 반박하면서 자신은 김정일을 불신한다고 강조하였다. 결국 김대중과 부시는 흔히 말하는 '코드'가 맞지 않는 사이였다.

2000년 대선에서 김대중 정부가 앨 고어 민주당 후보의 당선을 바랐다는 건 누구나 아는 사실이었다. 한국은 미국의 새 행정부가 클린턴 대통령의 대북정책을 계승하길 원했다. 이런 기류 탓에 부시 공화당 후보 쪽과는 외교적 끈을 갖지 못했다. 미국 대선을 불과 몇 달 앞두고 콘돌리자 라이스가 한국을 방문했을 때 그를 만나준 건 이기호 청와대 경제수석 정도였다. 고어의 승리를 점쳤기에 우리 외교안보 라인에선 라이스에게 큰 관심을 기울이지 않았다. 그런데 막상 부시가 대선에서 승리하자 한국 정부는 당황했다(박찬수, 2009).

한국은 진보 정권인데, 미국은 보수 정권이었다. 미국의 새 정권이 실무 라인을 갖추기도 전에 정상회담을 추진했기 때문에 그쪽 기류를 제대로 읽을 수 없었다. 섣부른 정상회담이 오히려 양쪽의 갈등과 이견을 키우는 역할을 했다. 국무부 실무 라인이 갖춰지기도 전에 이뤄진 한·미 정상회담은 백악관의 강경 노선이 그대로 관철되는 역효과를 낳았다. 이런 기류를 한국 정부에 전해줄 만한 미국 정부 인사들은 존재하지 않았다.

에피소드 선생님 스타일

김대중과 부시는 흔히 말하는 '코드'가 맞지 않는 사이였다. 김대중은 상대방에게 정확하고 자세하게 설명해주는 '선생님' 스타일이었다. 김대중의 성격을 보여주는 정상회담 일화가 있다. 2000년, 프랑스를 방문한 그가 프랑수아 미테랑 대통령과 정상회담을 할 때의 일이었다. 김대중이

미테랑에게 은으로 만든 거북선 모형을 선물했다. 미테랑은 임진왜란과 거북선에 관한 자료를 읽고 정상회담 인사말에서 이를 언급했다. 그런데 임진왜란이 일어난 해를 15××년이라고 잘못 말했다. 미테랑의 인사말이 끝나자 김대중이 "임진왜란이 일어난 해는 15××이 아니라 1592년이다."라고 정정했다. 미테랑이 무안해졌음은 물론이다. 그럴 정도로 김대중은 빈틈이 없고 논리적인 사람이었다. 그러나 부시는 달랐다. 그는 즉흥적이고 감성적이었으며 논리보다는 마음이 통하는 걸 중요시했다(박찬수, 2009).

햇볕정책의 지속은 보수성향인 자민련을 자극하게 되어 DJP연합의 공조가 깨지는 원인이 되었다. 한나라당은 2001년 8·15 평양통일 대축전에 참석한 남측 방북단 일부가 '조국통일 3대 헌장 기념탑' 행사에 참석한 것과 관련, 임동원 통일부장관과 신건 국정원장의 해임을 요구하고 나섰다. 한나라당은 임동원 통일부장관의 자진 사퇴나 정부의 경질 조치가 나오지 않자 8월 24일 임 장관에 대한 해임건의안을 국회에 제출했다. 이에 민주당은 한나라당의 해임안 제출은 '햇볕정책에 대한 도전'으로 간주하고 정면 돌파하기로 하였다.

한편 자민련은 임동원 장관이 자진 사퇴함으로써 문제를 해결할 것을 주장했다. 그러나 8월 29일, 국회 통일외교통상위에 출석한 임동원 장관은 8·15방북단의 돌출행동에 대해서는 사과하면서도 거취 문제는 자신이 판단하기보다는 임명권자의 뜻에 따르는 게 도리라며 자진해서 물러날 뜻이 없음을 분명히 했다.

한나라당과 민주당이 임동원 장관 해임안을 둘러싸고 일전불사의 결의를 다지는 가운데 자민련은 임동원 장관의 자진 사퇴를 공개적으로 주장했고, 청와대는 임동원 장관의 해임요구는 햇볕정책을 무력화시키려는 의도가 있다며 반대했다. 결국 이 문제는 김대중과 김종필 간의 정면 대결로 비화되었다.

9월 3일, 임동원 통일부장관 해임건의안은 한나라당과 자민련의 공조 속에 가결되었고, 결국 DJP 공조도 붕괴되고 말았다. 이에 따라 자민련 출신 정부 각료는 자리에서 물러났으며, 민주당에서 자민련으로 당적을 옮겼던 4명의 의원들도 민주당으로 복귀함으로써 자민련은 원내교섭단체의 지위를 상실한 채 정기국회를 맞이하게 되었다. 그러나 자민련 당적을 가진 이한동 국무총리는 총리직을 지키기 위해 자민련 당론에 따르지 않았으며, 이에 배신감을 느낀 자민련은 그를 제명하고 말았다. 공당의 총재가 자기가 속한 당원들로부터 제명당한 것은 우리나라 정치사상 일찍이 없었던 일이다.

김대중은 노벨평화상을 수상했다. 야당과 일부 언론에서 '북한 퍼주기 정책'이라고 비판하기도 했으나, '햇볕정책'이라는 대북한 포용정책을 펴서 분단 50년 사상 처음으로 북한의 김정일 군사위원장과 정상회담을 성사시켰다. 남북 간의 긴장완화 합의를 이끌어낸 업적으로 김대중이 수상한 이 노벨상은 한국인 최초의 노벨상 수상이라는 점에서 의미가 있었다.

옷 로비 사건

김대중 정권은 상대적으로 높은 도덕적 우위를 확보하며 정권을 확보하게 된다. 과거 민주화투쟁에 대한 헌신과 도덕성을 강조해온 김대중 정권은 집권 초기 IMF를 잘 극복해 가면서 어느 정도 국민으로부터 신뢰를 받았다. 그러나 1999년 6월에 온 나라를 떠들썩하게 만든 고급 옷 로비 사건은 김대중 정부의 도덕성에 치명적인 타격을 주게 되었다.

고급 옷 로비 사건의 주역은 신동아그룹 최순영 회장의 부인 이형자, 강인덕 전 통일부장관 부인 배정숙, 강남 라스포사 사장 정일순이었다. 이형자는 남편인 최순영 회장이 외화밀반출 혐의로 구속될 상황에 처하자 이를 모면하기 위해 정관계 인사들에게 접근하게 된다. 이 과정에서 고급 옷 로비 사건이 터진 것이다. 이형자는 로비를 위해 김대중의 부인인 이희호가 다니는 의상실인 라스포사의 정일순 사장을 통해 이희호에게 접근하기 위해 적극적으로 로비를 벌인 것으로 알려졌다.

이 과정에서 배정숙이 중개인이 되어 이형자에게 당시 검찰총장인 김태정의 부인인 연정희를 소개해준다. 이형자는 연정희에게 고급 옷을 로비로 제공했다. 사건의 진실성 여부를 떠나 당시 이 사건은 법무부장관인 김태정의 부인 연정희를 보호하려는 목적에서 검찰의 축소 은폐 혐의가 제기되었다. 이에 분노한 국민과 여론의 압박으로 검찰은 다시 수사를 하나 불신이 높아지자 결국 청문회를 실시하게 된다. 이후 특검을 통해 이들 부인들의 로비 의혹이 밝혀지게 된다.

이 과정에서 청와대는 진실을 밝히기보다는 김태정 법무부장관을 보호하려는 행동을 취하고 김대중은 언론이 '마녀사냥'식으로 몰아간다고 비난하였다. 진실을 호도하고 여론을 무시하려는 태도는 결국 국민의 분노를 자아내게 되고, 결국 국민의 정부 신뢰성에 커다란 타격을 주게 되었다. 옷 로비 사건은 결국 어느 면에서 대단한 사건이 아닐 수도 있음에도 도덕성에 흠집을 내는 것이 두려웠던 국민의 정부가 진실을 호도하고 은폐하려는 행동이 사건 자체를 커다란 정치적 이슈로 만들었다.

김대중은 김태정 장관을 해임한 이틀 후인 1999년 6월 10일, 국민회의 당직자들과 만찬을 가진 자리에서 "지난 대통령 선거 때 청와대 사직동 팀이 조작한 '김대중 비자금 사건'에 대한 수사를 당시 김태정 검찰총장 이 유보하였다. 김태정 총장이 검찰간부를 미리 내게 보내 수사유보 결정 을 귀띔해주었다. 나는 김태정 장관을 올바른 법조인으로 생각했기 때문 에 장관으로 기용했다."라고 밝힌 바 있다. '올바른 법조인'이라고 생각 했기보다는 아마도 '고마운 법조인'으로 생각했을 것이다. 김대중과 부인 이희호 여사는 김태정을 끔찍이 아꼈다. 김태정 총장이 사의를 표명하자 이희호 여사는 "우리는 어려울 때 도와줬던 사람을 내치면 안 된다."라고 말할 정도였다.

김대중은 2000년 1월, 옷 로비 사건 수사가 마무리되자 법무비서 관 직제를 없앴다. 사직동 팀은 민정수석비서관이 대신 지휘하도록 했 으며 팀원도 절반으로 줄었다. 사직동 팀은 이 사건의 여파로 사실상 빈사상태에 빠졌다. 자연히 김대중의 아들인 홍일, 홍업, 홍걸 세 형제 를 포함해 대통령 친인척의 비리에 대한 감시도 소홀해질 수밖에 없 었다. 그리고 마침내 2000년 10월, 사직동 팀이 폐지됨으로써 김대중 의 주변에 대한 감시 · 감독은 사실상 불가능해졌다.

각종 게이트와 부정부패

김대중은 초기 내각 중심의 국정운영을 강조하였지만 경제위기 상황에서 대통령의 강력한 리더십이 요구되자 청와대 중심의 비서정치가 중심이 되어 국가정책에 직접적인 개입이 많아졌다. 따라서 청와대 비서실의 권한이 증대되었다.

김대중은 청와대를 '정치개혁의 산실'이 아닌 '정책기획의 산실'로 활용한다는 방침 아래 정책기능을 대폭 강화하였다. 이러한 방침에 따라 정책기획수석의 위상과 역할이 크게 강화되었다.

김대중은 여야 정치인들과 접촉하는 것보다 정부 관료들을 만나는 것에 더 많은 시간을 할애했고, 정치적 이슈보다 정책적 사안에 더 관심을 쏟았다. 정부 부처의 난해한 정책들을 일목요연하게 챙기고, 공직사회의 분위기를 주도해 갔으며, 복잡한 남북문제를 인내심과 협상력으로 풀어갔다. 총리나 장관을 임명할 때도 과거 김영삼이 언론에 사전 유출되는 사람을 제외했던 것과 달리, 김대중은 오히려 언론에 의도적으로 유출하여 사전검증을 한 뒤에 기용했다. 위기상황에 대처하는 방식에서도 김영삼이 문제 인물을 곧바로 경질하는 속전속결 방식을 택한 데 비해, 김대중은 옷 로비 사건 처리과정에서 보여주었듯이 상황을 충분히 파악한 뒤에 결정을 내리는 지연작전을 택했다.

김대중의 완벽주의는 국정운영에 여과 없이 투사되어 모든 정책의 세밀한 부분까지 직접 챙기는 경향이 강했다. 시행착오는 어떤 경우에도 용납하지 않았다. 사소한 일이라도 주도면밀하게 검토하여 빈틈없이 처리하였고, 일단 결정한 정책은 끝까지 밀어붙여 완결지었다. 구조조정과 의약분업이 대표적인 경우였다. 국무회의와 관계 장관회의를 빠짐없이 주재했고, 회의 때 말할 자료는 대부분 직접 작성했다. 그에게 무사안일과 게으름은 용납할 수 없는 악이었다. 어떤 때는 관계 장관이 사안을 제대로 파악하고 있는지를 확인하기 위해서 알면서도 모르는 척 질문할 때도 있었다. 그 밑에서 장관을 지낸 이들은 이럴 때가 가장 당혹스러웠다고 한다.

김대중은 자신의 정권 내내 여론의 집중포화를 받았던 박지원에게 대통령 공보수석 비서관, 문화관광부장관, 대통령 정책기획 수석, 정책특보, 비서실장을 맡기며 전폭적으로 신임하였다. 박지원의 성실함을 높게 생각했다. 박지원은 야당시절부터 아무리 술을 먹어도 다음날 새벽 5시 30분이면 어김없이 동교동 자택으로 출근하여 그날의 신문 보도상황 등을 브리핑할 만큼 부지런한 것으로 유명하였다. 그러나 김대중이 '박지원 중독증'이라는 얘기가 나올 만큼 그에게 빠진 이유는 '성실함'만으로는 설명하기 어렵다. 여야를 넘나들 만큼 능수능란한 박지원 특유의 처세술, 보스의 심기를 꿰뚫고 윗사람의 '입안의 혀'처럼 움직이는 그의 탁월한 보좌능력에 김대중이 만족한 측면이 크다고 하겠다(동아일보 특별 취재팀, 2005).

김대중은 식사시간도 아끼며 일했다. 신문가판은 빠짐없이 읽었고, 확인할 일이 있으면 늦은 밤이나 휴일에도 영락없이 참모들에게 전화를 걸었다. 그는 막료들을 무척 긴장시켰다. 공·사석을 가릴 것 없이 참모들과의 관계는 철저히 사무적이었고, 항상 일정한 거리를 유지했다.

김대중은 MBC 〈일요일일요일 밤에〉의 '이경규가 간다' 코너에 깜짝 출연해 코미디언 이경규와 장시간 이야기를 나누었다. 이경규가 김대중에게 가장 좋아하는 코미디언이 누구냐고 묻자 이경규라 대답하였다. 나중에 이경규가 진짜 자기를 좋아하냐고 묻자 김대중은 천연덕스럽게 "이경규 씨라고 말하지 않으면 편집될 것이라고 생각했어요."라고 하였다. 그 뒤로 두 사람은 서로 가까워졌다고 한다. 김대중은 일면 코미디를 아는 정치인으로 비쳐졌다(지동욱, 2003).

김대중이 연설문 초안을 고치는 건 5단계로 나뉘었다고 한다. 첫 번째 단계는 연설문의 단어 여러 개를 빨간 펜으로 고치는 것이었다. 이건 김대중이 아주 만족했다는 표시였다. 연설비서관실에선 환호성이 터졌다. 마지막 다섯 번째 단계는 연설문 초안이 깨끗하게 그대로 다시 연설비서관실로 돌아오는 단계였다. 그 대신에 녹음테이프가 추가되었다. 연설문 전체가 못마땅하니 녹음테이프에 구술한 대통령의 육성을 풀어서 연설문을 다시 작성하란 뜻이었다. 이러면 연설비서관실은 초상집 분위기가 되었다(박찬수, 2009).

김대중이 구술한 녹음테이프를 그대로 풀면 거의 완벽한 문장이 되었다. 연설비서관실에서 녹음테이프를 풀었는데 잘못 받아 적은 게 있으면 김대중은 다시 고쳐서 내려 보냈다. 김대중은 워낙 꼼꼼해서 자신이 한번 고친 연설문은 밑에서 토씨 하나 바꾸는 것도 어려워했다. 어떤 때는 연설문 초안을 수정액으로 지우고 다시 쓰거나 형광펜으로 중요한 부분을 표시하기도 했다고 한다(박찬수, 2009).

에피소드 비서실 자리도 똑같이 나누자

김대중과 김종필의 연합으로 탄생된 국민의 정부는 단일화 합의 당시 각료 추진은 양당 동수로 한다는 원칙 이외에 아무런 구체적 조항을 두지 않았다. 이 때문에 실제 정부구성을 위한 양당 협상에서는 적재적소의 인선보다는 나눠먹기 식 주장이 더 잘 통했다. 초기 자민련은 대통령 비서실에도 동수로 참여하겠다고 주장해서 이를 협의하는 데 애를 먹었다. 모든 자리를 똑같이 나눠야 한다는 게 자민련의 생각이었다. 결과적으로는 각료의 동수배분 원칙은 지켜지지 않았다.

에피소드 죽어도 못 내놔

김대중과 김종필은 내각제를 합의하면서 연합을 하게 된다. 그러나 정권이 탄생한 이후 현실적으로 내각제가 불가능하다고 판단한 김종필은 자민련 의원들을 설득하려 한다. 이에 반발하며 연합을 포기하고 다시 자민련으로 돌아가서 당을 재건하자는 의견에 김종필은 화를 내며 "죽어도 이 자리는 못 내놓는다. 내가 총리직을 사퇴하면 나라가 위태로워진다. 국가를 생각해야지. 나를 압박하는데 당신들은 정치를 잘 몰라. 국민은 약자를 끝도 없이 밟는다. 날더러 혼자 죽으란 얘기냐?"면서 내각제로의 전환이 현실적으로 어렵다는 결론을 내렸다(동아일보 특별 취재팀, 2005).

에피소드 박태준의 아쉬움 ▬▬▬▬▬▬▬▬▬▬▬

김대중과 김종필 정권의 산파역을 맡았던 박태준은 김대중 정권이 보수와 진보 그리고 동서화합을 이루겠다는 약속을 지키지 못한 데서 남북관계를 비롯한 여러 가지 어려움이 초래되었다고 주장했다. 1997년 대선을 앞두고 김대중과 만난 박태준은 김대중이 자신의 지지를 호소하면서, 박정희 전 대통령의 업적 인정과 보수와 진보 간의 견제와 균형, 동서화합과 포용을 합의했다고 주장하였다. 그러나 박정희에 대한 업적 인정 외에는 약속을 지키지 않고 일방적인 논리로 국정을 몰고 간 것이 김대중의 비극이었다고 주장하였다. 박태준은 특히 임동원 당시 국가정보원장에게 "아직도 햇볕정책을 이해하지 못하는 층이 다수"라는 점을 수시로 강조하였으나 이를 중요하게 생각하지 않았다고 한다.

에피소드 김대중이가…… ▬▬▬▬▬▬▬▬▬▬▬

천용택은 군 출신으로 1992년 대선 당시 김대중을 비난하였던 사람이다. 1996년 총선 때 국민회의에 영입되었는데, 그의 과거 행적으로 인해 별로 신임을 받지 못했다. 그러나 이회창 한나라당 후보의 아들 병역비리를 이슈화하는 과정에서 김대중의 신임을 받게 되었다. 김대중은 천용택을 신임하여 국가정보원장으로 임명하였다. 천용택은 김대중의 신임을 바탕으로 폭넓은 재량권을 가지고 국정 여기저기에 관여하였다. 천용택은 7개월 만에 말실수로 인해 국정원장 자리에서 물러나게 되었다. 김대중의 과거 정치자금 문제를 거론하면서 김대중 대통령을 "김대중이가…"로 지칭했는데 이것이 김대중을 주군으로 모셔온 동교동계에서는 "있을수 없는 건방진 행태"로 여겨졌다(동아일보 특별 취재팀, 2005).

김대중은 2001년 2월 5일부터 대대적인 언론사 세무조사를 단행하였다. 일찍이 없었던 대대적인 '언론사 조사'였다. 국세청은 23개 언론사를 대상으로 한 130여 일의 세무조사 결과를 발표했다. 국세청은 5,056억 원의 세금을 추징키로 하고 6~7개 언론사에 대해선 검찰에 고발하겠다는 방침을 밝혔다.

김대중 정부는 반부패기본법, 돈세탁방지법 등을 제정하면서 정치부패를 방지하기 위한 노력을 기울였다. 김대중은 정치부패가 한국 민주정치 발전에 가장 암적인 존재라고 인식하고 심지어 부패와의 전쟁을 선포하면서까지 정치부패를 최소화하기 위한 노력을 하였다.

그러나 이용호, 진승현, 최규선 등과 관련된 각종 게이트가 발생하면서 김대중 정권의 실세인 권노갑을 비롯한 많은 정치인이 구속되었다. 급기야는 대통령의 아들인 김홍업과 김홍일이 구속되는 최악의 사태를 맞이하게 되었다.

에피소드 비리의 몸통은 김대중 아들인데 왜 나를……

김대중의 오랜 가신인 권노갑은 김대중의 아들들과는 사이가 좋지 않았다. 권노갑의 구속 소문이 나자 김대중 아들들의 사법처리를 피하기 위한 희생양이 아니냐는 추측이 무성했다. 각종 게이트에 자신의 이름이 오르내리자 권노갑은 사석에서 "비리의 몸통은 김대중의 아들인데 왜 내게 화살을 겨누느냐?"라며 불만을 토로하였다. 이것이 청와대에 보고되고 보고를 받은 김대중은 권노갑에 대한 신뢰를 다시 생각하게 되었다.

2000년 10월, 이른바 '정현준 게이트'가 불거진 이래 '진승현 게이트', '이용호 게이트', '윤태식 게이트' 등으로 이어지는 대형 금융비리 의혹사건으로 정국은 혼란에 빠졌고, 결국은 대통령의 아들들이 비리 의혹 사건에 연루되어 수사를 받는 상황에까지 이르렀다. 김대중은 임기 3년을 넘길 무렵부터 이 같은 의혹사건들과 여당 내의 반발 등으로 인해 급격히 힘을 잃었다.

　　김대중의 차남 김홍업, 3남 김홍걸의 비리의혹에 대한 검찰수사가 한창 진행 중이던 2002년 4월 어느 날, 송정호 법무부장관은 업무보고 차 청와대 집무실에서 김대중을 독대한 자리에서 김대중으로부터 뜻밖의 부탁을 받았다. "송 장관은 1997년 대통령선거 직전에 열린 고검장 회의에서 유일하게 '김대중 비자금' 수사착수를 반대하지 않았소. 이번 수사도 그렇게 해줄 수 없습니까? 남들이 다 안 된다고 하더라도 좀 도와주시오."라면서 두 아들 중 이미 수사가 한창 본격단계에 접어든 김홍업에 대한 수사를 중단해줄 것을 당부하였다(동아일보 특별 취재팀, 2005).

　　청와대는 당시 김홍업과 김홍걸을 모두 구하려고 했다. 수사를 중단시키든지 두 명 모두를 불구속하게 하는 선에서 마무리하려 했던 것이다. 그러나 이러한 구상은 오판이었다. 김홍업에 비해 김홍걸에 대한 여론은 상대적으로 좋았다. 만약 김홍업이 먼저 검찰에 출두해 구속됐다면 '형제를 구속시키는 것은 지나치다'라는 동정론이 나와 김홍걸은 불구속기소 됐을지도 몰랐다. 무리하게 둘 다 구하려다 둘 다 잃게 된 셈이었다.

　　김대중이 건강이 가장 안 좋았던 시기는 2002년 4월이었다고 한다. 그 무렵 김대중의 두 아들, 김홍업과 김홍걸이 비리 혐의로 검찰수사를 받고 구속되었다. 김대중은 과로로 육체적으로 힘들었을 뿐 아니라, 아들 문제로 정신적으로도 매우 힘든 시기였다. 항간에는 김대중의 건강 이상에 대한 숱한 소문이 있었다. 두 차례나 병원에 입원할 정도였다. 다행히 김대중에게는 강인한 정신력이 있었기 때문에 어려운 시기를 잘 넘길 수 있었다. 김대중은 병원에 입원한 상태에서도 국무회의만은 주재하겠다고 해서 의료진이 이를 말리느라 고생했다고 한다(박찬수, 2009).

김대중은 2002년 6월 21일, 아들의 구속과 관련하여 대국민 사과를 발표하였다. 또한 대구시장, 인천시장을 비롯한 일부 광역자치 단체장들이 비리에 연루되어 구속되었다. 기초자치 단체장도 무려 20여 명이 구속되어 김대중 정권은 국민으로부터 부패된 정권으로 인식되기도 하였다.

에피소드 신승남 때문에……

"김대중은 신승남 검찰총장 때문에 망했다. 두 아들은 감옥 가고, 아태재단까지 넘기고……." 김대중의 인척이 지인을 만난 자리에서 이같이 토로했다. '이용호 게이트'에 대한 특검을 수용하는 바람에 김대중의 차남 홍업, 3남 홍걸이 구속되고 정권이 몰락의 길로 치닫게 된 상황을 두고 한 말이다. 2001년 말, 한나라당이 이용호 게이트에 대한 특검수사를 요구했을 때 김대중은 신승남을 청와대로 불렀다. 특검을 받아들여도 별 문제 없겠냐는 김대중의 질문에 신승남은 "특검을 해도 자신 있다."며 특검 수용론을 폈다고 한다. 그러나 당시 검찰은 관련자에 대한 계좌추적 등 기초 조사도 하지 않은 상태였다고 한다. 그런데도 무턱대고 특검을 받아들이자고 했던 것이다(동아일보 특별 취재팀, 2005).

수평적 정권 교체를 통하여 어렵게 정권을 획득했고 남북관계에서 획기적인 평화 무드를 조성했던 김대중 정부도 마지막에는 부정부

패에 측근들과 아들들이 연루되면서 도덕성에 흠집이 가게 되었다. 따라서 국민의 신뢰가 떨어지게 되었다.

8

노무현과
참여정부

1. 노무현의 퍼스낼리티

　　노무현은 1946년 9월 6일(음력) 경남 김해시 진영읍에서 10리쯤 떨어진 본산리 봉하마을에서 농부인 아버지 노판석과 어머니 이순례 사이에서 3남 2녀 중 막내로 태어났다. 봉화산과 자왕골을 등에 지고 있는 이 마을은 까마귀가 먹을 것이 없어 울고 돌아간다는 마을로 알려졌다. 노무현은 중학교를 졸업할 때까지 이곳에서 살았는데, 막내인 데다가 재주도 많아서 집안의 사랑을 받으며 자랐다. 초등학교에 들어간 이후 가난으로 인한 열등감에 시달리기도 했지만, 공부도 잘하고 성격도 명랑한 편이었다. 노무현의 어머니는 환갑이 넘도록 머리에 야채를 이고 30~40리 떨어진 마산에 가서 내다팔았을 만큼 한평생 가난과 싸웠지만, 강단 있고 생활력 강한 여성이었다. 노무현의 어머니는 "입담이 좋아 방송국에서 취재 오면 노무현의 어머니가 마이크 앞에 섰다."고 한다(오경환, 2003).

　　노무현의 학교생활은 결석이 많고 평탄하지 못했다. 초등학교 1~4학년 때까지만 결석이 30일을 넘겼고, 학생회장을 맡은 6학년 때도 17일을 빼먹었다. 학적부엔 결석 이유가 집안일을 돕고 먼 거리에서 통학한다고 적혀 있었다. 5~6학년 기록부에는 병 때문에 결석했다고 적혀 있다. 병 때문에 결석한 이유는 한 달에 한두 번씩 아버지의 등에 업혀 병원에 실려 가곤 했던 위궤양 때문이었다. 그러나 대부분의 결석은 개구쟁이 특유의 장난에서 비롯되었다고 한다. 함께 학교를 다닌 동네 친구들과 학교를 빠지고 산으로 땡땡이 친 적이 많았다고 한다. 언젠가는 선생님의 가정방문 날인지도 모르고 놀다 와 혼난 적이 있다고 한다(오경환, 2003).

에피소드 노천재

　　어린 시절 노무현은 키가 작아 '돌콩'이라 불렸으며 '노천재'라는 별명도 있었다. 아버지가 매일 몇 장씩 외우라고 하는 천자문을 여섯 살 때 순서 하나 틀리지 않고 반듯하게 모두 쓰기도 했다. 봉화산에 소풍 왔던 읍내 학생들이 그 소문을 듣고 "여기가 노천재네 집이래. 어떻게 생겼나 보자." 하며 노무현이 살던 초가집을 구경하고 가곤 했다(이기수, 2003).

　　가난은 어린 노무현에게 넘을 수 없는 벽이었고 때론 탈선도 낳았다고 한다. 주머니칼과 물총을 갖고 싶어 성적을 위조하기도 하였다. 낮잠 자는 어머니의 치마주머니 안에서 돈을 훔쳐 하모니카를 사고는 시치미를 뗐다가 잠결에 "큰 도둑이 될까 걱정"이란 부모님의 한숨을 듣고 눈물로 사죄하기도 했다고 한다(오경환, 2003).

　　노무현은 "가난은 사람을 비굴하게 만들고 때론 거짓말을 하게도 한다."며 "나만은 가난에서 벗어나야겠다는 생각과 모두가 가난하지 않은 세상을 만들고 싶은 막연한 꿈을 품었다."라고 회고했다(이진, 2003).

에피소드 편파적 운영에 대한 항의

　　노무현이 초등학교 6학년 때 교내에서 붓글씨 대회가 있었다. 노무현은 가끔 외부 대회에도 대표로 나가곤 했으므로 자신이 학교에서 붓글씨를 가장 잘 쓴다고 생각했다. 대회가 시작되어 붓글씨 담당 선생님은 종이를 한 장씩 나누어주면서 한번 잘못 쓰더라도 종이를 바꿔주지 않는다는 말도 덧붙였다. 노무현은 자신이 쓴 글씨가 마음에 들지 않아 다시 쓰고 싶었지만 종이를 바꿔주지 않는다는 주의사항이 있었으므로 쓴 그대로 내게 되었다. 그런데 옆 반의 선생님이 시험장에 와서 자기 아들의 글씨를 보고는 잘못 썼다며 종이를 바꿔주는 것이었다. 그것을 본 노무현은 어이가 없었고 너무나도 억울했다. 대회 심사 결과가 나왔는데, 역시 그 아이가 1등을 하고 노무현은 2등이었다. 노무현은 도저히 참을 수 없어서 붓글씨 담당 선생님에게 상을 반납하였다. 노무현은 붓글씨 담당 선생님에게 불려가서 건방진 놈이라고 혼이 나고 뺨까지 얻어맞았다고 한다(이기수, 2003).

5학년 때에는 선생님의 권유로 학생회장에 출마해 전교회장에 당선되기도 했다. 중학교를 졸업한 뒤에는 어려운 가정 형편으로 장학금을 받기 위해 부산상고에 진학했다.

에피소드 백지동맹

노무현이 중학교 때 어느 날 학교에서 수업을 모두 중단하고 '우리 이승만 대통령'이라는 제목으로 작문을 하라고 했다. 3월 26일이 이승만 대통령 탄신일이라고 했고, 글을 잘 지으면 큰 상을 주겠다고도 했다. 그러나 사실은 이승만 대통령을 찬양하는 대통령 선거운동의 하나였다. 노무현은 어렸지만, 그것을 좋지 않은 일로 여겼다. 왜냐하면 어른들이 서너 사람만 모여도 대통령을 욕하는 것을 들었기 때문이다. 노무현은 작문 시간에 친구들에게 아무것도 쓰지 말자며 '백지동맹'을 선동했다. 순간 교실 분위기는 엉망이 되어 버렸다. 감독을 하러 들어온 여선생님은 울음을 터뜨렸고, 많은 학생이 노무현의 말을 따라 글짓기를 하지 않았다. 그 여선생님이 노무현을 주동자로 지목하여 노무현은 교무실에 끌려가 벌을 서게 되었다. 그러나 더욱 문제가 된 것은 노무현이 낸 답안지였다. 다른 학생들은 그냥 글을 쓰지 않고 백지를 낸 데 비해, 노무현은 '우리 이승만 택통령'이라는 제목만 써냈다. '택통령'이란 '택도 없다'('어림없다'라는 뜻의 경상도 사투리)라는 뜻이었기 때문에 더욱 나쁜 죄로 인정된 셈이다(노무현, 2009).

고등학교 2학년 중간고사 기간에 기성회비를 내지 못한 사람은 학교에 오지 말라는 선생님의 말씀에 등교를 포기하였다. 겁을 주려고 한 소리에 노무현이 진짜로 등교를 하지 않자 선생님은 "왜 곧이곧대로만 듣느냐?"라며 야단을 쳤다고 한다. 또한 하숙집에서 나왔는데 다른 하숙집을 구할 수 없어 친구 집에서 잘 수 있었는데도 일부러 추운 교실 바닥에서 잤다고 한다. 자포자기의 상태로 혼자 자는데 이를 하도 악물어서 다음 날 잇몸에서 피가 났다. 어느 면에서는 사춘기 때의 반항적 성격일 뿐 일상적인 가난 때문은 아니었던 것 같다(오경환, 2003).

고등학교 시절 노무현은 방황을 많이 한 것 같다. 친구들과 어울려 술을 마시고 담배를 피우고, 머리를 깎이지 않으려고 시험기간에 도망도 쳐봤다. 노무현이 가장 어려웠다고 생각한 시절은 고등학교를 갓 졸업하고 취직했을 때였다. 새 옷 살 돈이 없던 노무현은 운동화를 신고 교복을 입고 출근했다. 그 모습을 본 회사 간부가 교복 좀 벗고 다니라고 주의를 주었다. 다음 날부터 노무현은 교복바지에 축 늘어진 친구의 스웨터를 빌려 입고 출근을 했는데 결국 이 차림이 겨울 내내 그의 유일한 출근복이었다(이진, 2002).

졸업 이후 농업협동조합의 입사 시험에 응시했으나 낙방하고, 한 어망 제조업체에 취직하였으나 최저생계비에도 못 미치는 저임금과 발등을 다쳐도 치료비조차 주지 않는 고용주의 비정함에 실망하여 그만두게 된다(노무현, 2002).

노무현은 어린 시절부터 고시를 공부하던 큰형님의 영향을 받아 고시에 대한 막연한 꿈을 갖고 있었으며, 회사를 그만둔 뒤에 고향으로 돌아가 고시공부를 하기로 마음을 먹는다. 1966년 10월에 고졸 출신에게 응시자격이 주어지는 '사법 및 행정요원 예비 시험'에 합격한 것을 시작으로 사법고시를 준비하기 시작했고, 책값을 벌기 위해 울산에서 막노동을 하기도 했다. 사법시험을 준비하는 도중에 큰형님이 교통사고로 돌아가시고, 1968년 육군에 입대하여, 전방 을지부대에서 복무한 뒤 1971년 상병으로 만기제대 하였다(이기수, 2003).

사법시험을 준비하던 기간에 어린 시절부터 알고 지낸 동향 사람이자 권오석의 둘째딸 권양숙과 연애를 하기 시작하였다.

에피소드 담요 데이트 ▰▰▰▰▰▰▰▰▰▰▰▰▰▰▰▰▰

노무현은 돈이 없어서 권양숙과 2년 가까이 커피 한 잔 값 안 들이고 둑길에서 이야기하면서 맨입으로 데이트를 했다. 고시생인 노무현은 밤에 담요를 들고 권양숙과 둑길 데이트를 즐겼는데, 누군가 그걸 보고 "쟤들은 담요 들고 데이트한다."라고 소문을 냈다(오경환, 2003).

노무현은 권양숙과 연애를 하면서 결혼을 결심하게 된다. 그러나 권양숙의 아버지 권오석(71년 옥사)이 과거에 좌익운동을 하다가 형을 선고받고 복역 중 사망했다. 당시에는 연좌제에 걸리면 고시에 합격해도 판·검사 임용이 안 되는 시기였다. 노무현 집안은 노무현의 앞길을 망칠까 봐 걱정이었다.

에피소드 법원 서기 하면 된다 ▰▰▰▰▰▰▰▰▰▰▰▰▰▰▰

노무현이 권양숙과 결혼을 결심하자 양가 부모는 이 결혼에 반대하였다. 노무현의 가족도 처음부터 결혼을 반대했다. 형들은 어릴 적부터 재주가 있었던 노무현의 사법시험 합격을 철석같이 믿고 있었고, 그러면 학벌 좋고 집안 좋은 부잣집 딸에게 장가갈 수 있으리라 생각했다. 따라서 돈도 문벌도 없는 권양숙의 집이 마음에 찰 리 없었다. 또한 권양숙의 아버지가 예전에 면사무소를 다닐 때 좌익운동을 한 혐의를 받고 형을 살다 교도소에서 사망했다. 연좌제에 걸리면 사법시험에 합격해도 판·검사 임용도 안 되고 노무현의 앞길을 망친다는 것이 가족들의 걱정이었다. 그러나 양가 부모들은 결국 물러섰다. "문제가 되면 판·검사 안 해도 좋다. 법원 서기 하면 되지."라고 하자 결혼을 반대하면 사법시험도 포기할 듯한 노무현의 고집에 손을 들고 만 것이다(이기수, 2003).

에피소드 노풍연가

대통령 선거에서 장인의 좌익 사실이 공격당하자 노무현은 사람들의 심금을 울린 '노풍연가(盧風戀歌)'로 이를 돌파하였다. 경북 경선에서 노무현은 청중을 향해 외쳤다. "평생 가슴에 한을 묻어 온 아내가 아버지 일로 또 눈물을 흘려야 합니까? 대통령 되겠다고 아내를 버리면 용서하겠습니까?" 청중의 대답은 "아니요."였다(오경환, 2003).

결혼 후 1973년에 아들 노건호, 1975년에 딸 노정연을 낳았다. 노무현은 사법시험에 도전해 세 번 실패하였지만, 결국 1975년 제17회 사법고시에 합격하였다.

권양숙은 얼마나 기뻤던지 노무현의 무릎에 엎드려 엉엉 소리 내어 울었다고 한다. 그동안의 말 못할 고생이 일시에 허물어지는 순간이었다고 한다. 권양숙은 각종 인터뷰에서 노무현과 결혼해 가장 행복했던 순간이 바로 이 순간이었다고 회고하였다(노무현, 2010).

사법고시에 합격하고 나서 2년간의 연수원 생활을 거친 후 1977년 대전지방법원 판사로 임용되었고 그 후 1978년에 변호사 사무실을 개업하였다. 노무현은 세무·회계 전문 변호사로 명성을 쌓았으며 주로 조세 및 회계사건 등을 통해 높은 수임료를 받았다. 당시 평범한 동료 변호사처럼 지역의 경제인과 어울리며 요트를 즐기는 등 자유로운 생활을 했다.

에피소드 요트를 즐기는 조세 변호사

노무현은 부산에서 다섯 손가락 안에 꼽히는 조세 변호사가 되었다. 소송가액만 1백억 원이 넘는, 당시로서는 매우 큰 사건들도 맡게 되었다. 노무현은 부산에 비교적 넓은 아파트를 장만하여 어머니를 모셨다. 주말마다 부산 광안리 앞바다에서 동아대학교 동아리 학생들과 요트를 함께 배우고, 막걸리를 마시며 삶의 여유를 갖기도 했다(이기수, 2003).

변호사 생활을 하던 노무현에게 1981년에 발생한 '부림 사건'은 이후 그가 인권 변호사의 길을 걷게 되는 계기가 되었다. 민청학련 사건 변론으로 이름이 높았던 김광일 변호사가 1981년 부림 사건의 변호에 참여해 달라고 노무현에게 권유했고, 이를 수락함으로써 본격적인 인권 변호사 활동을 시작하는 계기가 되었다. 1982년에는 부산 미국문화원 방화사건의 변론에 참여하였고, 1984년 부산 공해문제연구소 이사를 거쳐 1985년에는 부산민주시민협의회 상임위원장을 맡으면서 시민운동에 발을 들여놓게 되었다.

1985년 송기인 신부를 중심으로 '부산민주시민협의회'를 만들었고, 1986년부터는 변호사의 일을 거의 그만두다시피 하고 재야운동에 힘쓰게 된다. 노무현은 자신의 사무실에 노동법률상담소를 열기도 했으며 1987년에는 민주헌법쟁취 국민운동본부 부산본부 상임집행위원장을 맡아 6월 민주항쟁에 앞장서며 6월 항쟁의 주역이 되었다. 이

때 사람들은 그를 '부산민주화운동의 야전사령관'이라고 불렀다(노무현, 2010).

1987년 8월 22일의 거제도 대우조선 사건에서 경찰이 쏜 최루탄에 맞아 대우조선 노동자 이석규가 사망하자 이상수 등과 함께 사인 규명 작업을 하다가 9월에 제삼자 개입, 장례식 방해 혐의로 경찰에 구속되었으며 이어 1987년 11월에는 변호사 업무정지 처분을 받았다.

에피소드 노무현을 바꾼 부림 사건

노무현은 1981년 5공 시절, 부산지역 청년과 학생 21명이 불온서적을 읽었다는 이유로 구속되자 이 사건의 변호를 맡으면서 구속된 학생들과 그들의 부모를 만났고 그들이 읽었다는 불온서적을 읽었다. 그것은 충실한 변호를 위한 기본 업무였다. 불온서적이란 대학에 갓 들어간 신입생들이 주로 읽던 『역사란 무엇인가?』, 『전환시대의 논리』, 『난장이가 쏘아 올린 작은 공』, 『우상과 이성』 등의 책이었다. 노무현은 당시 그 책들을 읽으면서 대학에 갓 입학한 신입생처럼 사회문제와 역사문제에 눈을 떴다. 이후 노무현은 "바르게 살아야겠다. 비겁하게 살지 않겠다."라고 생각했다. 그 뒤로 요트클럽 회원들과 요트를 타던 것도 아예 그만두었고 잘나가던 조세 전문 변호사의 길도 접게 되었다. 이후 얻은 별명이 노무현이 자랑하던 '인권 변호사 노변'이라 한다(이기수, 2003).

정치적 배경

'재야운동가'로 이름을 날리던 노무현은 당시 통일민주당 총재이던 김영삼에게 발탁되어 그의 부탁을 받고 1988년 제13대 총선에 출마하여 정치에 입문하였다. 부산 동구에서 통일민주당 후보로 국회의원에 당선되었다. 노무현은 국회 노동위원회에서 활발한 활동을 벌여 이해찬, 이상수 의원과 함께 '노동위원회의 3총사'로 불렸다. 최초로 텔레비전으로 중계된 제5공화국 비리 특별조사위원회 청문회에서 전 국가안전기획부장 장세동, 전 청와대 경호실장 안현태, 전 법무부장관 이종원, 현대그룹 회장 정주영 등을 상대로 한 증인 심문에서 차분하고 논리적인 질의와 치밀한 추궁으로 '청문회 스타'가 되었다(노무현 외, 2002).

노무현은 청문회에서 일약 스타 정치인으로 떠오르게 된다. 요리조리 핵심을 피하며 오히려 국회의원들을 우롱하던 증인들을 명쾌한 논리와 달변으로 꼼짝 못하게 꾸짖는 노무현에게 국민은 새로운 정치의 가능성을 느꼈다.

정주영 현대그룹 회장의 증인 심문 과정에서 벌떡 일어나 "니네들 자식 데려다가 죽이란 말이야! 춥고 배고프고 힘없는 노동자들 말고 당신들 자식들 데려다가 현장에서 죽이면서 이 나라의 경제를 발

청문회 시절의 노무현

전시키란 말이야!"라고 소리쳤던 노무현의 일화는 유명하였다. 청문회 때 노무현이 잡고 있던 마이크가 부르르 떨리는 것을 보았다고 한 사람도 있었다(노무현, 2002).

죄가 없다고 주장하는 전두환 전 대통령에게 명패를 던지는 등의 언동으로 국민의 관심을 받게 되었으며, 그를 대중 정치인으로 만들어 주는 하나의 사건이 되었다.

에피소드 청문회 스타 노무현

노무현은 청문회에서 전 국가안전기획부장 장세동, 전 청와대 경호실장 안현태, 전 법무부장관 이종원, 현대그룹 회장 정주영 등을 상대로 한 증인 신문에서 차분하고 논리적인 질의와 치밀한 추궁으로 '청문회 스타'가 되었다. 특히, 정주영 현대그룹 회장을 증인 심문하는 과정에서 다른 국회의원들은 정주영 회장에게 함부로 이야기하지 못하고 "회장님! 회장님!" 하고 부르며 쩔쩔 매던 것과 반대로 노무현은 정주영 회장을 윽박지르며 잘못을 시인하라고 다그치는 모습에서 정주영 회장이 오히려 쩔쩔 매는 모습을 보인다. 정주영 회장은 후에 "우리나라 국회의원 중에 노무현 의원 같은 사람이 있다니!" 하며 놀랍다는 반응을 보여주었다.

에피소드 사람을 죽여놓고 그 정도 일이라뇨?

증인으로 나선 장세동 전 국가안전기획부장은 내가 무슨 잘못을 했느냐며 뻔뻔스럽게 나왔고, 정주영 현대그룹 회장은 "나는 피해자"라며 돈을 빼앗겼다고 했다. 청문회에서 질문에 나선 국회의원들은 여러 가지 따져 묻고 추궁해야 할 증인들에게 "회장님", "증인님" 하며 대접하기에 바빴다. 국민은 그때마다 "저 바보 같은 국회의원들." 하며 분통을 터뜨렸다. 노무현은 그런 분위기에서 단연 돋보였다. 그는 국내 최대 기업을 이끌고 있던 정주영 회장을 향해 힘 있는 사람에게 기대어 이익을 챙기고 국민에게 피해를 입힌 인물로 몰아세웠다. "울산 공장에서, 회사에서 만든 구사대가 노동자를 차로 밀어 식물인간으로 만든 것을 아십니까?"(노무현) "전혀 모릅니다. 그리고 그 정도는 있을 수도 있는 일입니다."(정주영) "사람을 죽여놓고 그 정도 일이라뇨?"(노무현) "……."(정주영) 권력을 쫓아다니면서, 파업 현장을 강제로 진압할 때는 노동자 한두 명 죽는 것에 대해 눈 하나도 깜짝하지 않는 재벌의 이중적 모습을 파헤친 것이다. 정주영 회장은 말을 못하고 놀라는 기색이었다. 노무현은 증인들의 잘못을 날카롭게 파헤치며 그들의 기를 꺾었다. 국민에게 죄송하다는 사과도 많이 받아내어 많은 국민이 박수를 쳤다(이기수, 2003).

에피소드 **명패를 던진 노무현**

1980년 광주민주화운동 때 분명히 공수부대까지 투입해 죄 없는 시민과 학생들을 죽이고 다치게 했으면서도 전두환은 "질서를 잡기 위해 어쩔 수 없었다."라는 식으로 변명을 늘어놓았다. 장내에서 "말도 안 된다", "마이크를 꺼라" 등의 야유가 일자 전두환은 자기 마음대로 증인석에서 퇴장하려 했다. 그때 노무현이 벌떡 일어나 자리에 있던 명패를 팽개쳤다. 총칼의 힘으로 권력을 잡은 전두환을 향해 국민의 쌓였던 울분을 대신 토해 내준것 같았다(노무현, 2010).

1989년 3월, 노무현은 의원직 사퇴서를 제출한다. 박해받는 민중의 이익을 대변해보겠다고 국회에 들어왔지만 정부, 여당은 광주·5공 특위의 증인 출석을 방해하고 노동법 개정안에 대해 거부권을 행사키로 하는 등 국회를 모욕했다는 이유에서였다. "정부가 법을 지키지 않는데 국회가 무슨 소용이고 국회의원이 무엇을 할 수 있겠는가?"라며 사퇴 이유를 밝혔다.

그러나 노무현은 민주당 총재였던 김영삼의 간곡한 권유로 의원직 사퇴서를 철회한다. 당시 김영삼은 노무현의 부인 권양숙과 형 노건평을 상도동 자택으로 불러 잠적한 노무현의 결심을 바꾸게 해달라고 당부했던 것으로 알려져 있다(이기수, 2003).

이후 1990년, 여소야대를 뒤엎기 위해 '3당 합당'을 하려는 움직임이 있자 이에 반대하고 당에 잔류해 민주당 창당의 주역이 된다. 1992년, 통합민주당 소속으로 부산 동구에서 다시 출마하지만, 이번엔 지역주의의 벽을 넘지 못하고 아쉽게 낙선하고 만다. 하지만 1993년 3월, 통합민주당 전당대회에서 최연소 최고위원으로 당선되어 재기의 발판을 마련하게 된다. 1996년 선거에서는 민주당의 간판 후보로 종로구에 출마했으나, 당선되지 못했다. 이후 '국민통합추진위원회'에서 활약하다가 내부의 의견마찰이 생기자 1997년 11월에 김대중 전 대통령이 중심으로 있던 새정치국민회의에 입당하여 부총재로서 다음 대선에서 국민의 정부가 출범하는 데 활약하게 된다.

에피소드 김대중을 열심히 연구 ▬▬▬▬▬▬▬▬▬▬▬▬▬▬▬▬

노무현은 1997년 12월, 대선에서 김대중이 대통령에 당선되자 1998년 초, 김대중을 연구하기 위해 서점에 가서 김대중 전집을 모조리 구입해서 읽었다고 한다. 노무현은 김대중 밑에서 대통령에 대한 꿈을 더욱 가다듬게 된다. 1998년 별세한 어머니의 삼우제를 지내기 위해 경남 진영에 내려간 노무현은 고향 친구들이 "왜 호남당에 들어갔노?"라며 걱정하자 "내가 대통령 후보가 되면 영남당이 되는 거 아이가? 다 뺏어 오면 된다 아이가?"라고 응수했다(오경환, 2003).

1998년에 있었던 종로구 보궐선거에 출마한 노무현은 재선 국회의원이 되었으며 이때 현대자동차 파업, 삼성자동차 매각협상 등을 중재하는 역할을 한다.

2000년 제16대 국회의원 선거에서 '지역감정 타파'를 명분으로 내세워 주변 사람이 거의 모두 반대했음에도 안전한 서울 종로를 버리고 부산 북-강서 을구 출마를 결심하였다. 그러나 지역감정으로 또다시 희생물이 되어야 했다. 이때부터 나온 말이 '바보 노무현'이었다.

바보 노무현

2000년 4월 국회의원 선거에서 노무현은 많은 사람을 다시 놀라게 했다. 그의 지지자들이 편안하게 선거를 치를 수 있다고 생각한 서울 종로를 떠나 다시 부산에서 출마하겠다고 나선 것이다. 부인인 권양숙은 마음속으로 '집도 종로에 장만했으니 서울에서 정치했으면' 하고 바랐다. 그러나 노무현은 "내 정치적 신념입니다. 국회의원 배지가 중요한 게 아닙니다." 하고 부산행을 굳혔다. 한나라당 쪽에서 "영남에서 기업체의 본사가 떠나고 있다", "영남의 중장비들이 모두 호남으로 갔다"며 안 그래도 골이 깊은 영남·호남 지역감정을 노골적으로 부추기는 것에 정면으로 맞서보겠다는 뜻이었다. 동서 지역의 화합을 위해 지금껏 힘든 부산에서 정치를 해왔듯이 앞으로도 그 길을 가겠다는 각오였다. 바보처럼 고집스럽게 외길을 걸어온 그에게 '바보 노무현'이라는 별명이 붙여졌고, 인터넷에서는 그와 같은 길을 가겠다고 모인 노사모(노무현을 사랑하는 사람들의 모임)가 만들어졌다(김종철, 2009).

노무현은 총선 패배 뒤 "부산 시민이 야속하고 원망스럽지 않은 것은 아니지만 한마디로 부산 시민을 비난하는 데는 동의하기 어렵다. 지역주의가 어디 부산만의 문제인가?"란 글을 썼다. 한마디로 '농부는 밭을 탓하지 않는다'라는 것이다. 그의 이 같은 태도는 링컨 전기에서 영향을 받았다고 한다.

링컨을 동경했던 노무현

노무현은 2000년 부산 국회의원 선거에서 떨어진 뒤 미국 에이브러햄 링컨 대통령의 전기를 읽게 되었다. 책에서 만난 링컨은 낙심한 그에게 큰 힘을 주었다. 책을 좋아했지만 돈이 없어서 마음껏 책을 보지 못한 가난했던 어린 시절, 힘든 독학으로 변호사가 되고, 네 번의 작은 선거에서 지다가 대통령이 되었고, 미국이 남북으로 갈라져 으르렁거리는 상황에서 전쟁을 통해 노예 해방을 이루어 낸 링컨 대통령……. '그래, 이 길이야.' 하면서 노무현은 갈등의 골이 깊은 영·호남의 동서 화합을 이루어 내는 '한국의 링컨'이 되겠다고 다짐하였다(오연호, 2009).

비록 당선에는 실패하지만 이때 많은 사람의 지지를 받게 되는데, 이 사람들을 중심으로 우리나라 최초의 정치적 팬클럽인 '노무현을 사랑하는 모임(노사모)'이 만들어져 이후 대통령으로 당선되는 데 큰 역할을 담당한다. 이후 노무현은 2000년에 해양수산부장관으로 활약해 긍정적인 평가를 받게 된다.

노무현이 해양수산부장관으로 취임한 후 해양부를 부산으로 옮기자는 얘기가 나왔다. 하지만 노무현은 부산지역의 텔레비전 방송 토론에 참석해 "관련 기업이 옮겨오지 않는데 해양부만 이전해봐야 부산에 별로 도움이 안 된다. 오히려 행정의 효율성만 떨어뜨릴 뿐이다."라며 시민을 설득했다(노무현 외, 2002).

또 2000년 총선 직전 '항만 예정지에서 공사를 시작하기 전까지 어민들이 고기를 잡을 수 있게 해 달라.'는 노무현의 민원을 거절한 부산항만 건설소장을 장관 취임 후 '소신 있고 일도 잘한다'라는 해양부 공무원들의 평가에 따라 국장 후보 1순위로 지명했다(노무현, 2002).

장관 시절 노무현은 출근길에 마주치는 경비원이나 민원인에게도 깊숙이 허리를 굽혀 인사했다. 그는 장관 수행 비서를 승용차 앞자리가 아닌 옆자리에 타게 했다. 그 이유를 "뒤통수에 대고 말하는 것과 옆에 앉아서 얼굴을 보고 말하는 것의 차이는 말을 안 해도 알 것"이라고 설명했다(오경환, 2003).

　　노무현은 2002년 4월, 전국의 16개 시도에서 실시한 새천년민주당 국민 참여 경선에서 당당히 당선돼 대통령 후보가 된다. 누구도 쉽사리 예상치 못한 당선이었지만, 대통령 후보로서 국민이 직접 후원금을 내고 대통령 후보를 지지하는 시스템을 도입한다. 그래서 60억 원 이상의 국민성금을 모으는 성과를 거두기도 했다. 이전과는 다른 자신만의 방식으로 국민의 지지를 이끌어내는 데 성공한 노무현은 선거운동 마지막 날 정몽준 후보의 후보단일화 파기에도 48.9%의 지지를 받으며 대통령에 당선된다.

대통령 후보 시절

　　2002년 12월 19일 제16대 대통령 선거는 노무현과 이회창 후보의 양자 대결로 전개됐다. 우선 각 당은 대선 후보 선출을 위한 경선을 시작했다. 집권당인 민주당에서는 노무현, 이인제, 정동영, 김중권, 한화갑, 유종근, 김근태가 경선에 출마했다. 경선 전만 해도 당내 부동의 선두 주자는 이인제였다. 그는 한나라당 이회창 총재와의 양자 대결이라는 '양이(兩李) 대세론'을 앞세우며 화려하게 경선후보로 등장했다.

　　그러나 예상외로 노풍(盧風)의 질주가 나타났다. 노무현 후보가 3월 16일 광주 경선에서 1위로 올라서는 이변을 일으켜 이른바 '노풍'을 점화시켰다. 이인제 후보는 예기치 못한 '노풍'에 놀랐다. 이어 보이지 않는 손이 경선에 개입해 있다는 '음모론'을 제기하며 반격에 나섰다. 그러나 이인제의 음모론 주장은 더 이상 먹혀들지 않을 정도로

'노풍'의 위력은 대단했다. 이인제는 다시 노무현 장인의 좌익 경력을 들춰내며 '색깔론'으로 전방위 공격을 펼쳤으나 결과는 강한 역풍으로 되돌아왔다(오경환, 2003).

결국 이인제 후보는 4월 17일, 경선 사퇴를 전격 선언했다. 남은 부산, 경기, 서울 세 지역의 경선에서 선두인 노무현 후보를 따라잡을 가능성이 희박해 사실상 승부가 끝났다고 판단했던 것이다. 이인제 후보의 사퇴로 민주당 경선은 노무현, 정동영 두 후보의 대결로 압축됐다. 하지만 두 후보 간의 표 차이가 워낙 커 노무현 후보의 승리는 확정적이었다. 결국 노무현 후보는 4월 27일, 민주당의 대통령 후보로 최종 확정됐다.

에피소드 노란 스카프와 노란 풍선

2002년 3월, 역사상 처음으로 민주당은 전국 16개 시·도를 돌며 대통령 후보를 뽑는 국민 경선을 도입했다. 당내 지지 기반이 약한 노무현 후보로서는 역전승을 꿈꾸어볼 수 있는 기회였다. 노란 스카프를 두르고 노란 풍선을 든 노사모 회원들의 열성적인 지원 속에서 그는 점점 뚝심을 발휘하기 시작했다. 24시간 깨어 있는 인터넷은 돈과 조직이 없는 노무현 후보와 노사모의 힘을 무한대로 키워주는 선거 운동장이 되었다.

노무현은 대선 후보로 선출된 직후 대선 승리를 위한 계획으로 '민주세력 대통합론(대통합론)'을 내놓았다. 1987년 대선에서 양김이 분열되면서 쪼개졌던 민주화 세력을 하나로 묶어 한국의 미래를 함께 열겠다는 포부였다. 이를 위해 노무현은 상도동 자택에서 김영삼 전 대통령을 만나 대통합론의 취지를 전달하고 김영삼에게 지방선거 후보 추천을 제안하기도 했다. 이 자리에서 노무현은 김영삼에게 통일민주당 시절 김영삼으로부터 손수 받은 손목시계를 내보이기도 했다. 그러나 노무현의 '민주세력 대통합론'은 국민에게 대선 승리를 위한 정략으로 보이면서 진정성을 인정받지 못했다. 더구나 김대중 대통령의 두 아들인 김홍업과 김홍걸의 비리가 불거지며, 새롭고 신선한 이미지의 노무현에게 큰 타격을 줬고, 지지율은 본격적인 내림세로 돌아서기 시작했다.

노무현은 영남권 광역단체장을 한 명도 당선시키지 못할 경우 재신임을 받겠다고 말했다. 새천년민주당은 지방선거에서 광역단체장에서 호남과 제주의 4석만 건지며 참패했다. 노무현은 선거 전 약속한 대로 후보 재신임을 물었고, 민주당 당무회의는 만장일치로 재신임을 의결했다. 민주당 내 최대 계파 모임인 중도 개혁 포럼은 이에 불복하고 '후보, 지도부 즉각 사퇴론'을 주장했다.

노무현 대통령 후보를 간판으로 내세워 치른 6·13 지방선거와 8·8 재보선에서 민주당은 참패했다. 당내에서 노무현 후보를 흔들면서 노무현의 지지율은 20%대로 추락했다. 반면 한나라당 이회창 후보의 지지율은 6·13 지방선거 압승에 힘입어 급등했다.

친 이인제 성향의 의원과 노무현의 집권 가능성에 회의적이던 의원들이 지방선거에 참패하자 집단적으로 신당 창당, 후보 사퇴를 주장하며 '노무현 흔들기'에 나서기 시작했다. 노무현은 신당 창당과 재경선 수용 입장을 밝혔다. 한때 정몽준, 박근혜, 이한동 의원과 자민련 등이 신당 참여 대상으로 거론되기도 했으나 무산되었고, 정몽준과 이한동은 각자 독자적으로 당을 만드는 것으로 정리되었다.

2002년 한일 월드컵 바람을 타고 대통령 출마를 선언한 정몽준이 거센 돌풍을 일으키자, 노무현은 지지율도 떨어지고 당내 의원들로부터도 배척받기 시작했다. '노무현 흔들기'는 더욱 노골화되었고, '후보 단일화론'은 물론이거니와 '후보 교체론'까지 나왔다. 노무현은 경쟁력이 없는 만큼 정몽준을 수혈해 대선 새판 짜기에 나서야 하지 않느냐는 판단이었다.

정몽준은 급상승한 인기를 바탕으로 대선 출마 선언과 함께 신당을 만들었다. 민주당은 노무현 후보의 선거대책위원회와 후보단일화 추진세력이 서로 대립하는 사실상의 분당에 돌입했다. 노무현을 반대하는 그룹은 '후보단일화추진협의회'를 공식 출범시켜 독자 세력화를 선언했다. 이어 민주당 의원들의 집단 탈당이 이어졌고, 노무현의 지지율은 한때 10%대로 떨어졌다.

노무현의 낙마를 바라는 후보단일화추진협의회(후단협)는 노무현으로 후보단일화가 되면 함께할 수 없다고 발언하였고 정몽준 지지의 속내를 감추지 않으며 정몽준에 대한 공개 지지를 밝혔다. 이런 상황에서 정몽준이 만든 국민통합21에 입당하기 위한 김민석의 탈당은 노무현에게 반전의 계기가 되었다. 그의 탈당은 노무현에게 악재가 되지 않겠느냐는 관측이 있었으나, 답보 상태였던 그의 지지율은 20%대를 회복하고 후원금 액수도 크게 늘었다(김영환, 2006).

노무현은 국민의 성금으로 대선 자금을 모았다. 본래 노무현 후보의 후원금은 하루 5백여만 원 정도였으나, 김민석의 탈당을 계기로 1억 원을 넘기게 되었다.

후보단일화는 정몽준으로의 단일화를 염두에 둔 민주당 내 반 노무현 측의 요구에서 비롯하였다. 단일화 방안으로는 크게 3가지가 있었는데, 국민 경선, 여론조사, 그리고 협상 담판이었다. 이 중 협상 담판은 정몽준 후보의 주장으로 정식 제안됐고, 국민 경선안은 국민 참여 50%, 당원 참여 50%의 민주당 안을 노무현 후보가 정식으로 제안했다. 여론조사안은 단일화 여론조사를 실시했을 때 우위를 점하는 정몽준 후보가 유리한 안으로 정몽준 후보가 선호하는 안이었다.

국민통합21은 노무현 진영 측의 제안을 반대하며 "국민 경선을 할 시간적 여유가 없다."라는 이유를 들었다. 대선 선거 판세는 1강(이회창) 2중(노무현·정몽준)의 구도로 바뀌고 있던 터였다. 국민통합21도 단일화 방안을 놓고 더 이상 입씨름을 벌일 상황이 아니었다.

단일화 재협상이 무산 위기에 처하자 노무현은 "정몽준 후보 측이 요구하는 사항을 모두 수용하겠다."라고 밝혔다. 결국 후보단일화 협상은 전격 타결됐다. 노무현 후보는 자신에게 불리한 여론조사를 통한 단일화를 제의하였고, 단일화 재협상에서도 마지막 쟁점인 '무효화 조항'을 전격 수용하면서 양보하는 모습을 보였다(이기수, 2003).

민주당으로서는 받아들이기 어려운 설문 내용 변경도 단일화를 위해 수용했다. 민주당 김원기 고문은 노무현의 결단은 "이기고 지는 것을 초월한 것"이라고 말했다. 이로 인해 노무현 후보의 지지도는 더욱 반등하기 시작했다.

텔레비전 토론을 거쳐 2002년 11월 24일, 노무현 후보는 극적으로 단일화 여론조사에서 승리했다. 24일 실시된 두 군데 여론조사 중 리서치 앤드 리서치 경쟁력 조사에서 46.8%를 얻어 42.2%를 얻은 정몽준 후보를 이겼다. 월드 리서치 조사에서는 38.8%를 얻어 37%를 얻은 정몽준 후보를 앞섰다. 노무현 후보 측은 이날의 승리 원인에 대해 "성실하게 원칙과 정도를 지켜온 것이 국민을 감동시킨 것"이라고 말했다(이병완, 2009).

단일화를 이루고 나서 여론조사에서 노무현이 이회창 후보를 역전한 직후 이인제는 탈당하여 자유민주연합에 입당한 후 이회창을 지지하는 선언을 하였다.

정몽준은 대선 투표 전날인 12월 18일 저녁 10시 민주당과의 선거 공조를 파기했다. 그 이유는 노무현 후보가 "미국과 북한과 싸우면

선거유세하는 노무현

우리가 말린다."라는 표현을 했는데, 정몽준은 미국은 우리를 도와주
는 우방이고, 미국이 북한과 싸울 이유가 없다는 시각을 가지고 있다
면서 이 발언을 문제 삼았다. 노무현은 설득을 위해 심야에 정몽준 국
민통합21 대표의 자택을 방문하였다. 노무현은 정대철 선대위원장 등
과 함께 자택 앞에서 기자들에 둘러싸여 기다렸으나, 정몽준 대표는
만나주지 않았고, 심야 회동은 결렬되었다.

　　노무현은 2002년 12월 19일, 대통령 선거에서 한나라당의 이회
창 후보를 57만 표 차로 이기고 당선됐다. 노무현은 참여정부를 표방
하며 2003년 2월 25일, 대한민국 제16대 대통령에 취임하였다. 대선
과정에서 인터넷의 젊은 지지층을 만들어 이끌어냈다. 이 때문에 '인
터넷 대통령'이라는 별명도 있다. 2003년 1월 14일, 노무현 대통령 당
선자는 "토론을 국정운영 방법으로 정했으면 한다."라면서 "토론공화
국이라 불릴 정도로 토론이 일상화되면 좋겠다."라고 덧붙였다.

2. 주요 정치적 사건을 통해 본
노무현의 행태

정치 · 사회 분야

노무현은 과거 정부들이 갖고 있던 권위주의적 정치문화를 타파하고 모두가 참여하는 참여정부를 만들려고 하였다. 취임 초기부터 검찰 개혁과 관련해 사회적 마찰이 생기자 '대통령과 전국 검사와의 대화'를 통해 검사권을 독립시켰다. 또한 스스로 탈당하여 '당정분리 원칙' 하에 '정당 민주주의'를 이룩하기 위해 노력하는 등 기존의 권위주의에서 탈피하기 위해 노력하였다.

> **에피소드** 권력의 시녀를 모두 해방시킴
>
> 노무현은 대통령으로 취임하자마자 그동안 '청와대의 손아귀'에 있던 국정원, 검찰청, 경찰청, 국세청의 소위 4대 권력기관을 '국민의 품'으로 돌려줬다. 집권여당의 당권(공천권)도 당 지도부에 줘버렸다. 심지어 권위주의 시절 대통령의 통치이념을 생산해냈던 국책연구기관도 자율화했다. 노무현은 '권력의 시녀'들을 모두 해방시켰다. 권력기관과의 끈을 스스로 잘라버린 노무현은 권력지배구조의 정점에 있었지만 권력기관을 결코 지배하지 않았다.

노무현의 참여정부는 국토 균형 발전을 위해 지방 분권정책을 시행하였다. 국회의원 시절부터 지역주의를 없애기 위해 많은 노력을 했던 노무현은 대선에서도 '행정수도 이전'이라는 공약을 내걸고 지역주의 타파를 위해 힘썼다. 하지만 당선 후 대선 공약이었던 신행정수도 계획이 2004년 10월 21일 위헌으로 판결이 나와 선거 공약 이행에 차질을 빚었다. 그래서 문제가 된 부분을 일부 수정하여 행정 중심 복합도시 건설을 추진하였다. 이를 통해 수도권 집중화를 막으려고 하였지만, 전 국토의 '투기화'라는 비판을 받았다.

행정수도건 행정복합도시이건 이 문제는 노무현으로서는 결코 떨치기 어려운 '이상'이었다. 국토의 균형발전이라는 정치적 목표를 실현하기 위한 수단이기도 하였고 대선 때 "재미 좀 봤다"라는 말처럼 전략적 측면도 없지 않았다. 노무현은 헌법재판소의 위헌 결정에 상당한 불만과 허탈감을 표시한 것으로 알려졌다. 특히 문제가 된 신행정수도특별법이 국회에서 정상적으로 처리돼 절차적으로 '매우 정상적인' 법률이었음에도 위헌 판정을 받아 울분을 표시하였다고 한다. 초기에는 일단 법률가 출신답게 냉정함을 유지했다(허원순, 2006).

그러나 국무회의 석상에서 헌재를 강한 어조로 비판하였다. 헌재의 결정에 정치적으로 문제를 제기한 것은 '법률가 노무현'보다 승부사로서, 또 현직 대통령으로서 '정치인 노무현' 기질이 더 강하게 나타난 셈이었다.

노무현은 헌재가 위헌의 근거로 제시한 관습헌법에 대해 '관습헌법은 처음 들어보는 이야기'라고 헌재 결정을 공개적으로 인정하지 않는 태도를 취했다. 노무현은 "선출된 권력인 국회에서 제정된 법률을 선출되지 않은 권력인 헌법재판소가 뒤집어엎은 것은 의회주의와 의회에 대한 중대한 도전이다."라고 비판하였다. 노무현은 국토의 균형

발전을 위한 신행정수도 건설의 후퇴를 너무 아쉽게 생각하였다(김광동 외, 2010).

우리나라의 고질적 문제 중 하나인 부동산시장을 안정시키기 위해 종합부동산세 같은 많은 부동산 대책들을 발표해 선진적인 부동산 세제의 토대를 마련했다. 더불어 주택담보대출을 규제하고, 주택공급 확대 방안도 내놓았고, 아파트 분양가를 끌어내릴 수 있는 대책도 강력하게 추진했다. 이렇듯 기존의 정부와는 다르게 부동산시장의 안정화를 위해 일관성 있게 정책을 이끌어 내려고 노력했지만, 좋은 결과를 얻어내지는 못하였다.

한편, 노무현은 임기 기간 내내 언론과 가장 격렬하게 대립하였다. 이른바 '조·중·동'이라 불리며 우리나라에서 가장 큰 영향력을 끼쳐 온 보수적인 성향의 언론들과 항상 대립적인 관계였다. 노무현이 유시민 보건복지부 장관을 기용하는 데 언론들이 비판을 하였다. 새카만 후배격인 초선·재선 의원들이 집단으로 반발하면서 면담 요청까지 하는 것을 참아야 했다.

초판 신문의 구독 금지, 취임 인사 차 언론사 방문 관행 금지, 개방형 기자실제도, 브리핑제도 도입, 신문고시의 강화, 신문 공동배달제에 대한 지원의지를 표명하였다. 또한 지역 언론 활성화를 위한 '지역신문 발전 지원 법안'의 통과를 지원하면서 언론들과 마찰을 빚기 다반사였다. 보수신문들은 참여정부 시절 내내 노무현이 언론탄압정책을 시행하고 있다고 소리 높여 비판했다. 하지만 이는 기존의 정권들이 가지고 있던 권력과 언론의 유착관계가 단절되었음을 보여주는 말이기도 했다. 이러한 정책들은 언론자유지수를 높이는 데 성공하여 2003년 이후 '국경 없는 기자회(RSF)'에서 발표한 한국의 언론자유지수는 꾸준히 상승, 2005년과 2006년에는 아시아에서 1위를 하였다.

기자실 폐쇄, 브리핑 룸 활성화를 발표한 2007년도에는 아시아 2위를 했다. 이러한 외부의 객관적 평가는 노무현의 언론 개혁이 성공적이었다는 것을 보여준다.

참여정부에서 '혁신'만큼 광범위하고 빈번하게 사용된 단어도 없었다. 노무현이 들으면 자다가도 벌떡 일어난다는 혁신이라는 두 글자는 국내 정책의 거의 모든 분야에서 핵심 가이드라인으로 제시되었다. 각종 정부조직과 회의, 토론회 등의 명칭에도 사용되었다.

노무현은 혁신을 단순히 국내정책의 지향점이 아니라 어떠한 부담과 희생을 감수하더라도 반드시 쟁취해야 할, 가장 중요한 정책수단이자 정책목표인 동시에 국정비전으로 설정했다. 노무현은 공식적인 자리에서 여러 차례에 걸쳐 '싸움', '죽음' 같은 극단적인 용어를 구사하며 정부혁신의 중요성을 역설해왔다.

참여정부의 혁신이 역대 정부와 또 다른 차별성은 '관행과 문화의 혁신'이었다. 과거의 개혁은 주로 인원감축과 조직개편에 초점을 맞춘 데 비해 참여정부의 혁신은 구성원의 관행과 문화까지 바꾸는 근본적인 혁신을 한다는 것이었다.

경제 분야

참여정부의 경제정책은 가장 많은 비판을 받아왔다. 실제로 거시적인 경제는 꾸준히 성장했음에도 체감 경기가 좋지 않았기 때문이다. 4년 동안 수출로 벌어들인 수입은 꾸준히 증가하였고, 경상수지 역시 4년 내내 흑자를 보였다. 여기에 힘입어 삼성, 현대, LG 같은 글로벌

기업들은 한층 더 성장하였다. 또 임기 말에는 2,500억 달러 가량의 외화를 보유하였다.

참여정부 기간 동안에는 약 3% 정도의 물가상승률을 보이기도 하나, 이는 기존의 정부와 비교해보았을 때 낮은 수치에 속한다. 물가 안정의 요인으로는 환율 하락이나 농축수산물 가격 안정 등이 큰 힘이 된 것도 있지만, 인위적인 경기부양의 유혹에 흔들리지 않고 물가를 안정적으로 관리해왔기 때문이다. 이러한 경제적 안정을 바탕으로 우리나라의 신용등급 역시 상향조정되었다.

그리고 아시아 국가로서는 최초로 미국과 FTA 협상을 하게 됨에 따라 세계에서 가장 큰 시장 중 하나인 미국과의 경제적 시장을 개척할 수 있었다. 물론 협상 과정에서 양국 간에 서로에게 불리한 협상이라고 주장하며 불만을 토로하는 부분도 적지 않았으나 노무현 정부가 스스로 선택하고, 능동적으로 실시한 개방이라는 점에서 긍정적으로 볼 수 있었다.

이렇듯 참여정부는 경제 측면에서 성과를 거두었다. 하지만 실질적인 체감 경제는 나아진 것이 없다는 비판을 받았다. 게다가 국민정부 시절의 신자유주의적 경제정책으로 경제 성장을 하다 보니 빈부격차가 커져 양극화 현상이 심화되고, 이는 사회적인 문제로 대두되었다. 참여정부는 이러한 문제를 해결하기 위해 여러 정책을 내놓지만, 장기적인 대책이 아니라 단기간의 효과를 노린 정책이었기 때문에 큰 성과를 거두지 못하고 문제를 더욱 심화시키는 결과를 초래했다는 비판이 나왔다.

외교 분야

노무현은 대선 전부터 반미주의자로 여겨졌는데, 2002년 대선 당시 이는 약점보다는 강점으로 작용했다. 당시 대한민국 국민은 미군 장갑차 여중생 압사 사건, 불평등 SOFA 협정 등의 사안 때문에 미국에 대해 우호적이지 않았다. 노무현은 "미국에 할 말은 한다."며 대미 관계에 있어 독자노선을 갈 것처럼 보였다.

취임 후 부시 행정부와 대북 정책의 입장 차이가 발생하자 미국의 공화당 보수파는 노무현을 의심스럽게 쳐다보았고, 당시 야당인 한나라당은 이에 가세하여 노무현을 좌익이라고 강력하게 비난했다. 그러나 실제로 노무현 정부가 미국에 대해 대북 정책 이외에 독자노선을 걸었던 흔적은 드러나지 않았다. 오히려 부시 행정부의 요청에 따른 이라크 전쟁 파병, 주한미군 용산 기지 이전 문제, 한미 FTA의 추진 등에서 오히려 부시 행정부와의 친화적인 모습이 많았다.

2007년 9월, 호주에서 아시아·태평양 경제협력체(APEC) 정상회담이 열렸을 때, 당시 노무현은 부시에게 "평화조약에 대해 더 분명히 말해 달라."고 여러 차례 요구하였다. 부시가 짜증내는 사태까지 발생하기도 하였다. 워싱턴 정가의 소식을 전하는 넬슨리포트는 "노무현 대통령의 의전상 결례에 대해 부시 대통령뿐 아니라 현장의 (미국) 기자들도 놀란 것 같았다."라고 전했다. 양국의 외교관들이 서둘러 진화에 나섰지만 두 정상 간의 껄끄러운 궁합을 보여주는 상징적 사건이 되었다(박찬수, 2009).

에피소드 부시의 초청 ▬▬▬▬▬▬▬▬▬▬▬▬▬▬▬▬▬▬▬▬

부시와 고이즈미가 죽이 아주 잘 맞았던 반면에 노무현-부시, 노무현-

고이즈미는 참모들의 눈이 휘둥그레질 정도로 격하게 충돌했다고 한다. 부시와 고이즈미 관계는 각별했다. 부시의 개인 별장인 크로포드 목장과 백악관 공식 별장인 캠프 데이비드에 모두 초청받은 외국 정상은 손가락으로 꼽을 정도였는데, 고이즈미는 그중 한 명이었다고 한다. 부시는 별장을 정상외교의 중요한 수단으로 활용했다. 외국 정상을 크로포드 목장으로 초청하는 게 최고였고 그 다음이 워싱턴 부근의 캠프 데이비드 초청이었다. 백악관에서 정상회담을 갖는 건 의례적인 접대일 뿐이었다. 이라크에 병력을 보낸 주요 파병국 정상들은 모두 크로포드 목장이나 캠프 데이비드에 초청받아 부시의 환대를 받았다. 유독 노무현만 이에 소외되었다. 노무현이 방미할 때마다 크로포드나 캠프 데이비드 방문을 성사시키려 워싱턴 주미 한국대사관이 열심히 뛰었지만, 모두 실패했다고 한다(허원순, 2006).

대일 외교는 독도 문제, 신사참배 등 여러 부분에서 많은 논란이 있었다. 이에 참여정부는 자주적이고 정통성 있는 민주정권이라는 점을 강조하며 우경화 정책을 추진하던 일본과 많은 마찰을 빚었다.

고이즈미 준이치로 정권 출범 이후 일본의 우경화 추세에 맞물려서 일본과의 관계는 악화일로를 걸었다. 2004년 3·1절 치사에서 노무현은 제2차 세계대전 당시 전쟁을 일으켰던 A급 전범들의 위패가 안치된 야스쿠니 신사 참배와 관련하여 일본의 지도자를 강하게 비판했다. 이는 야스쿠니 신사 참배에 대한 국민감정을 대변하려는 것이었지만, 보수 언론 및 야당으로부터 감정적 대응이라는 비판을 듣기도 했다.

2005년 야치 쇼타로 일본 외무성 사무차관이 한국 야당 의원들과의 대담에서 북핵 문제와 관련하여 대북 유화 정책을 지속하려는 노무현 행정부를 비판하자 청와대 대변인이 외교적 결례로서 공식 항의하는 일도 벌어졌다. 2006년 일본의 시마네 현이 '다케시마의 날'을 제정하는 등 독도 문제에 관해 일본과의 긴장이 높아지자 4월 25일에는 특별 담화를 발표하여 일본에 대해 강하게 경고했다. 아베 정권 출범 이후로도 점점 우경화되는 일본과 마찰을 빚는 일이 빈번해졌다.

노무현은 일본의 행태를 "더 이상 묵과할 수 없는 사태"로 규정 하고 독도 문제에 대해서는 "지난날 침략을 정당화하고 대한민국의 광복을 부인하는 것"이라고 성토하면서 외교적 갈등이 시작되었다.

2006년 11월, APEC 정상회의와는 별도로 열린 아베 신조 총리와 의 양자 회담에서 동해를, 예를 들어 '평화의 바다' 또는 '우의의 바다' 로 부르면 어떻겠느냐고 제안했다고 청와대가 밝혔다. 그러나 청와대 는 노무현의 제안과 관련된 파문이 커지자 이를 처음 보도한 세계일 보에 전적으로 책임을 돌리기도 했다.

2005년, 열린우리당 전병헌 의원 등이 특별법의 제정을 주장하 여 독도의용수비대의 대원들이 국가유공자로서 국립묘지에 묻히고 지원금도 타게 되었다. 1988년 미국지리원이 '독도'의 표기를 리앙쿠 르 락스(Liancourt Rocks)로 변경하였으나, 2006년 원래대로 독도로 표기 하였다.

노무현은 대통령 당시 영국 여왕의 초대를 받고 영국을 방문하였 다. 영국의 국빈초청은 매년 상·하반기 한 차례씩 정도만 시행되는 것으로, 엘리자베스 2세 영국 여왕이 초청한다. 의전과 예의에 관한 한 전통 있는 영국이 갖가지 화려한 행사를 베풀어 노무현은 최고 국 빈으로서의 '융숭한 대접'을 받았다.

공식수행원들까지 여왕이 사는 버킹엄궁 안에 머무르면서 고색 찬연한 가구와 100년이 넘는 식기로 대접을 받았다. 게다가 손님을 떠받드는 자세가 몸에 배어 있는 왕실의 '시종'들이 내의를 다림질해 주고 양말까지 챙겨주는 특급 대접을 받았다. 버킹엄궁의 한복판에서 백마 6마리가 끄는 황금마차도 타고, 여왕의 대리자 격인 런던시장이 주최한 만찬행사에도 참석했다. 노무현은 당초 영국 방문을 앞두고 사전준비 중 반기문 외교통상부장관의 보고를 받고 "격식과 절차가 까다롭고 골치 아픈데 (국빈 방문은) 왜 하자고 하나?"라며 불편해했다고 한다.

참여정부의 외교정책은 기존의 정부와 큰 차이를 보이지는 않았다. 그러나 대통령 선거 당시에는 노무현이 반미 성향의 이미지로 비춰져 대선에 좋게 작용하였다. 하지만 취임 후에 그가 실행한 이라크 파병, 주한미군 용산 기지 이전 문제, 한·미 FTA협상 추진 등의 대미 정책은 기존 정부와 큰 차이를 보이지 않았다. 그중 이라크 파병은 당시 강력한 여론의 반대에 부딪히지만 결국 2003년 3월 20일 '국익을 위한 파병'이라고 하며 전 세계에서 세 번째로 많은 병력을 이라크에 파견했다. 김선일 씨 피랍 사건 등이 발생하여 여론은 점점 안 좋은 쪽으로 흘렀으나 파병을 통해 한국군이 실전 전투경험을 쌓고, 세계무대에서 한국의 위상을 높일 수 있는 기회였다. 또한 대미관계에서도 한국이 여러 가지 유리한 위치를 차지할 수 있는 기회였다. 그러나 국민은 파병이 우리나라에 그리 큰 이익이 되지는 못했다고 여겼다.

에피소드 자이툰 부대 방문

2004년, 노무현은 이라크 주둔 자이툰 부대를 전격 방문했다. 노무현 대통령은 자이툰 부대에서 브리핑을 받고 아침 식사를 한 뒤 병사들의 막사까지 두루 둘러봤다. 노무현이 자이툰 부대 안에서 이동 중 해병대 소속의 한 병사가 "대통령님!" 하면서 갑자기 뛰쳐나와 노무현을 얼싸안고 번쩍 들어 올린 장면이 있었다. 병사의 포옹에 감동한 노무현은 입을 크게 벌리고 웃느라 치료한 금속 어금니까지 보인 사진이 신문과 방송 화면으로 나갔다. 이 감격적인 포옹이 끝난 뒤 노무현은 자이툰 부대 내 설치된 병원 막사로 이동하면서 눈물을 훔친 모습까지 사진기자들의 앵글에 잡혔고 이 사진 역시 보도됐다. 그러나 해병대 사병이 노무현을 얼싸안은 것은 기획 연출된 것이었다. 대통령에 대한 이미지를 제고하기 위해서였다. 그냥 "대통령님!"이라고 외치고 인사하면서 껴안는 정도로만 준비됐는데, 감격한 병사가 "한번 안아보고 싶었습니다."라며 번쩍 들어 안은 채 30도를 휙 돌아 '오버'하는 바람에 참모들이 놀랐다고 한다. 왜냐하면 노무현은 수술 받은 적이 있는 허리를 조심해 쓰는 형편이었기 때문이다 (허원순, 2006).

대북 정책은 기존 정부의 햇볕정책을 근간으로 꾸준히 시행한 결과 2007년 10월 4일, 남북정상회담 공동선언문을 발표하기에 이른다. 특히 이때 노무현은 분단 이후 국가원수로는 최초로 걸어서 군사분계선(MDL)을 넘어 북한으로 갔다. 하지만 북한의 핵문제가 확산되자 북한에 대한 경제적 지원이 우리의 의도와는 다르게 북한의 미사일 개발 등에 악용되고 있다는 비판을 받게 되었다.

탈권위주의

노무현은 취임 직후부터 '탈권위주의'라는 표현을 자주 사용했다. 즉 기존의 권위주의적인 제왕적 대통령 시대의 종언을 알리고 새로운 리더십을 갖춘 대통령이 되겠다는 것이다. 그의 이러한 노력은 이전의 권위주의적인 제왕적 대통령들과는 다른 모습을 보였다.

노무현 스스로 탈권위주의라는 말을 "대통령 중심적 사고와 의전 등으로부터의 탈피"라고 정의하였고 탈권위주의를 실천하기 위해 노력했다. 그러나 노무현의 국정운영 스타일을 보면, 탈피의 범위를 넘어선 반권위주의의 모습을 띠었다. 탈권위주의가 기존의 권위주의 체제에서 탈피하려는 점진적인 성격을 띤 것이라면, 노무현의 반권위주의는 기존의 권위주의적 요소들을 전면 거부하는 급진적 성격을 갖고 있었기 때문이다.

에피소드 대연정 제의

노무현은 한나라당과 정책을 공유하며 각료직을 배분하는 대연정을 제안하였다. 그러나 노무현의 대연정 시도는 전통적 노무현 지지자들로부터 많은 비판을 받았다. '한나라당과 대연정하는 꼴 보려고 그토록 눈물 흘리며 탄핵 막아가면서 대통령 노무현을 만들었나?' 이러한 배신감을 갖도록 만들었다. 노무현은 대연정 제안에 대해 지지자들이 이렇게까지 심하게 반발하리라고는 전혀 예측하지 못했다고 한다(김광동 외, 2010).

이러한 노무현의 반권위주의적인 리더십은 어릴 때부터 어머니로 부터 영향을 받았다. 노무현의 어머니는 가난한 집안에서 태어나 동네 유력자들의 횡포에 꿋꿋하게 맞서다 갖은 수모를 당하였다고 한다. 어머니는 그러한 자신의 한을 노무현이 성공해 꼭 갚아줄 것이라고 굳게 믿었다. 노무현 역시 이러한 어머니의 한이 자신의 정신세계에 많은 영향을 끼쳤다고 고백하였다. 이러한 어머니의 '개인적 한'이 '사회적 한'으로 확대·발전되었다는 것이다. 이러한 '사회적 한'은 약한 자를 권력이나 힘으로 괴롭히는 모습을 보면 물불 가리지 않고 그 사람의 지위고하를 막론하고 덤비는 성격에 많은 영향을 주었다. 1988년 5공 청문회 때 증인 심문과정에서 재벌 증인에게 "춥고 배고프고 힘없는 노동자들 말고 당신들 자식 데려다가 현장에서 죽이면서 이 나라의 경제를 발전시키란 말이야!"라고 소리쳤던 것 역시 같은 맥락이었다. 대통령에 당선되기 전부터 보여주었던 반권위주의적인 모습은 대통령에 당선된 후 국정운영의 다방면에서 현실화되었다. 여성 법무부장관 임명과 관련한 토론 자리에서는 이전에는 상상도 못했던 대통령과 평검사들 간의 언쟁 장면이 모든 방송국을 통해 방송되었다.

노무현은 과거 대통령들처럼 혼자 사람을 만나는 '독대'를 없애버렸다. 간혹 당사자들을 혼자 만나게 될 때에도 비서실의 측근 참모 한두 명은 꼭 배석시키는 것이 노무현의 스타일이었다. '독대를 하면 그 자체로 특정인에게 힘이 쏠릴 수 있고 대통령의 의지가 왜곡될 수도 있다.'라는 생각에서 독대를 하지 않았다. 한두 사람의 중점적인 역할보다 시스템으로 운영하길 바랐다고 한다.

에피소드 독대를 없앤 대통령

독대를 없애지 않으면 밀실야합이나 정경유착이 사라질 수 없다고 판단한 노무현은 독대를 제도적으로 금지했다. 국가정보원장(옛 안기부장)의 독대 보고도 받지 않았으며 하물며 검찰총장, 경찰청장, 국세청장, 재벌 총수, 실세 정치인 등이 특별보고서를 들고 노무현을 만나기 위해 혼자 청와대를 방문하는 것은 상상도 할 수 없는 일이었다. 주요 현안이 있으면 관계부처의 장·차관들을 불러들여 그룹 토의를 한 후 결론을 냈다. 모든 회의에 올라온 보고서와 대화 내용은 기록으로 남겨놓게 하였다. 국정원장 보고 등은 반드시 국무총리도 회람하도록 했다. 이같이 독대를 없애며 추구하려 했던 것은 바로 '권력의 분산'이었다(이백만, 2009).

노무현은 2005년 들어 컴퓨터 앞에서 보내는 시간이 부쩍 많아졌다고 한다. 모든 문서는 전자화돼 가고 있었고 노무현은 시스템 연구를 많이 하는 것 같았다고 한다. 노무현은 자신이 관심을 갖는 분야에서 책을 쓴 사람들에게 관심을 보이고 그들을 중용하였다. 외형적 학력에는 태연했지만 한 분야에 책을 쓴 사람을 중용해 학력 콤플렉스에서 실질적으로 탈피하려는 노무현의 인사 형태를 엿볼 수 있었다.

경제부처의 과장급 이하 공무원들과 식사를 겸한 토론을 가졌으며, 청와대 내에 댄스 동아리 같은 자유분방한 모임을 만들었다. 노무현은 2002년 자서전에서 "자전거를 타고 출퇴근하던 스웨덴의 팔메 전 수

컴퓨터로 집무 중인 노무현 대통령

상처럼 경호원 한 명 없이 남대문시장에, 자갈치시장에, 대구백화점에, 금남로에 모습을 드러내고는 우연히 만난 사람들과 소주 한 잔을 기울이는 그런 대통령이 되고 싶다."라고 말한 적이 있었다. 권위의 상징인 청와대에 춤추는 댄스 동아리가 생기고, 30대 참모가 대통령과 맞담배를 피우며, 금요일 저녁회의 때는 포도주를 마시는가 하면, 대통령이 직접 차를 타서 마시기도 하였다. 대통령이 주재하는 회의에서 참석자들이 꾸벅꾸벅 졸거나 특별한 용건을 이유로 아예 불참하는 경우도 있었다. 대통령의 면전에서 반론을 제기하는 일은 새삼스러운 일이 아니었다.

에피소드 사전 연락도 없이!

노무현은 일요일인 주말, 독립기념관에 사전에 아무런 연락도 없이 경호원 몇 명만 대동한 채 가족들과 같이 전시실을 구경하였다. 미리 방문 소식을 알리게 되면 지역 경찰과 공무원 등이 모처럼 휴일에 쉬지도 못하고 동원되는 불편함을 없애려는 배려에서였다.

노무현은 다음 날 독립기념관 관장에게 전화를 걸어 "관장님도 안 계

신데 불쑥 찾아가서 좋은 공부 많이 하고 왔습니다. 관리가 퍽 잘되었더군요. 수고하세요."하며 격려하였다(유시민 · 진중권 · 홍세화 외, 2011).

에피소드 골프를 과학적으로 연구 ▬▬▬▬▬▬▬▬▬▬

　　노무현은 골프를 늦게 배워 거의 초보자 수준이었다. 그러나 처음 골프 배울 때는 특유의 분석력으로 대형 거울 앞에 서서 자세를 가다듬고 스윙 때 쓰이는 근육구조까지 연구하는 등 '과학적으로' 연구했다고 한다. 암자에서 고시공부 할 때 독서대를 발명한 연구자세가 골프 입문 때도 나타난 셈이다. 노무현은 기자들과 접대 골프 문화에 대해 이야기하면서 "골프 초청 받아 그늘집에서 음료수 하나라도 마실 때 괜히 겸연쩍고 그런 상황도 있지 않느냐?"라면서 "공무원들은 내 돈 내고 하는 게 좋다."라고 말한 적이 있다. 골프장에 초대받은 사람들이 한 번씩은 느꼈을 만한 묘한 인간적 감정을 꼬집은 말이었다(허원순, 2006).

　　노무현은 일선 공무원들을 연속 칭찬하면서 모든 공무원에게 e-메일 서신을 보냈다. 예정에 없던 일이었고, 바쁜 일정에도 노무현이 직접 썼다고 한다. 서신에 "공무원들의 선의와 역량을 믿으니 마음 상하지 말라."라는 격려만으로 부족해 보고하러 온 각 부처 간부들에게도 칭찬을 했다는 것이다.

　　노무현은 역대 대통령의 전용별장인 청남대를 일반에 공개할 때 국민에게 "호시우행, 저는 저를 흔들려는 사람들까지 안고, 호랑이처럼 보고 소처럼 나아갈 것입니다."라고 인터넷 편지를 썼다(허원순, 2006).

　　다양한 주제를 놓고 편하게 대화하는 것을 좋아했던 노무현은 국내 언론에 지시할 것이 있으면 수석비서관을 통하지 않고 바로 전화하였다. 실무직원인 행정관에게 노무현은 직접 전화를 걸어 업무를 지시하기도 하였다.

한 예로 노무현은 재경부 경제홍보기획단 홍보기획과로 직접 전화를 걸었다. "저…… 대통령입니다. 홍보기획과장 계신가요?" 여직원은 '대통령'이란 말에 반신반의하면서 바로 과장을 바꾸어 주었다. 노무현은 재차 대통령이라고 밝히고 정중하게 공대말을 하면서 한 가지 궁금한 게 있어서 알아보려 전화했다고 한다. 과장이 자세히 설명하자 노무현은 "잘 들었습니다. 수고하세요."라고 말하며 전화를 끊었다(허원순, 2006).

노무현은 참모들과 업무 상의를 하거나 회의할 때 격식을 거의 따지지 않는 편이었다. 특정 과제가 주어질 때 비서관이든, 행정관이든 직급을 따지지 않고 함께 회의하고 담당자에게 전화도 했다. 김대중 때만 해도 비서관급이 대통령과 독대한다거나 비서관들이 대통령과 머리를 맞대고 함께 회의하는 일은 흔치 않았다. 비서관은 각자 해당 분야에서 대통령의 업무를 사실상 대행하지만 분야별 수석이 있고 비서실장도 있어 대통령과의 대면 기회가 거의 없었다.

에피소드 밥 먹고 합시다 ▨▨▨▨▨▨▨▨▨▨▨▨▨▨▨▨▨▨▨▨▨▨▨▨▨▨▨▨▨

청와대 회의는 시간 가는 줄 모르고 진지하게 진행됐다. 점심시간이 넘었는데도 '회의삼매경'이었다. 누군가가 "오찬시간이 됐습니다."라고 '직언'을 할 만한데도 입을 여는 사람이 없었다. 그때 갑자기 노무현이 입을 열었다. 마이크를 잡더니 특유의 익살스런 목소리로 분위기를 깨는 '폭탄발언'을 했다. "밥 먹고 합시다!" 회의장은 일순 웃음바다가 되었고 모두들 가벼운 발걸음으로 식당으로 향했다.

김대중은 박식한데다 업무를 자세히 꿰뚫고 있어 불려간 비서관이 어려워해서 '소변을 찔끔했다'는 에피소드도 있었다. 그러나 노무현의 스타일은 김대중과는 완전히 달랐다. 탄핵 국면 때는 비서관들과 함께 공식업무 외 공간인 관저에서 식사를 했고 청와대 뒷산 등반도 했다. 매주 이어지는 국정과제회의와 각 기관 보고 때도 비서관급은 거의 예외 없이 함께 배석하고, 대통령과 테이블에 나란히 앉기도 하였다. 회의 때 분위기도 격의가 없는 편이었다(허원순, 2006).

행사장 배치를 참석자들의 눈높이에 맞도록 의전에도 변화를 주는 등 다양한 분야에서 변화의 바람을 느낄 수 있었다. 노무현은 제왕적 대통령제를 타파하는 방법의 하나로 책임총리제를 실시했다. 헌법에 있는 그대로, 실제로 총리로 하여금 행정 각부를 총괄하게 하고, 국무위원 제청권도 제대로 행사하게 하였다.

이러한 반권위주의를 통해 가장 변화하고자 원했던 분야는 청와대, 공직사회, 부유층, 언론이었다고 한다. 청와대의 경직된 분위기를 부드럽게 하였고, 공직사회의 시스템을 개편하며, 부유층을 겨냥해 고강도의 부동산대책을 내놓고, 언론과 취임 기간 내내 치열한 대립을 펼쳤던 것이 바로 이에 해당하였다.

노무현의 인사는 초기에는 몇몇 주위 사람들을 중용하면서 '코드인사'라는 비판이 있었다. 강금실, 김두관, 이창동 장관 등 소위 과거 '아웃사이더'들을 화려하게 등용시킨 것이다. 이후 인재를 다양하게 중용한다는 방침과 더불어 청와대 홈페이지 등에 인재를 추천하는 방식까지 소개되기도 했다.

노무현은 홍보수석을 통해 임명 전에 '사실상 내정자'를 반(半)공식적으로 알려줬다. 과거엔 없었던 방식이었다. 이강철 시민사회, 김완기 인사수석 등은 이렇게 임명됐다. 2004년 말 기자들과 송년회에서 '취재 편의제공'을 위해 인사취재로 인해 기자들을 힘들지 않게 해주겠다고 약속하였기 때문이었다.

노무현은 새로운 인사방식으로 아예 내정자를 복수로 공개, 여론의 추이까지 본 것이다. 이주성 국세청장과 김종빈 검찰총장 등은 이처럼 2명씩 복수후보 공개과정을 거쳤다. 그러나 탈락한 사람의 인권 문제가 제기되었다. 노무현에게는 '자신감 없는 인사'라는 비판도 뒤따랐다.

노무현이 청와대에서 참모로 기용한 측근관리 인사는 독특하였다. 비서실 참모로 쓴 뒤 재기용하는 방식을 자주 썼다. 수석·보좌관급 이상과 비서관급 이하의 다수 참모를 일선 부처 등으로 내보내거나 '방학'을 준 뒤 다각도로 활용한다. 이 과정에서 비서실 근무경력의 참모들 나름대로의 특성을 살려 적재적소에 배치하는 것이 '노무현식 참모관리법'이었다.

참여정부에서 변한 게 많지만 무엇보다도 청와대 비서실의 변화가 특이했다. 비서실 직원들은 공공연히 3D직업이라 하였다. 특히 비서실장의 역할과 권위는 과거 정부와 비교할 수 없을 정도로 축소됐다. 최소한 집권 전반부까지는 비서실장을 일컬어 소(小)통령이니, 2인자니 하는 말도 나오지 않았다. 대통령 비서실장이 언론에 노출되거나 기사에 크게 오르내린 일도 적었다. 노무현은 '병풍론'을 자주 인용했다. "병풍이란 게 있을 때는 필요한 존재인 줄 몰라도 막상 치우고 나면 바람이 몰려들고 차갑다."라는 논리였다. 비서실장 역할도 병풍처럼 있는 듯 없는 듯 대통령을 보좌하고 다른 주변 참모들을 관리·보호해야 한다는 설명이었다.

에피소드 경제현장에 안 나가는 대통령 ▰▰▰▰▰▰▰▰▰

노무현은 숫기가 적고 부끄러움을 타는 성향이 있었다. 대중정치인 이다 보니 뽐내고 싶고, 자랑하고 싶고, 국내외 대형 행사에서 폼 잡는 형식을 하고 싶을 테지만 본성은 수줍음을 탔다고 할 수 있다. 2005년 후반기까지 집권 3년간 "쓸데없이 사진이나 찍고 폼이나 잡는 전시형·과시형 행사는 하지 않겠다."라고 잘라 말했던 속내에는 이런 본성이 작용했다. 집권 중반기를 넘어서면서 주위 참모들이 "민생현장을 두루 방문하십시오." 하며 "재래시장도 가고 중소기업에도 가고 사업자들도 만나고……."라고 자주 건의했지만 "사진 찍고 생색내는 일이 뭐 중요해?"라며 반박했다고 한다. 어느 날 한 참모가 노무현에게 정색을 하고 건의했다. "제발 좀 경제현장에 나가시지요. 대통령이 경제에 관심이 없는 것 아니냐고 저리들 야단이니 쇼라도 한번 해보시지요. 공장에 들러 노동자들도 격려해주고, 재래시장 가게에서 떡볶이도 먹어보고, 농촌에 가서 농민들과 막걸리도 함께 마시고……." 하지만 노무현의 반응은 의외였다. "대통령이 경제현장을 방문했다는 텔레비전 보도가 나가면 서민경제가 나아집니까? 그렇다면 매일 나가겠습니다. 그게 아니잖아요. 텔레비전에 얼굴 한번 비치기 위해 대통령이 나들이하는 나라가 선진국치고 어디 있습니까? 대통령은 직접적으로 정책을 잘해야 합니다."라고 경제현장 시찰을 나가지 않는 이유를 설명했다(허원순, 2006).

노무현은 신문에 난 내용을 인용하거나 독특한 시각, 의미 있는 주장에 대해 열심히 귀를 기울였다. 개각 등 인사 때는 특히 신문을 유심히 보았다. 국정 전반에 관련된 주요 기사, 청와대 관련 기사, 사설의 주제와 관점, 칼럼 등으로 정리된 매일매일의 신문 스크랩은 보통 아침 7시 30분 이전에 만들어져 e-메일로 부속실에 전해졌다. 참모들은 하루 수십 개의 칼럼 가운데 보통 3~4개를 추려 대통령이 참고하도록 올렸다. 노무현은 신문을 직접 보기도 하지만 바쁠 때는 이처럼 정리된 것을 살폈다고 한다.

역대 대통령과 달리 노무현은 외국정상과의 회담 준비 때 준비된 자료(문건)에 대한 의존이 낮은 편이었다. 사전에 준비가 많고 비서들이 챙겨주는 것을 읽는 대신 회담장에서 직접 대화로 풀어나가는 스타일이었다. 대국민 메시지 성격의 각종 '국민편지'를 많이 쓴 것도 이런 스타일과 무관하지 않았다.

에피소드 적막한 절간 ▬▬▬▬▬▬▬▬▬▬▬▬▬▬▬▬

해가 지면 청와대는 적막하다고 한다. 휴일에는 더욱 그렇다고 한다. 일과 후와 주말에 대통령 부부는 '관저'에 머문다. 대통령의 사무실과 각종 회의실이 있는 '본관'과 달리 관저는 규모가 작고 조용하다고 한다. 서울 도심 광화문 일대가 훤히 내려다보이지만 심정적으로는 거리가 멀게 느껴지고 뒤로는 북악산 숲이 외부를 차단한다. 청와대 관저 생활은 적막하다 못해 절간 같다고 한다. 그렇다고 아무나 청와대로 불러들이기도 여러모로 부담이었다. 주 5일 근무에 들어가면서 노무현도 주말에는 특별한 경우가 아니면 공식 일정이 없었다. 비교적 '젊은 대통령'이어서 청와대 관저에만 있기에는 갑갑했던 모양이다. 간혹 잠을 설치는 밤, 국민에게 보내는 e-메일 편지를 썼다가 이 일로 또 다른 비판거리가 되기도 했다(허원순, 2006).

국민에게 보내는 서신은 노무현 본인이 직접 썼다고 한다. 주요 사안이라고 판단하면 참모들에 맡기는 것보다 자신이 직접 하는 게 편하다고 판단하였다. 일찍부터 컴퓨터를 많이 사용해 자판 두드리는 솜씨도 상당히 수준급이었다고 한다.

하지만 이러한 반권위주의가 과도하게 되면 무권위 상황이 된다는 비판이 있었다. 즉 대통령의 권위가 서지 않아 공직 기강이 흐트러지고 이로 인해 국민은 정부에 대한 신뢰를 잃어버린다는 지적이 나왔다. 노무현은 무책임하고 너무 솔직한 발언으로 자신의 권위를 떨어뜨린 측면이 컸다는 비판이 나왔다. 이는 2004년 3월 12일, 탄핵안이

가결되는 이유 중의 하나가 되었다.

에피소드 탄핵

　　2004년 3월 국회에서 대통령의 선거개입 발언을 이유로 탄핵안을 본회
의에 한나라당의 주도하에 상정하여 통과시킨다. 이에 여당인 민주당은
강하게 반발하고 국회의장 단상을 향해 항의하지만 다수당인 한나라당의
표결로 대통령의 탄핵안은 가결되고 만다. 한국 헌정 사상 처음 대통령의
탄핵안이 국회에서 통과되는 순간이었다. 헌법재판소의 판결을 기다리는
동안 노무현은 대통령으로서의 권한을 잠정유보하며 대통령 직권을 행사
할 수 없었다. 이후 대통령 탄핵안이 헌법에 위배된다는 헌법재판소의 판
결에 의해 노무현은 대통령으로 다시 복귀하여 권한을 행사하게 된다.

　　이토록 반권위주의적인 리더십을 보이는데도 오히려 독선적이라
는 비판을 받기도 한다. 그 이유는 참모진의 부담을 덜어주기 위해 혼
자 일하는 자율적 업무 스타일이 독선적이라는 오해를 불러일으키는
것이다. 그 일례로 2005년 광복절 축사 원고를 본인이 밤새워 집필한
뒤, 참모들에게 일방적으로 전달한 사건을 들 수 있다.

　　노무현은 연설문이 마음에 들지 않으면 즉석에서 구술해서 고치
거나 밤을 새워서라도 직접 쓰는 스타일이다. 노무현이 원고 초안을
마음에 들어 한 적은 거의 없었다. 비서가 초안을 보여주면 그냥 덮어
버리고 자신의 생각을 이야기했다고 한다. 그러면서 자신이 지금 한
말 뒤에 비서들이 쓴 초안 부분을 붙이라고 지시하였다. 구술로 하는
데도 논리적으로 흐트러짐이 없었으며 말을 논리적으로 했다고 한다.

　　노무현은 자신의 생각을 자신의 언어로 표현했다. 살아 있는 연
설로 대중의 마음을 사로잡았지만, 때론 거친 표현으로 적지 않은 논
란을 일으켰다. 탄핵 사태를 불러온 2004년 3월 11일 기자회견도 즉

석연설이었다. 연설팀이 작성한 기자회견 연설문이 자정쯤 대통령에게 올라왔으나 노무현은 읽지 않았다. "됐습니다. 그냥 내가 알아서 할 테니 돌아가서 쉬십시오."라고 말했다고 한다. 노무현은 홍보수석실에서 기자회견 예상 질문과 답변을 올리면 읽지 않고 그냥 덮어버렸다. 자신이 알아서 할 테니 더 이상 이야기하지 말고 다른 현안들을 논의하자고 했다(박찬수, 2009).

'정제된 공식 문건'으로 인정되고 기록으로 남는 것이 대통령 연설문이지만 노무현은 종종 격식을 파괴하였다. 3·1절 기념사에서 연설문에 없던 내용으로 고이즈미 일본 총리의 신사참배를 겨냥, 직격탄을 날려 양국 외교가를 긴장시킨 사례가 대표적이었다(이백만, 2009).

2004년 3·1절 연설은 비서진이 올린 원고가 마음에 들지 않아 현장에서 직접 연설한 경우였다. 연설비서관실에서 3·1절 당일 새벽 3시에야 원고를 완성해서 보냈는데 새벽에 일어난 노무현이 최종 원고를 보고선 물리친 것이었다. 노무현은 아침에 참모들에게 이런저런 수치와 메모만 달라고 하면서, 기념식장으로 차를 타고 가는 와중에 생각을 정리해 연설했다. 일본에 한마디 꼭 충고하고 싶은 말이 있다며 적어도 국가 지도자의 수준에선 우리 국민의 가슴에 상처를 주는 발언을 해선 안 된다고 하였다. 고이즈미 준이치로 일본 총리가 며칠 전 "매년 야스쿠니 신사를 참배하겠다."라고 말한 걸 겨냥한 직설적인 반격이었다. 여론의 반응은 괜찮았지만 외교부는 깜짝 놀랐다. 외교부 출신의 한 인사는 "노무현 대통령의 연설 때마다 외교부는 깜짝깜짝 놀랄 준비를 미리 해야 했다."라고 말했다(박찬수, 2009).

김대중의 연설이 자세하게 설명해주는 스타일이라면 노무현은 논리적인 것을 중시했다. 미사여구를 싫어하고 짧은 문장을 선호했다. 속담이나 외국 사례, 유명인의 말을 인용하는 경우도 거의 없었다. 내용을 얼마나 명쾌하게 전달하느냐에 연설문의 초점을 맞췄다. 노무현은 참모들의 연설문 수정 건의를 잘 받아들이지 않는 편이었다. 그러나 막판에 참모들이 한 목소리로 "이건 정말 고쳐야 한다."라고 제안하면 거의 수용했다고 한다.

수많은 보고서가 노무현에게 올라가는데, 이 중 일부는 일반에 공개되었다. 청와대 홈페이지에 있는 '대통령 보고서'라는 코너가 공개 통로였다. 좋은 보고서를 받으면 혼자 읽기가 너무 아깝다는 생각이 들어 과감하게 업무내용을 공개해 공유하자는 의도였다. 물론 공개된 보고서는 극히 일부분이었다. 내용이 좋아서, 때로는 정책방향 예고로 또는 정치적 배경이 깔린 채 공개되는 것들이었다.

보고서의 내용이 좋으면 노무현은 칭찬을 해주고, 바로 정책으로 이어질 수 있는 회의를 열었다. 그러나 보고서의 내용이 부적절하거나 함량이 떨어지면 그대로 질책이 떨어졌다. '정책실장 선에서 적절히 주의바람', '토론과 보고를 다시 합시다'라고 온라인 결재란에 쓰면 상당히 직설적으로 꾸짖는 것이라고 한다.

'취지가 없는 문서까지 올리는 것은 좀 심하다. 다음부터는 취지를 요약할 것', '이 한 건의 처리에 대통령의 시간이 얼마나 소요될 것인지를 판단해주시면 좋겠습니다', '열람하는 데만 30분'이라는 방식으로 쓴 것은 우회적이지만 신랄한 질책이었다(허원순, 2006).

이기준 장관 인사파동이 김우식 청와대 비서실장의 개입으로 인해 일어났다면서 친 노무현 성향의 매체들은 김우식 비서실장 책임론을 강조하였다. 노무현은 김우식 비서실장을 곁에 두는 것으로 결론냈다. 김우식 실장의 사표가 반려된 것과 관련, 실용주의 노선과 결부되면서 '뉴 리더십'의 시험대니, 개혁후퇴니 하는 비판이 가중돼 노무현의 입장이 매우 난처했다.

노무현의 발언은 그 자체로　뉴스거리일 때가 많았다. 정책과 정치, 행정과 국정 현안 관련 내용 외에 '가십성'이나 '화제성' 언어가 적지 않았다. "너무 말이 많다"라는 지적이 종종 나왔고, "지나치게 파격적"이라거나 "너무 튄다"라는 평가도 있었다. "국민이 쉽게 받아들일 수 있는 쉬운 표현들"이라는 긍정적인 반응도 있었다(허원순, 2006).

에피소드 똥 화법의 대통령 ━━━━━━━━━━━━━━━━━━━━

　노무현은 '똥'을 '대변'이라고 하지 않고, 그냥 '똥'이라고 말하는 식의 화법을 구사했다. 대변이라고 표현하는 화법이 권위주의적이라면, 똥이라고 표현하는 화법은 서민적이다. 똥 화법은 직설적이고 거친 표현임에 틀림없지만, 듣기에 따라서는 정감이 넘치고 순수하고, 무엇보다도 알아듣기 쉽다. 노무현은 가식적인 화법을 싫어했으며 특유의 똥 화법으로 대중과 호흡을 같이했다. 2002년 대통령 후보 경선 때 한 경쟁자가 장인의 과거 좌익활동을 거론하며 색깔론으로 공격하자 "그럼 마누라를 버리라는 말입니까?"라고 응수한 게 대표적인 똥 화법이다. 그는 대통령이 되고 나서도, 퇴임 후에도 특유의 똥 화법을 계속 구사했다(이백만, 2009).

　적지 않은 비판을 의식하면서도 노무현은 대통령이지만 예전처럼 국정원, 국세청, 검찰과 경찰 등 권력기관에 의존하는 식의 '효과적인 수단'은 원천적으로 쓸 수 없었기 때문에 말로써 대신했던 것 같다. 권력기관을 독립시키겠다고 거듭 약속했기 때문에 이들 기관을 동원할 수도 없으니 현실적으로 말밖에 수단이 없다는 것이다(허원순, 2006).

　2003년 집권 초반기, 노무현은 거침없는 표현과 직설적인 화법을 동원한 '말의 정치'로 관심을 끌었다. 다양한 기획성 대화 자리, 국내외의 여러 행사에서 생생한 말로 기존의 벽을 깨는 등 사회적으로 관심을 끌었다. 이 과정에서 신선하다는 평가와 과격하다는 비판이 함께 나왔고, 말을 통한 메시지 전달에 한계점도 드러났다. 노무현의 화법은 늘 독특하였다. 말의 내용도 파격적일 때가 많았다. 따라서 정작 국민에게 꼭 전하고자 하는 내용, 강조하고 싶은 생각과 의지는 뒤로 밀려버리고 다른 내용이 부각될 때가 있었다.

"대통령 못 해먹겠다."라는 표현을 쓰자 노무현의 국정운영에 대해 비판이 나왔다. 취임 6개월여가 지나고 나서 실시된 여론조사에서 노무현의 가장 큰 문제로 지적된 것은 색깔 문제가 아닌 '불안정한 언행'이었다.

그러나 집권 중반기에 들어서면서 말은 자제됐고 정제된 표현 위주로 바뀌었다. 청와대 담당 기자들과 대통령의 접촉도 초기에 비해 획기적으로 줄었다. 그 대신 국민에게 직접 다가서는 방편으로 편지와 글을 선택한 듯하다.

노무현은 취임 초기 경호실 구내식당에서 일반 직원들과 함께 줄을 서 배식 받으며 콩나물을 손가락으로 집어 입에 넣는 모습을 보여주었다. 집권 중반기에 들어와서는 어느덧 국가원수의 의전과 격식에 적응하면서 이를 자연스럽게 받아들이는 모습을 보여주었다.

에피소드 노무현의 대표적인 말들

"남북대화 하나만 성공시키면 나머지는 깽판 쳐도 괜찮다." (2002.5.29)
"이쯤 되면 막가자는 것이지요." (2003.4)
"이러다가 대통령직 못 해먹겠다는 생각과 위기감이 든다." (2003.5.21)
"희망을 버리고 일제에 빌붙어 버렸습니다." (2003.8.15)
"그렇게 별을 달고 거들먹거리고 말았다는 말입니까?" (2006.12.21)
"요새 아이들도 많이 안 낳고 하는데 군대 가서 몇 년씩 썩지 말고." (2006.12.21)

"몇몇 기자들이 딱 죽치고 앉아 가지고."(2007.1.16)

"미사일을 발사하고 핵실험을 강행했을 때, 당시의 언론과 정치 그리고 국민은 저를 죽사발 만들었습니다."(2007.6.2)

"그런데 그놈의 헌법이 못하게 하니 단념해야죠."(2007.6.2)

"5년 단임제를 갖고 있는 나라는 민주주의 선진국이 아니다. '쪽 팔린다'는 이런 뜻이다."(2007.6.8) (김광동 외, 2010).

죽음

노무현은 2009년 5월 23일 오전, 사저 뒷산인 봉화산 부엉이바위에서 경호원 한 명과 함께 등산하던 중 사망하였다. 양산 부산대학교 병원장은 이날 오전 공식적으로 사망을 확인하

자전거 타는 노무현

였으며 직접 사인이 두부외상(頭部外傷)이라고 밝혔다.

경찰은 노무현이 오전 8시 50분께 서거한 것으로 밝히고, 서거 원인을 '투신자살'로 최종 확인했다. 노무현은 오전 6시 40분께 경호원과 함께 간단한 복장으로 사저 인근 뒷산으로 등산하던 중, 10분 뒤 벼랑에서 떨어져 크게 다쳤다. 노무현은 양산 부산대병원(오전 8시 10분)으로 호송됐으나, 이미 다발성 골절로 소생할 수 없는 상황이어서 사망했다. 경찰은 노무현의 서거 원인을 실족사에 무게를 두고 조사했으나, 집을 나설 당시 평소와 달리 권양숙 여사, 보좌관 등 측근에게 알

리지 않고 경호원만을 대동한 점, 뒷산의 경사가 완만하다는 점 등을 종합해 투신자살로 최종 공식 확인했다. 경찰은 측근들의 증언대로 자살이라 결론을 내렸다.

문재인 전 청와대 비서실장은 노무현의 사망 원인과 관련, 유서를 남겼다고 밝힘에 따라 자살 가능성이 거의 확실시되었다. 문재인 전 실장은 기자들과 만나 "노무현 전 대통령은 봉하마을 뒷산에서 뛰어내렸다."라면서 "가족 앞으로 유서를 남겼다."라고 확인했다.

노무현이 극단적인 선택을 한 것은 결벽증에 가까운 정치적 자산이자 무기인 '도덕성'에 상처를 입고, 검찰의 수사 내용이 실시간으로 중계되면서 견디기 힘들 정도로 인간적인 모욕을 당했기 때문이라는 평이 있다. 이와 함께 노무현은 자신으로 인해 자신의 참모와 가족들까지 고초를 당하고 있는 것에 대해 부담을 느낀 것으로 보인다. '정치적 타살'이라는 비판도 있었다. 정권이 바뀌면 전 정권에 대한 정치보복적 수사가 반복되는 현대사의 비극이기도 했다는 평도 있었다.

노무현에 대한 긍정적 평가는 가장 먼저 '개혁성'이라는 점을 들 수 있다. 역대 정부가 보수정권이었거나 보수 세력과 연대하여 정권을 잡은 반면 참여정부는 민주화의 중심세력이 단독으로 집권에 성공한 탓이었다. 참여정부가 시행한 정책들도 이전까지는 적극적으로 실행하지 않았던 국가균형발전, 정부혁신과 서민복지정책 분야였다. 또 참여정부의 핵심 관료들은 노무현의 가장 큰 장점이 바로 "원칙 중심의 리더십"이라고 주장하였다. 올바른 원칙과 명분이 서면 흔들리지 않고 밀고 나간다는 것이다. 이러한 성격에 따른 개혁적인 참여정부에서 기존에는 없던 개혁이 일어났다. 그 대표적인 것이 해방 이후 우리 사회에 깊이 뿌리를 내린 부정적 정치문화인 중앙집권적 권위주의를 해체한 것이었다. 이로 인해 분권적인 다원주의 체제가 등장하였고 청와대나 정부 부처에서 이전에는 볼 수 없었던 변화가 일어났다.

또한 참여정부의 방향성에 대해서는 많은 사람이 공감하는 부분이 많았다. 참여정부가 추구한 정부혁신, 지방분권 같은 국가정책이 지향하는 목표점에 대해선 많은 사람이 긍정적인 공감대를 갖고 있었다.

하지만 참여정부가 지식인들에게 비판을 받았던 이유는 바로 과도한 우월감 때문이었다. 노무현과 그의 측근들은 "우리가 옳으니 다들 무조건 우리를 따라와라!"라는 식의 논리에 사로잡혀 있었다는 것이다. 정치생활을 할 때부터 노무현은 다른 사람들과는 다른 정치를 할 것이라는 말을 했고, 또 대통령에 당선된 후에도 역대 대통령들이 했던 어리석은 행동을 답습하지 않는다는 강한 우월감을 자주 보여왔다. 이러한 우월감은 지식인층뿐만 아니라 일부 국민도 등을 돌리게끔 만들어버렸다.

또 비판을 받는 이유는 리더십의 불안이었다. 이는 노무현의 발언들과 관련 깊은데, 노무현은 "힘들어서 대통령을 못 해먹겠다."라는 등의 대통령으로서는 하지 말아야 할 말들도 여러 차례 해서 불신과 비판을 받게 된 것이다.

노무현이 취임하기 전부터 많은 사람은 그가 영웅이 될 수 있을 거라 생각했다. 힘든 현실의 벽을 뚫을 수 있는 하나의 희망이었던 것이다. 하지만 참여정부의 정책이나 이상적 방향은 현실적 상황을 제대로 반영하지 못했으며, 민심의 향방과는 달리 후세에 정당한 평가를 받을 것이라면서 자신들에 대한 비판을 경시하는 모습을 보였다.

후대 사람들에게 좋은 평가를 받을 것이라고 생각했던 노무현은 박연차 사건과 관련되어 그전까지 자신이 자랑하던 부정부패를 근절했다는 긍정적 평가마저도 흔들리게 되어버렸다.

이명박 정부

1. 이명박의 퍼스낼리티

　　이명박은 1941년, 일본 오사카에서 태어났다. 아버지 이충우 (1981년 작고) 와 독실한 기독교 신자였던 어머니 채태원(1964년 작고) 사이에서 4남 3녀 가운데 다섯째로 태어났다.

　　해방 직후 귀국해 경북 포항에 자리를 잡은 그의 부친 이충우는 동지상고 재단 이사장의 목장에서 일했고, 어머니는 과일행상을 하였다. 이명박은 태어날 때부터 가난과 질긴 인연을 맺었다. 한국전쟁이 끝나자 이명박의 아버지는 실직을 하였다. 기거할 곳이 마땅하지 않았던 그의 가족은 산기슭 절터였던 적산 절간이라는 데로 옮겼다. 많은 세대가 모여 살았는데 하루 품삯이라는 것이 고작 밥 먹여 주고 보리쌀 몇 홉 정도 주는 시절이었으니 온 가족이 생업전선에 뛰어들었지만 끼니 잇기도 힘들었다. 그래서 술을 빚고 난 뒤 남은 술지게미를 밥 대신 먹기도 하였다(매일 경제 정치부, 2008).

에피소드 술 냄새 풍김

　　술지게미는 곡식으로 술을 빚어 술을 짜내고 난 뒤 남은 찌꺼기를 말한다. 이명박은 매일 도가(술 만드는 집)로 심부름을 다녔다. 술지게미 중에서도 제일 나쁜 것을 사다가 가족이 나누어 먹었다. 하루에 두 끼를 술지게미로 때우다 보니 알코올 기운 때문에 이명박은 항상 벌겋게 상기되어 돌아다니곤 했다. 술지게미로 끼니를 때워 학교에서 술 냄새를 풍긴다며 구박을 받기도 했으나 그런 형편에도 구김 없이 밝게 생활했다고 동창생들을 회상한다.

포항 영흥초등학교에 입학한 이명박은 초등학교 저학년 무렵부터 일을 시작했다. 키가 컸던 아버지를 따라 영덕, 홍해, 안강, 곡강 등 포항 인근의 장터를 돌았다고 한다. 초등학교 고학년 때는 안 해본 일이 없었다. 성냥개비에 황을 붙여 팔기도 했고, 군부대 철조망 밖에서 김밥을 팔기도 했으며, 밀가루 떡을 만들어 팔 때는 헌병에게 잡혀 매도 맞았다고 한다. 이처럼 어린 나이에 무수히 많은 일을 했지만 워낙 가난한 집안 살림이라 학교 등록금을 내기도 벅찼다고 한다.

이명박은 종종 등록금을 가져오라고 학교에서 쫓겨났다. 그러면 학교 뒷산에 올라가 시간을 보내고 있다가 되돌아와서는 선생님께 "조금만 더 기다려주시면 꼭 주겠다고 하십니다."라고 둘러댔다. 집에 간다고 없는 돈이 나올 리 없음을 너무나 잘 알고 있었기 때문이었다.

초등학교 시절, 도시락을 싸 갈 형편이 아니어서 물로 배를 채우고 나면 잠깐 동안은 배고픔을 잊을 수 있었지만 잠시 후 더 큰 배고픔이 찾아왔다. 점심도 제대로 못 먹고 걸어서 두 시간 이상 걸리는 학교에 다니다 보니 체력이 견뎌주지 못했다.

이명박은 한국전쟁으로 바로 위의 누나와 막내동생을 눈앞에서 잃어버렸다. 비행기 폭격에 의해 누이와 동생이 온몸에 화상을 입고 피를 흘리며 죽고 말았다. 포항중학교 3학년 때에는 건강에 이상이 생겨 넉 달을 방안에서 누워 지내며 학교에 가지도 못했다. 청소년기에 제대로 먹지 못해 영양실조에 걸렸던 것이다.

이명박의 외가는 일찍부터 기독교를 받아들였고 그의 어머니는 시집을 와서도 독실한 신앙 때문에 집안 어른들로부터 눈총을 받았다. 그러나 독실한 신앙으로 무장된 강건한 어머니가 아니었다면 가족들은 가난의 무게를 견디지 못하고 주저앉고 말았을지도 모른다. 그의 가족 일과는 새벽 4시에 시작되었다. 어머니는 매일 새벽 4시가 되면 형제들을 모두 깨워 새벽기도를 드렸다. 이러한 새벽 기도가 낮에는 장사로, 밤에는 학교 공부로 시달리는 이명박에게는 무척이나 고단한 행사였다. 이명박은 어린 마음에 어머니의 기도를 이해할 수 없었다. 살아가기도 힘든 지경에서 나라와 사회, 이웃을 위해 기도한다는 것은 일종의 사치라고 생각했기 때문이다. 그러나 나중에야 그는 어머니가 몸으로 보여준 사랑의 힘을 깨달을 수 있었다(김대우, 2005).

에피소드 이명박의 가출

이명박은 어릴 적 집안이 너무 어려워 가출을 생각한 적이 있었다. 야간 고등학교를 다니면서 낮에는 뻥튀기 장사, 과일 장사 등을 하던 시절이었다. 불현듯 서울에서 공부를 하는 형처럼 집을 떠나 무언가 다른 일을 해보고 싶다는 생각이 간절해졌다. 그때부터 며칠을 고민하던 이명박은 마침내 가출을 결심했다. 그러나 집을 떠나기 전 마지막으로 어머니의 얼굴을 한 번 보고 싶었다. 이명박은 다른 날처럼 장사를 마친 후 아무 말 없이 방으로 들어가 잠을 청했다. 눈을 감았지만 가출 생각에 잠이 오지 않았다. 이명박은 누운 채로 몸을 뒤척이다가 뒤늦게 잠이 들었다. 새벽 무렵 어머니의 나지막한 기도 소리에 눈을 뜨게 되었는데 기도 소리가 평소와 다르게 느껴졌다. 어머니는 기도를 드릴 때면 늘 서울에서 공부하는 형의 안위를 비는 것으로 시작한다. 그런데 그날만큼은 달랐다. "사랑이 가득하신 우리 주 하나님, 우리 명박이의 앞길을 하나님께서 바르게 인도하여 주시옵소서." 어린 마음에도 그 기도에 담긴 어머니의 뜻이 헤아려졌다. 기도는 한 시간이 넘게 계속되었으며 이명박은 가위 눌린 듯 꼼짝도 하지 않은 채 어머니의 기도 소리를 모두 들었다. 그러는 동안 가출에 대한 생각은 단념하게 되었다. 그날 어머니의 기도 소리를 듣지 못했다면 이명박은 서울행 기차를 타기 위해 집을 나섰을 것이다(이정규·정신섭, 2005).

이명박은 늘 어머니가 강조하시던 "네가 지금 맡은 일에 최선을 다하라."라는 말씀을 스스로 되뇌이면서 항상 앞을 보며 살아왔다. 이명박은 어머니가 아무리 힘든 상황에서도 포기하지 않는 것을 보고 배웠다. 이명박은 "허용되지 않는 것은 금지된 것이다."라는 말을 "금지되지 않는 것은 허용되는 것이다."라고 바꾸어 생각하는 긍정의 힘을 어머니로부터 물려받았다고 한다.

이명박의 둘째형인 이상득은 동네에서 수재로 이름을 날렸다. 식구들의 희망은 이상득이 집안을 가난에서 구해줄 것이라는 기대로 채워졌다. 둘째형인 이상득이 대학 입학을 목전에 두고 있었기 때문에 이명박은 중학교 3학년 때 넉 달이나 자리에 누워 일어나지 못했어도 병원에도 가보지 못했다고 한다. 둘째형에게 조금이라도 보탬을 주기 위해 부모님은 허리띠를 졸라 매고 일에 매달려야 했기 때문이다.

이명박은 서울대 상대에 입학한 둘째형의 뒷바라지를 위해 고등학교 진학도 포기하려 했다. 졸업을 앞둔 당시 포항중학교에서 성적이 좋은 학생은 도내 최고의 명문인 경북고로 가는 것이 정해진 코스였다. 담임선생님은 학교에서 줄곧 2위였던 이명박이 당연히 경북고로 갈 줄 알고 부모님을 모시고 오라 하였다. 어머니께 이 말을 전하자 "우리 형편에 너를 고등학교에 보낼 수 없다. 꼭 가고 싶으면 국비로 공부시키는 체신고등학교는 갈 수 있지만 그러면 장사를 도울 사람이 없지 않니?" 하며 장사는 힘이 들어 혼자서는 못한다고 하였다. 선생님은 이명박의 재주가 아까워 상고라도 가서 고등학교 졸업장을 따는 것이 낫겠다고 설득하였다. 선생님의 도움으로 이명박은 동지상고 야간에 수석 입학하였다. 낮에는 뻥튀기 장사로 돈을 벌고 밤에는 열심히 공부한 결과 고등학교를 수석으로 졸업할 수 있었다(이정규·정선섭, 2005).

동지상고는 당시 동해안의 유일한 상고였다. 취업이 잘되는 편이어서 형편이 어려워 졸업하고 돈을 벌어야 하는 학생들이 동지상고를 선호했다. 이명박은 그중에서도 야간부 출신이었다. 이명박은 고등학교 시절, 낮에는 장사를 하고 밤에는 학교를 다녔다. 그런데 하필 어머니는 동네 여자고등학교 입구에서 뻥튀기 장사를 시켰다. 여학생들이 군것질을 좋아하니 장사가 잘될 것이라는 판단 때문이었다(김대우, 2008).

이명박은 어머니가 시키는 대로 새벽같이 여자고등학교 앞으로 뻥튀기 기구를 끌고 가 장사를 준비했다. 그러나 날이 밝아오고 여학생들이 우르르 등교를 시작하면 자신도 모르게 얼굴이 화끈 달아올랐다. 야간 고등학교 학생이 남루한 교복을 입고 뻥튀기를 팔고 있으니 여학생들이 하나같이 힐끗거리며 쳐다보았기 때문이다.

이명박은 창피하고 부끄러운 생각이 들었다. 뻥튀기를 어떻게 팔았는지 모르게 첫날을 보낸 뒤, 이튿날부터는 여학생들의 등교 시간을 피해 장사를 했다. 그런데 문제는 오후 시간이었다. 수업을 끝낸 여학생들이 시도 때도 없이 몰려나오는 바람에 어떤 때는 몇 시간씩 장사를 할 수 없었다. 그러니 장사가 순조롭게 될 리 없었다.

이명박은 고민하다가 여학생들과 눈이 마주치지 않도록 챙이 넓은 밀짚모자를 써야겠다고 아이디어를 짜냈다. 이명박은 여학생이 다가오면 밀짚모자를 푹 눌러썼다가 지나가고 나면 얼른 모자를 벗었다. 그러다 결국 이러한 행동이 어머니에게 들키고 말았다. 어머니는 이명박에게 "어서 고개를 똑바로 들어라. 물건을 파는 사람은 사는 사람과 항상 눈을 마주쳐야 해. 알겠니? 뭐가 부끄러우냐? 네가 구걸을 하느냐, 남을 속이느냐? 당당하게 살아라."라고 이명박의 두 눈을 똑바로 쳐다보며 말했다. 어머니의 말은 부끄러워하지 말고 당당하게 일하라는 것이었다. 눈을 마주쳐야 물건을 사는 상대방의 심리를 알 수 있고, 장사도 잘할 수 있다는 뜻이었다. 변변히 배우지도 못한 어머니의 말이었지만 그때 어머니의 말은 이명박의 가슴에 못처럼 강하게 박히게 되었다. 대기업 회장이 되었을 때에도 이명박은 그 말을 기억하고 실천했을 만큼 인생의 소중한 교훈으로 삼았다(김대우, 2008).

에피소드 황소가 되어라!

어린 시절, 이명박은 밭일을 나가는 어머니를 따라 나서곤 했다. 어머니는 뙤약볕에서 뚝뚝 흐르는 땀을 손등으로 훔치고는 기특한 듯 황소의 잔등을 쓰다듬며 말했다. "명박아, 잘 보거라. 황소라는 놈은 말없이 자기 일을 하지. 잔꾀 부리지 않고 아무리 힘들어도 묵묵히 시키는 대로 일을 해. 나는 사람도 이렇게 되어야 한다고 생각한다. 너도 커서 어른이 되면 저 황소처럼 되어야 해." 이명박은 그 뒤 지금까지 어머니의 그 말을 한 번도 잊은 적이 없었다(이정규·정선섭, 2005).

1959년, 이명박은 동지상고를 수석으로 졸업하였다. 그러나 졸업식을 앞두고 서울 가는 기차를 탔다. 전체 수석에게 주어지는 재단 이사장 상을 받게 되었지만 다시 포항으로 내려올 차비가 없어서 상장과 졸업장은 친구에게 대신 받아놓으라고 부탁해두었다.

둘째형 뒷바라지를 위해 먼저 서울로 이사 온 부모님은 이태원 판자촌에 단칸방을 얻어 살면서 이태원시장에 나가 야채 행상을 하고 있었다. 함께 기거할 수 없었던 이명박은 관악구 봉천동 무허가 판자촌에 숙소를 정했다. 아침이면 청계천 7~8가에 있는 황학동 인력 시장에 나가 줄을 섰다. 운이 좋으면 건설현장에서 일을 했지만 허탕을 치는 날도 많았다. 그러다 보니 방값을 못 내어 자꾸 산위 동네로 올라가게 되었다. 이명박은 가보지 않은 서울의 변두리 지역이 없을 정도였다.

이명박은 도저히 대학에 갈 형편이 못 되었지만 대학에 가고 싶어서 시험이라도 한번 쳐보고 싶었다. 그러나 문제는 책 살 돈이 없다는 것이었다. 책 때문에 낙심하고 있을 때 누군가 청계천에 가면 헌책을 싸게 살 수 있다고 알려주었다. 이명박은 청계천 책방을 찾아가서 대학 입시 공부를 위한 책을 사러 왔다고 하자 책방주인이 문과인지 이과인지를 물었다. 질문을 받은 이명박은 말문이 막혀버렸다. 문과니 이과니 하는 말을 처음 들어봤기 때문이다. 이명박이 다닌 상지상고에서는 문과, 이과를 구분하지 않았기 때문이다. 책방주인이 다시 묻자 이명박은 얼떨결에 상과대학에 갈 것이라고 말했다(이정규 · 정선섭, 2005).

고려대 상대에 입학하게 된 것은 우연히 종로에서 고려대 경영학과에 시험을 쳤다가 떨어져 재수하던 친구를 만난 것이 계기가 되었다. 이명박은 그 친구와 함께 고려대 상대에 원서를 내었다. 시험결과는 합격이었으나 입학금이 없다는 게 문제였다. 돈이 없어 고려대에 등록을 못한다는 이야기가 알려지자 이태원시장의 상인들이 발 벗고 나서서 이명박이 환경미화원으로 일할 수 있게 배려해 주었다(이정규 · 정선섭, 2005).

이태원 상인들의 배려로 이명박은 1961년 고려대학교 상대에 입학하게 되었다. 대학 시절 매일 새벽에 이태원시장에서 쓰레기를 치우는 일로 학비를 마련해 근근이 학업을 이어갔다. 이명박은 이태원시장에서 아침 손님을 맞는 데 지장이 없도록 3년 동안 차질 없이 쓰레기

치우는 작업을 했다.

새벽 4시경 통행금지가 해제되자마자(1980년까지 야간 통행금지가 있었다) 청소를 시작해 수거한 쓰레기를 리어카에 가득 싣고 가파른 길을 끌고 내려가서 미군부대 옆 공터나 잠수대교 밑에 버리곤 했다. 적을 때는 네 번, 많을 때는 여덟 번까지 왕복해야 했다. 무거운 쓰레기 리어카는 오르막도 힘들었지만 내리막이 더 힘들고 위험했다. 한겨울에는 한강이 꽁꽁 얼어붙어 얼음을 깨고 쓰레기를 버린 적도 있었다. 이명박은 자존심이 강하여 그때까지 대학 친구들에게 쓰레기를 치운다는 사실을 말하지 않았다(김대우, 2008).

이명박은 고된 생활의 연속이었지만 어렵게라도 대학을 다닌 것이 인생의 큰 변화와 발전을 가져왔다고 믿는다. 스스로 인생을 변화시키겠다는 열망으로 공부에 매진했던 이명박은 주위 사람들에게 "변화하지 않으면 멸망합니다."라고 강조하였다.

이명박은 고려대 3학년 재학 시절 상과대학 학생회장으로 뽑혔고, 1964년에는 '굴욕적 한일회담' 반대운동(6·3사태)에 참여했다가 구속되어 징역 3년에 집행유예 5년을 선고받고 6개월을 구치소에서 보냈다. 적용된 죄목은 내란죄였다. 대학시절 6·3시위로 구속·수감됐을 때 흰색 저고리를 입고 면회를 온 어머니는 "명박아, 나는 네가 별 볼일 없는 놈인 줄 알았다. 그런데 알고 보니 너야말로 대단한 놈이더구나. 소신대로 행동해라. 어미는 널 위해 기도하고 있다."라는 말을 남겼다. 인생의 든든한 믿음이었던 어머니는 이명박이 석방된 지 한 달여 만에 돌아가셨다. 이명박에게 6·3사태는 이재오라는 정치적 동지를 만나는 계기도 되었다. 6·3사태 때 이명박은 고려대 상과대 학생회장 자격으로, 이재오는 중앙대 한일회담 반대 구국투쟁위 위원장 자격으로 각각 시위를 주도했으며 시청 및 광화문 앞 합동 시위 때 공동 전선을 펴기도 했다(이정규 · 정선섭, 2005).

현대건설 시절

　이명박은 정주영 현대그룹 회장과의 만남으로 인생의 중요한 전환기를 맞게 된다. 대학 졸업 후 동급생들 대부분이 대기업으로 취직하는 상황에서 이명박도 당시 대기업에 입사원서를 냈다. 그러나 필기시험에는 늘 합격을 했지만 면접에서 번번이 불합격하였다. 세 번째 치른 입사시험에서 불합격했을 때 비로소 당시 중앙정보부의 블랙리스트에 자신의 이름이 올라 있다는 사실을 알게 되었다. 자포자기 상태에 빠져 있던 어느 날, 현대건설에서 신입사원을 모집한다는 공고를 보게 되었다. 당시 현대건설은 대기업이 아닌 중소기업 수준이었다. 이명박은 이런 중소기업에까지 중앙정보부가 개입하지는 못할 것이라는 판단이 섰고, 결국 입사원서를 제출했다.

　당시 정주영 현대건설 사장이 신입사원을 뽑을 때 가장 중요하게 보는 것은 자신감과 의지였다. "할 수 있겠느냐?"라고 물었을 때 "글쎄요?"라든지 머뭇거리면 아무리 학력이 좋고 우수해도 미련 없이 불합격 처리했다. 이명박을 면접한 정주영은 마지막에 한마디 물었다. "이 군, 합격하면 우리 회사에 꼭 올 건가?" 그 말을 듣고 이명박은 '합격됐구나!' 하고 생각했다. 사장이 직접 오라고 말할 정도면 합격이 된 것이나 마찬가지라고 생각하였다. 그러나 일주일 후 회사로부터 불합격되었다는 연락이 왔다. 중앙정보부가 또다시 개입해 압력을 행사한 것이다. 이에 다시 막노동자로 되돌아갈 수밖에 없는 상황에 처한 이명박은 절망하였다.

절망 상태에서 이명박은 지푸라기라도 잡는 심정으로 박정희 대통령에게 공식 항의서를 보냈다. 그 후 얼마 지나지 않아 당시 이낙선 상공부장관으로부터 만나자는 연락이 왔다. 이명박은 기대감은 갖지 않은 채 장관을 만난 자리에서 "한 젊은이가 자기 힘으로 세상을 살려고 하는데 나라가 그 길을 막는다면, 나라가 한 젊은이에게 영원한 빚을 지는 것이다."라는 말을 던지고는 돌아서서 와버렸다(이정규·정선섭, 2005).

그로부터 일주일 후 현대건설에서 다시 연락이 와서 합격이 되었다는 통보를 하였다. 그때부터 정주영 회장과 이명박의 인연이 시작되었다. 현대건설에 입사한 이후 이명박은 타고난 부지런함과 과감한 문제제기로 입사한 지 2년도 되지 않아 대리로 승진했다. 29세에는 이사로, 35세 때는 현대건설의 사장이 되었고, 이후 최장수 CEO를 지내게 되었다.

이명박이 면접시험장에서 정주영을 직접 본 이후 처음으로 정주영을 가까이에서 접할 수 있었던 기회는 1965년 입사한 해 여름, 강릉에서 열린 신입사원 연수회에서였다. 신입사원 연수회는 정주영이 새 식구들과 처음으로 얼굴을 맞대며 격의 없는 대화를 나누고 술도 마시고 노래도 부르고 씨름도 하는 자리였다. 정주영은 강릉 바닷가에서 배구와 씨름을 함께하며 신입사원들과 어울렸다. 오랫동안 술을 마시다가 정주영과 이명박 그리고 또 한 사람이 남아서 끝까지 술을 마시게 되었다. 정주영은 밤이 새도록 술을 마시자면서 "남자는 풍류가 있어야 해! 저 달이 질 때까지 마시는 거야!" 했다. 나중에는 정주영도 그만 마시겠다고 일어섰다. 두 사람만 남았으나 이명박은 달이 지도록 마시자는 약속을 지키기 위해 혼자서 잔을 비웠다.

당시 현대건설은 직원이 100명도 채 안되는 작은 회사였다. 당시 현대건설이 신입사원을 모집한 이유는 태국 정부가 발주한 공사를 따 내 현장에 투입할 인원이 필요했기 때문이다. 이명박은 말단사원임에 도 거의 야근을 자청해서 일했다. 잘 모르는 현장 서류들을 챙겨 공부하며 현장의 상황을 철저히 파악하고 관장했다. 그렇게 밑바닥부터 배 위나가면서 업무파악에 열중하였다. 이명박이 정주영의 절대적인 신임을 받게 된 계기는 태국 공사 현장에서 벌인 목숨을 건 사투 때문이 었다. 당시 이명박은 태국 공사장의 재무관리를 맡고 있었다.

어느 날 인부를 가장한 수십 명의 조직폭력배들이 공사장에 난입 했다. 때마침 금고에는 현지 인부들에게 줄 일당과 월급이 있다는 사 실을 알고 폭력배들이 침입한 것이다. 폭력배들은 불을 지르며 난동을 부렸다. 이에 위험을 느낀 직원들은 모두 도망가 버렸지만 이명박은 끝까지 버티며 금고를 지켰다. 그에겐 목숨보다도 금고가 더 소중했기 때문이다.

이명박이 위험에도 굴하지 않고 끝까지 버티자, 폭력배들은 도끼 와 낫을 휘두르며 달려들었다. 그 순간 이명박은 죽음의 공포는 던져 버리고 오직 금고를 사수해야 한다는 각오뿐이었다. 목숨이 걸려 있는 위험한 상황에서 얼마 후 요란한 경찰차의 사이렌 소리가 들렸다. 도 망간 직원의 신고로 현지 경찰이 출동한 것이다. 폭력배들은 어쩔 수 없다는 듯 이명박을 잡아먹을 듯이 노려보고는 황급히 도망쳤다.

이 사건은 즉시 현대건설 본사로 전해졌다. 당시 현대건설의 태국 현장은 현대건설의 명운이 달려 있을 만큼 중요한 곳이었다. 회사의 장 부와 금고를 이명박이 지켜냈다는 소식을 들은 정주영은 얼마나 기뻤 던지 곧장 태국 현장으로 왔다. 이명박을 보자 그의 어깨를 두드리며 "잘했어, 정말 잘했어!" 하고 칭찬을 아끼지 않았다(이정규 · 정선섭, 2005).

정주영 회장은 이명박에게 아버지 같은 존재였다. 정주영은 속상한 일이 있을 때면 회사 구내 전화를 걸어 "뭐해?" 하고 이명박에게 물었다. 정주영이 그렇게 말하면 이명박은 '대포가 생각나

현대건설 근무 시절 이명박과 정주영

시나보다'라고 생각했다. 그러고는 둘은 광화문 근처 포장마차를 찾아 밤 늦도록 소주잔을 기울이곤 했다. 정주영은 이명박에게 허심탄회하게 마음속 얘기들을 털어놓곤 했다. 자식 걱정이며, 사업 얘기며, 세상 돌아가는 얘기에 이르기까지 한창 대화에 열중하다 보면 어느새 동이 훤하게 터올 때도 있었다(이정규 · 정선섭, 2005).

청년 이명박이 초고속으로 사장 자리에 오르기까지 정주영 회장의 마음을 움직였던 동기는 바로 치밀한 현장 장악력에 있었다. 그 때문에 정주영 회장은 현장에 문제가 생기면 "당장 이명박 찾아와!"라고 불호령을 내릴 정도로 그를 신뢰하게 되었다. 가장 다루기 어려운 노동자들이 중장비 운전기사들인데, 이명박이 그들을 쉽게 장악했다는 공로로 1년에 세 번이나 승진시켜주었다. 정주영은 "내가 승진시킨 게 아니야. 자네가 스스로 승진한 거야."라며 불가피한 승진임을 전 회사 직원들에게 공언해주었다. "모두 사장 · 회장이 돼서 뛰란 말이야!" 이 말은 이명박이 현대건설 사장 시절에 자주 강조하던 말로서 그가 초 스피드로 승진할 수 있었던 비결이기도 했다(김대우, 2008).

에피소드 기름장이 동료

이명박이 현대건설 중기사업소에서 경부고속도로 공사에 투입된 불도저를 제때 수리해서 보내야 하는 임무를 맡았을 때였다. 이명박은 예고 없이 고장 나는 불도저와 기술자들의 텃세를 극복하지 못하면 공사는 커녕 자신의 자리도 보전할 수 없다는 위기감을 느꼈다. 그래서 이명박은 고장 난 불도저에 맞서기로 작정했다. 불도저를 혼자서 전부 해체해 보고 또 조립하면서 결국 잦은 고장 원인을 찾게 되었다. 그날 이후 이명박은 기술자 눈치를 보고 지시만 하는 관리직 사원이 아니라, 그들만큼 불도저를 속속들이 아는 기름장이 동료로 변하게 되었다(이정규 · 정선섭, 2005).

현대건설이 사우디아라비아에서 공사를 대거 따내자 미국 · 일본 건설업체들의 불만이 높았다. 특히 현대건설이 저가로 입찰에 참여한 부분을 핑계삼아 물고 늘어지는 사례가 많았다. 자신들의 입장으로는 도저히 납득할 수 없는 낮은 가격으로 입찰을 했다는 불만이었다.

현대건설이 가격을 낮게 책정할 수 있었던 가장 큰 이유는 공사 기간(공기)의 단축이었다. 공기를 단축하면 그만큼 건설 비용이 줄어드는 것은 당연했다. 특히 중동 건설 현장은 불볕더위로 공사 환경이 열악했기 때문에 공기를 단축할수록 인건비 등의 비용을 크게 절감할 수 있었다. 공기를 단축시켜 공사비를 줄일 수 있으니, 공사를 맡기는 쪽에서도 공사를 빨리 끝낼 수 있어서 당연히 현대건설을 선호하였다.

이명박은 현대건설 회장으로 일할 때 세계 곳곳에 흩어져 있는 주재원들과 매일 밤낮을 가리지 않고 직접 통화를 했다. 속도경쟁에서 다른 회사들에게 밀리지 않기 위해서였다. 국제전화를 하다 보면 시차의 차이로 인해 해외 현지 시각은 낮 시간이지만 서울은 밤인 경우가 많았다. 그럼에도 반드시 통화를 강행한 것은 밤새 다른 기업들이 신속하게 의사결정을 해버리면 기회를 놓칠 수도 있다는 생각 때문이었다. 처음에는 잠결에 전화를 받다 보니 대화가 잘되지 않자 이명박은 밤중에 전화를 받아도 마치 낮에 받는 것처럼 연습을 하였다(이정규 · 정선섭, 2005).

에피소드 사장이 기름옷을 입다니! ━━━━━━━━━━━━━━━

　　이명박은 현대자동차 사장으로 발령이 난 후, 한동안 오전 내내 사장실에 모습을 보이지 않았다. 그러던 어느 날 느닷없이 정주영 회장이 이명박의 사무실을 찾아왔다. 사장 비서가 아직 출근 전이라고 보고하자, 정주영은 "사장이 사무실을 비우면 어떡하느냐. 당장 이 사장을 찾아와!" 하고 불호령을 내렸다. 정주영이 노발대발하자 직원들은 이명박을 찾느라 난리법석을 떨었다. 그런데 당시 이명박은 원효로에 있는 현대자동차 정비공장에 있었다. 이날뿐만 아니라 사장 임명을 받은 날부터 매일 아침 먼저 정비공장으로 출근했다. 이명박의 소재를 파악한 직원들은 이명박이 기름때에 절은 작업복을 입은 채 현대자동차의 제품인 포니의 부품을 일일이 뜯어내 이름을 외우고 기름칠을 하고 있는 모습을 보고 깜짝 놀라고 말았다. 이명박이 일에 너무 몰입하고 있어 직원들은 차마 정주영이 찾고 있다는 보고를 할 수 없었다. 이 사실은 그대로 정주영에게 보고되었고 보고를 받은 정주영은 불같이 화내던 얼굴 표정을 싹 바꾸면서 빙그레 미소를 지었다. 그리고 직접 원효로 정비 공장으로 전화를 걸어 이명박에게 "아니, 이 사람아! 사장이 무슨 기름옷을 다 입나?" 하면서 기뻐했다고 한다(이정규 · 정선섭, 2005).

　　이명박이 정치를 하겠다고 선언했을 때 가장 반대를 많이 했던 사람은 부인이었다. 이명박의 부인은 현재 생활에 만족한다면서 정치판에 남편을 내보내는 것을 걱정하였다. 이명박은 서른이 되던 1970년 12월 19일, 여섯 살 연하인 김윤옥과 결혼했다. 공교롭게도 결혼기념일은 이명박의 생일과 같은 날이었다. 김윤옥을 만난 것은 고등학교 은사의 소개로 현대건설에 입사한 지 5년째 되는 해였다. 이명박은 김윤옥을 보자마자 첫눈에 반했다고 한다. 결혼기념일이면 젊은 연인들처럼 '명박이가 윤옥에게'라는 글귀를 적어 부인에게 엽서를 보냈다고 한다. 언젠가 이명박이 결혼기념일에 엽서를 쓰는 모습을 보고 정주영이 "그 나이에 닭살 돋는 일 아닌가? 하긴 부부금슬이 좋아야지, 보기 좋아!"라며 농담을 하였다(이정규 · 정선섭, 2005).

정주영과 이명박은 현대건설 시절 함께 고락을 나누며 끈끈한 정을 이루었던 동지 사이였다. 땀방울로 맺어진 끈끈한 의리로 '바늘과 실'이라는 말을 들을 정도였다.

따라서 회사의 공적인 업무에서만 아니라 인간적인 면에서도 서로 깊은 신뢰가 있었다. 그러나 두 사람은 서로 정치판에 나서면서 인간적 관계를 냉정히 끊어 버렸다고 한다.

이명박도 정주영과는 일을 위해 만났기 때문에 일(정치) 때문에 헤어질 수도 있다고 말하기도 하였다(허영섭, 1993).

서울시장 시절

이명박은 '현대'를 떠나 1992년 제14대 전국구 의원으로 정치권에 발을 들여놓는다. 이명박은 1995년 서울시장에 출마하기로 결심하였다. 민자당에서 치러지는 서울시장 경선에 참여하기 위해 시장 경선 후보에 등록하였다. 당시 김영삼 대통령이 민자당 소속 의원들을 초청한 비공식 만찬이 열렸는데 그 자리에 참석한 이명박은 김영삼의 느닷없는 발언에 깜짝 놀랐다. 서울시장 경선을 하지 않고 대선 때 선거대책본부장을 맡았던 정원식을 서울시장 후보로 내세우겠다는 뜻을 밝힌 것이다. 이명박은 정치에 발을 들여놓은 후 처음 맞닥뜨린 충격적인 사건으로 어이가 없었다. 차라리 정원식을 내정해놓았다고 미리 알려주었으면 아예 후보 등록을 하지 않았을 것이기에 더욱 화가 났다. 민자당 대표와 정보기관 간부까지 나서서 이명박의 시장 경선후보 사퇴를 종용했으나 이명박은 뜻을 굽히지 않았다. 결국 1995년 서울시장 후보경선에서 패배하고 말았다.

이듬해인 1996년 4·11총선에서 이명박은 '정치 1번지'인 종로구에 출마하였다. 노무현과 종로의 터줏대감인 이종찬을 제치고 지역구 국회의원에 당선되었다. 그러나 국회의원에 당선된 기쁨도 잠시, 이명박은 선거법 위반으로 의원직을 잃게 되었다. 선거기획을 맡았던 참모가 "이명박 후보가 거액의 선거비용을 누락시키고 7,000만 원가량만 신고했다."라고 폭로하는 바람에 법원에 기소되고 재판 과정에서 의원직을 사퇴하게 되었다. 나중에 이명박은 서울고등법원에서 벌금 400만 원을 선고받게 되었다(김대우, 2008).

이후 이명박은 미국으로 떠나 2년간 체류하였다. 이명박은 귀국 후 2002년 서울시장 당내 경선에 재출마했다. 당내 경선에서 유력 후보였던 5선의 홍사덕 후보를 꺾는 파란을 연출했다. 서울시장 선거에서는 젊음을 바탕으로 기세를 올리던 김민석 후보(민주당)를 누르고 서울시장에 당선되었다.

에피소드 이명박과 박정희

이명박이 정치에 입문한 후 많은 사람이 그를 가리켜 박정희 대통령과 닮았다고 말했다. 대통령에 당선된 이후에 몇몇 언론에서는 그가 박정희

식 통치를 할 것이라는 예상도 하였다. 이명박과 박정희는 외모에서 풍겨
나는 이미지가 비슷하기도 하고 경제개발주의자였던 박정희의 이미지가
이명박과 닮았다고 하였다. 이명박은 박정희와 닮았다는 지적을 받게 되
자 박정희의 좋은 점을 닮기를 바라나 부정적인 점은 닮고 싶지 않다고
하였다. 박정희가 보여준 놀라운 추진력과 앞날을 내다보았던 예지력 그
리고 프런티어 정신만큼은 높이 산다고 하였다. 또한 박정희가 전두환과
노태우와는 달리 개인적 치부를 하지 않은 점도 높이 산다고 하였다. 이
명박은 박정희 신드롬이 나온 이유가 역대 집권자들의 무능한 경제정책
과 부패에 실망한 국민이 만들어낸 향수라고 하였다(이정규 · 정선섭, 2005).

에피소드 이명박과 김영삼 ▓▓▓▓▓▓▓▓▓▓▓▓▓▓▓▓▓▓▓▓▓▓▓▓▓▓▓▓▓▓▓▓▓▓

　2008년 1월 12일, 이명박은 대통령 당선자 신분으로 김영삼의 팔순 잔
치에 참석했다. 이명박이 김영삼의 팔순 잔치에 참석한 것에 대해 언론에
서는 정치적 의미를 부여하기도 했지만 이명박은 전적으로 김영삼에 대
한 존경심에서 참석한 것이라고 하였다. 정치적으로 김영삼은 이명박의
스승이었다. 이명박이 현대를 떠날 무렵 김영삼은 이명박에게 민자당 소
속으로 국회의원에 출마할 것을 강력히 권유했다. 그러나 이명박은 국회
의원보다는 서울시장 출마를 원했다. 정주영이 국민당을 만들어 정계에
진출한 것을 반대해온 이명박으로서는 정치인인 국회의원보다는 행정가
인 서울시장 출마가 편하다고 생각하였다. 이명박의 서울시장 출마 결심
에 김영삼도 찬성 의사를 보였으나 지방자치제가 1995년으로 연기되자
김영삼은 이명박이 일단 전국구 의원으로 국회에 들어가기를 바랐다. 훗
날 지방자치제가 실시되면 그때 서울시장 선거에 출마하라는 게 김영삼
의 의중이었다.

에피소드 왕소금 ▓▓

　이명박은 골프를 즐기는 편은 아니라서 실력이 좋은 편은 못 되었다.
이명박이 정치에 입문하자 한번은 평소 친분이 있던 한 국회의원이 함께

골프를 치자고 요청했다. 처음에는 완곡히 거절했지만 여러 차례 요청하는 바람에 마지못해 자신이 회원으로 등록돼 있는 골프장에서 골프를 쳤다. 골프가 끝난 후 비용을 계산하면서 이명박은 동료 의원에게 각자의 비용을 따로 내자고 제안했다. 당연히 CEO 출신인 이명박이 비용을 계산할 것이라고 믿고 있던 동료 의원은 많이 놀란 표정을 지었다. 이명박은 동료 의원의 속을 알면서도 "이제 정치인도 남의 신세를 지려는 타성을 버리고 각자의 비용은 스스로 계산하는 습관을 들여야 합니다. 정치판을 정화하자고 나선 우리가 아닙니까? 스스로 실천해야지요."라며 단호히 말했다. 이명박이 그렇게 이야기하자 의원의 얼굴에 불쾌한 빛이 역력히 스쳤다. 어쩔 수 없이 동료 의원은 자기 몫을 계산할 수밖에 없었다. 그날 이후 그 의원은 두 번 다시 이명박에게 골프를 함께 치자고 하지 않았다. 골프사건이 있은 후 국회의원들 사이에서 '이명박은 왕소금'이라는 소문이 나돌았으며 몇몇 의원은 이명박이 너무 인색하다고 비난하였다고 한다(이정규 · 정선섭, 2005).

에피소드 시립미술관 야간 개장 ━━━━━━━

서울시 산하에 설립된 시립미술관이 있는데 미술관에서 일하는 공무원들은 오전 9시에 출근해 10시에 문을 열고는 퇴근 전인 5시에 문을 닫았다. 이러다 보니 정작 낮에 일을 해야 하는 시민은 관람을 하고 싶어도 못하는 실정이었다. 다음날 서울시 간부회의에서 이명박이 "내가 이번에 시립미술관에 전시되는 작품을 꼭 보고 싶은데, 낮에는 바빠서 안 될 것 같고 밤에 가야 하니 어떻게 하면 좋겠습니까?"라고 물었다. 그러자 담당 간부가 "걱정하지 마십시오. 오시는 시간에 문을 열어놓겠습니다."라고 대답하였다. 이명박은 다음날 회의에서 또 같은 말을 꺼냈다. "내가 아는 사람들도 밤에 보고 싶다는데 어떻게 해야 할까요?" 이런 일들이 수차례 반복되자 3개월쯤 후 시립미술관 담당실에서 계획서가 올라왔다. "시민이 낮 시간에 오기 힘드니 야간에도 미술관을 열어 친구와 연인, 가족과 함께 저녁을 먹고 그림을 볼 수 있도록 관람시간을 바꾸는 게 좋겠습니다."라는 내용이 담겨 있었다. 시립미술관이 야간 개장을 하면서 시민들에게 인기를 얻자, 한 달쯤 뒤에는 역사박물관에서도 야간 개장 계획서를 올렸다(이정규·정선섭, 2005).

이명박은 해마다 반복되었던 서울시 지하철공사 파업에 대해 파업에 끌려가며 협상하는 대신 원천적으로 파업을 불가능하게 할 대안을 준비했다. 즉, 지하철공사의 간부들과 퇴직자들에게 파업 시에도 지하철 운행이 차질 없도록 지하철 운전기술을 습득시키도록 한 것이었다.

이명박은 서울시장이 되어서 선거과정에서 자신을 반대했던 간부들의 명단을 폐기함으로써 더 헌신적으로 업무에 기여하도록 하였다. 청계천 복원이라는 큰일을 앞두고 무엇보다 내부 단합이 시급하다는 사실을 인식했기 때문이었다. 그동안 아무도 손대지 못했던 공영버스제도를 추진할 때에도 기존의 버스 사업자들이 가진 노선기득권을 전부 회수해버렸다.

오랫동안 버스 사업자와 공생관계에 있었을 실무자들이 총대를 매지 못할 것이라고 생각하고, 기존 교통부서 직원 전원을 교체하였다. 직접 버스 사업자와 기사들을 모두 만나 자신의 계획을 설명하면서 합의를 이끌어 냈다. 또한 이명박은 시장 4년 임기 중 여성에게 최초로 서울시 살림을 맡겨서 사상 처음으로 서울시 예산을 절감하는 데 성공하였다(김대우, 2008).

이명박에게는 어떤 일을 해야겠다고 마음먹으면 절대 포기하지 않고 추진하는 저돌성과 인내심이 있었다. 서울시장 취임과 함께 즉시 복원 사업을 지휘한 청계천이 대표적 사례였다. 한 차례도 안 빼고 매주 토요일 간부회의를 소집하고 공사 진척도를 챙겼다. 불과 2년 3개월 만에 청계천에 맑은 물이 흘러갈 줄 누구도 상상하지 못하였다. 수많은 이해집단과 경직된 공무원 조직을 설득하여 목적을 달성하게 되었다.

에피소드 현장 중시 ━━━━━━━━━━━━━━━━━━

이명박은 CEO 출신이라 현장을 중시하였다. 청계천 복원을 앞두고 모국장이 "복개도로 아래는 너무 오랜 세월이 지나 물이 모두 썩었을 것"이라고 보고했다. 그러자 이명박은 "들어가 봤어?"라고 반문했다. 그리고 청계로에 구멍을 뚫었을 때 제일 먼저 바닥으로 내려갔다. 아니나 다를까 고인 물에서 물고기가 헤엄치고 있었다. 그는 버스중앙차로 공사 현장에도 구두창이 닳도록 돌아다녔다. 주요 회의에 여비서를 출석시키는 것은 물론 실무 과장이 들어와 직접 시장에게 업무를 보고하도록 했다. 현장을 가보지 않은 국장이 보고를 하면 보고서의 3분의 1도 읽지 않았는데도 보고를 중단시켰다(매일경제 정치부, 2008).

이명박에게 청계천 복원 사업은 '거대한 도전'이었다. 이명박이 청계천 복원 문제를 막연하게나마 처음 생각한 것은 1980년대 중반 부인과 함께 프랑스 파리에 갔을 때였다고 한다.

파리의 센 강을 바라보고 있는데 부인 김윤옥 씨가 무심코 지나가듯 말했다. "우리나라에도 청계천이 있는데 이 센 강처럼 개발하면 사람들이 좋아할 것 같아요. 휴식처도 생기고 볼거리도 많을 테고……." 이명박은 그 말에 동조하면서 무릎을 탁 쳤다. "그래, 맞아! 서울에도 청계천이 있었어!" 이명박은 서울로 돌아오자마자 이곳저곳에 청계천 복원 가능성을 타진했다. 그러나 당시의 대부분의 사람들이 실현성이 희박하다는 견해를 나타냈다. 무엇보다도 개발비가 너무 많이 소요되는 데다 현실적으로 이미 세운상가 등이 자리 잡고 있어 도저히 엄두를 낼 상황이 못 되었다. 이미 박정희 대통령의 지시에 의해 청계천이 복개된 상태인데 이를 다시 뜯어내고 과거의 모습으로 개발하는 것은 무리라는 주장도 있었다. 더구나 서울시 재정이 튼튼하지 못한 점도 커다란 문제였다. 여러 가지 이유로 주변에선 이명박의 구상을 허무맹랑한 공상쯤으로 치부해버렸다(이정규·정선섭, 2005).

이명박은 청계천 사업의 타당성을 알아보기 위해 2001년 초부터 전문 연구팀에 의뢰해 보고서를 만들도록 했다. 마침내 연구팀의 노력 끝에 보고서가 완성되자 이명박은 문을 걸어 잠근 채 종일 보고서를 보고 또 들여다보았다. 그리고 밤새 보고서를 검토한 끝에 마침내 청계천 복원 사업이 성공할 수 있을 것이라는 확신을 얻었다.

2003년 7월 1일, 예정된 청계천 공사 착공을 앞두고 철도노조 파업으로 사회 분위기가 뒤숭숭하고 청계천 복원 공사 착공이 힘들어 보이자, 당시 어느 장관이 시장실로 전화를 걸어 "철도파업도 있으니 착공식을 조금 늦춰줄 수 없겠느냐?" 하며 정중하게 요청을 해왔다. 이에 이명박은, "철도 노조원들이 파업을 했지만, 서울시 지하철이나 버스는 파업에 참여하지 않았다. 불법을 저지른 사람들에게 양보함으로써 법을 따르는 사람에게 피해나 손해가 간다면 이는 잘못된 것이다."라며 착공 연기를 거절하였다(김대우, 2005).

청계천 고가 철거를 앞두고 신문과 방송들은 앞을 다투어 '교통대란'과 '청계천 복원공사 연기 불가피'를 거론하였다. 시청 공무원들 중에서도 연기해야 한다는 의견이 우세했다. 이런 동향이 이명박에게 보고되었으나, 그는 전혀 개의치 않고 예정대로 청계고가도로를 뜯어냈다.

2003년 7월 1일, 이명박은 청계천 복원 공사의 착공식을 거행했다. 이명박은 시민에게 "반드시 청계천에 맑은 물이 흐르도록 할 것입니다."라고 확신에 찬 목소리로 강조했다. 청계천 복원 공사를 시작한 지 정확하게 7백 일 만에 공사를 마무리 지었다(이정규·정선섭, 2005).

이명박은 하루에 20만 대 가량의 차량이 도심 출입을 못하고, 인근의 중소상인들에게 2년여 동안 생계의 어려움을 주게 되는데도 청계천 복원사업을 진행시켰다. 청계천 복원공사를 추진하려면 다양한 이해집단으로 인해 부딪치는 문제가 너무나 많아 성공을 예측하기가 어려웠다. 여야 간에 정치적인 문제로 발목을 잡히고, 거대한 상권이 걸쳐 있어 영세민들의 생계문제도 걸렸다. 더구나 장기적인 교통체증 문제를 해소할 특별한 대책이 있어야 하고, 문화재훼손 시비와 장마철의 홍수대비에다 예산문제까지 만만하지 않았다(한석동, 2010).

이명박은 공사착공 후, 복원과정에서 발생하는 문제의 해결을 위해 서울시 공무원들의 자발적인 사명감을 고취시켰다. 이명박은 강제성보다는 자발성이 더 효율적이라는 사실을 30년간의 민간기업 경험에서 충분히 인식하고 있었다. 청계천 복원을 반대하는 상인들을 설득하기 위해 밤낮을 가리지 않고 상인들을 만났다. 시장이 앞장서자 상인 대책 업무를 담당했던 공무원들도 4,200여 차례나 청계천 상인들을 직접 만나 소주잔을 기울이며 설득 작업을 벌이게 되었다. 이명박은 특정업체의 공사실적이 부진하다고 판단되면 만사를 제쳐두고 해당 업체의 공사 책임자와 현장 근로자를 서울시로 초청했다. 시청 구내식당에서 저녁을 함께 먹으면서 근로자들의 애로사항을 직접 듣고 왜 공사 실적이 부진한지 그 이유를 파악한 것이다(김대우, 2008).

삼일고가는 남산 1호 터널에서 나온 차량의 흐름을 유도하는 효과가 있기 때문에 철거하지 않는 게 좋다는 주장이 훨씬 많았다. 참모들끼리 격렬하게 논쟁을 벌이게 되자 이명박은 철거를 주장하면서, "자동차 이용자들에게 불편을 줌으로써 도심의 교통 환경을 바꾸자는

게 청계천 복원 사업의 목
적이다. 삼일고가만 남겨둘
이유가 없다."라고 주장하
였다(김대우, 2005).

이명박의 업무 스타일
은 단순히 밀어붙이기라기
보다는 치밀하게 준비하고
나서 밀어붙이는 스타일이

청계천 복원공사 당시 이명박

라고 할 수 있었다. 서울시장에 취임하고, "청계천 복원공사 착공식을
마칠 때까지는 휴가를 안 가겠다."라고 하면서 1년 동안 정말 쉬지 않
고 청계고가 철거문제에만 매달렸다. 이명박이 이렇게 몸소 행동하는
데 서울시 간부들도 휴가를 갈 수가 없었다(김대우, 2005).

서울시장 이명박이 대통령에 당선된 것과 청계천은 불가분의 관
계였다. 이명박은 청계천을 새로 만들었고 청계천은 그를 대통령으로
만들었다고 할 수 있었다.

에피소드 통수문을 여시오!

2005년 6월 1일, 이명박은 조용히 휴대폰을 들면서 떨리는 목소리로 지
시했다. "통수문을 여시오!" 그 말이 떨어지기 무섭게 지시를 기다리고
있던 청계천 복원 사업팀 담당자가 배수구 개폐 버튼을 눌렀다. 순간 광
화문 청계광장 배수로를 타고 물이 콸콸 쏟아져 내렸다. 배수구를 타고
쏟아져 내린 물은 서울 도심을 가로질렀다. 이명박에게는 가슴 졸이며 애
타게 기다려온 청계천 복원이었다. 맑은 물이 서울의 한복판을 가로지르
는 광경을 지켜보는 동안 이명박의 눈가에는 눈물이 어렸다(이정규 · 정선
섭, 2005).

대통령 당선

이명박은 서울시장 임기를 마친 뒤인 2006년부터 본격적으로 대선전에 뛰어들었다. 본격적으로 대선전에 뛰어들 당시만 해도 그의 지지율은 박근혜 전 한나라당 대표에게 뒤처진 2위였다. 그러나 청계천 복원과 경부대운하 프로젝트 등을 통해 경제 살리기를 소망하는 국민의 마음을 움직였다. 2007년 들어서는 압도적인 1위로 올라서며 대선 정국을 주도하기 시작했다.

에피소드 **대운하 구상**

이명박은 1992년 민자당 소속으로 처음 국회에 등원했을 때 경부운하 건설을 제안했다. 부담이 큰 물류비용 때문에 경제가 경쟁력을 잃어가고 있다고 판단했기 때문이다. 현대그룹 재직 시절 유럽을 방문했던 이명박은 라인 강과 도나우 강을 연결하며 유럽 대륙을 가로지르는 운하가 1백년 전에 만들어졌다는 사실을 알고 크나큰 충격을 받았다. 유람선과 바지선들이 드나드는 운하를 굽어보며, 유럽인들의 미래를 보는 비전과 악조건을 극복한 의지에 감탄했다(김대우, 2008).

한나라당 대통령 후보를 결정하는 전당대회는 국민의 관심과 이목을 끌었다. 2007년 8월 20일, 이명박과 박근혜 두 후보는 1년 2개월여 동안 벌인 치열한 경선을 통해 이명박이 가까스로 대선후보로 선택되었다. 한나라당 당내 경선은 본선에 결코 뒤지지 않을 만큼 치열하고 피 말리는 싸움이었다. 예선에서의 승리는 본선에서의 승리를 어느 정도 보장하였기 때문이었다. 이명박과 박근혜의 한나라당 대선 후보 경선은 한국 야당 경선사에도 전례를 찾기 힘들 정도로 치열하고 필사적인 승부였다.

이명박은 경선 초반에 박근혜 전 한나라당 대표와의 격차를 벌리며 질주했으나 종반으로 접어들면서 위장 전입, BBK 등 네거티브 공세에 시달렸다. 두 사람은 텔레비전으로 생중계된 당내 경선 검증 청문회를 거쳤다. 이 청문회에서 출생, 병역, 납세, 건강보험료를 비롯해 이명박 후보의 아킬레스건인 'BBK 주가 조작 사건' 연루 의혹이 집중적으로 다뤄졌다. 박근혜 측은 이명박 전 서울시장을 둘러싼 'BBK' 의혹과 도곡동 땅, 다스 차명 보유 의혹, 경부 운하 부당성을 집중적으로 공략했다. 한편 박근혜도 정수장학회나 최태민 목사와의 관계 등의 의혹이 제기되면서 곤욕을 치르게 되었다(김규희, 2008).

대통령 후보 확정 후 박근혜 후보는 "깨끗하게 승복하고 정권교체를 위해 백의종군하겠다."라며 깨끗하게 패배를 인정했다. 박근혜의 경선 승복 선언은 국민의 찬사를 받으면서 당내 경선의 새로운 지평을 열었고 정치 발전에도 도움이 됐다는 평가를 받았다.

에피소드 왕의 남자

한나라당 후보 경선이 끝난 직후, 이명박을 대통령 후보로 만드는 데 1등 공신이었던 이재오 의원은 박근혜 후보 측을 향해 거의 막말을 퍼부었다. 박근혜 후보 측에게 반성과 사과부터 하라고 했고, 가슴 속으로는 후보 낙마나 교체를 생각하면서 겉으로 승복이나 화합을 내세운다며 거칠게 공격했다. 마치 점령군 같다는 인상을 주었다. 이명박은 "이재오 의원을 비판하면 내 지지자가 아니다."라며 이재오를 지지할 정도였다. 이재오는 이명박의 각별한 신임을 바탕으로 2인자로서의 역할을 하게 되었고, '왕의 남자'라고 불릴 정도의 막강한 권력을 행세하게 되었다. 이재오 의원의 행태는 한나라당 결속에 앞장서기보다 거친 언사로 당내 분란을 일으켰다는 비판이 제기되었다.

이명박 표를 '꾸중물 표'라 하였다. '꾸중물'은 '구정물'의 경상도 사투리이다. 대쪽 이회창과 비교되는 말이었다. 이회창은 '대쪽'이란 이미지가 사라지면서 표가 빠져나갔지만, 이명박은 다르다는 의미였다. 이명박이 살아온 곳은 이회창의 이미지인 '대나무 숲'이 아니라 '꾸중물'이었음을 국민이 알고 있기에 지지율이 흔들리지 않는다는 이명박 지지자들의 분석이었다(손석춘, 2009).

2007년 대선에서 이명박 후보의 대표적 구호는 '747경제정책'이었다. 그것은 이명박 경제정책의 핵심이었다. 대통령이 되면 '연 7퍼센트의 경제성장, 국민소득 4만 달러, 세계 7대 강국'을 이루겠다는 것이었다.

이명박은 대선 유세를 하면서 동대문시장에서 옷가게 직원으로부터 선물 받은 파란색 목도리를 두르고 다니면서 선거운동을 하였는데 파란색 목도리는 순식간에 추운 겨울날씨를 타고 히트상품이 되었다. 1만5천 원 정도인 파란 목도리가 한나라당의 상징색인 파란색과 잘 맞아떨어졌고, 이명박은 이 목도리를 선거운동기간 내내 두르고 다녔다. 이른바 '이명박 목도리'가 되어 한나라당 선대위에서 정식으로 구매하기로 결정할 정도였다. 기존에는 잘 팔리지 않았던 목도리가 지방 곳곳에서 수백 장씩 주문이 쏟아져 며칠 만에 재고도 없어져 버렸다. 또한 이명박이 어린 시절 뻥튀기 장사와 풀빵장사를 했다는 사실이 알려지자 뻥튀기 장수와 풀빵 장수들의 위상도 예전과 달라졌다는 이야기가 나오게 되고 대선기간에는 인터넷에 '풀빵닷컴'이라는 홈페이지까지 개설되었다고 한다(김종철, 2009).

BBK 효과

'이명박 효과'는 양념통닭 브랜드 BBQ에서도 나타났다. BBK 관련 의혹이 매스컴의 단골이슈가 되면서 튀긴 닭이 날개 돋친 듯이 팔려나갔다고 한다. 온라인상에서도 두 영문자에 대한 혼동이 있자, BBQ 측이 주문고객들에게 매주 1억 원의 경품을 줄 정도로 몇 달간 최고 흥행메뉴로 홍보되었다. 대선이 끝나도 'BBK 특검'이 남아서 더 특수를 누리게 되었다고 할 정도였다. 그러나 BBK는 이명박이 대통령에 당선된 이후에도 계속 이명박을 신뢰하지 못하는 사건으로 남게 되었다(김대우, 2008).

이명박이 장로 직분의 독실한 크리스천이라는 사실도 대선에서 교회의 도움을 받을 수 있게 했다. 한나라당 경선 승리와 대선에서 수도권의 압도적 승리를 이루기까지 과거 어느 선거보다 열정적이었던 기독교 신도들의 자발적 헌신이 큰 역할을 했다. 2007년 12월 19일, 이명박 후보는 2위인 정동영 대통합민주신당 후보를 역대 최다인 531만 7,708표의 압도적 표 차로 누르고 제17대 대통령에 당선됐다.

친기업적 정부를 표방한 이명박이 당선된 후 가장 먼저 전경련을 방문한 자리에서 "이제 정경유착이란 단어는 없어졌다. 서로 부담 없이 선거를 치렀기에 기업인이 권력에 대한 부담이 없고, 당당하게 나라경제를 살릴 수 있게 되었다."라고 강조하였다. 생전의 정주영 회장이 1980년 정권교체기에 전경련을 이끌면서 군부로부터 사퇴 압력까지 받고 고뇌하던 것을 가까이서 지켜 본 이명박으로서는 감회가 남달랐을 것이다. 전경련이 생긴 이래 첫 대통령 당선자 방문이라 더욱 관심을 끌었다(김대우, 2008).

국민이 이명박을 대통령으로 선택한 이유는 경제 전반에 대한 규제완화로 기업 투자가 활성화되고 일자리가 창출되어 경제가 활성화될 것이라는 기대감이 컸다고 할 수 있다. 경제 살리기는 이명박의 어

떤 정책도 정당화하는 힘을 갖고 있었다. 이명박 정부는 경제 살리기
만 확실히 하면 된다고 믿었으며 일관되게 경제 살리기에 집중하였다.
청와대 외교안보수석 내정자가 처음 한 말도 외교를 어떻게 "하겠다"
가 아니라, 외교가 경제의 걸림돌이 "되지 않도록 하겠다"는 것이었다
(이대근, 2009).

2. 주요 정치적 사건을 통해 본 이명박의 행태

촛불집회

2008년 5월, 한나라당은 야당과 노동계, 농민단체들의 강력한 반발에도 한미 FTA 비준동의안을 강행 통과시켰다. 이명박이 소고기 시장 개방을 결정한 것은 나라에 이익이 된다고 판단했기 때문이다. 이명박은 소고기 수입 개방에 대해 "질 좋은 고기를 들여와서 일반 시민이 값싸고 좋은 고기를 먹는 것입니다. 개방하면 민간이 알아서 할 것입니다."라고 말하였다. 이에, "그게 대한민국 대통령이 할 소리냐?"라는 비난이 빗발쳤다. 아마도 이명박은 이익을 얻을 수 있으면 자존심이나 명예는 그다지 중요하지 않다는 듯이 생각한 것 같다. 국민의 '느낌'에는 크게 신경을 쓰지 않는 인상을 주었다(박성래, 2009).

> **에피소드** 촛불의 책임
>
> 촛불집회로 온 나라가 술렁거리고 있을 때 이명박은 이런 말을 했다고 한다. "눈이 많이 올 때는 빗자루 들고 쓸어봐야 소용없다. 일단 놔두고 처마 밑에서 생각하는 게 맞다. 눈 오는데 쓸어봐야 힘 빠지고 빗자루도

닳는 것 아니냐?" 이 말은 이명박의 촛불집회의 원인 인식과 처방에 대한 문제점을 보여주는 대목이었다. 이명박은 촛불집회가 일어난 원인이 자신과 무관한 것처럼 말하고 있었다. 눈은 대통령의 의사와 전혀 무관하게 내리는 기상현상이다. 대통령이 내리라고 해서 내리는 것도 아니고 그치라고 해서 그치는 것도 아닌데 이명박은 촛불집회 정국이 자신의 책임이 아니라고 말하고 있는 것처럼 보였다(박성래, 2009).

이명박은 긴급히 값싸고 질 좋은 소고기를 대량 공급하는 게 국민의 요구라고 믿었다. 그러나 아무런 안전장치 없이 미국산 소고기를 수입하는 데 대해 국민은 불안해했다. 한미 자유무역협정(FTA)이 가져오는 국익을 위해 국민의 정서를 반영하지 않은 채 개방이라는 결정을 내렸다.

이명박 정부는 광우병에 대한 우려를 불식시키기 위해 확률의 논리를 전개하였다. 광우병으로 죽을 확률을 골프에서 홀인원을 하고 벼락을 맞을 확률, 떡 먹다 죽을 확률, 로또 복권 1등 당첨 뒤 벼락 맞아 죽을 확률과 비교하면서 광우병 사망 확률이 더 낮거나 비슷하다는 확률 논리로 소고기 수입이 정당하다는 주장을 하였다(이대근, 2009).

미국산 소고기에 대한 광우병 위험은 일단 생명과 먹을거리에 대한 문제였다. 그리고 이러한 위험에도 한미 FTA를 추진하는 데 대해 국민은 굴욕적인 협상이라고 생각하였다. 그러나 이명박 정부는 국민의 이러한 정서를 감안하지 않은 채 정부의 국익 논리로만 한미 FTA를 강행하고자 하여 국민의 분노를 사게 되었다.

소고기 수입 문제가 제기되자 중고등학생들이 촛불을 들고 집회를 하면서 항의하기 시작하였다. 이후 광우병 대책위가 중심이 되어 수많은 시민사회단체들로 확대되었으며, 7월을 넘어서면서 종교계와 노동계가 본격적으로 시위에 동조하였다. 연일 소고기 수입에 항의하는 촛불시위가 확산되었다. 물론 일부 방송 언론과 반 이명박 정부 세력이 미국산 소고기 수입에 대한 부정적인 입장을 내세우며 촛불집회를 확산시킨 측면도 있었다. 따라서 군중 속에서는 '정권탄핵'이라는 말이 나오게 되었다. 그러나 대부분의 학생, 주부 등 다양한 계층의 사람들이 자발적으로 촛불집회에 참여하였다. 젊은 엄마들이 유모차에 아기를 태우고 나와서 촛불집회에 참여하고 어린 학생들이 촛불집회에 자발적으로 참여하는 진풍경이 나타났다. 집회에서의 구호는 처음에는 '협상무효', '협상고시철회'에서 '이명박은 물러가라(탄핵, 퇴진, 독재타도, 국민소환 등으로 다양하게 표현됨)'라고까지 확산되었다. 소고기 문제에서 의료 및 공공부문 민영화, 한반도 대운하를 중심으로 한 이명박 정부의 모든 정책으로 확산되었다.

이명박은 국민과 소통한다면서도 촛불집회에 참여한 시민과 한 번도 만나지 않았다. 이명박 정부는 반대세력은 늘 있기 마련이고 반대세력의 존재와 규모는 대통령의 잘잘못의 크기와 별 상관이 없는 일이라고 믿는 듯하였다(이대근, 2009).

촛불집회 이후 국민은 이명박 정부를 비판하기 시작하였다. 국민의 의견을 무시하고 독단적으로 4대강 사업을 한다든지, 표현의 자유와 집회의 자유를 가로막는다든지 하는 비판들이 나오기 시작하였다. 심지어는 민주주의 원칙에 어긋나는 정치를 한다는 비판이 제기되었다. 일을 중시하고 실용을 내세우는 이명박으로서는 아마도 이러한 비판에 의아할 수도 있었을 것이다. 이명박 정부가 국민적 정서와 현실을 제대로 파악하지 못한다는 비판도 나왔다. '소통 부재 현상'이라는 커뮤니케이션의 문제라는 것이었다.

광화문 촛불집회 현장

에피소드 '명박산성'

촛불집회가 한창일 때 광화문에 컨테이너 박스를 산처럼 쌓아놓고 시위대가 청와대로 향하지 못하도록 시위대의 접근을 막았다.

이것을 사람들은 '명박산성'이라 불렀다. 이명박은 이러한 명박산성을 쌓은 경찰 간부를 중용하고 후에 대통령 경호실장으로 임명까지 하였다. 명박산성은 이명박이 국민과 소통하지 않고 담을 쌓는다는 상징적인 의미로도 해석되었다(박성래, 2009).

공천파동과 인사난맥

2008년 4월 총선에서 소위 이명박을 지지하는 친이계가 주도해

온 공천독주에서 비롯된 공천파동은 이명박 정부의 국정운영에 차질을 주었다. 공천혁명을 내세워 박근혜 세력을 무력화시키려 하였으나 박근혜 세력이 이에 반발하게 되자 한나라당은 심한 갈등관계에 놓이게 되었다. 이재오 의원과 이방호 의원이 공천을 좌지우지했다는 소문이 파다하였다. 친박근혜 후보자들 중 공천에서 탈락한 인사들이 무소속이나 친박연대를 결성하여 대거 총선에 출마하게 되었다. 박근혜는 무소속이나 친박연대로 총선에 입후보한 후보들에게 살아 돌아오라고 호소하였다. 총선 결과 친박근혜계인 친박연대는 예상외의 선전을 하여 상당수의 의석을 차지하게 되었다. 이재오 의원과 이방호 의원은 자신들의 지역구에서 떨어지는 뜻밖의 고배를 마셨다. 이재오와 이방호는 총선 실패에 대한 책임을 지고 이재오는 미국으로 외유하였고 이방호는 한나라당 사무총장직에서 물러나게 되었다. 이것이 소위 친이계와 친박계 간의 총선공천 파동이었다.

이명박은 2008년 2월 10일, 새 정부 초대 청와대 수석비서관 내정자 인선을 발표하면서 "능력 있고 국가관이 투철한 사람, 내각에 비해 비교적 젊은 층을 선택했다."라고 설명했다. 이명박의 표현대로 초대 청와대 비서진에 40·50대 젊은 피를 대거 수혈했다는 점이 눈에 띄었다. 대선 때부터 보필했던 가신그룹은 가급적 배제하고, 전문성을 갖춘 대학교수 출신 등 소위 능력 있는 전문가들을 대거 발탁했다. 실무수행능력을 가장 중요한 잣대로 삼았다고 볼 수 있었다. 충성도나 친밀감보다는 일 위주로 사람을 고르는 이명박의 특유의 '실용주의적 인사 스타일'을 그대로 보여주는 대목이었다.

하지만 영남권과 서울대, 고려대 등 특정 지역과 특정 대학 출신 인사가 집중적으로 발탁되면서 처음부터 '편중인사'라는 비판이 쏟아지기도 했다. 장관 후보자들이 위장전입, 부동산투기, 병역기피 등의 이유로 후보에서 탈락하였다. 이에 이명박의 지지도가 떨어지게 되고 이명박 정부의 내각을 빗댄 냉소적인 신조어들이 만들어졌다. 일명 '고소영'(고려대·소망교회·영남 출신), '강부자'(강남 땅부자)에 이어 '강금실'(강남에 금싸라기 땅을 실제 보유한 사람) 등의 냉소적인 유행어들이 속속 등장했다.

이명박은 연설문을 만들 때 김대중과 노무현 대통령과는 달리 직접 원고를 쓰는 일은 거의 없었다. 연설문 확정까지는 몇 차례 단계를 거치는데, 연설비서관실에서 초안을 올리면 외부 자문위원들이 읽고서 평가를 하였다. 이어 수석비서관 회의에서도 연설문 내용을 갖고 토론을 하였다. 이런 과정을 거쳐 최종 초안이 대통령에게 올라가는데, 이명박은 문안을 직접 넣거나 빼면서 초안을 다시 고쳤다고 한다. 라디오 연설에 감동적인 사례를 많이 넣었는데, 이명박이 너무 감상적이라고 해서 전체적으로 연설문 톤을 바꾼 적도 있었다.

이명박이 내용을 문제 삼지 않고 연설문에 거론되는 사람의 이름을 언급하면, 그건 연설비서관실에서 올린 초안에 만족했다는 뜻이다. 가령 어떤 행사에 참석하는 주요 인사들의 이름을 연설문 맨 앞에서 거론하는데, 이명박이 "누구누구의 이름도 거기 넣어주지."라고 하면 그건 '내용엔 문제가 없다'라는 뜻으로 받아들이게 되고 연설비서관실은 안도의 한숨을 내쉰다고 한다. 반대로 초안이 마음에 들지 않으면 "다음에 합시다."라고 말하곤 연설문 검토를 미뤄버렸다. 이런 경우에는 연설비서관실은 초긴장 상태에 빠진다고 한다. 간혹 이명박 자신의 생각을 구술해 연설비서관실에 내려 보내기도 하였는데, 이명박이 구술한 내용을 본관 부속실 직원이 컴퓨터로 쳐서 전달하면 이 내용을 토대로 연설비서관실에서 다시 연설문을 작성하는 것이었다. 하지만 김대중 대통령의 경우처럼 구술한 내용을 토씨 하나 못 바꾸게 하는 일은 없었다고 한다.

이명박은 간결한 연설문을 선호한다는 점에서 노무현 대통령과 일맥상통하는 면이 있었다. 그러나 이명박은 노무현과는 달리 논리적 일관성에 강조점을 두지 않았다. 경선 과정부터 이명박을 지켜본 한나라당 인사는 "이명박 대통령은 논리적이라기보다는 솔직담백하게 하고 싶은 얘기를 하는 스타일이다. 그러니 대중연설에선 아무래도 감동이 좀 떨어진다. 오히려 직접 일대일 또는 소그룹으로 대화를 할 때 이명박의 강점이 더 잘 드러난다."라고 말했다(박찬수, 2009).

에피소드 건강은 효율적 투자

이명박은 아침 일찍 일어나 40분 정도 달리기를 하고 격주로 테니스를 치는 오래된 습관을 갖고 있다. 머리를 쓰는 만큼 육체도 써줘야 서로 균형이 맞는다며, 이명박은 건강을 지키는 것만큼 효율적인 투자는 없다고 말했다. 건강한 신체는 활발한 사고와 노동력을 갖게 해주는 원천이라는 것이다. 건강을 잃었을 때 찾아오는 각종 질환과 거기에 수반되는 정신적 고통, 경제적 비용을 생각하면 건강을 지키는 것이 값진 투자라는 것이다. 이명박의 건강 비결은 성실성과 긍정적인 사고에서 출발한다. 그는 바쁜 일정에 어떻게 지속적으로 운동을 하느냐는 질문에 "바쁘기 때문에 오히려 건강관리를 잘할 수 있어요. 시간이 많은 사람은 늘 시간이 있기 때문에 오히려 게을러지기 쉽습니다. 반면 바쁜 사람은 바쁘기 때문에 더 부지런히 움직이고, 더 치밀하게 시간 관리를 하는 법이지요."라고 답변하였다(이정규 · 정선섭, 2005).

천안함 및 연평도 사건

　천안함 피격 사건은 2010년 3월 26일에 백령도 근처 해상에서 한국 해군의 초계함인 천안함이 피격으로 침몰된 사건이었다. 이 사건으로 해군 병사 40명이 사망했으며 6명이 실종되었다. 이에 이명박 정부는 천안함 침몰 원인을 규명할 민간·군인 합동조사단을 구성하였다. 한국을 포함한 오스트레일리아, 미국, 스웨덴, 영국 등 4개국의 전문가 20여 명으로 구성된 합동조사단은 2010년 5월 20일 천안함이 북한의 어뢰 공격으로 침몰한 것이라고 발표하였다. 이러한 조사 결과 발표는 미국과 유럽연합, 일본 외에 인도 등 비동맹국들의 지지를 얻어 UN안전보장이사회의 안건으로 회부되었으며, 안보리는 천안함 공격을 규탄하는 내용의 의장성명을 채택하였다. 그러나 북한이 천안함 침몰 사건은 자신들과 관련이 없다며 부인하고, 중국과 러시아가 반대하면서 북한을 직접적으로 비난하는 내용에 이르지는 못했다. 천안함 사건은 침몰에서 인양, 조사 발표까지 한국 사회와 주변국의 관심을 끌었으며, 천안함의 침몰 원인을 규명하는 과정에서 언론과 각계 인사들을 통해 다수의 가설 또는 의혹들이 제기되기도 하였다. 이 사건으로 인해 남북 간의 긴장이 고조되었으며, 한국에서는 침몰 원인에 대해 각기 다른 해석으로 갈등을 빚기도 했다.

에피소드 UDT의 영웅

　2010년 3월 30일, 침몰된 천안함의 수색 과정에서 UDT 대원인 한주호 해군준위가 작업 중 실신하여 병원으로 후송되었으나 순직하였다. 한주호 준위는 UDT의 전설적인 영웅이었다. 수색작업이 어려운데도 강한 희생정신으로 수색작업에 전념하느라 그만 목숨을 잃고 말았다. 4월 2일에는 저인망어선 금양98호가 천안함 실종자 수색을 마치고 조업구역으로 복귀하던 중 서해 대청도 서쪽 해상에서 침몰해 탑승 선원 9명 중 2명이 숨지고 7명이 실종되기도 하였다.

2010년 5월 24일, 이명박은 담화문을 통해 "천안함 피격 사건은 대한민국을 공격한 북한의 군사도발"로 규정하고 "북한은 상응하는 대가를 치르게 될 것"이라고 발표하였다. 북한의 책임을 묻기 위해 북한 선박의 한국 지역 해상통로 이용을 허락하지 않고 남북 간 교역을 중단하는 조처를 취할 것이라고 밝혔다. 또한 한국의 영해, 영공, 영토를 무력으로 침범할 시에는 즉각적인 자위권을 발동하고, UN 안전보장이사회 회부 및 국제사회와 함께 북한의 책임을 요구할 것이라고 선언하였다. 이에 군사전력 및 한 · 미 연합 방어태세를 한층 강화할 것이라고 언급하기도 하였다.

천안함 피격 사건 이후 냉각된 남북관계 속에서 또 하나의 사건이 발생하였다. 이른바 연평도 포격사건이다. 연평도 포격사건은 2010년 11월 23일 오후 2시 30분경에 북한이 한국의 대연평도를 향해 170여 발의 포를 발포한 사건이다. 이에 해병대 연평부대는 포격 직후 80여 발의 대응사격을 실시하였으며 도발 직후 서해 5도에 전쟁 상태로 돌입하는 진돗개 하나를 발령하였다. 이 사건으로 인해 한국과 북한의 군인 7명이 전사하였으며, 민간인도 2명이 사망했다. 남북 간의 교전 중 민간인이 사망한 것은 한국전쟁 이후 처음 있는 일이었고, 국제사회의 큰 관심을 불러 모았다. 중국을 제외한 각국 정부는 북한의 도발을 규탄했으나, 북한은 한국에 책임을 떠넘기며 정당한 군사적 대응이라고 주장했다. 이 사건으로 남북 간의 갈등이 더 심화되었으며, 연평도 주민은 대부분 섬을 떠나게 되었다.

연평도 포격으로 인해 이명박 정부는 긴급 안보관계장관회의를 소집하였다. 이명박은 "교전수칙을 수정하여 민간인이 공격받을 경우 더욱 강력한 대응방안을 강구함과 동시에 서해 5도의 군 전력을 증강하라."라고 지시하면서 국방력 강화를 통해 국민보호에 만전을 기할 것을 주문하였다.

연평도 포격사건은 북한의 철저한 계획 아래 실시되었다는 분석이 지배적이었다. 포격사건 이전에 한국군이 북한에 서해상의 군사훈련을 통보한 바 있는데 북한은 이러한 훈련을 구실로 김정일의 동의 하에 충분한 시간을 가지고 준비한 것으로 알려졌다. 김정일의 후계자인 김정은은 "적의 도발에 언제라도 반격할 수 있는 태세를 갖추라."고 북한군에 지령을 내렸으며 김정은이 포병 전문가로 미화되고 있다는 점에서 김정은의 업적을 극대화하여 후계 구도를 더욱 공고하게 확립하기 위한 것이라는 분석이 설득력을 얻었다.

에피소드 확전되지 않도록 하라!

연평도 포격이 일어나자 보고를 받은 이명박은 "단호하게 대응하되, 확전되지 않도록 하라!"라고 지시했다고 알려졌다. 이에 대한 논란이 일어나자 청와대 홍보수석은 "이명박 대통령의 확전 자제 같은 지시는 처음부터 없었다. 와전된 것이다."라며 발언이 잘못 알려졌다고 발표했다. 그러나 11월 24일 국회 국방위원회에 출석한 김태영 국방부장관은 "(이 대통령이) '단호하지만 확전되지 않도록 하라'라는 최초 지시가 있었다."라고 또다시 말을 번복하여 청와대가 거짓말을 한 것 아니냐는 논란이 일었다.

북한의 연평도 포격사건에 대한 한국군의 대응문제가 제기됐다. 북한이 포격을 시작한 지 13분 후에 대응사격이 이루어진 것에 대해

늑장대응이라는 비판이 제기됐다. 한국군의 장비 중 상당수가 제대로 정비가 되지 않은 상태였던 것도 문제가 되었다. 배치됐던 K-9 자주포 6문 중 절반이 사용할 수 없는 상태였던 것으로 드러났다.

에피소드 말실수

한나라당 안상수 원내대표는 연평도를 방문하여 현장을 살펴보던 가운데 바닥에 떨어진 보온병을 집어 들고는 "이것이 포탄입니다."라는 발언을 하여 빈축을 샀다. 옆에 있던 장군 출신 한나라당 의원도 보온병임을 알아보지 못해 망신을 당했다. 동영상은 누리꾼들에 의해 급속도로 퍼져 나갔고, 코미디 프로그램에서 풍자되기도 했다. 한편 송영길 인천시장도 연평도를 방문하여 현장을 둘러보던 가운데 바닥에 깨진 술병을 집어 들며 "야, 이거 완전 폭탄주네."라고 발언하여 상황에 맞지 않는 농담이라는 비판을 받았다.

2010년 11월 25일, 국회는 본회의를 열어 북한의 연평도 무력 도발 사건에 대한 규탄 결의문을 채택했다. 재적 271명 가운데 찬성 261명, 반대 1명, 기권 9명으로 가결됐다. 결의안에 따르면, 대한민국 국회는 북한의 무력 도발이 결코 용인될 수 없는 명백한 범죄행위로 인식하고, 확고한 군사대비 태세를 통해 북한의 추가 도발행위에 대해서 단호히 대응하겠다고 명시했다.

금융위기 극복과 4대강 사업

2008년 말, 미국의 금융위기로 인해 발생된 글로벌 금융위기는 한국의 경제에 치명적인 타격을 주었다. 무역수지는 적자로 돌아섰고 주가는 곤두박질쳤으며 1천 원이 안 되던 원 · 달러 환율이 1년 만에 1천6백 원을 위협하였다. GDP 성장률도 마이너스로 돌아섰다. 1997년 IMF 외환위기의 악몽이 떠오르는 순간이었다.

이러한 글로벌 금융위기에도 이명박 정부는 금융위기를 놀라운 속도로 극복하면서 한국은 세계에서 가장 빠른 속도로 금융위기를 극복한 나라로 평가되었다. 고환율이라는 악조건을 수출 증대라는 기회로 만들며 세계시장 점유율을 높였으며 주가도 회복세를 보여주었다.

금융위기 극복 과정에서 이명박 정부가 보여준 대응 능력은 세계적인 관심사가 됐다. 위기를 극복해본 경험을 바탕으로 이명박 정부는 신속하고 과감하게 위기에 맞서나갔다. 위기 초기에 재정투입을 집중해 경기 활성화를 유도했고 미국과 통화스와프를 맺으며 환율을 안정시켰다.

OECD 회원국 가운데 2009년 플러스 GDP 성장을 기록한 국가는 3개국에 불과한데 그중 하나가 한국이었다. 금융위기에서 어느 정도 벗어나자 이명박 정부는 경제와 사회의 격을 높이는 작업으로서 성장과 내실을 동시에 다지기 시작했다. 이명박은 대통령 직속으로 '국가경쟁력강화위원회'를 신설하였다. 위원회는 이명박이 대선 공약으로 내세웠던 '경제 살리기' 등 굵직굵직한 중점과제들을 차질 없이 수행하기 위해 만든 일종의 프로젝트팀이었다. 위원회 산하에는 한반도 대운하, 과학 비즈니스벨트, 새만금, 기후변화 · 에너지, 투자유치, 공공혁신 · 규제개혁, 5+2광역경제권활성화라는 7개 추진단이 있었다.

금융위기 속에서 충분히 보살피지 못했던 서민들에 대한 배려도 본격화하였다. '서민정책 지원 점검단'을 구성해 15개 분야의 55개 현장밀착형 친서민 정책을 발굴하고 사업을 진행했다. 미소금융과 햇살론 등 서민을 위한 금융도 확대하였고, 보금자리 주택을 더 빨리 더 많이 공급해 서민들의 주거안정도 도모하였다.

공정한 사회를 위한 기반도 확충해 나가려 하였다. 사회적 약자를 배려하고 누구나 성공할 수 있는 기회를 제공해 보다 건강하고 지속 가능한 사회를 일구기 위한 목적이 있었다. 유아 학비 지원을 늘리는 등 균등한 교육기회를 제공하기 위한 예산도 확충하였다. 중증장애인연금과 기초노령연금 지급 대상을 넓히는 등 사회적 약자를 배려하는 정책도 도입했다. 최저생계비를 인상하고 장애인 직업재활사업 소득 공제율을 인상하는 등 사회안전망도 확충했다.

경제성장의 혜택이 한쪽에만 몰려서는 지속 가능한 경제와 사회를 바라볼 수 없다는 생각에서 대기업과 중소기업의 동반성장도 강력하게 추진하려 하였다. 중소기업의 기술을 탈취하거나 구두 발주하는 관행을 근절하는 등 대기업과 중소기업 간에 벌어지던 불공정한 관행을 바로잡기 위해 노력하였다.

미래성장을 위한 녹색성장에서도 적잖은 성과를 냈다. 녹색성장 기본법을 제정하고 10대 녹색 기술별 산업화 전략을 마련하였다. 소프트웨어, 이차전지, 그린카 등 신 성장 동력별 육성방안을 수립하고 LED 조명시장도 확대했다. 석유 및 가스 자주개발이 사상 최초로 10퍼센트를 돌파하는 등 에너지와 자원 확보 부문에서도 진전이 있었다.

4대강 살리기 사업도 차질 없이 진행하였다. 이명박 정부가 강조해온 4대강(한강, 금강, 낙동강, 영산강)은 퇴적토를 준설해서 홍수를 예방하고 수자원을 활용해서 갈수기에도 항상 맑은 물이 넘치게 하고 관광지로 개발을 해서 수익까지 창출하겠다는 것이 목적이었다. 4대강에 보를 설치하여 물을 가둬놓으면 홍수가 날 때 보를 열어서 홍수를 예방할 수 있다는 의도가 있었다. 그러나 보를 설치하면 수질이 악화되고 홍수 예방에도 별로 도움이 되지 않으며, 오히려 환경이 오염되고 생태계가 파괴되는 역효과가 일어날 수 있다는 비판이 제기되면서 반대의 여론이 높아져 갔다. 이러한 반대 의견에도 이명박 정부는 4대강 사업은 국익을 위해 꼭 필요한 사업임을 강조하면서 4대강 사업을 진행시켰다. 4대강 사업의 성과는 향후 역사적으로 평가가 이루어질 것으로 보인다. 새로운 청계천의 신화가 될 것인지 아니면 애물단지로 국민의 세금만 낭비했다는 지적을 받을 것인지는 4대강 사업이 완료된 후에 평가될 것으로 보인다.

이명박 정부의 글로벌 금융위기의 극복은 국제사회에서 한국의 위상을 높이는 데 큰 성과를 거두었다. 이러한 성과는 G20 정상회의를 한국에서 유치하기로 하는 결과를 가져왔다. 비서구권 최초로 의장국이 돼 글로벌 금융안전망 구축, 개발의제 등 글로벌 의제를 주도하는 등 국제사회의 새로운 리더로 거듭날 수 있는 계기를 마련했다. 미국의 〈뉴욕타임스(NYT)〉는 서울 G20 정상회의가 한국이 세계에 자

G20 정상회의

신의 존재를 알리는 무대가 될 것이라고 보도했다. "한국이 아시아의 변방에서 세계 중심으로 이동하고 있고, 한국을 빼놓고 글로벌 이슈를 이야기하기는 불가능해질 것"이라는 이명박 대통령의 발언도 소개했다.

G20 정상회의는 '금융의 시대'에 드러난 문제점들을 교정하고 새로운 금융·경제 질서를 형성하기 위한 국제협의체라 할 수 있었다. 서울 G20 정상회의가 2010년 11월 11~12일 국립중앙박물관과 서울 코엑스에서 G20 회원국 정상, 스페인, 베트남, 싱가포르, 에티오피아, 말라위의 5개 초청국 정상, 그리고 UN, 국제통화기금(IMF), 세계은행(WB), 금융안정위원회(FSB), 경제협력개발기구(OECD), 세계무역기구(WTO), 국제노동기구(ILO)의 7개 국제기구 정상들이 참석한 가운데 개최되었다.

정상들은 강하고 지속 가능한 균형성장 협력체계, 국제금융기구 개혁, 글로벌 금융안전망, 금융규제개혁, 무역, 개발 및 금융소외계층 포용, 에너지, 기후변화 및 녹색성장, 반부패 등 주요 경제현안에 대해 논의하였으며, '다 함께 성장을 위한 서울 개발 컨센서스', '다년간 개발 행동계획', 'G20 반부패 행동계획'에 대해서도 합의하였다.

서울 G20 정상회의에서는 환율 문제 등 세계경제의 까다롭고 중요한 현안 해결을 위하여 G20 국가가 국제 공조 정신을 발휘하였으며, 그 결과 주요 과제에서 구체적이고 실질적인 성과를 도출할 수 있었다. 서울 G20 정상회의는 아시아에서 최초로 개최된 G20 정상회의로서, G20 국가들이 글로벌 이슈에 대한 우리나라의 중재능력, 해결을 위한 리더십을 인정한 것이라고 볼 수 있다. 환율문제, IMF 개혁 등 결코 쉽지 않은 의제에 있어 G20 국가 간 합의를 이끌어 냄으로써 국제사회에서 조정자로서 한국의 위상을 자리매김하는 계기가 되었다.

이명박 정부의 치명적인 약점은 국민과의 소통 부족이라고들 한다. 국민의 의사를 무시하고 독단적으로 국정을 운영하여 비민주적이라는 비판을 받게 되었다. 언론의 소통을 차단하고 일방적인 언로를 이끌어 나갔다는 비판도 있었다. 대표적인 예가 경제의 미래를 인터넷 상으로 허위적으로 유포했다고 구속된 일명 '미네르바의 구속'이었다. 노무현 전 대통령의 추모집회도 경찰력을 투입하고 진압하였으며 이명박 정부의 경제 정책도 서민들을 위한 정책이라기보다는 1%의 부자들을 위한 정책이라는 불만도 많았다.

　　더구나 이명박의 친인척들이 비리에 연관된 사건들이 터지자 이명박 정부에 대한 신뢰도는 급격히 추락되었다. 이명박이 해외와의 외교 성과에도 불구하고 각종 비리와 부정부패에 연관된 사건들은 더 이상 이명박 정부를 신뢰하고 높이 평가하기는 어려운 실정이 되었다.

　　이러한 신뢰의 추락은 서울시장 재보선 선거에서 시민단체의 대표 출신이었던 박원순이 한나라당을 누르고 당선되는 계기가 되었다. 이명박 정부의 신뢰 추락과 한나라당의 위기감이 총선과 대선에서의 승리를 더욱 불투명하게 만들게 되었다.

　　최근에 와서 국제유가, 원자재의 가격 상승 등으로 인해 국내 물가가 한없이 치솟고 있는 실정이다. 국민이 이명박을 대통령으로 선택한 것은 경제를 활성화시켜 좀 더 나은 생활을 이루었으면 하는 바람에서였다. 청년실업자 문제, 전세값 문제, 고물가 문제, 양극화 해소 문제 등 많은 경제적 문제가 이명박 정부가 남은 임기 동안 해결해야 할 문제이다. 이명박이 대통령직을 물러난 후 이명박 정부의 성과는 국민과 역사가 판가름할 것이다. 성공한 대통령이라는 좋은 평가를 받으려면 남은 임기 동안 '국민이 무엇을 원하고, 무엇을 국민에게 해주어야 국민이 편안하게 생활할 것인가'를 진지하게 고민해야 할 것이다. 이명박 정부의 성패는 차기 대선에도 많은 영향을 미치게 될 것이다. 미래의 대통령은 국민의 입장에 서서 국민이 무엇을 원하는지를 잘 파악하여 국민이 편하게 살 수 있도록 하면 된다고 생각된다. 생각해보면 참 간단하면서도 쉬운 것 같은데 역대 대통령들이 잘 이행하지 못하는 것을 보면 안타깝기 그지없을 뿐이다.

참고문헌

강성재. 『김영삼과 운명의 대권』. 도서출판 더불어, 1992.

강준식. 『대통령 이야기』. 예스위캔, 2011.

경향신문 참여연대 묶음. 『김대중 정부 5년 평가와 노무현 정부 개혁 과제』. 한울, 2003.

그레고리 헨더슨, 박행웅 · 이종삼 옮김. 『한국 소용돌이의 정치』. 한울 아카데미, 2000.

김 욱. 『김대중의 끝나지 않은 이야기』. 인물과 사상사, 2005.

김 진. 『청와대 비서실』. 중앙일보사, 1993.

김광동 외. 『노무현과 포퓰리즘 시대』. 기파랑, 2010.

김규호. 『대한민국 정치 따라잡기』. 북쏠레, 2008.

김대우. 『불멸의 리더십 이명박』. 도서출판 미소, 2005.

_____. 『이명박효과』. 행복우물, 2008.

김대중. 『나의 삶 나의 길』. 도서출판 산하, 2000.

_____. 『새로운 시작을 위하여』. 김영사, 1994.

김삼웅. 『인동초가 피기까지』. 한울, 1997.

김성익. 『전두환 육성 증언』. 조선일보사출판국, 1992.

김성재 · 김상철. 『야만의 언론 노무현의 선택』. 책보세, 2010.

김성진. 『박정희를 말하다』. 삶과 꿈, 2006.

_____. 『한국정치 100년을 말하다』. 두산동아, 1999.

김영명. 『한국현대 정치사—정치 변동의 역학—』. 을유문화사, 1996.

김영삼. 『김영삼 대통령 회고록』. 조선일보사, 2001.

_____.『민주주의를 위한 나의 투쟁 회고록』. 백산서당, 2000.

김영환.『김영삼과 나』. 도서출판 심우, 1992.

_____.『덧셈의 정치 뺄셈의 정치』. 나무와 숲, 2006.

김옥두.『다시 김대중을 위하여』. 살림터, 1995.

김재홍.『박정희의 유산』. 도서출판 푸른숲, 1998.

김정렴.『아! 박정희』. 중앙 M&B, 1997.

김정모.『지혜가 세상을 바꾼다』. 도서출판 신우, 2009.

김종신.『박정희 대통령과 주변 사람들』. 한국논단, 1997.

김종철.『오바마의 미국. MB의 대한민국』. 시대의 창, 2009.

김준하.『대통령과 장군 숙명의 대결 : 쿠테타에서 사상논쟁 까지』. 나남출판, 2002.

김창호.『노무현 따라잡기』. 랜덤하우스 중앙, 2005.

김충남.『성공한 대통령 실패한 대통령』. 도서출판 둥지, 1998.

김충식.『남산의 부장들』. 동아일보사, 1993.

김형문.『김대중 그는 누구인가』. 금문당, 2009.

김형욱 · 박사월.『김형욱 회고록』. 도서출판 아침, 1985.

김호진.『대통령과 리더십』. 청림출판, 2007.

김환태.『똑똑등신 김대중 비디오』. 도서출판 글 힘, 2002.

남경완.『꿈이 있어야 국민이다(호시우행)』. 박영률 출판사, 2004.

남구현 외.『촛불의 정치-대한민국은 민주공화국이다?』. 도서출판 메이데이, 2008.

남정옥.『이승만 대통령과 6.25 전쟁』. 한국학술정보, 2010.

노가원.『보안사』. 도서출판 시아, 1995.

노무현 외.『상식. 혹은 희망 노무현』. 행복한 책 읽기, 2002.

노무현.『성공과 좌절』. 도서출판학고재, 2009.

노무현과 함께하는 사람들.『그에게선 사람의 향기가 난다』. 열음사, 2002.

노재현.『청와대 비서실』. 중앙일보사, 1993.

노찬백.『한국정치의 이해』. 형성출판사, 2003.

노태우.『노태우 회고록 국가. 민주화. 나의 운명』. 조선뉴스 프레스, 2011.

_____.『위대한 보통사람들의 시대 90년대를 위한 실천설계』. 을유문화사, 1987.

다마키타다시, 김영환 옮김.『한국의 개혁 끝나지 않았다』. 현대미디어, 2003.

도종환 외, 노무현 재단 엮음『노무현이 없다』. 학고재, 2010.

동아시아 연구원 대통령개혁 연구팀.『대통령의 성공조건 II 회고와 제언』. 나남출판, 2002.

동아일보 특별취재팀.『김대중 정권의 흥망〈비화 국민의 정부〉』. 나남출판, 2005.

로버트 T올리버, 박일영 옮김『이승만 비록』. 한국문화 출판사, 1982.

매일경제정치부.『이명박시대 파워 엘리트』. 매일경제신문사, 2008.

_____.『DJ시대 파워 엘리트』. 매일경제신문사, 1998.

문재인.『운명』. 가교출판, 2011.

문재철.『청와대 비밀메모』. 갑인출판사, 1993.

민준기 외.『한국의 정치』. 나남 출판, 1996.

박권흠.『닭의 목을 비틀어도 새벽은 온다 : 김영삼. 그 투쟁과 사상과 경륜』. 백양출판사, 1992.

_____.『YS와 나 그리고 茶 .이른 아침, 2011

박보균.『청와대 비서실』. 중앙일보사, 1994.

박성래.『대한민국은 왜 대통령다운 대통령을 가질 수 없는가?』. 도서출판 베가북스, 2009.

박신흥.『안희정과 이광재』. 메디치 미디어, 2011.

박용배.『우리대통령 미국대통령 그리고 김정일』. 삼신각, 2002.

박운규 · 배동식.『인간 김대중』. 민족공동체 연구소, 1999.

박찬수.『청와대 VS 백악관』. 개마고원, 2009.

박호재.『사랑해요 DJ』.이룸, 2009.

방경일.『전두환 리더십 노태우 처세술』. 너와 나 미디어, 2002.

백영철.『제 2공화국과 한국 민주주의』. 나남출판, 1996.

사람사는 세상 노무현재단.『노무현 자서전 운명이다』. 돌배개, 2010.

서중석.『이승만의 정치이데올로기』. 역사비평사, 2005.

손석춘.『학습하는 당신이 희망이다』. 시대의 창, 2009.

손세일.『이승만과 김구』. 일조각, 1970.

송원영.『제2공화국』. 샘터, 1990.

송철원. 『김영삼 왜 그의 등장은 시대적 요청인가?』. 동광출판사, 1992.

신동준. 『대통령의 승부수』. 올림, 2009.

안영섭. 『박정희 리더십 재조명을 위한 시도』. 도서출판 선인, 2010.

양준용. 『위대한 대통령 그냥 대통령』. 청미디어, 2011.

오경환. 『대통령 가의 사람들』. 도서출판도리, 2003.

오병상. 『청와대 비서실』. 중앙일보사, 1995.

오연호. 『노무현 마지막 인터뷰』. 오마이뉴스, 2009.

월간조선 편집부. 『이승만 박정희를 추억한다』. 월간조선사, 2004.

월간조선부. 『비록 한국의 대통령』. 조선일보사, 1993(월간조선 1993 신년호 별책부록).

유시민 · 진중권 · 홍세화 외. 『이런 바보 또 없습니다 아! 노무현』. 책으로 보는 세상, 2011

유영익. 『이승만 대통령 재평가』. 연세대학교 출판부, 2006.

――――. 『이승만의 삶과 꿈』. 중앙일보사, 1996.

――――. 『젊은 날의 이승만』. 연세대학교 출판부, 2004.

유지광. 『정치주먹천하』. 광복사, 1978.

윤여준. 『대통령의 자격』. 메디치 미디어, 2011.

윤종성. 『박정희 리더십 스토리』. 시아피블리셔스, 2010.

윤창중. 『김영삼 대통령과 청와대 사람들』. 고려원, 1994.

윤치영. 『윤치영의 20세기』. 삼성출판사, 1991.

윤한채. 『다시 조명해본 박정희 대통령』. 과학사랑, 2010.

이 진. 『노무현의 색깔』. 개마고원, 2002.

이경남. 『용기 있는 보통사람 노태우』. 을유문화사, 1987.

이광복. 『인간 김영삼』. 행림출판, 1993.

이규철. 『충신이 환관을 못 당한다』. 어문각, 2002.

이기명. 『원칙과 상식이 통하는 사회를 위하여』. 도서출판 중심, 2004.

이기수. 『자전거 타는 대통령』. 오늘, 2003.

이대근. 『와이키키 브라더스를 위하여』. 후마니와스, 2009.

이도성. 『남산의 부장들』. 동아일보사, 1993.

이동욱. 『우리의 건국 대통령은 이렇게 죽어갔다』. 기파랑, 2011.

이동형.『영원한 김대중 VS 김영삼』. 왕의서재, 2011.

이만섭.『나의 정치 인생 반세기』. 문학사상사, 2004.

_____.『증언대 : 청와대 담판과 나의 직언』. 문호사, 1989.

이백만.『불멸의 희망』. 21세기북스, 2009.

이병완.『박정희의 나라 김대중의 나라 그리고 노무현의 나라』. 나남 출판, 2009.

이사달.『3K 정치이력서』. 도서출판 사초, 1987.

이상우.『비록 박정희 시대』. 중원문화사, 1984.

이영규 · 이배영.『인간 노태우』. 호암 출판사, 1987,

이영석.『야당 40년사』. 인간사, 1987.

이영옥.『동교동 사람들』. 도서출판인동, 1997.

이용식.『김영삼 권력의 탄생』. 도서출판 공간, 1993.

이원순.『인간 이승만』. 신태양사, 1993.

이윤섭.『김대중과 분열의 한국정치』. 팝디자인, 2003.

이인수.『대한민국의 건국』. 도서출판 촛불, 2007.

이정규 · 정선섭.『황소 이명박』. 밝은 세상, 2005.

이진곤.『한국정치 리더십의 특징』. 한울아카데미, 2003.

이한열 추모 사업회.『진단 제 6공화국』. 두리, 1991.

이해찬 외.『10명의 사람이 노무현을 말하다』. 오 마이 북, 2010.

장신기.『노무현 반 DJ 신드롬을 넘어서』. 시대의 창, 2002.

전인권.『김대중을 계산하자』. 도서출판 새날, 1997.

_____.『박정희평전』. 이학사, 2006.

정대철.『장면은 왜 수녀원에 숨어 있었나』. 동아일보사, 1997.

정운현.『실록 군인 박정희』. 개마고원, 2004.

정윤재.『정치적 리더십과 한국 민주주의』. 나남출판, 2003.

조갑제.『내 무덤에 침을 뱉어라』. 조선일보사, 1998.

_____.『노태우 육성회고록』. 조갑제 닷컴, 2007.

_____.『박정희의 결정적 순간들』. 기파랑, 2009.

조선일보사 월간조선.『한국의 대통령 선거』. 조선일보사, 1997.

조우석. 『박정희 한국의 탄생』. 살림, 2009.

조정환. 『미네르바의 촛불』. 갈무리, 2009

주돈식. 『우리도 좋은 대통령을 갖고 싶다』, 사람과 책, 2004.

지동욱. 『한국대통령 8인 비극적 말로의 비밀』, 사람의 향기, 2003.

지병문 · 김용철 · 천성권. 『현대 한국정치의 새로운 인식』. 박영사, 2005.

참여정부 대통령 비서실. 『노무현. 한국정치 이의 있습니다』. 역사비평사, 2009.

천금성. 『10 · 26 12 · 12광주사태』. 길한 문화사, 1988.

———. 『한강에서 북악까지』. 동서문화사, 1981.

최 진. 『대통령 리더십 총론』. 법문사, 2007.

최경환. 『김대중 리더십』. 아침이슬, 2010.

최상천. 『알몸 박정희』. 사람나라, 2004.

최인규. 『최인규 옥중 자서전』. 중앙일보사, 1984.

최홍순 · 이상진. 『김대중과 이지메』. 이가책, 1998.

프레시안 기획, 강원택 외. 『김대중을 생각한다』. 삼인, 2011.

프렌체스카 도너 리, 조혜자 옮김. 『6.25와 이승만: 프렌체스카의 난중일기』. 기파랑,
    2010.

하 원. 『출입기자가 본 전두환 대통령 청와대 24시』. 정음사, 1985.

학술단체협의회. 서울대 대학원 자치회 협의회. 『노태우 대통령의 44가지 잘못』. 신세계,
    1992.

한국 대통령 평가위원회. 『한국대통령학 연구소. 한국의 대통령 평가』. 조선일보사, 2002.

한국 정치문제 연구소. 『정풍 혁명의 총소리 올것이 왔구나』. 동광 출판사, 1987.

한국정신문화원. 『장면. 윤보선 박정희』. 백산서당, 2001.

한국정치 연구회. 『박정희를 넘어서』. 푸른 숲, 1998.

한국정치학회 관훈클럽. 『한국의 대통령 리더십과 국가발전』. 인간사랑, 2007.

한반도사회경제연구회. 『노무현시대의 좌절』. 창비, 2008.

한석동. 『한석동의 신소리 거꾸로 달려간 세상』. 기파랑, 2010.

한승인. 『내가 만난 잊을 수 없는 사람들』. 일월서각, 1988.

———. 『독재자 이승만』. 일월서각, 1984.

한승조. 『한국정치의 지도자들』. 도서출판 대정진, 1992.

함성득. 『김영삼정부의 성공과 실패』. 나남출판, 2001.

———. 『대통령학』. 나남출판, 2002.

함윤식. 『동교동 24시』. 우성, 1987.

허동현. 『건국. 외교. 민주의 선구자 장면』. 분도출판사, 1999.

허수정. 『박정희를 다시 생각한다』. 신라출판사, 1997.

허영섭. 『정주영 무릎 꿇다』. 아침, 1993.

허원순. 『대통령으로 산다는 것』. 한국경제신문, 2006.

허 정. 『우남 이승만』. 태극 출판사, 1970.

현무암. 『노무현시대와 디지털 민주주의』. 실천문학사, 2010.